《中华全国律师协会律师办理商业秘密法律业务操作指引》释解

张黎 ■ 著

指引起草人全方位释解
含业务指引、逐条释解、经典案例、指引依据等

自　序

　　律师写一本书并不容易，尤其是想写一本"技巧类"的法律业务指导书，更不容易。

　　商业秘密在《中华人民共和国反不正当竞争法》中只有一条，仅209个字，却包含了国家保护商业秘密法旨和规制侵犯商业秘密行为的全部信息。理解和解释这209个字的背后是200万字的资料和思辨的支撑。从2008年受中华全国律师协会指派组织编写《律师办理商业秘密法律业务操作指引》到本书成稿之前，大部分时间都在思考、反复琢磨商业秘密的本质和特性、千变万化的表现形态、法律运用的脉络，以及沿着脉络主线所形成的一些问题，真正落笔形成文字的时间也不过4个月。

　　记得费孝通先生曾经说过："法治秩序的建立不能单靠制定若干法律条文和设立若干法庭，重要的还得看人民怎样去应用这些设备。"[1]从这一点出发，我力求能够在书中解释和分析一些概念的基本含义、法条的实施运用和对具体案件的考量角度，以期对实践中处理商业秘密事务能够有所助益。

　　法条是枯燥的，但是必须要遵循。书中尽可能详细列出相关法条。参考重要，见解细微不同更为重要。

　　案例是有趣的，每个案例在变化中昭示具体规则的形成，如同每条小溪流过，或汇聚成潭或蒸发无踪。

　　详解是有限的，一如我常常用来解释不属于商业秘密的"个人技能、个人经验"一样——"泡菜的味道就是主妇手的味道"。所以，缺憾有之，错误亦在所难免。

　　感谢我的父母、我的爱人全力支持，让我享受了愉悦的写作时光！感谢蒋浩副总编和陆建华编辑的辛苦付出！

张　黎

2016年7月于百望山畔

---

[1] 费孝通：《乡土中国》，北京大学出版社2012年版，第96页。

目　录

第一章　总则 ………………………………………………………………… 001
第一节　前述 ………………………………………………………………… 001
第1条　【制定目的】 ………………………………………………………… 001
第2条　【适用范围】 ………………………………………………………… 001
第3条　【业务特点】 ………………………………………………………… 002
第4条　【法律、法规、司法解释、部门规章依据】（地方性法规略）………… 005
第二节　商业秘密 …………………………………………………………… 013
第5条　【商业秘密的定义和构成要件】 …………………………………… 013
※ 案例1.2-1：北京片石书坊图书有限公司诉台海出版社、南京快乐文化传播有限公司、南京快乐文化传播有限公司第一分公司侵害商业秘密纠纷案 ………………………………………… 014
第6条　【非公知性】 ………………………………………………………… 017
※ 案例1.2-2：汕头超声仪器研究所诉深圳市赛英达电子有限公司、曹泽良、吴声岗商业秘密纠纷案 ………………………………… 020
第7条　【价值性】 …………………………………………………………… 023
※ 案例1.2-3：王者安诉卫生部国际交流与合作中心、李洪山、原晋林侵犯商业秘密纠纷案 ………………………………………………… 024
第8条　【实用性】 …………………………………………………………… 025
第9条　【保密性】 …………………………………………………………… 026
第10条　【技术信息和经营信息】 ………………………………………… 027

※ 案例1.2-4：宁夏正洋物产进出口有限公司诉宁夏福民蔬菜脱水集团有限公司、马宏东、刘军侵犯商业秘密纠纷案 …………… 030

第11条 【商业秘密权利人和合法持有人】 …………… 034
第12条 【商业秘密的取得】 …………… 034
第13条 【商业秘密的其他特征】 …………… 038
第14条 【商业秘密的载体】 …………… 038
第15条 【不属于商业秘密的技术信息与经营信息】 …………… 039
※ 案例1.2-5：山东省食品进出口公司、山东山孚集团有限公司、山东山孚日水有限公司诉马达庆、青岛圣克达诚贸易有限公司不正当竞争纠纷案 …………… 041
第16条 【不受法律保护的"商业秘密"】 …………… 044
第17条 【商业秘密的公开】 …………… 045

第三节 商业秘密与公司秘密和国家秘密的关系 …………… 046
第18条 【公司秘密】 …………… 046
第19条 【商业秘密与公司秘密的区别】 …………… 046
第20条 【国家秘密】 …………… 048
第21条 【商业秘密与国家秘密的区别】 …………… 048
第22条 【特别注意】 …………… 050
※ 案例1.3-6：北京一得阁墨业有限责任公司诉高辛茂、北京传人文化艺术有限公司侵害商业秘密纠纷案 …………… 051

第四节 商业秘密与其他知识产权的关系 …………… 054
第23条 【商业秘密的知识产权属性】 …………… 054
第24条 【商业秘密与专利的关系】 …………… 054
第25条 【商业秘密与计算机软件的关系】 …………… 055
第26条 【商业秘密与著作权的关系】 …………… 057

第二章 商业秘密管理 …………… 058

第一节 目标、模式和评价 …………… 058
第27条 【管理目标】 …………… 058
第28条 【管理模式】 …………… 059
第29条 【商业秘密评价】 …………… 061
第30条 【风险监控】 …………… 063

第二节 采取保密措施 …………… 064
第31条 【保密措施的要求】 …………… 064

※ 案例2.2-7：成都美泰来服饰有限公司诉冷碧莲、成都百姿服饰有限公司侵害商业秘密纠纷案 ································· 064
　　第32条　【保密的具体措施】 ································· 066
　第三节　建立规章制度 ································· 068
　　第33条　【制度设立的要求】 ································· 068
　　第34条　【制度公示】 ································· 069
　　第35条　【促进创新规定】 ································· 070
　　第36条　【知识产权归属规定】 ································· 071
　　第37条　【知识产权管理规定】 ································· 072
　第四节　人员管理 ································· 074
　　第38条　【管理目标和内容】 ································· 074
　　第39条　【聘用】 ································· 075
　　第40条　【签约】 ································· 076
　　第41条　【转岗】 ································· 077
　　第42条　【离职和退休】 ································· 077
　　第43条　【脱密措施】 ································· 078
　第五节　合同管理 ································· 080
　第六节　公关管理 ································· 080
　　第44条　【接待来宾】 ································· 080
　　第45条　【成果发布】 ································· 080
　　※ 案例2.6-8：上海化工研究院诉昆山埃索托普化工有限公司、江苏汇鸿国际集团土产进出口苏州有限公司、陈伟元、程尚雄、强剑康商业秘密纠纷案 ································· 081
　　第46条　【展览宣传】 ································· 084

第三章　商业秘密的权利归属 ································· 085

　第一节　商业秘密的属性 ································· 085
　　第47条　【商业秘密的属性】 ································· 085
　　第48条　【商业秘密的权利人】 ································· 085
　　第49条　【商业秘密的义务人】 ································· 086
　　第50条　【商业秘密的载体】 ································· 087
　　第51条　【商业秘密的取得】 ································· 087
　　第52条　【商业秘密的份额】 ································· 087
　　第53条　【职务成果与非职务成果】 ································· 088

第二节　技术秘密的权利归属 ·· 091
第 54 条　【技术信息和技术秘密】 ······························· 091
第 55 条　【委托开发的技术秘密的权利归属】 ··············· 091
第 56 条　【合作开发的技术秘密的权利归属】 ··············· 092
第 57 条　【其他情况下技术秘密的权利归属】 ··············· 093

第三节　经营秘密的权利归属 ·· 094
第 58 条　【经营信息和经营秘密】 ······························· 094
第 59 条　【经营管理中形成的经营秘密的权利归属】 ······ 095
第 60 条　【客户名单的认定】 ······································ 095

第四节　商业秘密权属纠纷 ··· 096
第 61 条　【商业秘密权属纠纷】 ··································· 096
第 62 条　【与员工的权属纠纷】 ··································· 099
第 63 条　【研发阶段的权属纠纷】 ······························· 100

第四章　与商业秘密有关的各类合同　101

第一节　合同的起草与修改 ··· 101
第 64 条　【前期审核与调查】 ······································ 101
第 65 条　【起草或修改合同要求】 ······························· 101
第 66 条　【合同无效】 ··· 103

第二节　企事业单位与员工之间的保密协议 ······················ 105
第 67 条　【合同要点】 ··· 105
第 68 条　【合同主要条款】 ··· 109

第三节　竞业限制协议 ··· 115
第 69 条　【协议要点】 ··· 115
　　※ 案例 4.3-9：北京思特奇信息技术股份有限公司诉李希金竞业禁止
　　　　纠纷案 ··· 120
　　※ 案例 4.3-10：李维驹、谭家声诉李振良、黄红颜竞业限制（注：此案指
　　　　的是竞业避止）纠纷案 ······································ 121
　　※ 案例 4.3-11：北京华尔光电子有限公司诉林明竞业禁止纠纷案 ··· 121
　　※ 案例 4.3-12：南通大江化学有限公司诉朱慧忠竞业禁止合同纠纷案 ··· 122
第 70 条　【协议主要条款】 ··· 123
第 71 条　【补偿金的约定】 ··· 128
　　※ 案例 4.3-13：公安部第一研究所诉黄志竞业限制纠纷案 ········· 129
第 72 条　【违约金的约定】 ··· 133
第 73 条　【协议的解除、终止条件】 ····························· 134

第 74 条 【协议无效或部分无效的条件】·· 134
第四节 企事业单位与其他企业、组织之间的保密协议···························· 135
第 75 条 【合同要点】·· 135
第 76 条 【协议主要条款】·· 138
第 77 条 【买卖合同、建设工程合同等】·· 139
第 78 条 【租赁合同、保管合同、仓储合同、运输合同、维修合同等】········· 139
第 79 条 【加工承揽合同、设备安装合同等】······································· 140
※ 案例 4.4-14：大连誉嵘实业有限公司诉茂盛汽车零部件(大连)有限
公司商业秘密合同纠纷案··· 141
第 80 条 【技术贸易合同】·· 143
第 81 条 【知识产权投融资、技术出资入股合同】································· 143
第五节 技术秘密合同·· 144
第 82 条 【合同要点】·· 144
第 83 条 【合同主要条款】·· 145
※ 案例 4.4-15：广西裕生智能节能设备有限公司诉上海裕生智能节能
设备有限公司技术合同纠纷案··· 147

第五章　商业秘密纠纷的前期处理·· 153

第一节　事实调查与分析·· 153
第 84 条 【听取当事人陈述】·· 153
第 85 条 【整理归纳材料】·· 153
第 86 条 【调查收集证据材料】··· 154
第 87 条 【判断商业秘密点】·· 156
第 88 条 【判断商业秘密的构成】··· 156
第 89 条 【确定权利主体】·· 156
第 90 条 【确定义务主体】·· 157
第 91 条 【判断纠纷性质】·· 157
第 92 条 【判断诉讼时效】·· 157
第 93 条 【初步判断和决定】·· 158
第 94 条 【办理委托手续】·· 158
第 95 条 【律师事务所档案管理】··· 159
第 96 条 【分析、确定主张诉请或抗辩理由】······································· 159
第 97 条 【选择维权方式或救济途径】··· 159

第二节　律师声明与律师函·· 159
第 98 条 【律师声明的事实审查】··· 159
第 99 条 【律师声明的目的和内容】·· 160

第 100 条　【律师声明的对象与范围】 …………………………………… 160
　第 101 条　【应注意的问题】 ……………………………………………… 160
　第 102 条　【律师函的事实审查】 ………………………………………… 161
　第 103 条　【发函目的和内容】 …………………………………………… 162
　第 104 条　【发函对象】 …………………………………………………… 162
　第 105 条　【注意事项】 …………………………………………………… 162
　　※ 案例 5.2-16：深圳市理邦精密仪器股份有限公司诉深圳迈瑞生物医
　　　　　　　　　疗电子股份有限公司商业诋毁纠纷案 ………………… 163

　第三节　谈判 ………………………………………………………………… 166
　第 106 条　【交流和分析当事人的要求】 ………………………………… 166
　第 107 条　【谈判信息的收集】 …………………………………………… 167
　第 108 条　【了解对方的情况】 …………………………………………… 167
　第 109 条　【分析焦点问题】 ……………………………………………… 167
　第 110 条　【谈判目标】 …………………………………………………… 168
　第 111 条　【谈判的重点环节】 …………………………………………… 168
　第 112 条　【律师参与谈判的角色】 ……………………………………… 169
　第 113 条　【注意事项】 …………………………………………………… 169

第六章　民事救济的共同问题 …………………………………………… 170

　第一节　基本要求 …………………………………………………………… 170
　第 114 条　【做好工作记录】 ……………………………………………… 170
　第 115 条　【分析事实和收集证据】 ……………………………………… 170
　第 116 条　【确定诉讼请求】 ……………………………………………… 170
　第 117 条　【纠纷的解决方式】 …………………………………………… 171
　第 118 条　【综合运用诉讼方法】 ………………………………………… 173
　　※ 案例 6.1-17：美国礼来公司、礼来（中国）研发有限公司诉黄孟炜侵害
　　　　　　　　　商业秘密纠纷案 …………………………………………… 175

　第二节　管辖确定 …………………………………………………………… 175
　第 119 条　【管辖部门】 …………………………………………………… 175
　第 120 条　【地域管辖】 …………………………………………………… 177
　　※ 案例 6.2-18：艾利丹尼森公司、艾利（广州）有限公司、艾利（昆山）有
　　　　　　　　　限公司、艾利（中国）有限公司与四维企业股份有限公
　　　　　　　　　司、四维实业（深圳）有限公司、南海市里水意利印刷厂、
　　　　　　　　　佛山市环市镇东升汾江印刷厂经营部侵犯商业秘密纠
　　　　　　　　　纷管辖权异议上诉案 ……………………………………… 177
　第 121 条　【级别管辖】 …………………………………………………… 178
　第 122 条　【提出管辖权异议应注意的问题】 …………………………… 181

第三节　证据保全和财产保全 ·· 182
　第 123 条　【证据保全】 ·· 182
　第 124 条　【财产保全】 ·· 185
第四节　鉴定与评估 ·· 186
　第 125 条　【鉴定机构】 ·· 186
　第 126 条　【鉴定内容】 ·· 188
　第 127 条　【鉴定材料的提交、选定、移送和固定】 ··············· 190
　　※ 案例 6.4-19：成都佳灵电气制造有限公司诉成都希望电子研究所、成都希望森兰变频器制造有限公司、胡向云、余心祥、郑友斌、邓仕方侵害商业秘密纠纷案 ·· 193
　第 128 条　【对鉴定报告的质证和采信问题】 ························· 197
　第 129 条　【评估机构】 ·· 200
　第 130 条　【评估内容】 ·· 201
　第 131 条　【评估方法】 ·· 201
第五节　开庭准备 ·· 201
　第 132 条　【申请不公开审理】 ··· 201
　第 133 条　【提出保密申请】 ··· 202
　第 134 条　【申请专家辅助人出庭】 ······································ 204
第六节　庭审 ·· 206
　第 135 条　【确定争议焦点】 ··· 206
　第 136 条　【举证】 ··· 207
　第 137 条　【质证】 ··· 210
　第 138 条　【代理意见陈述】 ··· 211

第七章　商业秘密合同纠纷法律业务 ······································ 212

第一节　合同诉讼要点 ·· 212
　第 139 条　【商业秘密合同纠纷种类】 ···································· 212
　第 140 条　【司法管辖的选择】 ··· 212
　第 141 条　【技术鉴定和专家辅助人】 ···································· 215
　第 142 条　【鉴定意见的质证】 ··· 216
　第 143 条　【诉讼时效】 ·· 216
　第 144 条　【诉争合同或争议条款的无效、解除、变更和撤销】 ··· 218
　　※ 案例 7.1-20：海南康力元药业有限公司、通用康力制药有限公司诉海口奇力制药股份有限公司技术转让合同纠纷案 ············· 220

第二节　作为原告代理人 ··· 221
　　第145条　【诉讼主体资格审查】 ······································· 221
　　第146条　【分析案情】 ·· 223
　　第147条　【证据准备】 ·· 224
　　第148条　【确定诉讼请求】 ··· 225
　　第149条　【确定被告】 ·· 225
　　第150条　【准备诉状】 ·· 225
　　第151条　【原告举证】 ·· 226
第三节　作为被告代理人 ··· 226
　　第152条　【诉讼主体资格审查】 ······································· 226
　　第153条　【了解案情】 ·· 226
　　第154条　【管辖异议】 ·· 227
　　第155条　【证据准备与质证】 ··· 227
　　第156条　【答辩】 ··· 227
　　第157条　【诉讼时效抗辩】 ··· 228
　　第158条　【抗辩】 ··· 228
　　第159条　【合同（条款）效力抗辩】 ································· 228
　　第160条　【商业秘密构成抗辩】 ······································· 229
　　第161条　【不违约抗辩】 ·· 230
　　第162条　【反诉】 ··· 231
　　第163条　【违约金或者赔偿损失抗辩】 ···························· 231
　　　※ 案例7.3-21：北京泰来猎头咨询事务所诉吴峥渊、北京广仕缘咨询有限公司不正当竞争纠纷案 ··· 231

第八章　商业秘密侵权诉讼法律业务 ···································· 235

第一节　侵权诉讼的要点 ··· 235
　　第164条　【侵犯商业秘密的行为种类】 ···························· 235
　　第165条　【不正当手段获取】 ··· 236
　　第166条　【保密约定和保密要求】 ··································· 237
　　　※ 案例8.1-22：张培尧、惠德跃、江苏省阜宁县除尘设备厂诉苏州南新水泥有限公司侵犯商业秘密、财产损害赔偿纠纷案 ······ 238
　　第167条　【违法披露他人的商业秘密】 ···························· 241
　　第168条　【违法使用或许可他人使用】 ···························· 242
　　　※ 案例8.1-23：海鹰企业集团有限责任公司诉无锡祥生医学影像有限责任公司、莫善珏、吴荣柏、顾爱远商业秘密侵权纠纷案 ······ 242
　　第169条　【第三人侵权】 ·· 245

第170条 【证明侵权行为的基本证据】………………………………… 246
第171条 【赔偿依据和基本证据】……………………………………… 247
　※ 案例8.1-24：金龙精密铜管集团股份有限公司诉上海龙阳精密复合
　　　铜管有限公司、江西耐乐铜业有限公司侵害商业秘密纠
　　　纷案 ……………………………………………………… 253
　※ 案例8.1-25：衢州万联网络技术有限公司诉周慧民、冯晔、陈云生、陈
　　　宇锋、陈永平侵犯商业秘密纠纷案 …………………… 255
第172条 【确定商业秘密点】…………………………………………… 259
第173条 【临时措施与保全】…………………………………………… 261
　第二节　作为原告代理人 ……………………………………………… 261
第174条 【分析事实和采取补救措施】………………………………… 261
　※ 案例8.2-26：a公司诉b公司侵犯商业秘密及不正当竞争纠纷案 …… 261
第175条 【分析选择违约之诉还是侵权之诉】………………………… 262
第176条 【确定诉讼请求】……………………………………………… 263
第177条 【原告资格审查】……………………………………………… 266
第178条 【确定被告】…………………………………………………… 267
第179条 【原告商业秘密构成审查】…………………………………… 268
第180条 【确定损害赔偿】……………………………………………… 269
第181条 【明确管辖地及管辖部门】…………………………………… 271
第182条 【考查诉讼时效】……………………………………………… 271
第183条 【原告举证】…………………………………………………… 272
　※ 案例8.2-27：东莞市利安达环境科技有限公司诉盛龙弢侵害商业秘
　　　密纠纷案 ………………………………………………… 273
第184条 【确定损害赔偿】……………………………………………… 277
第185条 【确定诉讼策略】……………………………………………… 277
　第三节　作为被告的代理人 …………………………………………… 278
第186条 【了解案情与当事人沟通】…………………………………… 278
第187条 【原、被告资格审查】………………………………………… 278
第188条 【商业秘密权利人审查】……………………………………… 279
第189条 【管辖与管辖异议】…………………………………………… 279
第190条 【商业秘密构成抗辩】………………………………………… 279
第191条 【商业秘密侵权行为抗辩】…………………………………… 280
　※ 案例8.3-28：南京莱柯丽影视配音有限公司诉南京鑫维瞳光文化传
　　　播有限公司、张凡、况稳侵犯商业秘密纠纷案 ……… 281
第192条 【损失赔偿抗辩】……………………………………………… 285

第四节　商业秘密不侵权诉讼 ······ 285
- 第 193 条　【案由】 ······ 285
- 第 194 条　【与其他确认不侵权诉讼的不同】 ······ 286
- 第 195 条　【受理条件】 ······ 286
- 第 196 条　【案件性质】 ······ 286
- 第 197 条　【可否反诉】 ······ 287
- 第 198 条　【地域管辖】 ······ 287
- 第 199 条　【慎用侵权警告】 ······ 287
- 第 200 条　【其他参照侵权诉讼】 ······ 287

第九章　商业秘密行政法律业务 ······ 288

第一节　行政救济要点 ······ 288
- 第 201 条　【行政救济途径】 ······ 288
  - ※ 案例 9.1-29：上海市工商局宝山分局的行政处罚决定 ······ 289
- 第 202 条　【行政救济特点】 ······ 290
- 第 203 条　【确定管辖机关】 ······ 290
- 第 204 条　【管辖争议】 ······ 291
- 第 205 条　【案件移送】 ······ 291

第二节　作为权利人的代理人 ······ 292
- 第 206 条　【申请人主体资格的审查】 ······ 292
- 第 207 条　【权利人商业秘密构成的审查】 ······ 293
- 第 208 条　【确定投诉请求】 ······ 293
- 第 209 条　【选择举报方式】 ······ 294
- 第 210 条　【准备举报材料】 ······ 294
- 第 211 条　【提请立案】 ······ 294
- 第 212 条　【配合行政机关调查】 ······ 295
- 第 213 条　【出具强制措施后果保证】 ······ 298
- 第 214 条　【提出赔偿调解方案】 ······ 298
  - ※ 案例 9.2-30：湖北武汉图强诚信皮具有限公司侵犯商业秘密案 ······ 298
- 第 215 条　【监督连续侵权行为】 ······ 299
- 第 216 条　【支持行政机关应诉】 ······ 299

第三节　作为被申请人的代理人 ······ 299
- 第 217 条　【举报是否存在瑕疵】 ······ 299
- 第 218 条　【确定应对策略】 ······ 299
- 第 219 条　【寻找减免处罚依据】 ······ 299
- 第 220 条　【书面提出申辩理由】 ······ 300

第 221 条 【协商和解赔偿方案】 300

第 222 条 【建议被申请人要求听证】 303

第 223 条 【行政复议和行政诉讼】 303

第十章　商业秘密刑事法律业务 304

第一节　刑事救济综述 304

第 224 条 【刑事救济】 304

※ 案例 10.1-31：被告单位浙江福瑞德化工有限公司、被告人张海青、被告人廖世茂侵犯商业秘密罪案 307

第 225 条 【刑事救济特点】 308

※ 案例 10.1-32：江西亿铂电子科技有限公司、中山沃德打印机设备有限公司、余志宏、罗石和、李影红、肖文娟侵犯商业秘密案 309

第 226 条 【报案要求】 310

第 227 条 【确定管辖机关】 311

第 228 条 【确定侵犯商业秘密行为是否同时触犯了其他罪名】 311

第 229 条 【其他事项】 312

第二节　作为被害人的代理人 312

第 230 条 【接受委托，办理委托手续】 312

第 231 条 【了解案情】 312

第 232 条 【了解商业秘密内容和范围】 312

第 233 条 【了解商业秘密点】 313

第 234 条 【商业秘密权利人和商业秘密合法有效证据】 313

第 235 条 【犯罪主体证据】 314

第 236 条 【非公知性证据】 314

第 237 条 【价值性和实用性证据】 314

第 238 条 【权利人对商业秘密采取保护措施的证据】 314

第 239 条 【犯罪行为证据】 315

第 240 条 【接触商业秘密的证据】 317

第 241 条 【主观过错证据】 317

第 242 条 【定罪标准证据】 317

第 243 条 【立案的其他材料】 318

第 244 条 【撰写报案材料和《商业秘密的陈述》】 319

第 245 条 【鉴定】 319

第 246 条 【申请保密和不公开审理】 320

第三节　作为刑事自诉人的代理人 ·· 320
　　第247条　【自诉的特点】 ·· 320
　　第248条　【自诉的适用】 ·· 321
　　第249条　【自诉与公诉的转换】 ·· 321
第四节　作为犯罪嫌疑人、被告人的辩护人 ······································ 321
　　第250条　【会见】 ·· 321
　　第251条　【查阅、摘抄、复制案件材料】 ································ 321
　　第252条　【申请调查收集证据】 ·· 321
　　第253条　【提出书面意见】 ·· 321
　　第254条　【取得专家支持】 ·· 321
　　第255条　【庭前会议准备】 ·· 322
　　第256条　【庭审发问提纲】 ·· 322
　　第257条　【对鉴定报告的质证】 ·· 322
　　第258条　【申请鉴定人出庭】 ·· 323
　　第259条　【申请重新鉴定】 ·· 324
　　第260条　【对评估报告的质证】 ·· 325
　　第261条　【常用的抗辩理由】 ·· 326
　　※ 案例10.2-33：段新苗侵犯商业秘密案 ································ 331
　　第262条　【调解】 ·· 332

第十一章　附则 ·· 334

　　第263条　【依据效力】 ·· 334
　　第264条　【指引效力】 ·· 334

第一章 总　则

第一节 前　述

第1条　【制定目的】

为提高律师从事商业秘密法律服务的业务质量和业务水平,明确具体操作规范,中华全国律师协会知识产权委员会竞争小组与北京市律师协会竞争与反垄断法律事务专业委员会成员在遵循法律理论和总结实务经验的基础上,制定本操作指引。

※ 条文释解[①]

本条是起草撰写《律师办理商业秘密法律业务操作指引》(以下简称"本指引")的目的,其重点在于引导律师在办理商业秘密法律业务时明确一些概念定义、法律内涵、司法审判要点以及可供参考的实施方案和措施。在非诉讼业务中,帮助企事业单位建立和健全商业秘密保护的管理制度;在诉讼业务中,准确把握法律判定标准和商业秘密理论基础在实践中的运用。无论非诉还是诉讼都要依赖于基础理论,并在实践中逐步完善对于商业秘密概念、特征和法律保护意图以及商业秘密的本质等内容的研究和讨论。目前我国商业秘密的保护是在竞争法框架中的,并无单独的专门法。因此,自1993年《中华人民共和国反不正当竞争法》(以下简称《反不正当竞争法》)颁布以来,商业秘密法律业务始终被认为是律师法律业务中的难点业务之一。随着国家、社会科技和经济的快速发展,竞争法律与知识产权法律的分界日益清晰和逐步分离,商业秘密将来是在知识产权体系之内还是在竞争法律体系之内,尚有更多的探讨余地。

第2条　【适用范围】

本操作指引旨在指导执业律师、实习律师和其他人员为公民、法人或者其他组织等提供商业秘密管理、商业秘密合同起草、商业秘密诉讼等法律服务的实务操作。

本操作指引仅作为参考使用。具体参考时,应查询相关的最新法律、法规和司法解释,并充分分析思考客户和个案的差异性需求。

※ 条文释解

因为商业秘密的保护是基于公民、法人或者其他组织(以下统称为"单位"或"当事人")的自身保护为主,保护范围亦是由单位自行主张和决定的,且商业秘密的权利

[①] 本书"依据"及"案例判决书"除特别标注出处外,均源自北大法宝,网址 http://www.pkulaw.cn。

取得也并无向国家有关部门或者组织备案取得或者申报取得的程序,因此实际上国家给予商业秘密的保护力度不及专利、商标的强制性保护。除了律师以外的任何人员均可以从本操作指引中参考商业秘密管理的方式方法,了解纠纷发生后证据收集、司法救济的程序和步骤经验。但是因为商业秘密的特殊性和法律规定的局限性,在参考适用本指引时一定要充分了解当事人主张的商业秘密的特性、范围和内涵,不仅要理解《反不正当竞争法》的规定,也要理解《中华人民共和国劳动法》(以下简称《劳动法》)、《中华人民共和国公司法》(以下简称《公司法》)、《中华人民共和国合同法》(以下简称《合同法》)的相关规定,甚至要理解《中华人民共和国保守国家秘密法》(以下简称《保守国家秘密法》)以及其他法律中涉及披露制度的相关规定,才有可能准确区分商业秘密与非专利技术成果、国家秘密、公司秘密、劳动权利和义务、个人经验、传统技艺等之间的关系,择选出符合法律规定的商业秘密、确定商业秘密归属、核定商业秘密价值。

第 3 条 【业务特点】

3.1 专业性强

商业秘密是知识产权保护的重要内容之一,且是较为复杂的内容之一。鉴于知识产权的特征,其法律业务具有很强的专业性。尤其是商业秘密权利与其他知识产权权利相比,不具有绝对排他性,不具有授权公开性,因此,在认定和判断商业秘密时具有与其他知识产权相比更为突出的特性:

(1)要注意防范商业秘密信息在诉讼中的二次披露问题,在诉讼程序中既要能够证明主张或抗辩充分,又要主动采取措施防止商业秘密被披露和保护范围的扩大化。

(2)要掌握对商业秘密的保护从研发或者受让起始即已经开始,而非仅对研发结果或受让技术的保护,亦非一般知识产权保护意识中的遭受侵权时的维权。

(3)要掌握商业秘密权益与国家法律规定的公民权利、人身权利的有效结合点和分界点。

(4)要准确把握国家设立商业秘密法律保护制度的基础和目的,在公众利益与私权关系的框架下,寻找商业秘密保护的平衡点。

(5)要密切关注商业秘密民事保护与刑事保护的衔接问题以及国家政策、司法保护的最新动态和案例。

3.2 知识面广

目前我国在商业秘密的研究和法律保护方面并不十分完善,各地方的经济发展和保护能力也不均衡,律师需要掌握:

(1)知识产权保护制度、知识产权司法体系以及知识产权权利的法律性质和特征。

(2)在研究基础上,实践企事业单位管理、市场运营模式、人力资源管理等与商业秘密保护密切相关的知识。

(3) 结合运用侵权法、合同法、劳动法、保守国家秘密法等相关法律及其具体条文。

(4) 在专业人员的帮助下，圈定商业秘密"秘密点"，需要了解基本技术知识和企业管理常识，争取对涉案商业秘密信息的市场状况和竞争优势有基本的了解。

3.3 规范复杂

涉及商业秘密的法律、法规、司法解释、地方性法规和部门规章、行业管理规定繁多、交叉规范复杂，律师应当通晓和理解各类规定的立法意图和实际操作中应当参照适用的各类情况。

3.4 部门众多

国家知识产权局、国家工商行政管理总局、国家科学技术部、人力资源和社会保障部、国家保密局、国家经济贸易委员会以及各行业主管部门、行业协会都对商业秘密进行了规范，律师要对国家商业秘密保护体系、救济途径统筹掌控，并培养交叉管理和保护的能力。

※ 条文释解

商业秘密法律业务专业性强是第一位的。不是看过或者熟记《反不正当竞争法》第10条的规定，就可以直接上手办理。前一解释中所说的"择选出符合法律规定的商业秘密"就是难点之一，因此需要律师对于国家保护商业秘密的宗旨和意图予以了解，对于商业秘密十分宽泛的内容予以了解。例如：经营信息，即使作出一个范围的表述，也已经包括了"管理方案、管理诀窍、客户名单、货源情报、产销策略、投融资计划、标书、标底"等众多种类、不同形式的信息，但是能否构成商业秘密中的经营秘密还需要符合法定的特征。

其实，本条也仅仅是提炼了一些总括性的特点。许多律师没有时间、精力去分析和琢磨理论，只希望用有限的时间获得更多的诉讼技巧，但是从事商业秘密法律业务是完全没有捷径可走的，因为《反不正当竞争法》中对商业秘密规定的法律条款仅有一条，单凭对于该条文的直观的字面理解，难以应对现实中错综复杂的各类"信息""秘密"。

第一，保护公众利益和维护市场公平竞争才是商业秘密立法和执法的前提，这一点与专利保护制度、商标保护制度与版权保护制度不同。例如：美国著名的可口可乐公司有一句名言："保住了秘密就保住了市场。"在很长一段时间里，从事商业秘密研究和实务的专家、学者都会以可口可乐配方秘而不宣、至今无人破解，作为一个成功的商业秘密典型来解释和说明商业秘密存在的价值和商业秘密应当受到法律保护的意义。可口可乐公司正是利用商业秘密，维持其长达一个世纪对可乐类饮料市场的"垄断"。而国家监管部门在前几年"规范食品添加剂的使用，有效维护公众的身体健康和生命安全"这样重大的前提下，要求各火锅店商公示火锅底料，却引起了店家的"抗议"和公众要求知情权的强烈反响，甚至有些监管部门在执行中规定"餐饮服务单位不得以'秘方''商业秘密'为由抵制备案和公示。自制火锅底料、自制饮料、自制调味料所使用的食品添加剂名称涉及'商业秘密',应申请专利,保护自主知识产权,不得以此拒绝备案和公示"。且不说火锅底料的专利保护方式,仅就商业秘密而言,如何在保护商业信息安全、公众的身体健康和生命安全、促进人才合理流动的同时,对于社会公平价值和公众安全给予充分保障,在现有法律对商业秘密的法定构成要件中似乎就缺少了一些必要的条件,而忽略了任何竞争法律的制定都应当以保护公众利益和维护市场公平竞争为基本前提。法律兼具规范和引导公众意识、社会价值取向的责任,对于损害公众生命、健康的所谓"商业秘密"应当命令不予保护。是否构成损害公众生命、健康,应当由国家监管部门依照法定程序予以审查和认定,在审查过程中,要先采取必要的保密措施保守当事人的秘密信息,确实会对公众生命、健康造成损害的,应当披露商业秘密的内容,禁止企业继续生产、销售。

商业秘密制度作为国家专利制度的一种补充,从本质上说是要在刺激发明创造和维护公共利益和公序良俗之间寻找一个平衡点。《俄罗斯联邦商业秘密法》就明确规定了11类信息不得采取保密措施[①],其中第四类就是"有关环境污染、消防安全状况、流行病和辐射情况、食品安全和其他对保障生产设施安全、每个公民的安全和居民的整体安全有负面影响的事实"。解决了保护市场公平竞争的秩序、诚实信用的价值,同时也保护了公众的安全。加拿大《统一商业秘密法草案》第10条之1也规定:根据商业秘密的性质,在披露或使用之时,披露或使用已经涉及或将要涉及的公共利益,重于继续保持秘密的需要。《中华人民共和国专利法》(以下简称《专利法》)对类似情况也有明确的规定,是不授予专利权的。可见,对"公共利益和善良风俗"的维护也是商业秘密能够受到保护的一个前提条件。但在法律认定上往往比较复杂,尤其是涉及公序良俗的纠纷。对于公序良俗,各国的差别比较大,因为公序良俗是基于一国的文明程度和对传统文化的理解,道德规范往往在其中起到重要的作用。在商业秘密纠纷中可能涉及公序良俗的方面有:

(1)竞业限制中员工的就业权和择业权;

(2)商业秘密本身的内容或实施手段违反公共利益或法律;

(3)商业秘密本身或实施手段妨碍或可能妨碍公众健康、环境保护;

(4)保密措施过分限制人身或者妨碍人身自由和安全等。

在合同中约定违反公共利益和善良风俗的条款是无效的,有责任的一方还要相应地承担合同无效的责任。

第二,商业秘密制度是源起于诚实信用,很多制度的设定是以员工负有对企业的忠诚义务为基础的,现实中常常忽略这一点,导致许多案件看似不公平、不合理,但又无法予以法律规制或者是导致商业秘密保护范围过宽。因此,从事办理商业秘密法律业务时对个案的分析是非常重要的,看似雷同的案件,因为单位管理制度的不同、协议中设定名词的内涵和外延的不同、证明方式的不同等,都会导致保护力度和后果

---

① 参见邓社民、任丽媛:《俄罗斯联邦商业秘密法的特点及对我国立法的启示》。

完全不同。

对于商业秘密保护制度理论的深度理解,可以在律师实务中扩展原告方主张商业秘密的视野和角度,同时也扩展了被告方抗辩的思路和理由。很好地把握和运用理论,就是律师实务。

※ 问题1[①]:技术秘密、技术信息、经营秘密、经营信息四个词各自的语境是怎样的?

第4条 【法律、法规、司法解释、部门规章依据】(地方性法规略)

《中华人民共和国民法通则》
《中华人民共和国反不正当竞争法》
《中华人民共和国科学技术进步法》
《中华人民共和国促进科技成果转化法》
《中华人民共和国合同法》
《中华人民共和国劳动法》
《中华人民共和国劳动合同法》
《中华人民共和国反垄断法》
《中华人民共和国公司法》
《中华人民共和国刑法》
世界贸易组织《与贸易有关的知识产权协议》
最高人民法院《关于民事诉讼证据的若干规定》
最高人民法院《关于适用〈中华人民共和国合同法〉若干问题的解释(一)》
最高人民法院、最高人民检察院《关于办理侵犯知识产权刑事案件具体应用法律若干问题的解释》
最高人民法院、最高人民检察院《关于办理侵犯知识产权刑事案件具体应用法律若干问题的解释(二)》
最高人民法院《关于审理不正当竞争民事案件应用法律若干问题的解释》
最高人民法院《关于当前形势下做好劳动争议纠纷案件审判工作的指导意见》
最高人民法院《关于当前形势下知识产权审判服务大局若干问题的意见》
最高人民法院《关于审理技术合同纠纷案件适用法律若干问题的解释》
最高人民法院《关于审理劳动争议案件适用法律若干问题的解释(四)》
国家科学技术委员会、国家保密局《科学技术保密规定》
劳动部《违反〈劳动法〉有关劳动合同规定的赔偿办法》
劳动部《关于企事业单位职工流动若干问题的通知》
国家工商行政管理总局《关于商业秘密构成要件问题的答复》

[①] 本书所有问题,作为理解和思考"释解"内容,答案均在相应的"释解"内容中说明。

国家工商行政管理总局《关于禁止侵犯商业秘密行为的若干规定》
劳动和社会保障部办公厅《关于劳动争议案中涉及商业秘密侵权问题的函》
国家经济贸易委员会《关于加强国有企事业单位商业秘密保护工作的通知》
国家科学技术委员会《关于科技人员业余兼职若干问题的意见》

※ 条文释解

本条仅列举了直接涉及商业秘密的主要的法律、法规、司法解释和部门规章,以及必须掌握和了解的与商业秘密保护相关的管理制度、劳动制度、技术成果创新、技术成果归属等主要的法律、法规、司法解释和部门规章。

要注意的是,各省、市、自治区基本就《反不正当竞争法》均有《反不正当竞争条例》及当地《技术秘密保护条例》和与《劳动法》《中华人民共和国劳动合同法》(以下简称《劳动合同法》)相关的条例。而国家工商局颁布的规定以及最高人民法院的司法解释,对于理解和掌握商业秘密保护内容、判定标准以及律师判断保护途径,都是最好的"规范性"教材。

在司法实践中,很多律师并不注意各省、市、自治区颁布的条例,一旦判断是商业秘密或者涉及竞业限制纠纷,就仅仅在知识产权法律、司法解释的范围内查找可以适用的规定,而忽略了商业秘密与其他法律、法规的联系性。以竞业限制为例,很多律师,包括单位总是对于竞业限制究竟应当给予被限制人多少补偿金合适发出相同的疑问,回答起来又往往难以说明具体数额,原因就在于各省、市、自治区以及劳动部门和知识产权部门的规定都有所不同,涉及商业秘密及竞业限制、保密协议等相关的地方性法规不少于30件,很多也仅仅以"应当支付一定数额的补偿金"作为竞业限制补偿金的规定。但也有一些规定了基准数额的比例,具体说明和规定请参见第四章第三节第71条。

后述将谈及竞业限制协议违约纠纷与因竞业限制协议导致的商业秘密侵权纠纷的不同,因此律师在办理诉由不同的业务时,依据的法律必然不同,因此所举例的内容要结合案情考虑,其具体数额也可能被采纳,也可能仅仅是个参考依据。当不理解这一点时,律师往往会对法院判决未采纳的意见提出质疑。

鉴于目前《反不正当竞争法》正在修订中,因此在本文撰写时本条列举的法律、法规、部门规章和司法解释尚是现行有效的规定,随着时间的推移,在适用时请务必再做查询。[①]

因为商业秘密的法律规定不多,尤其是对于名词解释和具体内容的部分散见在诸多文件中,因此,笔者尽可能地将查询到的资料列明如下,供大家参考。

(一) 商业秘密的国际保护

世界贸易组织《与贸易有关的知识产权协定》第39条[②]

[①] 本文法律、法规、部门规章及司法解释的查询确认时间为2015年6月30日。
[②] 来源:http://bmla.chinalawinfo.com/newlaw2002/slc/slc.asp?db=eag&gid=100668048。

"违反诚实商业行为的方式"应至少包括以下做法:如违反合同、泄密和违约诱导,并且包括第三方取得未披露的信息,而该第三方知道或因严重疏忽未能知道未披露信息的取得涉及此类做法。

(a) 属秘密,即作为一个整体或就其各部分的精确排列和组合而言,该信息尚不为通常处理所涉信息范围内的人所普遍知道,或不易被他们获得;

(b) 因属秘密而具有商业价值;并且

(c) 由该信息的合法控制人,在此种情况下采取合理的步骤以保持其秘密性质。

世界知识产权组织《反不正当竞争示范法》第6条规定了"关于秘密信息的不正当竞争"。

(二) 部分省、市、自治区关于商业秘密(技术秘密)的有关规定(按照时间顺序排列)

文件名称	发布时间①	具体条款内容
海南省人大常委会《海南经济特区反不正当竞争条例》	1993年12月18日	第十二条 经营者不得以盗窃、利诱、胁迫或者其他不正当手段获取、使用或者披露他人的商业秘密。
北京市人大常委会《北京市反不正当竞争条例》	1997年9月4日(修正)	第十六条 经营者不得采用下列手段侵犯商业秘密: (一) 以盗窃、利诱、胁迫或者其他不正当手段获取权利人的商业秘密; (二) 披露、使用或者允许他人使用以前项手段获取的权利人的商业秘密; (三) 违反约定或者违反权利人有关保守商业秘密的要求,披露、使用或者允许他人使用其所掌握的商业秘密; (四) 以高薪或者其他优厚条件聘用掌握或者了解权利人商业秘密的人员,以获取、使用、披露权利人的商业秘密。 第三人明知或者前款所列违法行为,获取、使用或者披露他人的商业秘密,视为侵犯商业秘密。 本条所称的商业秘密,是指不为公众所知悉、能为权利人带来经济利益、具有实用性并经权利人采取保密措施的技术秘密、技术信息和经营信息。
吉林省人大常委会《吉林省反不正当竞争条例》	1997年11月14日(修正)	第十五条 经营者不得采用《反不正当竞争法》第十条所列手段侵犯商业秘密。 经营者不得以获取、使用商业秘密为目的,聘用掌握权利人商业秘密的人员。 经营者不得明知对方是以不正当手段获取的商业秘密,仍向对方获取或者向其他经营者披露该项商业秘密。

---

① 有修改的,以修改时间为准。

(续表)

文件名称	发布时间	具体条款内容
河南省人大常委会《河南省反不正当竞争条例》	2010年7月30日(修正)	第十五条 经营者不得以下列手段侵犯商业秘密： (一)以盗窃、利诱、胁迫或者其他不正当手段获取权利人的商业秘密； (二)披露、使用或者允许他人使用以前项手段获取的权利人的商业秘密； (三)违反约定或者违反权利人有关保守商业秘密的要求，披露、使用或者允许他人使用其所掌握的商业秘密。 第三人明知或应知本条所列违法行为，获取、使用或者披露他人的商业秘密，视为侵犯商业秘密。 本条所称商业秘密，是指不为公众所知悉、能为权利人带来经济利益、具有实用性并经权利人采取保密措施的技术信息和经营信息。
西安市政府《西安市实施〈中华人民共和国反不正当竞争法〉办法》	2010年11月3日(修正)	第十一条 经营者不得违背诚实信用原则，采取下列手段侵犯他人商业秘密： (一)盗窃或者指使第三人盗窃他人商业秘密； (二)胁迫或者利诱他人提供自己的或者第三人的商业秘密； (三)聘用他人雇员以获取他人的商业秘密； (四)披露、使用或者允许他人使用以上所列三项手段获取的商业秘密； (五)违反约定或者权利人有关保守商业秘密的要求，披露、使用或者允许他人使用其所掌握的商业秘密。 第三人明知或者应知前款所列违法行为，获取、使用或者披露他人的商业秘密，视同侵犯商业秘密。
山西省人大常委会《山西省反不正当竞争条例》	2011年12月1日(修正)	第十一条 经营者不得采用下列手段侵犯他人商业秘密： (一)以盗窃、利诱、胁迫或者其他不正当手段获取权利人的商业秘密； (二)披露、使用或者允许他人使用以前项手段获取的权利人的商业秘密； (三)违反约定或者违反权利人有关保守商业秘密的要求，披露、使用或者允许他人使用其所掌握的商业秘密。 第三人明知或者应知前款所列违法行为，获取、使用或者披露他人的商业秘密，视为侵犯商业秘密。
湖北省人大常委会《湖北省反不正当竞争条例》	2011年12月1日(修正)	第十四条 禁止以任何手段侵犯商业秘密。 本条所称商业秘密，是指不为公众所知悉、能为权利人带来经济利益，具有实用性并经权利人采取保密措施的技术信息和经营信息，包括产品配方、工艺流程、技术诀窍、设计资料、管理方法、营销策略、客户名单、货源情报等。

(续表)

文件名称	发布时间	具体条款内容
厦门市人大常委会《厦门经济特区反不正当竞争条例》	2011年12月7日（修正）	第十九条　经营者不得采用下列手段侵犯商业秘密： （一）以盗窃、利诱、胁迫或者其他不正当竞争手段获取权利人的商业秘密； （二）披露、使用或者允许他人使用以前项所列手段获取的权利人的商业秘密； （三）违反合同约定或者违反权利人有关保守商业秘密的要求，披露、使用或者允许他人使用其所掌握的商业秘密； （四）以高薪或者其他优厚条件聘用掌握或者了解权利人商业秘密的人员，以获取、使用、披露权利人的商业秘密。 第三人明知或者应知商品秘密是通过前款所列违法行为获取、使用、披露的，而获取、使用或者披露他人的商业秘密，视为侵犯商业秘密。 本条所称的商业秘密，是指不为公众所知悉、能为权利人带来经济利益，具有实用性并经权利人采取保密措施的技术信息或经营信息，包括原料配方、工艺流程、技术诀窍、设计资料、管理方案、营销策略、客户名单、货源情报等。
黑龙江省人大常委会《黑龙江省反不正当竞争条例》	2011年12月8日（修正）	第十五条　经营者不得实施下列侵犯商业秘密的行为： （一）以盗窃、利诱、胁迫或者其他不正当手段获取权利人的商业秘密； （二）披露、使用或者允许他人使用以前项手段获取的权利人的商业秘密。权利人的职工和工作调转后的人员以及与权利人有业务关系的单位、个人，违反约定或者违反权利人保守商业秘密的要求，披露、使用或者允许他人使用其掌握的权利人的商业秘密。 第三人明知或者应知前款所列违法行为，获取、使用或者披露他人的商业秘密的，视为侵犯商业秘密。 本条所称的商业秘密是指不为公众所知悉，能为权利人带来经济利益，具有实用性并经权利人采取保密措施的设计资料、程序、产品配方、制作工艺、制作方法、管理诀窍、客户名单、货源情报、产销策略、招投标的标底以及标书内容等技术信息和经营信息。

(续表)

文件名称	发布时间	具体条款内容
上海市人大常委会《上海市反不正当竞争条例》	2011年12月22日(修正)	第十五条 经营者不得采用下列手段侵犯商业秘密： (一)以盗窃、利诱、胁迫或者其他不正当手段获取权利人的商业秘密； (二)披露、使用或者允许他人使用以前项手段获取的权利人的商业秘密； (三)违反约定或者违反权利人有关保守商业秘密的要求，披露、使用或者允许他人使用其所掌握的商业秘密。 第三人明知或者应知前款所列违法行为，获取、使用或者披露他人的商业秘密，视为侵犯商业秘密。 本条所称商业秘密，是指不为公众所知悉、能为权利人带来经济利益，具有实用性并经权利人采取保密措施的技术信息和经营信息，包括原料配方、工艺流程、技术诀窍、设计资料、管理方法、营销策略、客户名单、货源情报等。
江苏省人大常委会《江苏省实施〈中华人民共和国反不正当竞争法〉办法》	2012年1月12日(修正)	第十一条 任何组织和个人不得侵犯他人商业秘密。 前款所称商业秘密，是指不为公众所知悉、能为权利人带来经济利益，具有实用性并经权利人采取保密措施的产品配方、工艺流程、技术秘诀、设计图纸、产销策略、客户名单、价格情报、货源情报等技术信息和经营信息。
山东省人大常委会《山东省实施〈中华人民共和国反不正当竞争法〉办法》	2012年1月13日(修正)	第十六条 经营者不得采用下列手段侵犯他人商业秘密： (一)以盗窃、利诱、胁迫或者其他不正当手段获取权利人的商业秘密； (二)披露、使用或者允许他人使用以前项手段获取的权利人的商业秘密； (三)违反合同约定或者违反权利人保守商业秘密的要求，披露、使用或者允许他人使用其所掌握的权利人的商业秘密。 第三人明知或者应知前款所列违法行为，获取、使用或者披露他人的商业秘密，视为侵犯商业秘密。 本条所称商业秘密，是指不为公众所知悉、能为权利人带来经济利益，具有实用性并经权利人采取保密措施的设计资料、程序、产品配方、制作工艺、制作方法、管理诀窍、客户名单、货源情报、产销策略等技术信息和经营信息。

(续表)

文件名称	发布时间	具体条款内容
宁夏回族自治区人大常委会《宁夏回族自治区反不正当竞争条例》	2012年3月29日(修正)	第十四条 经营者不得采用下列手段侵犯商业秘密： （一）以盗窃、利诱、胁迫或者其他不正当手段获取权利人的商业秘密； （二）以洽谈业务、合作开发为名或者通过虚假陈述等不正当手段套取权利人的商业秘密； （三）披露、使用或者允许他人使用本条（一）、（二）项手段获取的权利人的商业秘密； （四）违反约定或者违反权利人有关保守商业秘密的要求，披露、使用或者允许他人使用其所掌握的商业秘密。 第三人明知或者应知前款所列违法行为，获取、使用或者披露他人的商业秘密，视为侵犯商业秘密。 本条所称的商业秘密，是指不为公众所知悉，能为权利人带来经济利益，具有实用性并经权利人采取保密措施的技术秘密、技术信息和经营信息，包括原材料配方、工艺流程、技术诀窍、设计图纸、管理方法、营销策略、客户名单、货源情报等。
贵州省人大常委会《贵州省反不正当竞争条例》	2012年3月30日(修正)	第十条 经营者不得采用下列手段侵犯他人商业秘密： （一）以盗窃、利诱、胁迫或者其他不正当手段获取权利人的商业秘密； （二）披露、使用或者允许他人使用以前项手段获取的权利人的商业秘密； （三）与权利人有业务关系的单位和个人违反合同约定或者违反权利人保守商业秘密的要求，披露、使用或者允许他人使用其所掌握的商业秘密； （四）权利人的职工违反合同约定或者违反权利人保守商业秘密要求，披露、使用或者允许他人使用其所掌握的权利人的商业秘密； （五）以获取、使用、披露权利人的商业秘密为目的，以高薪或者其他优厚条件聘用掌握权利人商业秘密的人员。 第三人明知或应知他人有前款所列违法行为，获取、使用或者披露他人的商业秘密，视为侵犯商业秘密。 本条所称的商业秘密，是指不为公众所知悉、能为权利人带来经济利益，具有实用性并经权利人采取了保密措施的技术信息和经营信息。
天津市人大常委会《天津市实施〈中华人民共和国反不正当竞争法〉办法》	2012年5月9日(修正)	第十六条 经营者不得采取下列手段侵犯商业秘密： （一）以盗窃、利诱、胁迫或者其他不正当手段获取权利人的商业秘密； （二）披露、使用或者允许他人使用以前项手段获取的权利人的商业秘密； （三）违反约定或者违反权利人保守商业秘密的要求，披露、使用或者允许他人使用其所掌握的权利人的商业秘密。 第三人明知或者应知前款所列违法行为，获取、使用或者披露他人的商业秘密，视为侵犯商业秘密。

应当注意的是,尽管很多条例都有修改,但是商业秘密部分修改的不多,但是其他不正当行为,例如仿冒行为、虚假宣传等均有更为具体的行为表现列举。可见在条例修改上,商业秘密部分依然是难度比较大、存有争议比较多的部分。这一点从《反不正当竞争法》的修订过程中即可以看出,"争议大,不如不改"是大部分修法者的观点。

但有些省、市也进行了突破性的尝试,有做加法的,例如:《河北省反不正当竞争条例》《黑龙江省反不正当竞争条例》;也有做减法的,例如:《湖北省反不正当竞争条例》;还有一些反不正当竞争条例中没有规定商业秘密的内容,例如:《抚顺市反不正当竞争条例》(抚顺市人大常委会,1997年9月27日修改)、《浙江省反不正当竞争条例》(浙江省人大常委会,2000年8月28日)、《深圳经济特区实施〈中华人民共和国反不正当竞争法〉规定》(深圳市人大常委会,1997年12月17日修改)、《广东省实施〈中华人民共和国反不正当竞争法〉办法》(广东省人大常委会,2014年9月25日修改)、《江西省反不正当竞争条例》(江西省人大常委会,2011年12月1日修改)、《广西壮族自治区反不正当竞争条例》(广西壮族自治区人大常委会,2012年3月23日修改)、《云南省反不正当竞争条例》(云南省人大常委会,2012年3月31日修改)。

(三)各省、市、自治区颁布的"技术秘密保护条例"应当予以充分关注:

《广东省技术秘密保护条例》(广东省人大常委会,2010年7月23日)

《宁波市企业技术秘密保护条例》(宁波市人大常委会,2010年7月30日)

《梧州市企业技术秘密保护条例》(2004年11月11日)

《浙江省技术秘密保护办法》(浙江省政府,2008年7月8日)

《深圳经济特区企业技术秘密保护条例》(深圳市人大常委会,2009年5月27日)

《中央企业商业秘密保护暂行规定》(国务院国有资产监督管理委员会,2010年3月25日)

《云南省省属企业商业秘密保护暂行规定》(云南省国资委,2010年5月19日)

特别要说明的是《徐州市保护商业秘密规定》(试行)[①],该规定在法律库中查询不到,但是网络上很容易查找到,无法辨别真伪,而且该规定存在大量的错误,不要参照。

(四)各省、市、自治区的"促进科技成果转化条例""科技创新条例"等科技类条例中,还有一些对商业秘密管理和保护的规定,例如:《广西壮族自治区促进科技成果转化条例》(2010年修正)中第36条规定:"在科技成果转化中,对于一方声明按商业秘密保护的未公开的技术信息和经济信息,未经权利人许可,另一方或者其他各方不得擅自公开、披露或者转让。"第37条规定:"科技成果持有单位应当建立健全技术秘密保护制度,可与职工以书面形式签订技术保密协议。技术保密协议可以单独签订,

---

① 来源:http://china.findlaw.cn/data/gsflgw_1342/1/9192.html。

也可以包含在劳动合同中。"文本无法一一列举，从略。

（五）各省、市、自治区关于保密协议、竞业限制协议的有关规定，请参见本指引第四章第二节、第三节。律师在办理商业秘密纠纷案件或者是涉及保密协议、竞业限制协议案件时要查询当地的相关规定。①

（六）各省、市、自治区高级人民法院也有审理商业秘密或者劳动争议案件中涉及商业秘密的一些规定，例如：北京市高级人民法院关于印发《关于审理反不正当竞争案件几个问题的解答（试行）》（1998年）、佛山市中级人民法院《关于审理劳动争议案件的若干意见》（2005年）、天津市高级人民法院《审理侵犯商业秘密纠纷案件研讨会纪要》（2007年）、江苏省高级人民法院《侵犯商业秘密纠纷案件审理指南》（2010年）等，因为内容过多，此处略。还有一些对于商业秘密纠纷案件具有指导意义的文件，散见在知识产权司法政策文件中，较为集中的是最高人民法院《知识产权年度报告》，既有案例也有评判意见；最高人民法院大法官的讲话，有审判实务的指导性意见。司法政策和审判精神在律师从事业务实践中也非常重要，要予以关注。关于司法政策与法律、法规的关系问题，最高人民法院知识产权庭原庭长孔祥俊在全国法院知识产权审判工作座谈会上的总结讲话（〔2011〕6号）中指出："司法政策首先是一种对审判工作的方向指引。其次，司法政策是关于法律适用的一种指导性精神，在法律有两种以上解释或者有两种以上裁判可能性时，要按照符合司法政策的方式进行裁判。最后，司法政策具有一定的灵活性和弹性，在符合司法政策导向的前提下，可以在个案中根据法律原则、精神进行探索。"

第二节　商业秘密

第5条　【商业秘密的定义和构成要件】

5.1　商业秘密是不为公众所知悉，能为权利人带来经济利益，具有实用性并经权利人采取保密措施的技术信息和经营信息。②

5.2　构成要件：非公知性、价值性、实用性和保密性。

5.3　商业秘密保护的落脚点是权利人和合法持有人的市场竞争优势。

※ 条文释解

本条是法律对商业秘密的定义，包含了商业秘密的四个法定构成要件以及商业秘密的基本类型。随着科技、经济的发展和市场竞争的日益激烈，当事人为了保护自身的利益和竞争优势导致商业秘密的范围有所扩大，延伸到其他法律无法规制、但又"感觉"应当被保护的领域。这是基于以下几点决定的：

（1）我们习惯将商业秘密划分为技术秘密和经营秘密，但其本质称谓应当是技

---

① 此处不评述相关的规定，如有必要，将在后述分章涉及的特定内容中说明。
② 《中华人民共和国反不正当竞争法》第10条。

术信息和经营信息。只有在法律语境下，甚至符合法律规定的构成要件时，才可以称为"技术秘密"或"经营秘密"，因此信息是商业秘密的基础内容。那么海量的信息及信息的组合，就会产生法律无法以列举方式规定的商业秘密内容，不仅如此，理论上也无法列举清楚。

（2）商业秘密保护的实际上是权利人和合法持有人的市场竞争优势，因此对于商业秘密构成、侵权行为、损害程度、尤其是赔偿数额的认定，在商业秘密管理、纠纷处理中就要充分考虑到所主张的商业秘密市场结构、市场优势等，在确定有一定竞争优势的情况下，任何信息在符合法定要件的时候，都可以尝试用商业秘密的方式保护。

（3）商业秘密法律制度是舶来品，我国自古以来也存在现代法律概念中的"商业秘密"，但其保护形式多以家族传承、师傅带徒弟等身传口授的方式传续下来。这种传统常常包含了很多个人技能、经验和"天分"在其中，有时很难作出区分。在讲求法律保护的今天，有些信息、诀窍要放到法庭上予以甄别，造成目前出现两个问题：一种情况是属于商业秘密的信息因为难以证明而得不到保护；另一种情况是不属于商业秘密的，却因某种原因无法依据其他法律保护，不保护又明显感觉到不公平的一些类似可以作为商业秘密保护的给予了保护，扩大了商业秘密的保护范围。

※ **案例1.2-1**：北京片石书坊图书有限公司诉台海出版社、南京快乐文化传播有限公司、南京快乐文化传播有限公司第一分公司侵害商业秘密纠纷案[①]

一、基本案情

北京片石书坊图书有限公司（以下简称片石书坊公司）于2009年上半年策划《邓小平答外国元首和记者问》（以下简称2009年《邓答》书稿）的图书出版意向，并于2009年7月10日与案外人温乐群签订了《著作权转让合同》，取得该书稿的著作权。该书稿收录了邓小平在担任中共中央总书记、国务院副总理、中共中央副主席、中共中央军委主席、中共中央顾问委员会主任期间会见外国元首、贵宾时的谈话和接见外国记者、来宾的谈话以及回答记者的提问。该书稿共分为三个部分，每一部分按照时间顺序编排。第一部分为邓小平会见外国元首、贵宾时的谈话；第二部分为邓小平接见外国新闻代表团、记者和来宾时的谈话及回答记者的提问；第三部分为附录，是邓小平审阅并同意发表的新华社记者的三篇长篇报道。

后片石书坊公司与台海出版社洽商出版事宜，由台海出版社负责向有关部门报审。2009年10月23日，台海出版社将该书稿通过新闻出版总署出版管理司报送中央文献研究室科研管理部审批。2009年12月8日，中央文献研究室科研管理部复函新闻出版总署出版管理司称"该稿内容摘自《邓小平文选》和《邓小平年谱》，根据中

[①] 一审：北京市第二中级人民法院（2012）二中民初字第7846号民事判决书；二审：北京市高级人民法院（2013）高民终字第34号民事判决书。

央有关文件规定,这些内容个人不能编辑出版。因此,此书不宜出版。特此函复"。2009年12月16日,新闻出版总署出版管理司向台湾民主自治同盟中央委员会宣传部(以下简称台盟中央宣传部)发出关于撤销台海出版社《邓小平答外国元首和记者问》选题的函。

2010年2月23日,负责片石书坊公司该书稿照排人员吴清华将修改中的标示内容出处的2009年《邓答》书稿目录电子版通过 wenyuangezhu@163.com 电子邮箱发送至马铁的电子邮箱 matie999@sina.com。马铁认可其确曾收到标示内容出处的2009年《邓答》书稿目录电子版。

2010年8月26日,台海出版社与王翠签订委托编辑协议书,约定由王翠编写《邓小平与外国元首和记者》一书,该书完成时间为10月中旬,由台海出版社出版,署名为"本书编辑组"。同日,台海出版社与王翠签订图书出版合同,作品名称为《邓小平与外国元首和记者》(暂名),约定王翠于2010年10月30日前将符合要求的作品交付台海出版社。同日,王翠与台海出版社签订授权委托书,约定王翠将《邓小平与外国首脑及记者一席谈》一书在中国大陆范围内的出版、发行权授予台海出版社。

2010年11月4日,台海出版社将《邓小平与外国首脑及记者一席谈》作为图书重大选题进行申报。2010年11月22日,新闻出版总署出版管理司向中央文献研究室科研管理部发出"关于送审台海出版社《邓小平与外国首脑及记者一席谈》书稿的函"。2010年11月30日,中央文献研究室科研管理部致函新闻出版总署出版管理司称,台海出版社拟出版的《邓小平与外国首脑及记者一席谈》书稿,经组织审读后,同意出版。2010年12月8日,新闻出版总署出版管理司致函台盟中央宣传部称,同意台海出版社出版《邓小平与外国首脑及记者一席谈》一书。在出版该书之前,台海出版社将书名《邓小平与外国首脑及记者一席谈》改为《邓小平与外国首脑及记者会谈录》(以下简称《邓与》)。2010年12月,台海出版社与北京高岭印刷有限公司(以下简称高岭印刷公司)签订《图书、期刊印刷委托书》,约定由高岭印刷公司负责印刷《邓与》一书,印数为10万册,定价为49.00元,印刷完成时间为2011年2月。2010年12月20日,台海出版社与南京快乐文化公司签订图书包销协议,约定台海出版社授权南京快乐文化传播有限公司在全国民营渠道销售书号为 ISBN 978-7-80141-746-6的《邓与》一书,发行折扣不得低于63%,首次包销5万册,不得退货。

经比对,片石书坊公司的2009年《邓答》书稿与台海出版社出版发行的《邓与》一书在体例编排上不相同,前者包含邓小平与外国元首会谈、邓小平接见外国记者以及审阅并同意发表的新闻报道三部分,后者仅包含邓小平与外国元首会谈及邓小平接见外国记者两部分。在内容选取方面,2009年《邓答》书稿与《邓与》一书共同选取的邓小平与外国元首会谈的事件为34个,其中2009年《邓答》书稿单独选取的会见元首事件为25个,《邓与》一书单独选取的会见元首事件为17个;共同选取的邓小平接见外国记者的事件有36个,其中2009年《邓答》书稿单独选取的接见记者事件为4个,《邓与》一书单独选取的接见记者事件为38个。片石书坊公司的2010年《邓答》书稿与台海出版社出版发行的《邓与》一书在体例编排上基本相同,均包含邓小平与外国元首会谈和邓小平接见外国记者两部分。在内容选取方面,2010年《邓答》书稿与《邓与》一书共同选取的邓小平与外国元首会谈的事件为33个,其中2010年《邓答》书稿单独选取的会见元首事件为24个,《邓与》一书单独选取的会见元首事件为17个;共同选取的邓小平接见外国记者的事件有33个,其中2010年《邓答》书稿单独选取的接见记者事件为4个,《邓与》一书单独选取的接见记者事件为41个。

另查,2008年12月1日,片石书坊公司与张青义签订了《公司保密协议及图书出版操作流程》,约定内容为:张青义负责公司选题策划和构思创意,不得向任何第三方透露选题机密信息和构思内容及其创作方案。在具体实施运作过程中,张青义要确保知悉人员范围有限,始终处于保密状态之中。图书选题确定后,同作者签订《著作权转让合同》,督促作者对本书稿内容严格保密,不得对外泄露。与照排人员签订《照排协议》,规定对方要对书稿的商业秘密采取必要的保密措施,不得对外泄露,否则要赔偿一切损失。本公司其他员工,有必要知悉该图书选题和内容时,在出版前期都要处于严格保密状态。如对外泄露商业秘密者,将追究其责任,同时开除等。该协议一份张贴在公司墙上,告知其他员工要认真履行图书出版操作流程的保密义务。

2009年《邓答》书稿的编者温乐群出具书面证言,证明其与片石书坊公司签订《著作权转让合同》时约定对《邓答》书稿的选题、构思创意等信息的知悉范围仅限该合同双方当事人及相关必要人员,知悉相关信息的人员均对此负有保密义务。2009年7月20日,片石书坊公司与吴清华签订《委托照排协议书》,片石书坊公司委托吴清华照排《邓答》书稿,并约定吴清华对该书稿负有保密义务,对照排中所知晓的为出版图书的商业秘密不得对外泄露,否则需赔偿一切损失。

一审法院判决:

(1) 台海出版社于本判决生效之日起停止出版、发行《邓与》一书;

(2) 南京快乐文化公司于本判决生效之日起停止发行《邓与》一书;

(3) 台海出版社于本判决生效之日起10日内,赔偿片石书坊公司经济损失8万元及因本案诉讼支出的合理费用5 000元;

(4) 驳回片石书坊公司的其他诉讼请求。

二审法院判决:

(1) 维持北京市第二中级人民法院(2012)二中民初字第7846号民事判决第一项、第二项、第四项,即台海出版社于本判决生效之日起,停止出版、发行《邓小平与外国首脑及记者会谈录》一书;南京快乐文化传播有限公司于本判决生效之日起,停止发行《邓小平与外国首脑及记者会谈录》一书;驳回北京片石书坊图书有限公司的其他诉讼请求;

(2) 变更北京市第二中级人民法院(2011)二中民初字第7846号民事判决第三项,即"台海出版社于本判决生效之日起十日内,赔偿北京片石书坊图书有限责任公司经济损失八万元及因本案诉讼支出的合理费用五千元",为"台海出版社于本判决生效之日起十日内,赔偿北京片石书坊图书有限公司经济损失五十万元及诉讼合理支出五千元。"

二、裁判要点

法院认为,"虽然在相关图书出版市场上,以国家领导人答记者问为选题的图书早已存在,但是包括图书选题、策划创意在内的相关信息是否具有新颖性并非其构成上有商业秘密的法定要件。而且,具体到以哪一位国家领导人为选题对象进行策划创意,不同的市场经营主体会有不同的选择。因此,只要符合《反不正当竞争法》第十条第二款的规定,即使是市场上已知的图书选题、策划创意仍然可以作为商业秘密加以保护"。"本案中,片石书坊公司将我国国家领导人邓小平会见外国元首和接见外国记者等内容作为图书选题加以确定,并将相关素材加以择选汇编,形成上述两部分内容有机结合的新的编排体例,该策划创意、编排体例、内容选取等信息本身并不为公众所知悉。"且"以《邓答》书稿为载体的相关经营信息能够为其带来经济利益、具有实用性"。结论是"以片石书坊公司《邓答》书稿为载体的相关图书出版策划创意、编排体例、内容选取等信息已构成《反不正当竞争法》所称的商业秘密,依法应当予以保护"。

本案是对图书选题、策划创意在内的相关信息给予商业秘密保护的案例。且不说本案的其他细节,仅从保护的内容可以看出,涉案信息既不属于一般概念上的技术信息,也不属于经营信息,对图书的策划创意、编排体例、内容选取等信息给予商业秘密保护是否存在商业秘密保护过度的问题,有不同的意见,但是从另一个角度来说,商业秘密信息确实存在一个广泛的领域,本案不可不说是个值得研究的重要案例。

※ 问题2:综艺节目的模式是否可以作为商业秘密保护?

第6条 【非公知性】

6.1 非公知性,即不为公众所知悉,又称为"秘密性"。作为商业秘密的技术信息和经营信息是不能轻易从公开渠道直接获取的,需要依靠商业秘密的"创造者"利用公知的知识、经验或技巧经过创造或探索,和/或人力、财力、物力的投入方能获得。

6.2 作为商业秘密的技术信息和经营信息,是在某地区、某阶段不可直接知悉的。因此,商业秘密的"秘密性"是"相对的"而不是"绝对的":

(1)商业秘密的"秘密性"不同于专利技术对"新颖性"的绝对要求,对专利技术的要求是对比"现有技术",而对商业秘密的要求是对比"暂未为他人知悉"。

(2)商业秘密的秘密性,又不同于著作权对独创性的要求,著作权保护的是构思的表达形式,对构思本身不加以保护,而对商业秘密的要求是因一种构思并使其依附于某种有形的载体,形成一种技术方案、程序、工艺、产品、客户名单等,并可能使这一载体具有价值。

6.3 商业秘密的技术信息和经营信息并非是通常从事有关该信息工作领域的人们所普遍了解或者容易获得的。

6.4 不构成不为公众所知悉的情形:

(1) 该信息为其所属技术或者经济领域的人的一般常识或者行业惯例。

(2) 该信息仅涉及产品的尺寸、结构、材料、部件的简单组合等内容,进入市场后相关公众通过观察产品即可直接获得。

(3) 该信息已经在公开出版物或者其他媒体上公开披露。

(4) 该信息已通过公开的报告会、展览等方式公开。

(5) 该信息从其他公开渠道可以获得。

(6) 该信息无需付出一定的代价而容易获得。

※ 条文释解

最高人民法院《关于审理反不正当竞争民事案件应用法律若干问题的解释》(以下简称《反不正当竞争解释》)第9条第1款对"不为公众所知悉"表述为"有关信息不为其所属领域的相关人员普遍知悉和容易获得",并列举了六类不属于不为公众所知悉的情形。

非公知性,即不为公众所知悉是商业秘密构成的法定要件之一,相对而言也是商业秘密最重要的构成条件。因此,在纠纷中,双方争议的焦点往往集中于此。原告方尽力证明其所主张的商业秘密不为公众所知悉,被告方则寻找一些线索或者通过检索方式证明商业秘密已经被公开,属于公知领域的信息。这一点,在技术秘密纠纷中通过对于委托技术鉴定机构予以证明和反驳相对还是简单易行的,在经营秘密纠纷中就会形成公说公有理、婆说婆有理的局面,最终的胜败结局只能交由法庭判定。

律师要想掌控诉讼结果,要关注以下几点:

1. "有关信息不为其所属领域的相关人员普遍知悉和容易获得"所指的不为公众所知悉包括两个部分的含义,一部分是"不属于所属领域相关人员普遍知悉",一部分是从"公开渠道不容易获得"。因此,"普遍知悉和容易获得",这两个条件应当同时具备,并且应当排除创造性劳动和长期经验积累所形成的技艺和诀窍。

2. "有关信息"应当附着有智力劳动,这种智力劳动并非是简单劳动的集合,例如:将有关信息查询、组合在一起,只有当该组合经过思考并形成一定的新颖性和创造性时,才可能是商业秘密的雏形,例如【案例1.2-1】。

3. 当事人常常会说一句话"那个东西,教科书中都有,没什么秘密可言"。

(1) 商业秘密的"不为公众所知悉"的秘密性是"相对的"而不是"绝对的"。

(2) 任何技术和技术的发展都是基于教科书中的基础知识而来的,教科书中的基础理论、结构、功能等,往往并非是原告主张的商业秘密,不能将原告主张的技术秘密简单地用基础理论来分解。因此律师在代理业务时,不能满足于找找教科书或者用基础理论作简单的加减组合。

(3) 通用专利技术的检索方式主张或者抗辩技术秘密的秘密性,实际上是有缺陷的,但目前为止,多以此种方式考量技术秘密的秘密性。因此,又回到原有的那个基础性问题上,无论世界科技如何发达,在某地区、某领域,主张的商业秘密信息具有市场竞争优势,在当地就应当予以保护。否则,对于技术秘密的要求就基本等同于专利技术的新颖性和创造性了;从另一方面说,无法查新和鉴定的经营秘密保护与技术秘密保护就不在同一个法律标准之内了。

4. 商业秘密的"有关信息"在所属领域的相关人员的知晓程度。

首先,所属领域是比较难以界定的,以养生火锅为例,是火锅行业、餐饮行业,还是食品行业、中医药行业,甚或是几个具有关联或交叉的行业?很多商业秘密均具有像窗户纸一点就破的特性,但是在未披露前,依然具有商业秘密的属性。同时,在外行人看起来很神秘,但是同行业的人员原先并未想到,但是一看立即觉得太过简单和一般,所以对于以"一般常识或者行业惯例"作为抗辩理由的,需要予以证明。因此,商业秘密不以技术信息或经营信息构成的难易程度判断是否属于"普遍知悉和容易获得"。

其次,所属领域的相关人员是指在法律或合同约定中都不具有保密义务的人员。

5. 商业秘密的"有关信息"必然也必须具有一个或者多个商业秘密点。例如火锅底料构成商业秘密的第一个条件就是,无论是火锅底料的生产厂家或者店家自配的火锅底料,从材料组分、配伍到制作过程,任意抽出某一个细节,如炒制方法、配料比例等,都可能形成一个具有价值的商业秘密点,只要不为同行业相关人员所普遍知悉和容易获得。在火锅店经营中具有市场竞争优势就可能构成商业秘密,但是无法确定其所主张的商业秘密点的,难以获得法律的保护。

创造商业秘密可以是自行研发、集成研发,也可以是对引进技术的再创新,但无论是哪种方式所创造出的商业秘密,作为权利人主张权利时,都应当明确指出商业秘密的载体、划定商业秘密的范围和"秘密点",即区别于公知信息的具体的信息内容,而不能笼统地说某项技术、某台设备或者某份资料是商业秘密。商业秘密的"秘密点"可能是完整信息中的某一项或某几项局部信息,如产品的装配公差、某一关键零部件的加工方法,也可能是公知技术信息的特色组合。

2011年12月颁布的最高人民法院《关于充分发挥知识产权审判职能作用推动社会主义文化大发展大繁荣和促进经济自主协调发展若干问题的意见》明确:"以符合法定条件的商业秘密信息为依据,准确界定商业秘密的保护范围,每个单独的商业秘密信息单元均构成独立的保护对象。"

6. 商业秘密没有对世的绝对权利,各自研发的商业秘密可以并存。

首先,同行业单位各自研发出来的可能是相同或者近似的商业秘密。

其次,基本原理是各类发明创造的基础性知识,任何人不能独占也不能仅以基本原理作为公知技术的抗辩理由。

再次,对于商业秘密的新颖性和创造性的要求是相对较低的。在能够实现降低成本、提高质量、增强功能等任何一个目标下的独创性信息都可能成为商业秘密保护的对象。

7.《反不正当竞争解释》第9条排除了六类不构成"不为公众所知悉"的情形,便于法律适用时对"不为公众所知悉"内涵和外延的认定。例如:火锅店家以他人很容易通过对汤底残留的材料,分析物质的形状、分量等破解店家的商业秘密为借口,拒绝用餐客人打包汤底。很明显,此类信息就属于"进入市场后相关公众通过观察产品即可直接获得"。如果是这样的"秘密信息"实际在火锅端上餐桌时就已经丧失了秘密性。

※ **案例 1.2-2:汕头超声仪器研究所诉深圳市赛英达电子有限公司、曹泽良、吴声岗商业秘密纠纷案**①

一、基本案情

1986 年,汕头超声仪器研究所(以下简称超声所)根据广东省机械厅下达的"带微机高性能超声显像诊断仪"的科研项目,开始引进日本日立医疗器械公司的医用超声显像诊断仪制造技术,同时,超声所抽调了以姚锦钟为首,包括被告曹泽良在内的 15 名主要研究人员并先后投入 400 多万元对引进技术进行消化吸收和国产化创新设计。1991 年,由国家机械电子工业部仪表司和国家医药管理局科教司组织,对超声所研制成功的 CTS-200 线阵超声显像诊断仪进行技术鉴定,鉴定认为:CTS-200 线阵超声显像诊断仪的研制和试产是成功的,其技术指标完全达到日立 EUB-200 型的水平,在同类产品中,其技术性能达到 20 世纪 80 年代中期国际先进水平,在国内处于领先地位。在 CTS-200 型的基础上,超声所又成功开发出 CTS-240、305、310 系列超声显像诊断仪新产品和工业超声检测仪器,并建立我国第一条具有国际先进水平的表面安装技术(SMT)超声仪器和超声探头生产线。超声所生产的 B 超产品因其性能、质量较高且价格较低而在国内外市场具有一定的竞争力。仅 1995 年,超声所就实现产值 1.05 亿元,利税 1 863 万元,出口创汇 300 万美元。

由于超声所的 CTS-200 超声显像诊断仪在多层印制电路板 CAD、电源变压器生产、厚膜电路生产、延迟线生产、电路板在线测试、专用超大规模集成电路制作、专用调试设备制造、专用 FET 筛选设备制造、探头匹配层制造、背材制造、声透镜制造、多芯高频同轴电缆线制造、高精度机械零件制造、探头成品测试等关键件制造与检测技术以及塑壳锌喷镀、晶片焊接、晶片匹配层粘结、工程塑料等关键工艺方面均有不同于公知技术的独特之处,为了保护其技术成果,超声所采取了一系列保密措施。自 1988 年开始,超声所先后制定了《关于加强文件、资料复印管理工作的规定》《科技档案管理制度》《科技图书资料借阅制度》《门卫制度》《职工离所技术资料移交制度》等具有保密内容的文件,在所内公布实施。在进入工作场所的楼梯通道、工作场所门前设置了"未经同意,请勿进入"等保密警示标志。同时,超声所在与职工签订的劳动合同中,专门增加了职工不得泄露或窃取企业技术秘密,不得从事与超声所产品技术相

---

① 一审:广东省汕头市中级人民法院(1996)汕中法经二初字第 16 号民事判决书;二审:广东省高级人民法院(1997)粤知终字第 53 号民事判决书。

同的第二职业的约定。对于派遣出国培训的技术人员，超声所在与出国人员签订的合同中明确规定出国人员必须将带回的全部资料和工作用物品一律上交。此外，超声所领导还在各级职工会议上多次强调保密纪律，进行保密教育。

被告曹泽良、吴声岗原均系超声所的技术人员。1989年9—12月，曹泽良由超声所派遣到日本日立医疗器械公司学习线阵探头的制造技术，回国后作为探头国产化的主要研究人员从事超声诊断仪国产化的研究工作，1992年起，从事线阵探头的装配工作。吴声岗于1990年到超声所工作，一直从事B超诊断仪主机的生产调试工作，1995年任超声所B超车间生产调试主管，熟悉主机生产的整个工艺流程以及生产过程中的各项调试技术。

1994年10月，林展成[汕头国安有限公司副董事长，汕头国安有限公司系深圳市赛英达电子有限公司(以下简称赛英达公司)股东之一]、林展忠找到当时仍在超声所工作的曹泽良，协商申办成立汕头超凡医疗器械有限公司(以下简称超凡公司)生产线阵探头。1995年2月，曹泽良被超凡公司以每月工资3500元聘任为副总经理，离开超声所时，曹泽良带走了超声所的探头零件加工图，并抄写了晶片和背材的参数。1995年6月份，超凡公司正式投产。为了进一步生产B超诊断仪主机，林展忠、曹泽良找到吴声岗。1995年10月26日，以林展鹏、林展忠为甲方、曹泽良为乙方、吴声岗为丙方、赵弘(原为超声所技术人员，后辞职)为丁方，四方签订了一份协议书，协议书约定：四方在超凡公司的基础上合作兴办从事B超仪器和探头的研制、设计、生产、销售的新公司。并约定新公司提供住房、工资等给个人。新公司——赛英达公司成立后，分别为超声所协助制作晶片、绕性电路板、背材、铝材等B超零部件的单位购买上述零部件，并于1996年6月份正式投产。

诉讼中，国家医药管理局选派国家医疗器械评审专家委员会医用超声诊断仪器评估中心的技术专家对原、被告提供的有关技术资料以及日立公司EUB-200型(以下简称EUB)、超声所CTS-200型(以下简称CTS)、赛英达公司SEL-220型(以下简称SEL)超声诊断仪样机进行技术鉴定。

专家小组出具的认证意见书认定：

1. 根据超声所所出示的CTS产品原理、结构、生产工艺流程等全部技术资料，可以认定超声所掌握CTS产品生产的全部关键技术。而赛英达公司虽然提供了SEI产品的部分技术资料，但尚缺少许多重要的生产技术资料，如电路原理图、元器件清单、印制版装配图、主机调试工艺、工模夹具图纸等。在所提供的少量资料还存在图纸不规范甚至无图纸名称等不正常情况。

2. 通过对EUB、CTS、SEL三台超声诊断仪实物及相关技术资料的分析对比，发现CTS与EUB在仪器功能、结构及印刷线路板设计等多方面已有明显差异，可以认定CTS是在消化吸收了EUB技术基础上改型设计的产品。而SEL同样在功能、结构及布线等方面与EUB存在差异，但却与CTS具有一致的结构、功能和线路板。

3. SEL与CTS关键技术的比对和分析结果。

（1）整机结构。SEL 与 CTS 具有完全一样的面板布局及内部结构,两台仪器面板操作键的数量、位置、功能定义、印刷字符完全一致,机内显示器、印刷线路板与板之间联系的结构也完全一致。实验证明两台仪器最主要的四块线路板具有可互换性。因此,可认定 SEL 主机各项技术与 CTS 完全一样。

（2）印刷线路板。CTS 与 SEL 的印刷线路板的元件布置、器件间的联线及过穿孔的位置完全一致。其中最主要的四块板(CPU、MEM、RV、TC)为四层印刷线路板。根据工程化常识,这样复杂的印刷线路如果由不相关的双方独立设计是绝对不可能如此一致的。因此,可以认定 SEL 的印刷线路板图来自 CTS 产品。

（3）电气工作原理。虽然因赛英达公司没有提供产品的电原理图而无法精确比对 SEL 与 CTS 的电气工作原理,但由常规工程原理可以推论 SEL 与 CTS 是根据相同的电原理图施工的,因为两台仪器所用的整套印刷线路板是完全一致的,而且在实物对比中两台机器板子上所用的元器件都属相同型号。在比对中有个别地方双方所用的元器件型号有差异,但在机器中实现的功能并无差异。

（4）系统软件。通过对 SEL 与 CTS 两台机器实际操作的对比,可以看出两台机器操作键的功能、所显示的字符格式、图形符号与位置完全一样,包括体位标志、测量光标等细节也无任何区别。因此,可以认定两台机器使用的是一套完全相同的软件。

（5）探头。探头内阵元开关线路的原理虽大同小异,但各项制造工艺都是各 B 超厂家独有的技术。在赛英达公司负责 CTS 探头生产的曹泽良曾由超声所派遣赴日本学习线阵探头的制造技术,并在超声所长期从事探头的生产工作,因而掌握了超声所生产探头的各项技术,从 SEL 所用探头和 CTS 所配探头的比对可以肯定。曹泽良将在超声所掌握的探头生产技术用到 SEL 探头的生产上。

一审法院判决：

（1）被告赛英达公司应于本判决生效后,立即停止使用原告超声所的技术秘密进行超声诊断仪主机和探头的生产、销售。

（2）被告赛英达公司应于本判决生效后 10 日内,赔偿原告超声所经济损失 1 050 200 元,并承担原告超声所因调查被告侵权行为而支付的合理费用 169 807 元,被告曹泽良、吴声岗负连带清偿责任。逾期履行按《中华人民共和国民事诉讼法》第 232 条的规定执行。

（3）被告赛英达公司、曹泽良、吴声岗应在本判决生效后 10 日内,登报向原告超声所赔礼道歉(登报内容须经本院审查)。

（4）被告赛英达公司、曹泽良、吴声岗对原告超声所的技术秘密负有保密义务,不得擅自扩大知悉范围。

二审法院判决：驳回上诉,维持原判。

二、裁判要点

本案中,判决针对被告作出的"都是基于基本原理进行的,不构成商业秘密"的抗辩理由对基于相同原理进行的研发作了如下描述："国内外虽然有众多生产 B 超诊断仪的厂家,但这不意味着各生产厂家必定采用相同的技术,由于B超诊断仪的生产涉及声学、微电子学、计算机技术、化学、机械等多种学科边缘技术,因此各生产厂家在基本原理相同的情况下,可以有各种各样不同的生产方法和技术诀窍,而在这其中,每一种与众不同的能够降低成本、提高质量、增强功能从而提高自己产品竞争力的生产技巧、工艺秘诀在采取适当的保密措施之后都可以成为各生产厂家的技术秘密。"

第7条 【价值性】

7.1 价值性,即能为权利人带来经济利益。商业秘密必须具有商业价值或者经济价值,能给商业秘密权利人带来市场竞争优势,是商业秘密权利人追求商业秘密保护的目的和需求法律保护的目的。

7.2 价值性的体现:
(1)商业秘密的价值性可能是现实的,也可能是潜在的,比如客户名单。
(2)商业秘密的价值性可能是正价值,也可能是负价值,比如失败实验的记录。

7.3 对于价值性而言,应从客观上加以认定,不能以商业秘密权利人主观上的"认为"来确定。

7.4 价值性并非仅指商业秘密信息评估价值的高低,价值低或者尚未实现经济利益的,依然能够构成商业秘密。

※ 条文释解

商业秘密权利人在评估商业秘密价值时,常常评估价值达几百万元、几千万元,但是相对方的当事人则认为,"那个东西不值钱,谁琢磨一下都能搞出来"。这种情形很普遍,那么评估价值所得出的数额,就是商业秘密法律构成要件之一的价值性吗?

1. 法律保护商业秘密的目的是商业秘密权利人在市场竞争中的竞争优势,与商业秘密信息本身的价值高低无关,因此,商业秘密的价值应当具有市场属性,是商业价值。

商业秘密的神秘感导致公众认为商业秘密信息本身具有很高的技术含量,其实商业秘密对新颖性和创造性要求并不高,只是相对于同行业、同领域和一定地域范围而言的。对商业秘密新颖性和创造性的要求只是相对于"普遍知悉和容易获得",每一项商业秘密信息本身的价值性也不要求达到一定成本标准或者创收标准,只要能维持市场竞争优势,就是商业秘密的价值所在。

以中药为例,许多中药药材本身价值并不高,但是配伍比例可以作为商业秘密保护。其价值性在于配伍比例中付出的智力劳动和市场效果,而智力付出和市场效果纯粹用经济价值是无法核算的。即使是失败的经验,也是经验积累中的一部分,不能创造价值,但可以避免研发成本的损失。因此,我们说商业秘密的价值有正价值和负价值(负价值是相对于可实现利益的正价值而言,但其本身在商业秘密保护中也具有放缓竞争对手的研发速度、增加竞争对手研发成本的可利用价值)之分,同时也有现实价值和潜在价值之分。

2. 商业秘密的商业价值首先是在市场商业活动中的价值体现,无法实现市场价值的"秘密信息"不属于《反不正当竞争法》调整的对象。因此,价值性要求可用、可实现。

※ **案例 1.2-3**:王者安诉卫生部国际交流与合作中心、李洪山、原晋林侵犯商业秘密纠纷案[①]

一、基本案情

王者安诉称,其于1987—1998年在卫生部人事司从事人力资源管理研究工作12年,1997年任副处调研员,1998年获得管理研究副研究员职称,具有丰富的人力资源管理研究经验和管理创新能力。1998年9月,原告所在的卫生部机构改革,人员编制缩减50%,原告便主动要求到卫生部国际交流中心(被告一的原名称)工作。为了到新单位在职场上能有竞争优势,原告开始对被告的薪酬管理问题进行仔细的分析研究,通过研究逐步形成了自己的管理创新设想。2000年10月19日,原告完成了《卫生部国际交流与合作中心人事制度改革方案》,但对工资改革办法仅作了摘要性表述,没有可操作性的具体内容,对岗位工资、绩效工资、奖励工资等薪酬管理的核心内容,原告为了保密都用另行制定管理细则进行替代。为得到原告的薪酬方法,另一被告李洪山开始有预谋地玩权术和骗术,给原告以非常受领导信任、被器重的假象。为了实现自己智力劳动成果的商业价值,原告不得不按照李洪山的要求,把自己的薪酬方法给李洪山看,原告当时还告诉李洪山,此工资改革办法需要保密,不能给其他任何人。在原告的薪酬方法的商业价值已经十分确定的情况下,被告李洪山和原晋林为达到将原告的薪酬方法彻底据为己有的目的,2003年1月,将原告从人事部门解聘下岗,并将原告的职务从副处级降为副科级。原告认为,原告的薪酬方法,是其用自己十多年人力资源管理研究积累的经验和掌握的知识,通过对被告薪酬管理问题的分析研究,独立创造出来的智力劳动成果,是原告获得职业竞争优势、获取经济利益的无形资产,符合商业秘密的所有特征。被告李洪山以非法手段骗取后据为己有,严重地侵害了原告的知识产权,给原告造成了重大财产损失。

法院查明:根据卫生部国际交流中心办公会议记录的记载,2000年5月26日,卫生部国际交流中心召开人事制度改革小组会议,参加人员为田民、邢高岩、陈福清、刘志贵、王者安等五人,会议对人事制度改革进行了初步部署。2000年5月30日,会议一致同意确定王者安为执笔人,起草方案的草案。2000年5月31日,在主任办公会上,田民报告了人事改革调研的预想,李洪山提出了对改革方案的一些意见,如"人事制度改革的思路一定要开阔,要借鉴企业的做法""主张开座谈会,包括机构的设置、设岗"等。2000年6月13日,卫生部国际交流中心召开全体职工大会,李洪山在

[①] 一审:北京市第一中级人民法院(2012)一中民初字第7475号民事判决书;二审:北京市高级人民法院(2013)高民终字第77号民事判决书;再审:最高人民法院(2013)民申字第1238号民事裁定书。

2000年的工作特点中提到"3. 人事制度改革,目的:人尽其才,从整体全局利益的角度,提高认识,方案要经过充分的征求意见,机构要调整"。2000年6月19日,人事制度改革小组召开了全体人员(5人)参加的会议,对人事制度改革调研的进展情况进行了通报。至2000年10月,卫生部国际交流与合作中心多次召开主任办公会和中心办公会讨论人事制度改革方案。

2002年10月18日,卫生部医疗国际交流中心经批准变更名称为卫生部国际交流与合作中心。

一审、二审判决:驳回原告的全部诉讼请求。再审裁定:驳回王者安的再审申请。

二、裁判要点

法院在该案的判决中,针对王者安在一审中所称的:《卫生部国际交流中心分配制度改革办法》能为其带来竞争优势,即"王者安凭借自己的薪酬方法,在2001年竞争综合人事部处长职位,将具有绝对的竞争优势……从2001年至今的任何一次领导岗位竞争,王者安都会保持优势。因李洪山有预谋地骗取了王者安的薪酬方法,并且将此方法给王者安的竞争对手原晋林使用,直接导致王者安的竞争优势丧失"问题,就商业秘密的市场属性作了阐述:"本院认为,反不正当竞争法所规范的'竞争',并非任何形式、任何范围的竞争,而是特指市场经营主体之间的'市场竞争'。因此,王者安上述主张中提到的'工作岗位竞争',系单位内部职位竞争,并不属于反不正当竞争法规范的'市场竞争'。因此,三被申请人未侵害王者安的商业秘密。"

※ 问题3:既然商业秘密评估价值的高低不是认定是否构成商业秘密的要件,那么在商业秘密案件中都会进行的评估和提交、质证《评估报告》《审计报告》是为了证明什么呢?

第8条 【实用性】

商业秘密信息应当具有确定的可应用性:

(1)具有相对的识别性,是区别于一般知识、经验、技能的重要特征,并可用于实践中,具有实用性。

(2)具有相对的完整性,可以通过自行利用或者许可/转让的方式允许他人使用、实施,通过实用性的运用和经营产生和实现价值。

※ 条文释解

一般认为,具有市场价值或者可转让价值的均具有实用性或者推定为具有实用性。目前实用性成为争议焦点的案件少之又少,因此没有太多可以探讨的问题。但是实用性应当限定在本条范围之内,即实用性是可应用于市场竞争,从而产生价值,并非是指如研发、实验、测试中的宽泛的可使用、借鉴的作用。鉴于上述情况,有学者认为应当在修法时取消对实用性的规定,也有的法院在判决书中直接忽略了实用性的规定,使得商业秘密的四要件变成三要件,或者将价值性与实用性合并为一个要件,但更多的法院还是坚持四要件说。例如:

审理法院	判决文书号	文书内容
上海市高级人民法院	(2012)沪高民三(知)终字第62号《民事判决书》	……原审法院认为:商业秘密是指不为公众所知悉、能为权利人带来经济利益具有实用性并经权利人采取保密措施的技术信息和经营信息。因此,要构成商业秘密的技术信息和经营信息必须符合秘密性、价值性和保密性的要件…… ……本院认为,技术信息或经营信息能否构成商业秘密,取决于是否满足以下三个要件:一是不为公众所知悉,二是能为权利人带来经济利益、具有实用性,三是经权利人采取保密措施……
广东省东莞市中级人民法院	(2014)东中法知民终字第265号《民事判决书》	……对第一个争议焦点,根据《中华人民共和国反不正当竞争法》第十条第二款"本条所称的商业秘密,是指不为公众所知悉、能为权利人带来经济利益、具有实用性并经权利人采取保密措施的技术信息和经营信息"的规定,经营信息、技术信息等商业信息能够被认定为商业秘密,必须同时具备的法定构成要件:秘密性、保密性、价值性以及实用性,即商业信息是否不为公众所知悉、是否采取保密措施以及保密措施是否合理有效、是否具有经济价值为权利人带来利益、是否有实用效能作用。若欠缺任一构成要件,都不属于法律所保护的商业秘密……

尽管目前以实用性抗辩的案件少,并不等于不会出现和不能应用,还是要有所关注和掌握。

※ **问题4**:如果负价值可以认为具有价值性的话,那么是否可以以负价值不具有实用性为主要抗辩理由?

第9条 【保密性】

9.1 保密性,即权利人采取保密措施,是指商业秘密权利人或合法持有人采取的与商业秘密信息相适应的合理的保密措施。

9.1.1 商业秘密主要依赖于权利人采取保密措施,以弥补法律强制性保护的不足。律师应当帮助权利人建立完备的管理制度、合同制度、人员流动制度、预警和防范机制。

9.1.2 应当根据所涉信息载体的特性、权利人保密的意愿、保密措施的可识别程度、他人通过正当方式获得的难易程度等因素[①],确定保密措施的方式、方法。

9.2 采取保密措施不要求是绝对的、无缺陷的措施,只要是合理的、适当的即可。

参见本指引第二章。

---

① 最高人民法院《关于审理不正当竞争民事案件应用法律若干问题的解释》第11条。

※ 条文释解

1. "保密性"通常也称为"管理性"。商业秘密的"有关信息"应当是当事人期待,并有意愿依靠商业秘密法律进行保护的信息。这个信息应当在规划研发或者形成过程中向着一个特定的、可识别的、具有相对新颖性的和相对完整性的目标进行。

在很多案件中,原告举证证明其与员工签署有保密协议,以证明其所主张的商业秘密符合保密性的要求,法院在审理中也基本依据保密协议作为原告已经采取了相应的保密措施,而认定符合商业秘密的法定构成要件之一"保密性"。实际上,商业秘密法律制度更强调权益的自我保护性质和行为,保密协议只是证明保密性的其中一类证据。

2. 保密措施是指商业秘密权利人采取的对内与对外,防止商业秘密被泄露而采取的与商业秘密信息相适应的、有效的、合理的合同措施、技术措施、物理措施,包括商业秘密权利人建立的管理制度、合同制度、人事制度和预警制度。保密性证据可以分为三个部分:① 保密制度;② 限制接触;③ 与接触人员的保密协议。其目标是警示他人"这里有秘密"。这种警示的目的在于当有人侵害商业秘密时,必须证明其"知道或者应当知道商业秘密的存在"。

3. 保密措施的采取并不要求严丝合缝的、面面俱到的措施,而是应当根据所涉信息载体的特性、权利人保密的意愿、保密措施的可识别程度、他人通过正当方式获得的难易程度等因素①,具体方式方法,请参见第二章第二节。

第10条 【技术信息和经营信息】

10.1 凡是符合法律定义和法定构成要件的信息,均可能成为商业秘密。这些信息分为两大类:技术信息和经营信息。

10.2 商业秘密信息的构成取决于每一部分信息的准确性、特征性、集合性所形成的整合。因此,商业秘密信息可以是独创的新信息,也可以是公知信息的重新组合、排列。

10.3 技术信息。主要包括:技术设计、程序、质量控制、应用试验、工艺流程、设计图纸(含草图)、工业配方、制作工艺、制作方法、试验方式和试验记录等。

10.3.1 作为技术信息的商业秘密,也被称做技术秘密。专有技术、非专利技术等名词概念与技术秘密略有不同,律师要在个案中加以区别和注意。

(1)专有技术:狭义范围是指技术秘密,广义范围包括不符合法定要件,仅为相对范围内知悉的独有或特有的技术。

(2)非专利技术:获得专利授权技术以外全部技术的统称。

10.3.2 技术信息可以是一项完整的技术方案,也可以是一项完整技术方案中的一个或若干个相对独立的技术要点。

---

① 最高人民法院《关于审理不正当竞争民事案件应用法律若干问题的解释》第11条。

10.4 经营信息。 主要包括:管理方案、管理诀窍、客户名单、货源情报、产销策略、投融资计划、标书、标底等方面的信息。

10.4.1 经营信息在表现特征上同技术信息一样,可以是一个完整的经营方案,也可以是经营方案中若干相对独立的经营要素和/或其合成要素。

10.4.2 所有可能给权利人带来经济利益或竞争优势的非技术类信息,都可能成为经营信息。

10.5 要注意区分商业秘密、公司秘密、国家秘密三类不同的秘密。

参见本章第三节。

※ 条文释解

1. 构成商业秘密的技术信息应当是非公知的技术方案或者技术点,但这并不意味着技术信息中的任何一个信息均是非公知性的,由众多的公知技术经过智力劳动所组合而成的技术方案或者技术点,也同样构成商业秘密。例如:在亿志机械设备(无锡)有限公司诉无锡市双君精密铸造厂侵犯技术秘密纠纷案[1]中,一审法院认为:"HVS350-250-400水平中开泵叶轮叶片包角、出口角参数虽然在公知领域的参数值范围内,但利用公知信息形成的特色组合,作为整体可以视为非公知的信息,这是商业技术秘密的表现形式之一。上述参数的组合系经过设计者的智力劳动所形成的,体现了设计者的个性化特征,应当被认定为非公知技术。"在《最高人民法院2011年知识产权年度报告》中就"作为商业秘密的整体信息是否为公众所知悉的认定"问题也明确了"在能够带来竞争优势的技术信息或经营信息是一种整体信息的情况下,不能将其各个部分与整体割裂开来,简单地以部分信息被公开就认为该整体信息已为公众所知悉"。参见本章第22条【案例1.3-6】北京一得阁墨业有限责任公司诉高辛茂、北京传人文化艺术有限公司侵害商业秘密纠纷案。

在庭审中,常常为了说明技术方案,原告会拆分技术展示给法庭,而被告利用这一点,从而证明每一个技术特征为公知技术来证明原告主张不属于商业秘密,使法庭审理局限于技术之争。这一点是原告一定要注意的问题,尽可能将技术说明给法庭并没有错,但是拆分是为了解释清楚,最后要做收尾归纳工作,重点证明公知技术信息的整合完全可以构成不为公众所知悉的商业秘密的事实和法律依据。

2. 1987年颁布的《技术合同法》(已失效)中就将转让和许可合同分成专利技术和非专利技术两个部分。1993年《反不正当竞争法》颁布,确定了商业秘密的概念。1999颁布的《合同法》,将非专利技术的表述以技术秘密取代。但是在现实交易中,就非专利技术进行转让甚或许可确实存在两方面的问题:一方面是"受让方"对技术状况和技术本身具有认知受限和技术薄弱的现实问题;另一方面,社会科技的发展促使技术已经具有复合性、跨领域的特点,快速掌握一项技术并投产实施,较之收集、研

---

[1] 参见江苏省无锡市中级人民法院(2004)锡知初字第83号,载程永顺主编:《商业秘密判例》(第2辑),第12页。

究现有技术更有效率,甚至较之购买较为昂贵的专利技术或者技术秘密更有效益。因此直接购买非专利技术(实际是购买全套技术资料)并接受全程技术指导成为某些企业的选择。例如:湖北华海纸业有限责任公司诉李中华合同纠纷案①,李中华许可给原告的技术既不属于专利技术也不属于技术秘密。

关于技术合同问题,请参见《律师办理技术合同非诉讼法律业务操作指引》。

3. 一般认为知识是社会共有的精神财富和资源,法律不给予个人或者单位独自享有、收益的权利。但是也有些属于例外,例如:"非物质文化遗产中的传统知识和遗传资源构成商业秘密的,禁止他人窃取、非法披露和使用。"②尽管其前提还是要具备商业秘密的构成要件,才会予以保护,但实际上是扩展了技术秘密和经营秘密的范围。

4. 关于商业秘密经营秘密中的难点和热点问题——客户名单。客户名单是目前涉及经营秘密纠纷中最多的一类案件。"解释"第13条第1款对"客户名单"作出了解释和界定,并将信赖关系的界定和自愿交易的原则列为第2款。

(1) 客户名单。客户名单的用词并不准确,容易造成公众因用词所产生的误解,严格地说应当是客户信息,且是具有保护价值的客户信息,更利于从法律角度理解和适用。2010年4月26日颁布的《中央企业商业秘密保护暂行规定》第10条③在行文中已经将"客户名单"一词变更为"客户信息"。但是为了与法律规定和司法解释相协调,我们在此还是沿用客户名单一词。

客户名单应当同时具备以下特征:

① 具有特定性和稳定性。特定性包括两个方面:一是特定的客户;二是特定的客户信息。稳定性也包括两个方面:一是长期的客户;二是固定的客户。

② 逐渐积累形成客户群,且具有保护价值。推回到单位需求商业秘密保护的目的,是为了保持市场竞争优势,获取竞争利润。因此,单独的或极少量的客户不足以构成单位损害的或者不足以妨害单位竞争优势和商业的优势利益时,对客户名单给予同样的保护,就会直接限制市场竞争,不利于正当、有效的竞争环境,也不利于人员自主、合法流动和人才资源的有效配置。因此,在保护客户名单时,应当考虑单位所主张的客户名单对单位整体竞争力的干扰程度和影响力大小。但是对于市场面过窄、只有特定销售对象的单位,应当酌情判断。

③ 要经过一定的努力并有人力、财力和劳动的付出。法律从来不保护嗟来之

---

① 一审:湖北省襄樊市中级人民法院(2008)襄中民二初字第14号民事判决书;二审:湖北省高级人民法院[2010]鄂民三终字第44号民事判决书。
② 最高人民法院《关于充分发挥知识产权审判职能作用推动社会主义文化大发展大繁荣和促进经济自主协调发展若干问题的意见》(2011年12月16日印发 法发[2011]18号)。
③ 《中央企业商业秘密保护暂行规定》第10条:"中央企业依法确定本企业商业秘密的保护范围,主要包括:战略规划、管理方法、商业模式、改制上市、并购重组、产权交易、财务信息、投融资决策、产购销策略、资源储备、客户信息、招投标事项等经营信息;设计、程序、产品配方、制作工艺、制作方法、技术诀窍等技术信息。"

食,任何人都需要付出相应的努力,汇集智力、体力劳动,收集、整理、分析、总结在商业活动中形成的客户信息,形成区别于相关公知信息的特殊客户信息。

(2) 基于"信赖"的自愿交易问题。

① 信义原则是商业秘密保护的重要原则。以诚实信用为基础、信任和名誉[①]为纽带,构成与商业秘密密切相关的信赖关系。信赖关系包括因员工的工作态度、个人品行、敬业精神所吸引和维持的客户,也包括经过员工个人的努力,在任职期间所积累和掌握的经验、知识和技能,例如:同行业的一般人员只要长期操作,不需要特别的培训即可熟练的技巧。《反不正当竞争解释》实质上解决的是客户名单与客户和员工之间基于信赖关系所形成的客户名单的例外。

② 对于信赖关系的自愿交易的规定,最先是考虑到比如律师、会计师、医生等一些特殊的服务行业,单位管理人员、业务人员与其负责的客户之间是否可能直接适用信赖关系的自愿交易抗辩,目前从案例分析看,一旦商业秘密构成,这种抗辩大部分得不到支持。本章第15条【案例1.2-5】山东省食品进出口公司、山东山孚集团有限公司、山东山孚日水有限公司诉马达庆、青岛圣克达诚贸易有限公司不正当竞争纠纷案,并非商业秘密纠纷案,法院的裁判是基于原告的"不正当竞争"诉请作出的,是有区别的。

※ 案例1.2-4:宁夏正洋物产进出口有限公司诉宁夏福民蔬菜脱水集团有限公司、马宏东、刘军侵犯商业秘密纠纷案[②]

一、基本案情

1998年以来,在同一进出口经营权下,经营脱水蔬菜的出口贸易是正洋系列公司的主要外贸业务。2000年11月8日,宁夏正洋物产进出口有限公司(以下简称正洋公司)从前身逐步变更后成立。从军正物产股份有限公司到正洋公司,均投入资金、人力、物力,开发建立了国际市场的客户经营信息网络,在国际市场上具有一定的知名度。从军正物产股份有限公司起,该公司就与职员签订保密协议,制定保密制度,指定专用计算机,并设置密码,公司的保密措施一直执行到本案的正洋公司。1999年至2001年,正洋公司每年与国外客户成交一定数量的脱水蔬菜销售业务,与荷兰迪卡(DIKA)公司、德国密克斯(MIX)公司、德国舒马赫(W·SCO)公司、德国迪埃芙(DIAFOOD)公司、荷兰卡兹(CATZ)公司、意大利纽芙德(NEWFOODS)公司、德国超考·斯特(TRO-KOST)公司、德国翰森(HANSA)公司以及美国FDP公司等均成

---

① "在欧美的法制环境与文化认同里,侵犯专利权实际上只是一个经济的代价,无非就是赔偿的问题。但是侵犯商业秘密和著作权,就不仅仅是经济代价的问题,还有一个名誉的代价问题。"参见高荣林:《商业秘密的保护———一种综合治理的角度》,载《经济全球化背景下知识产权制度完善与战略推进国际研讨会论文集》,第103页。

② 一审:宁夏回族自治区高级人民法院(2005)宁民知初字第1号民事判决书;二审:最高人民法院(2007)民三终字第1号民事判决书。

交过脱水蔬菜的销售业务。

1998年9月,马宏东应聘到正洋公司工作,作为公司单证科业务员,从事出口货物制单和储运工作。业务具体内容是:审核信用证、制作出口货物商检局报检、海关报关等单证,按照外销合同编制发票、装箱单,核对提单,联系出口货物运输,向银行交单结汇等。1999年2月5日,马宏东与正洋物产股份有限公司签订劳动合同书,聘任期限为5年。同年6月25日,马宏东与正洋物产股份公司签订保密协议,约定公司商业秘密的内容为对外签订的各种经济合同和协议的内容格式、生产销售采购管理的工作方案和计划、公司的客户档案资料(包括信用证、提单、发票等公司业务中的所有资料)及凡是能为公司带来经济利益、具有实用性且要求保密的所有技术信息和经营信息、管理信息。1999年7月,正洋物产进出口股份公司为马宏东办理了职工养老保险。马宏东在正洋公司工作期间,经手办理正洋公司与国外客户(包括涉案的国外客户)脱水蔬菜销售业务的出口报检、报关、储运、银行结汇等具体业务。2001年1月,马宏东未与正洋公司办理解除劳动合同等辞职手续便离开了正洋公司。

1999年9月,刘军应聘到宁夏正洋物产股份有限公司工作,自2000年6月开始从事开发脱水蔬菜出口美国市场的业务。1999年9月20日,刘军与正洋物产进出口股份有限公司签订劳动合同,同年10月7日签订保密协议(保密协议和劳动合同的内容与马宏东签订的内容相同)。同年10月,正洋物产进出口股份有限公司为刘军办理了职工养老保险。刘军在正洋公司从事外销业务期间,掌握正洋公司的国外客户资料及公司对外销售脱水蔬菜的经营信息资料。2001年6月,刘军向正洋公司提出辞职申请,离开了正洋公司。

2001年3月初,离开正洋公司的马宏东得知福民公司急需办理出口货物单证的业务员,便主动打电话与福民公司联系,应聘到福民公司工作,约定试用期3个月,从事与其在正洋公司工作性质相同的办理脱水蔬菜的出口单证、储运和银行结汇业务。福民公司的法定代表人张东玲告知马宏东:"只要把以前正洋公司通过外贸公司做的业务拉过来,由福民公司直接同国外客户做,每做成一笔,公司按货物的离岸价1.5%给你提成。"

2001年4月某晚,马宏东到正洋公司刘军的办公室,趁其不在,将载有正洋公司对外销售业务人员与国外客户联系业务时积累的客户信息和销售经营信息的电子邮件拷贝到软盘上后离开,当时还复印了国外客户与正洋公司的传真函件两张。回到福民公司后,马宏东以正洋公司电子邮件的格式、交易方法等客户经营信息内容为参照,用福民公司的产品名称、数量、库存商品最低成本价等信息制作成"模式化"(即固定邮件格式)的电子邮件,向从正洋公司窃取的100多家国外客户发送了电子邮件。数天后,马宏东多次向刘军索要其持有的记载正洋公司客户信息资料的笔记本。刘军将笔记本交给马宏东,并嘱咐不要出事,要求一小时内归还。马宏东在交还笔记本前,复印了笔记本的全部内容(正反面共59页)。马宏东在福民公司按照刘军笔记本上记载的100多家国外客户的联系人及联系地址发送了福民公司销售脱水蔬菜的电子邮件。同年4月17日,马宏东办理福民公司出口单证业务时,正洋公司法定代表人何正明从马宏东处抢走了福民公司出口货物的品质证书,并指责马宏东为什么到其他公司从事与正洋公司相同的业务。事后,张东玲向何正明打电话索要,电话中何正明告诉张东玲,福民公司聘任马宏东做业务使用的是正洋公司的客户信息。

2001年4月、7月、8月,马宏东分三次通过窃取的电子邮件向100多家国外客户发送有关福民公司销售脱水蔬菜的电子邮件,收到回复后,按照正洋公司电子邮件中的交易方法、价格谈判方式,与国外客户就福民公司的货物进行交易。此后,福民公司陆续与国外一些客户取得联系并成交了出口脱水蔬菜的业务。

2001年7月,刘军经马宏东介绍到福民公司从事脱水蔬菜对外销售业务,福民公司也向刘军作了按离岸价1.5%提成的承诺。刘军到福民公司后,利用正洋公司的客户经营信息先后与荷兰DIKA公司、德国MIX公司、意大利NEWFOODS公司从事脱水蔬菜销售业务。

自马宏东、刘军到福民公司至发案时止,福民公司利用非法获取的正洋公司的客户经营信息,先后与意大利NEWFOODS公司、德国DIAFOOD公司、荷兰DIKA公司、荷兰CATZ公司、德国MIX公司、德国W.SCO公司、德国HANSA公司,德国TROKOST公司等国外8家客户成交出口脱水蔬菜业务38笔,共计323.957吨,获得销售收入761 089.4美元。马宏东获得公司提成人民币28 000元,刘军获得提成人民币8 000元。

福民公司前身为宁夏惠农福利蔬菜脱水有限公司,系民营股份制企业,经营蔬菜加工销售,生产脱水蔬菜系列产品。1999年9月,惠农福利蔬菜脱水有限公司获得进出口权,2000年取得自营进出口权。2001年3月以前,惠农福利蔬菜脱水有限公司通过国内进出口贸易公司代理脱水蔬菜的出口业务。2001年3月初,惠农福利蔬菜脱水有限公司开始与美国FDP公司订立外销合同,成交第一笔直接出口脱水蔬菜贸易。2002年3月26日,惠农福利蔬菜脱水有限公司更名为宁夏福民蔬菜脱水有限公司,2002年5月又更名为宁夏福民蔬菜脱水集团有限公司(以下简称福民公司)。

2002年3月,正洋公司以马宏东、刘军侵犯其商业秘密造成巨额经济损失为由向银川市公安局报案。立案侦查中,公安机关搜查了马宏东、刘军在福民公司的办公室并扣押了马宏东从正洋公司窃取的电子邮件打印件、传真复印件、刘军笔记本复印件以及福民公司与国外客户(包括涉案8家客户)往来的电子邮件等。在公安机关审讯中,马宏东、刘军供述了采用窃取、泄露等方式获取正洋公司客户经营信息,并在福民公司出口销售业务中披露、使用所获信息的事实经过。银川市公安局委托宁夏正大会计师事务所对正洋公司的损失进行了评估测算,2001年9月至2002年7月,福民公司与8家国外客户成交了29笔业务,出口脱水蔬菜266.242吨,销售额689 210.059美元,折合人民币5 685 982.79元(以汇率8.25计算,不含海运费)。福民公司的销售利润为2 251 947.08元。另据福民公司提供的银行结算资料显示,公安机关调取证据时漏算9笔(销售额为117 540.4美元,折合人民币为969 708.3元),福民公司与8家国外客户做成的业务实为38笔。两项销售额合计为6 278 987.55元,销售利润为2 584 324.99元。

2003年7月8日,正洋公司以福民公司、马宏东、刘军侵犯其商业秘密为由向宁夏回族自治区高级人民法院提起民事诉讼,请求三被告赔偿经济损失1 200万余元;马宏东、刘军赔偿违约金各50万元,由福民公司承担连带责任;福民公司立即停止侵害,不得再继续使用窃取的商业秘密,同时在新闻媒体上公开道歉。

一审法院判决:

(1) 福民公司于本判决生效10日内,赔偿正洋公司经济损失2 584 324.99元;赔偿正洋公司客户经营信息开发费896 178.06元。

(2) 福民公司不得公开披露、扩散正洋公司的客户经营信息。

(3) 福民公司自本判决生效10日内,于本地主要报刊上刊登向正洋公司道歉的声明。

(4) 驳回正洋公司的其他诉讼请求。

二审法院判决:

(1) 维持宁夏回族自治区高级人民法院(2005)宁民知初字第1号民事判决第(2)、(4)项。

(2) 撤销宁夏回族自治区高级人民法院(2005)宁民知初字第1号民事判决第(3)项。

(3) 变更宁夏回族自治区高级人民法院(2005)宁民知初字第1号民事判决第(1)项为:宁夏福民蔬菜脱水集团有限公司自本判决送达后15日内,赔偿宁夏正洋物产进出口有限公司经济损失934 834元。

二、裁判要点

法院认为,"正洋公司的信息内容由两部分组成:一是公司汇集整理的国外客户的名称、地址、电子邮件、网址、业务联系人等客户名单资料;二是客户名单资料与公司业务经营内容相结合,以电子邮件为载体的客户经营信息。这些内容反映了正洋公司与国外客户就货物品名、规格、质量、数量、产地、价格等的谈判过程以及谈判技巧、正洋公司货物的销售价格、客户订单等外销业务的实际操作情况。因此,正洋公司的客户经营信息体现了公司的经营特点。对于同行业的一般人员来讲,以上客户经营信息是不能够轻易得到,具有秘密性"。判决书阐明:"商业秘密中的客户名单,不应是简单的客户名称,通常还必须有名称以外的深度信息,一般是指客户的名称、地址、联系方式以及交易的习惯、意向、内容等,其构成包括汇集众多客户的客户名册以及保持长期稳定交易关系的特定客户。"法院判决书同时阐明:"本案诉争的客户名单等经营信息是上诉人正洋公司通过长期从事脱水蔬菜出口外销业务积累形成的与国外客户的往来业务邮件,不同于公开领域的一般客户资料。在扣押的马宏东窃取的43份电子邮件及马宏东窃取复制的传真件记载的内容中,不仅包含客户的名称、地址、联系方式,还包含了外销业务中客户的交易习惯、付款方式、购买产品的意向以及在交易中对方客户的一些特殊需要,构成了深度信息。"

※ 问题 5:龚扇是自贡著名的"小三绝"之一。从备料制丝到编织都是一双手和一把刀的全手工操作。制作工艺极其复杂,首先要将选好的竹子削切成薄 0.01—0.02 mm 的竹丝后,用 700—2 000 根以上的竹丝编织设定好的图案。一棵碗口大的竹子削切成薄如蝉翼的竹丝需要传承人十几年的磨炼才有可能。那么竹子削切成竹丝的工艺是否可以作为商业秘密保护?

第 11 条 【商业秘密权利人和合法持有人】

11.1 权利人是指依据法律的规定或者合同的约定的设计人、研发人,包括公民、法人或者其他组织等。

11.2 合法持有人是指依据合同约定,合法受让、被许可使用的公民、法人或者其他组织等。

※ 条文释解

对于商业秘密的权利属性,前几年学界争议比较多。有从法律角度分析的,也有从经济学、社会学角度分析的,推演之,就商业秘密的财产性质也有多种说法。因此,在早些年中的判决书中,对于主张商业秘密的原告的称谓既出现过商业秘密持有人(拥有人),也出现过商业秘密权利人。这主要是因为商业秘密是依赖于单位的自我保护,由当事人主张并确定保护范围且并无对世的绝对权利,因此从各个方面显示出商业秘密权利边界不清晰或者是有待确定的特性。而且商业秘密可以在不同的当事人之间并存,权利所指向的对象同一或者近似,但权利各有,收益也各存。近几年,学界和司法界逐步趋向于称谓商业秘密权利人,并确认商业秘密就是一种财产性质的权利。因此,律师在从事商业秘密法律业务时,一定要明确商业秘密主张人被统称为权利人,但其内涵和本质与专利权人、商标权人中的权利人是完全不同的。笔者在早先的文章中为避免混淆,多用"商业秘密持有人"的说法,但在本书中,遵从最高人民法院孔祥俊法官"商业秘密权利人"和社科院张玉瑞教授文章中"商业秘密权人"的提法,在本书中使用"商业秘密权利人"一词。

具体请参见第三章第一节。

第 12 条 【商业秘密的取得】

商业秘密的取得方式:

(1) 企事业单位或个人自主研制、开发取得。

(2) 经过商业秘密权利人许可、转让而合法取得。

(3) 通过"反向工程"取得:"反向工程"是指通过技术手段对从公开渠道取得的产品进行拆卸、测绘、分析等手段而获得该产品的有关技术信息。[①]

---

① 最高人民法院《关于审理不正当竞争民事案件应用法律若干问题的解释》第 12 条。

(4) 通过分析、研究公开资料、信息、技术组合取得。
(5) 因商业秘密权利人自己的疏忽，造成商业秘密泄露使他人获得。
(6) 其他合法渠道取得。

※ 条文释解

一、商业秘密的取得方式

商业秘密的取得方式无法一一列举，但只要是采用合法手段或者是符合法定例外取得的，均可以认为是商业秘密权利人或者合法持有人。

二、关于反向工程问题

（一）反向工程的合法性适用

根据《反不正当竞争解释》第12条第1款①的规定，通过合法途径对商业秘密进行反向工程的实施者获取商业秘密的行为，不构成商业秘密侵权行为。同时，第12条第2款②还对反向工程作出了明确的界定。但当事人是通过反向工程获得商业秘密时，在合法性适用上是遵循相应的规则，是有法律考量的，并非被控侵权方以反向工程获取商业秘密作为抗辩理由就一定能够得到法律的支持。

1. 反向工程所指向的产品，必须是通过合法途径取得的。

反向工程是商业秘密合法取得的方式之一。因此反向工程的实施也必须符合国家的法律，遵循公序良俗和诚实信用的商业准则和道德规范。一般而言，反向工程所指向的产品是通过公开渠道合法获得的，例如：在市场上购买获得。

2. 反向工程应当是采用合法的技术手段，为了合法的目的，付出一定的努力获得其中的商业秘密信息的。

3. 对反向工程获得的商业秘密信息进行后续改进所获得的新信息属于反向工程的研发者。从我国知识产权保护的司法精神看，国家鼓励科技创新和技术进步。任何发明创造都是基于前人的努力和成果上再施以智力劳动所形成的，在法律没有明确规定"禁止""不得"以外，任何人可以进行再开发，并享有再开发的成果，但要注意的是：

（1）商业秘密的后续改进，必须基于获取商业秘密的手段合法和目的合法。如对计算机程序或软件进行反向工程破解原创者采取的技术防护措施，实施侵入系统的行为就属于目的不合法的行为。

（2）其他的法律规定对反向工程的限制，如我国《集成电路布图设计保护条例》

---

① 最高人民法院《关于审理不正当竞争民事案件应用法律若干问题的解释》第12条第1款："通过自行开发研制或者反向工程等方式获得的商业秘密，不认定为反不正当竞争法第十条第（一）、（二）项规定的侵犯商业秘密行为。"

② 最高人民法院《关于审理反不正当竞争民事案件应用法律若干问题的解释》第12条第2款："前款所称'反向工程'，是指通过技术手段对从公开渠道取得的产品进行拆卸、测绘、分析等而获得该产品的有关技术信息。当事人以不正当手段知悉了他人的商业秘密之后，又以反向工程为由主张获取行为合法的，不予支持。"

第23条第(二)项①对于涉及集成电路布图设计的反向工程规定了特别要求:首先,实施结果必须在原有设计的基础上具有更大进步——即独创性;其次,如果仅仅实施反向工程并无独创性设计的产生,则应当征求原创者的同意,并支付报酬。

4. 反向工程实施者所获得的商业秘密信息与原商业秘密信息可以并存。

各自研发的商业秘密可以并存,通过反向工程所获得的技术信息与原商业秘密在采取保密措施的情形下,可以各自独立存在。原商业秘密权利人对于自有的商业秘密应有清醒的认识,如果自有商业秘密容易被破解或者容易被新技术所替代或者自己具备继续深入研发的可能性,则要综合反向工程实施者可能的研发目的、研发能力、研发时间、使用方式作出是否选择通过诉讼方式予以救济的确定。毕竟诉讼是劳力、劳神的工作,也易造成商业秘密的披露或者二次披露。

(二) 反向工程的防范适用

一般情形下,在发生商业秘密纠纷时,被告可以以被控侵权技术是以反向工程手段获得的进行抗辩。但是往往忽略了一个重要的前提,即原告所主张的技术信息应当可以证明构成商业秘密。因此,对于被告而言,首先要对原告主张的商业秘密权利进行审查,对于原告而言要事前做好以下工作,减少商业秘密被反向工程破解的可能或者延长反向工程破解的时间和难度。

1. 技术性适用:

(1) 深入研发,促进作为商业秘密保护的技术信息的强度和深度;

(2) 设置防破解的技术附加功能;

(3) 利用特殊材料的特性或检测方法的缺失保护商业秘密。以食材、中医药为例,食材和药材在经过煎、煮、烹、炸后,其性能会发生改变,尤其是融合在一起而未保留原有可视材料的,目前有关的检测方法并非都能识别原有的材料组分。这样从客观上就使得反向工程抗辩无法成立。

2. 合约适用。目前尚无类似商业秘密案例,但引发争论的问题很多,试举两例。

第一个问题:在特定当事人之间的保密协议中约定"禁止反向工程"的条款是否有效?

目前学界的观点不一,但是很多学者对"黑箱封闭"(请参见第二章第四节第78条)是持肯定态度的。因此可以认为在商业秘密权利人与特定相对人之间约定的"禁止反向工程"条款是有效的。"禁止反向工程"与"黑箱封闭"两个概念和预防措施并不等同,但是有共同的法律基础,就是当事人真实意思表示下的自由约定。"禁止反向工程"的约定必然是商业秘密权利人与特定相对人之间产生的,在此类合约中,商业秘密权利人必然会交付或者出示载有商业秘密信息的产品或者资料。特定相对人负有保密义务的同时,还可以实施反向工程行为是滑稽的,因为反向工程实施的对象

---

① 《集成电路布图设计保护条例》第23条:"下列行为可以不经布图设计权利人许可,不向其支付报酬:……(二) 在依据前项评价、分析受保护的布图设计的基础上,创作出具有独创性的布图设计的……"

应当来自于公开渠道,而非直接来源于商业秘密权利人附加保密义务的合约。因此在特定当事人之间的保密协议中约定"禁止反向工程"的条款应当为法律所支持。

第二个问题:在指向非特定人(如产品购买群体),商业秘密权利人在产品说明书上标注"禁止反向工程"的单方规定是否有效?

至于非特定人的消费人群,需要个案分析,根据商业秘密信息的性质、特征、技术创新程度、受众范围的大小以及是否有碍于科技进步,是否可能构成知识产权权利滥用等综合因素予以判断。"禁止反向工程"与人们常常在软件产品中所提到的"破解""反汇编""逆向工程"是有区别的,请参见本章第四节第25条。

3. 诉讼适用。

在商业秘密诉讼中,反向工程是被告常使用的抗辩策略之一,但原告、被告很少考虑到反向工程的适用性。反向工程的抗辩只有在"实质性相似+接触"的推定案件中适用,原告能够直接、充分地证明被告是采用不正当手段获得商业秘密的,而被告无法否定原告提供的证据时,原告就构成了商业秘密侵权的基础,即以不正当手段获取,触动了商业秘密保护的底线:不正当行为。被告再以反向工程为由主张获取行为的合法的,法律不予支持,《反不正当竞争解释》第12条第2款有明确的规定。

(三)进行反向工程的单位,应当注意的问题

1. 采用"净室技术"确保反向工程的合法性,其中包含两层意思:一是避免任何与他人商业秘密有关的人员介入,特别是在原单位接触或者可能接触过商业秘密的人员进行反向工程研究;二是进行反向工程操作的人员避免接触或者了解全部的研发内容,这也有助于将来对研发技术的保护。

2. 对于作为反向工程研究对象的载体要保存合法取得的证据,对于研发目的、研发过程要保存相关的证据材料。

3. 对于法律有特别规定的,以反向工程获得为由进行抗辩的,可能得不到法庭支持。例如:《计算机软件保护条例》第24条第(三)项、《集成电路布图设计保护条例》第23条第(二)项。

4. 对于合同约定了"黑箱封闭"条款后,合同相对方进行反向工程的,可能面临违约和侵权双重法律责任。

5. 以反向工程为抗辩理由的单位要充分考虑自身技术研发能力、研发的证明要符合技术研发规律、研发期限等。

在【案例1.2-2】汕头超声仪器研究所诉深圳市赛英达电子有限公司、曹泽良、吴声岗侵犯技术秘密纠纷案中,一审判决对于被告提出的自行研制和反向工程的抗辩理由,给予了具有说服力的阐释:"像超声所这样技术力量雄厚、科研设备条件良好的研究机构,在受让日立技术的基础上,尚且花了6年时间并在许多外单位的协助下,才研制出CTS-200型技术,而超凡公司自成立到投产探头,前后不足4个月,赛英达公司从成立到投产前后不足两个月。因此,既然上述二被告主张SEL-200型技术是通过独立研制和反向工程获得,按照'谁主张、谁举证'的原则,就应该向一审法院提

供完整的依据什么公知技术进行研制的记录、试产报告、中间性试验过程、研制配比的时间、地点、使用仪器、试验结果、购买样机的发票、开拆分解产品的记录、试产失败或成功的记录等证据,但在本案诉讼期间,三被告无法举出令人信服的证据,证明赛英达公司SEL-200型技术的真实来源,故其善意、合法取得SEL-200型技术的抗辩理由不能成立。"

第13条 【商业秘密的其他特征】
13.1 无限期保护。商业秘密只要不被公开,即可以享有无限期的法律保护。
13.2 不需要特别授权或者注册。商业秘密自合法取得之日起享有权利,并不需要国家授权或者注册产生。
13.3 无需向有关部门支付费用。商业秘密依赖权利人的自身保护,无需向有关部门支付任何费用。
13.4 独占性弱。
(1)商业秘密不具有绝对的排他性,不能对抗第三人自主研发与商业秘密相同或者近似的技术信息和经营信息,也不能对抗第三人从合法渠道知悉或者对合法知悉的商业秘密加以实施的行为。
(2)商业秘密一旦被披露,就进入公知领域,任何人均可以使用、利用。

※ 条文释解

无限期保护是商业秘密最主要的优势。但是保证拥有无限期保护,重点不在于维权,而是单位为保护商业秘密而设立的专项制度。为此,律师和公司法务人员要关注商业秘密的管理,做到严谨和周全是两大要素,而严谨和周全是基于对商业秘密弱点的了解,在本条中均已说明。

另一很重要的点是,商业秘密是自研发之日起就要按照商业秘密的保密性要求开始保护,而并非是研发出成果后才决定是否以商业秘密方式予以保护。因此,在很多资料中提到研发成果完成后,当事人可以决定采用专利方式保护,也可以采用商业秘密方式保护是错误的。无论研发成果是否申请专利,都应当先行给予商业秘密保护。从这一点说,在诉讼纠纷中,仅以一纸保密协议就作为商业秘密保密性的全部也是偏颇的。但是我国商业秘密制度尚处于发展阶段,单位的研发能力弱,还无暇顾及制度的建立和完善,加之律师调查取证能力也偏弱,能够提供给法庭的证据材料有限,大约就是以保密性的其他方面制度的欠缺为主要抗辩理由的案例比较少见的原因。

第14条 【商业秘密的载体】
商业秘密的载体包括以下几类:
(1)以文字、图形、符号记录的纸介质载体,如文件、资料、文稿、档案、电报、信函、数据统计、图表、地图、照片、书刊、图文资料等。
(2)以磁性物质记录的载体,如计算机磁盘(软盘、硬盘)、磁带、录音带、录像带等。

（3）以电、光信号记录、传输的载体，如电波、光纤等。

（4）设备、仪器、产品等物理性载体。

※ 条文释解

商业秘密载体包括两个部分内容：

1.《反不正当竞争解释》第14条规定，对于商业秘密符合法定条件的证据，包括商业秘密的载体、具体内容……因为无法涵盖全部载体，本条只是一种提示方式的列举。之所以本章特别将载体作为一条予以说明，是因为在诉讼中有些律师常常将载体和载体、载体和内容相混淆或者说不清楚什么是载体。

2. 在商业秘密管理中，对于商业秘密载体的保护是最为关键的环节，具体保护方式请参见第二章相关内容。

3. 要注意的是，有些学者认为"对商业秘密的保护往往扩展到对具体表达方式的保护"①，实际上指的就是对商业秘密载体形式的保护，而不是对著作权意义上的表达方式的保护。

※ 问题6：某种化工原料的配方，那么化工产品是载体还是记录配方的软盘或者纸张是载体？

第15条 【不属于商业秘密的技术信息与经营信息】

以下情形，不属于商业秘密信息：

（1）该信息是个人独有的、不可复制的个体经验、个体技能等。

（2）不具有明显主观恶意的记忆信息。②

※ 条文释解

1. 对于员工在职期间所形成的个人知识、技能、经验与商业秘密保护之间的关系，在商业秘密保护中，更倾向于保障员工的就业权和择业权。

在美国的判例中，"雇主必须证明自己拥有商业秘密，雇员承担着保密义务。与此相应，法院也必须确定，相关的信息在什么程度上属于雇主的商业秘密，在什么程度上属于雇员的技能。一方面，雇主的商业秘密应当得到保护；另一方面，雇员的才能、技能、智慧等，显然不可能成为雇主的财产"③。因此，美国雇主在保护自由商业秘密时必须首先考虑雇员的权益。"而在我国，雇主往往轻易提起商业秘密的诉讼，甚至武断地主张员工在职期间获得的技能和知识，都是自己的商业秘密。而在相关的司法实践和行政执法程序中，也很少详细区分，哪些是属于雇主的商业秘密，哪些

---

① 黄勇、岑兆琦编著：《中外反不正当竞争法经典案例评析》，中信出版社2007年版，第292页。

② 首先是没有证据证明以记忆方式故意"盗取"秘密信息；其次是涉及的信息是任何人在任何情形下能够轻易回忆起来的。一般情况下，因为判断比较困难，所以记忆抗辩不适用于经营信息。

③ 李明德：《美国的竞业限制协议与商业秘密保护及其启示》，载《知识产权》2011年第3期，第5页。

是属于员工的技能和知识。在这方面,我们应当认真借鉴美国的做法,将员工获得的技能和知识排除在商业秘密的范围之外。"①

我国早有规定对员工在任职期间所形成和掌握的个人知识、技能、经验予以认可和保护②,"妥善处理保护商业秘密与自由择业、涉密者竞业限制和人才合理流动的关系,维护劳动者正当就业、创业的合法权益,依法促进劳动力的合理流动。职工在工作中掌握和积累的知识、经验和技能,除属于单位的商业秘密的情形外,构成其人格的组成部分,职工离职后有自主利用的自由。在既没有违反竞业限制义务,又没有侵犯商业秘密的情况下,劳动者运用自己在原用人单位学习的知识、经验与技能为其他与原单位存在竞争关系的单位服务的,不宜简单地以反不正当竞争法的原则规定认定构成不正当竞争"。③ 这些规定无疑对司法实践有着指导意义。但是"职工在工作中掌握和积累的知识、经验和技能,除属于单位的商业秘密的情形外"的表述也将部分的知识、经验和技能可能归入单位的商业秘密,开了一个缺口,愈加模糊了"员工在工作中掌握和积累的知识、经验和技能"和商业秘密之间的界线。在与"人格权"无法分离状态下的知识、经验和技能应当首先剥离出来予以排除,不管怎么说,也应该先考虑保障"人格权"这一公民的基本权利。因此,在司法各界尽力探求知识产权保护与公众利益平衡点的今天,对于涉及员工就业权和择业权在何种法定条件下和通过怎样的法定程序才能有所限制并未有实际的经验和判例。

2. 本条第(2)项是基于通常出现的记忆抗辩归纳总结的:
首先,记忆抗辩可以作为商业秘密侵权案件中的有效抗辩理由;
其次,记忆抗辩的适用要排除多种因素:
(1) 无法证明主观恶意,就是没有证据证明以记忆方式故意"盗取"秘密信息;
(2) 记忆与原告主张的商业秘密是否相同;
(3) 对于记忆内容的使用行为是否合法;
(4) 个人的专业能力、知识水平也是考量的因素之一;
(5) 诉争的信息是否是任何人在任何情形下能够轻易回忆起来的;
(6) 一般情况下,因为判断比较困难,所以记忆抗辩不适用于经营信息。
在美国法律④中是这样表述的:首先,没有证据证明被告有意地在记忆该信息或者通过其他方式盗取;其次,涉案信息可以在之后被被告轻易地回忆起来或者获得。

---

① 李明德:《美国的竞业限制协议与商业秘密保护及其启示》,载《知识产权》2011年第3期,第9页。
② 《国家科委关于科技人员业余兼职若干问题的规定》第4条:"在业余兼职中转让非职务技术成果,以及利用本职工作中积累和掌握的知识、技术经验和信息为经济建设服务,不属于本单位的技术权益范围,不受限制。"
③ 最高人民法院《关于充分发挥知识产权审判职能作用推动社会主义文化大发展大繁荣和促进经济自主协调发展若干问题的意见》第26条。
④ 《美国法典》第1831—1839条:[Tactica Int'l, Inc. v. Atlantic Horizon Int'l, Inc., 154 F. Supp.2d 586, 606 (S.D.N.Y. 2001)]在该案中,法院举出了两个原因说明客户的偏好不是一项商业秘密。

※ **案例1.2-5**：山东省食品进出口公司、山东山孚集团有限公司、山东山孚日水有限公司诉马达庆、青岛圣克达诚贸易有限公司不正当竞争纠纷案①

尽管该案不涉及商业秘密、竞业限制纠纷，但其涉及商业交易机会②可以作为《反不正当竞争法》保护的法益和个体经验、个体技能以及自愿交易等问题：

一、基本案情

山东食品公司成立于1982年10月26日，其前身为中国粮油食品进出口公司山东省食品分公司。

马达庆于1986年进入山东食品公司工作，1988年开始从事海带加工和出口工作。2000年8月1日开始，马达庆与山东山孚得贸易有限公司两次签订劳动合同，期限自2000年8月1日至2006年7月31日。2005年1月4日起，马达庆与山孚日水公司两次签订劳动合同，期限自2005年1月4日至2006年12月31日。合同期限届满，马达庆未与山孚日水公司续签劳动合同。

2006年9月22日，青岛圣克达诚贸易有限公司（以下简称圣克达诚公司）成立，企业类别为自然人独资的一人有限责任公司，法定代表人为陈庆荣，注册资本为50万元，注册经营范围为水产品等。陈庆荣为该公司执行董事兼经理，认缴全部50万元出资额；颜素贞担任该公司的监事。其中，颜素贞为马达庆的配偶，陈庆荣系马达庆的外甥。马达庆现在圣克达诚公司任职。

中国粮油食品进出口公司山东省食品分公司（山东食品公司的前身）1979年开始经营海带出口业务。1999年、2000年，中粮果菜水产进出口公司委托山东食品公司收购淡干海带并代办出口手续，马达庆代表山东食品公司在相关协议书上签字。

中粮集团自2001年起，每年采取下发《关于下达××年海带出口数量配额的通知》的方式，分别向有关单位分配特定区域产海带出口日本的数量配额。其中2001年由山东食品公司、烟台市食品进出口公司、大连同盛实业总公司和中国食品（北京）食品贸易部等四家单位获得配额；2002年和2003年均由山东食品公司、烟台凯迪食品进出口有限公司、大连同盛实业总公司和中粮国际（北京）有限公司等四家单位获得配额；2005年和2006年均由山东食品公司、烟台凯迪食品进出口有限公司、大连观宇食品有限公司和中粮国际（北京）有限公司等四家单位获得配额。2005年，大连观宇食品有限公司获得大连地区对日出口海带配额后，大连同盛实业总公司此后未再获得该配额。

上述配额下达后，主要由马达庆代表山东食品公司或者山孚集团公司与日本东海水产贸易（株）、三井贸易（株）、神港交易（株）等公司签订《中日贸易合同》，办理

---

① 一审：山东省青岛市中级人民法院(2007)青民三初字第136号民事判决书；二审：山东省高级人民法院(2008)鲁民三终字第83号民事判决书；再审：最高人民法院(2009)民申字第1065号民事裁定书。
② 对于本案商业交易机会的评述，请参见张黎：《竞业限制案例规则（五）》，载LexisNexis律商联讯网 https://hk.lexiscn.com。

海带出口业务,合同约定的信用证受益人为山东食品公司或者山东山孚集团公司。

《关于下达××年海带出口数量配额的通知》还持续提出:根据中粮集团与日本北海道渔业协同组合联合会(以下简称日本北海道渔联)达成的协议,日本北海道渔联委托中粮集团对海带配额、质量、数量统一进行管理,日方认可中粮集团是其在华的海带贸易的唯一窗口,各公司有关海带出口贸易事宜,请直接与中粮集团联系。

自2000年开始至2005年,山东食品公司、山东山孚得贸易有限公司、山孚集团公司与威海海带产区的长岛县大钦岛乡养殖供销站、山东马山实业集团总公司等单位及养殖海带业户签订《农副产品购销合同》,从上述单位和业户收购淡干海带用于对日海带出口,马达庆作为代理人在大部分合同上签字。

山东食品公司是"海带加工方法及设备"专利的专利权人。2006年9月5日,马达庆曾签署过落款为"水产二部"的有关海带专利的文件,该文件中提到"海带专利没必要花钱再续"。山东食品公司在再审案听证时明确表示,该专利即一种名为"海带加工方法及设备"的专利,专利权至今有效。

2007年1月10日,中粮国际(北京)有限公司向山东食品公司发出《关于报送海带经营计划的通知》:山东食品公司原经营海带出口业务主要人员变动,引起日方客户关注,为保证海带出口业务持续有序发展,要求山东食品公司于2007年1月17日前报送海带出口工作计划,中粮国际(北京)有限公司将根据实际情况决定海带出口经营公司。根据中粮国际(北京)有限公司与日本北海道渔联签订的协议,日方委托中粮国际(北京)有限公司对海带配额、质量、经营公司进行统一管理,日方认可该公司是其在华海带贸易的唯一窗口。

同日,中粮国际(北京)有限公司向圣克达诚公司发出《关于报送海带经营计划的通知》称,圣克达诚公司请求经营出口日本海带贸易传真悉,要求圣克达诚公司于2007年1月17日前报送海带出口工作计划。

2007年1月25日,中粮国际(北京)有限公司向山东食品公司、圣克达诚公司发出《关于调查海带经营计划的通知》称,将于1月29日到青岛分别拜访两公司,就计划书的相关内容进行询问和调查。2007年2月2日,中粮国际(北京)有限公司致函山东食品公司称,此行主要是针对山东食品公司提供的2007年工作方案进行调查、了解,有关2007年海带经营配额将根据调查结果与日方交流后再最后决定。2007年2月14日,中粮国际(北京)有限公司向山东食品公司发出《关于调整2007年海带出口经营权的通知》称:"我司于1月30日派员专程到青岛就有关具体问题进行调查、了解之后,就有关情况多次与日本客户进行交流、研究,综合各方因素,经征求日方意见,我司现正式通知贵司:从2007年起,威海海带出口日本业务不再交由贵司执行。"并决定将2007年威海海带出口日本业务交由圣克达诚公司执行。此后,国内有关政府部门和行业组织曾就山东食品公司的对日出口海带问题表示过关切。

2007年3月23日,山东省国际经济贸易联合会致函日本北海道渔联商请解决对日海带出口配额的分配问题。同年4月3日,日本北海道渔联代表理事副会长宫村正夫回函称:"1. 通过北京中粮公司作为窗口,长期以来我们与山东食品公司之间存在着贸易关系……4. 马氏及其他职员辞职后的山东食品公司,是否能够保证威海海带的品质稳定和数量,对此我们感到不安和疑虑,另一方面,因马氏长期从事威海海带的业务,拥有丰富的经验和知识,已被日本海带业界承认和信赖。我们与日本、国内的海带厂商进行了多次慎重的协商,并且依据中粮公司在当地听取、比较了山东食品公司和圣克达诚公司这两家公司业务计划后提供给我方的资料。我们判定,从2007年起的威海海带业务,圣克达诚公司为最适合的从事威海海带业务的公司;5. 对于我们来说,在和中国进行的海带贸易中确保规定的数量和质量的均一稳定性是大前提,因此要求北京中粮公司将马氏的新公司(圣克达诚公司)作为威海海带的窗口企业。"

2007年4月6日,中粮集团发出《关于下达2007年海带出口数量配额的通知》,圣克达诚公司获得310吨威海地区产海带出口配额。

2007年7月5日,山东食品公司根据中粮集团发出的《关于下达2007年海带出口数量配额的通知》,最终取得320吨威海地区产海带出口配额。

2007年7月30日,山东食品公司、山孚集团公司、山孚日水公司向山东省青岛市中级人民法院起诉,请求确认圣克达诚公司和马达庆构成不正当竞争,并请求判令圣克达诚公司和马达庆返还与海带业务有关的所有文件、资料,停止利用三原告的收购出口渠道经营海带业务,赔偿三原告经营利润损失600万元以及为处理本案所花费的交通费、律师费及其他实际支出10万元。

山东食品公司在再审查期间称,本案发生后,经过山东省对外贸易经济合作厅、山东省人民政府国有资产监督管理委员会和商务部等部门的协调,涉案对日出口海带配额从2008年起至今一直由山东食品公司享有,圣克达诚公司至今未再获得对日出口海带配额。

一审法院判决:

(1)被告马达庆、圣克达诚公司于本判决生效之日起立即停止采取与原告山东食品相同的方式经营对日出口海带贸易,其不得经营的时间为判决生效之日起3年;

(2)被告圣克达诚公司于本判决生效之日起10日内赔偿原告山东食品经济损失人民币2111 669.27元;

(3)被告马达庆对上列第(2)项的给付义务承担连带赔偿责任;

(4)驳回原告山东食品的其他诉讼请求;

(5)驳回原告山孚集团的诉讼请求;

(6)驳回原告山孚日水的诉讼请求。

二审法院判决:

(1)撤销山东省青岛市中级人民法院(2007)青民三初字第136号民事判决;

(2)驳回山东食品、山孚集团、山孚日水的诉讼请求。

再审法院:驳回山东省食品进出口公司、山东山孚集团有限公司、山东山孚日水有限公司的再审申请。

二、裁判要点

员工离职后利用和使用个人知识、技能、经验,开展商业活动、获得商业机会并不构成对原企业商业机会的侵害,也不违背诚实信用原则,不违反商业道德。除非:① 离职员工的商业行为具有违法性或不正当性;② 违反与原企业的合同约定。

马达庆在原告企业工作多年,积累了丰富的经验和知识,并赢得了日本海带业界的承认和信赖。马达庆有权自主、自由地使用这些知识、技能和经验,这也是马达庆生存和择业的基础。在具体诉讼中,离职员工个人的知识、技能和经验应当首先被剥离出来予以排除,除非这些经验和知识由原告举证证明能够具体构成原告的法定权益或者合约权益。

第16条 【不受法律保护的"商业秘密"】

不受法律保护的"商业秘密",通常被分为以下几类:

(1) 损害国家利益或者危及国家安全的信息。
(2) 损害社会公共利益、公众健康的信息。
(3) 违背公序良俗、伦理道德的信息。
(4) 涉赌、毒、黄或者国家禁止流通的器具、配方、销售渠道等信息。

※ 条文释解

本条是特别提醒从事商业秘密法律业务的人员,此类"商业秘密"尽管在法律中并无规定,但在各省、市、自治区的《技术秘密保护条例》中有相关规定,例如:

文件名称	条款内容
2009年《深圳经济特区企业技术秘密保护条例》	第九条 违反法律、法规,损害国家利益、社会公共利益,违背公共道德的技术秘密,不在本条例的保护范围。
1999年《广东省技术秘密保护条例》	第三条 ……有损社会公共利益、违背社会道德的技术秘密,不受本条例保护。
1997年《珠海市企业技术秘密保护条例》	第五条 ……违反国家法律、法规,有损国家利益、社会公共利益,违背社会公德的技术秘密,不受本条例保护。

该问题基于两点:一是任何对私权的保护都不可能是有违国家利益、公众利益的保护或者是国家其他法律明确禁止的内容或者行为;二是在知识产权的范畴内,例如专利法、商标法均有类似的规定。当然,这里也是提示性的,如果涉及国家明令禁止的食物添加剂、致使环境污染等,均应当在原告方提出商业秘密主张时向法庭阐述清楚。

※ 问题7：此条与本章第12条反向工程取得的商业秘密、第15条不属于商业秘密的技术信息与经营信息以及《反不正当竞争解释》第9条规定内容的区别是什么？

第17条 【商业秘密的公开】

商业秘密信息因权利人疏忽或者主动被披露或者由他人公开。商业秘密信息的公开有以下几种情形：

(1) 该信息因为申请专利而公开。
(2) 在出版物或者其他媒体上公开披露。
(3) 已通过公开的报告会、展览，以及论文发表等方式公开。
(4) 保密义务相对人违反保密约定公开。
(5) 无保密义务的他人公开等。

※ 条文释解

商业秘密因披露而公开，进入公知领域，使原有权利人丧失市场竞争优势。商业秘密的公开可以分为以下几类：

1. 商业秘密权利人自行公开，例如：

(1) 新技术替代了原有技术。商业秘密的保护是需要成本支持的，新的技术采用商业秘密保护或者专利保护，对于原有技术就无需再付出精力和财力予以维护，因此，这种公开可能是明示"解密"，也可能是"放任"其"解密"。

(2) 因为申请专利而公开，但是明确专利中未予以公开的信息依然可以作为商业秘密保护。

2. 商业秘密权利人不经意间公开，例如：

科研人员在发表论文、举办讲学、介绍经验，或是申报成果、申请奖励，或是推销产品、举办展览时，因为没有做好相应的保密措施而予以公开，这种情况多为单位或者其员工的疏忽所导致的。但要区别他人以不正当手段诱骗、胁迫员工向其披露的情形。

3. 其他公开方式，分为几种情况：

(1) 他人自行研发出相同的技术，并申请专利的；
(2) 反向工程成功，并被反向工程一方公开的；
(3) 其他善意知悉商业秘密的人员披露商业秘密的等。

无法一一列举，但是上述公开均不构成商业秘密侵权。

以下方式的公开，则可能构成商业秘密侵权：

(1) 违反保密义务的人员予以公开；
(2) 以其他不正当手段获得商业秘密予以公开的情形。

商业秘密的公开要注意以下问题：

(1) 商业秘密的公开是指对不特定人的公开；
(2) 商业秘密被他人使用或者利用，并不意味着商业秘密已经被公开；

（3）律师要配合技术人员、专利代理人综合考虑申请专利与技术秘密之间的关系，不能因为一味追求获得专利权的目的而将技术全部公开，一旦无法获得专利权，则可能造成无法弥补的损失，把握好能有所保留的要尽量予以保留，但又不至于妨碍申请获得专利权的尺度。

※ 问题8：酒桌上的私人谈话，交流了商业秘密的细节，是否构成商业秘密被披露？

第三节 商业秘密与公司秘密和国家秘密的关系

第18条 【公司秘密】

18.1 公司秘密①所涵盖的范围大于商业秘密，还包括人事秘密、薪酬秘密、财务秘密、品牌推广策划等。商业秘密属于公司秘密的一部分。

18.2 商业秘密与公司秘密都是公司、其他组织中具有保密价值的信息，二者间是相互联系，可相互转换、包含与被包含的关系。

※ 条文释解

很多律师将公司秘密与商业秘密混淆，例如：新项目研发课题组成员的组成名单，公司认为对于人员的组成，属于商业秘密事项，尤其是重大项目，不可以披露。其实，那是属于公司秘密的范畴。甚至有的律师认为，公司秘密就是商业秘密，其实不然，否则《公司法》中设定的"公司秘密"就无从解释了。公司秘密的范围要大于商业秘密，两者也比较容易区别。

第19条 【商业秘密与公司秘密的区别】

19.1 法律属性不同

19.1.1 商业秘密受《中华人民共和国反不正当竞争法》的保护，任何第三方均不得侵犯。

19.1.2 公司秘密由公司制度形成。其范围则较为广泛，不仅包含商业秘密，还包括人事秘密、财务秘密等需要公司各个部门人员保守的秘密，甚至包括人员薪酬。

19.2 保护范围和表现形式不同

19.2.1 商业秘密的构成要件及载体。

参见本章第二节。

19.2.2 公司秘密的范围由公司制度确定，以公司章程、劳动合同、员工手册、会议决议等形式表现。

19.3 保密期限不同

19.3.1 商业秘密的保密期限如非因披露导致丧失秘密性，可以长久存在。

---

① 《中华人民共和国公司法》第149条。

19.3.2 公司秘密的保密期限以公司设定的密级和期限确定。

19.4 法律责任不同

19.4.1 商业秘密的权利人依法可以提起侵权诉讼、违约诉讼或者请求工商部门予以查处。情节严重的,依照《中华人民共和国刑法》追究责任人的刑事责任。[①]

19.4.2 公司秘密被泄露,可以根据《中华人民共和国公司法》的规定追究董事、高级管理人员的民事责任,其他人员则根据公司内部管理规定承担公司规定的责任。企事业单位对仅接触工作秘密,不负有保守商业秘密义务的员工,不能进行竞业限制。

"竞业限制"参见本指引第四章第三节。

※ 条文释解

1. 公司秘密[②]不等同于商业秘密。

公司秘密的范围涵盖了单位的商业秘密,还包括不符合法定构成要件的其他公司认为需要保密的秘密信息。例如:员工年终奖励方案,在未正式向全体员工公布前,可以作为公司秘密存在,但无法构成法定的商业秘密。区分公司秘密与商业秘密十分简单,从以下几点可以作出相应的判断:

(1)在单位内部,通常的单位管理、高层人员的决定所确定的事项;

(2)在相对短的时间内形成,一旦实施就公开或者只有公开才能实施的;

(3)可能针对特定员工、也可能是全体员工的,且不具有商业交易价值的;

(4)可保密程度十分低,即使公开了也无损单位的市场竞争优势和商业利益。

2. 单位管理人员、高级技术人员在负有保守公司秘密义务的同时,可以视为同时负有保守单位商业秘密的义务。

在本章第22条【案例1.3-6】北京一得阁墨业有限责任公司诉高辛茂、北京传人文化艺术有限公司侵害商业秘密纠纷案中,"虽然原告一得阁公司未与被告高辛茂订立书面保密协议,但高辛茂作为一得阁公司的高级管理人员,负有保护企业商业秘密的义务"是一审判决作出裁判的要点之一。

3. 特别要注意以下几点:

(1)商业秘密与公司秘密法律保护依据不同。商业秘密属于知识产权范畴,而公司秘密属于公司法、企业组织法律范畴,例如:《广西壮族自治区企业民主管理条例》第49条规定:"职工董事和职工监事应当履行下列义务:(一)遵守法律、法规,遵守公司章程及各项规章制度,熟悉公司生产经营状况,保守公司秘密,认真履行职责……"但是在企事业单位管理规定中,以公司秘密涵盖商业秘密的不在少数,一旦发生纠纷,法院有时在商业秘密纠纷案件中视保守公司秘密协议等同于单位享有商业秘密并且认为是对商业秘密所作出的保密协议,是不正确的。

[①] 《中华人民共和国刑法》第219条。

[②] 《中华人民共和国公司法》第148条第(七)项:擅自披露公司秘密。

(2)竞业限制与竞业避止并不相同。两者之间的区别,参见第四章第三节。

第 20 条 【国家秘密】
20.1 国家秘密是指关系国家的安全和利益,依照法定程序确定,在一定时间内只限一定范围的人员知情的事项。
20.2 商业秘密与经济、科技领域中的国家秘密,都是具有保密价值的信息,二者可以相互包含、相互转化。

※ **条文释解**

《保守国家秘密法》颁布于1988年,2010年修订。《中华人民共和国保守国家秘密实施办法》(以下简称《保守国家秘密法实施办法》)已于2014年颁布,1990年颁布的《中华人民共和国保守国家秘密法实施条例》予以废止。

《保守国家秘密法》第2条规定:国家秘密是关系国家的安全和利益,依照法定程序确定,在一定时间内只限于一定范围的人员知悉的事项。其保护的是"涉及国家安全和利益的事项,泄露后可能损害国家在政治、经济、国防、外交等领域的安全和利益的……"可见国家秘密具有明确的保护范围,并以保护国家安全和利益为目的。

第 21 条 【商业秘密与国家秘密的区别】
21.1 法律属性不同
21.1.1 商业秘密受到《中华人民共和国反不正当竞争法》的保护,由企事业单位、个人自行决定是否以商业秘密的方式予以保护。
21.1.2 国家秘密受到《中华人民共和国保守国家秘密法》的保护,由国家相关部门审核确认是否构成国家秘密、保护期限、保护密级以及涉密人员及其义务。
21.2 保护范围和表现形式不同
21.2.1 商业秘密由权利人自行主张和确定,只要符合法律构成要件,即可以得到法律保护。
参见本章第二节。
21.2.2 国家秘密的范围由法律、法规规定,包括以下几类:
(1)国家事务的重大决策事项。
(2)国防建设和武装力量活动中的秘密事项。
(3)外交或外交活动中的秘密事项以及对外承担保密义务的秘密事项。
(4)国民经济和社会发展中的秘密事项。
(5)科学技术中的秘密事项。
(6)维护国家安全活动和追查刑事犯罪中的秘密事项。
(7)经国家保密工作部门确定的其他秘密事项。
21.3 权利主体不同
21.3.1 商业秘密的权利主体可以是个人、法人或者其他组织。
21.3.2 国家秘密的权利主体是国家、相关主管部门或者经过授权的机构、

21.4 处置权不同

21.4.1 商业秘密权利人可以自行决定是否许可或者转让他人,亦可以自由决定是无偿还是有偿许可或者转让。

21.4.2 国家秘密未经法律授权的机关审查批准,任何人不得擅自对外提供或转让。

21.5 被披露后危害的对象不同

21.5.1 商业秘密是仅仅涉及权利人经济利益和竞争优势的信息,其内容也局限于与科研、生产、经营有关的技术信息和经营信息。商业秘密一旦泄露,损害的是商业秘密权利人的利益。

21.5.2 国家秘密关系国家安全和利益,其内容涉及国家的政治、军事、外交和外事、国民经济和社会发展、科学技术、国家安全和刑事司法等领域。国家秘密一旦泄露,会使国家的安全和利益受到损害。"绝密"是最重要的国家秘密,泄露会使国家的安全和利益遭受特别严重的损害;"机密"是重要的国家秘密,泄露会使国家的安全和利益遭受严重损害;"秘密"是一般的国家秘密,泄露会使国家的安全和利益遭受损害。

21.6 法律责任不同

21.6.1 侵犯商业秘密的法律责任。

参见本指引第19.4款。

21.6.2 国家秘密一旦被泄露,损害的是国家的安全和利益,侵害的是国家的保密制度,对泄密行为人给予行政处分或者追究其刑事责任。

※ 条文释解

区分商业秘密与国家秘密的最容易的一点是区别定密人。

1. 定密级别。

国家秘密的密级确定是按照法律规定的权限进行的,《保守国家秘密法》第13条规定:"中央国家机关、省级机关及其授权的机关、单位可以确定绝密级、机密级和秘密级国家秘密;设区的市、自治州一级的机关及其授权的机关、单位可以确定机密级和秘密级国家秘密。具体的定密权限、授权范围由国家保密行政管理部门规定。机关、单位执行上级确定的国家秘密事项,需要定密的,根据所执行的国家秘密事项的密级确定。下级机关、单位认为本机关、本单位产生的有关定密事项属于上级机关、单位的定密权限,应当先行采取保密措施,并立即报请上级机关、单位确定;没有上级机关、单位的,应当立即提请有相应定密权限的业务主管部门或者保密行政管理部门确定。公安、国家安全机关在其工作范围内按照规定的权限确定国家秘密的密级。"

从以上规定可以看出,只有机关和其授权的机关、单位可以确定密级。单位自己确定密级的属于公司秘密或者商业秘密。

2. 定密性质。

有权确定密级的为国家行政管理机关或其授权的部门,并非参与市场竞争的经营者,其设定密级的事项也大多不属于商业信息,只有科学技术中的秘密事项可能属于商业信息。这里所说的"商业信息"是指合法的市场交易中有价值的信息,并非是指出卖人、间谍手段的交易价值。

※ **问题9**:涉及国家安全的重大科研项目的组成人员名单必须严格保密的,属于公司秘密还是商业秘密,还是国家秘密?

第22条 【特别注意】

22.1 企事业单位可以利用国家强制力对国家科学技术秘密的保护而得到对技术秘密更为有力的保护。律师要关注国家及各省市对国家科学技术秘密中的技术秘密的评价标准、密级分类标准和对涉密人员的要求。

22.2 企事业单位承担国家重大科技计划项目或者本单位重要科研任务,按照有关规定可以直接确定为国家科学技术秘密。

※ **条文释解**

1. 1995年,国家科学技术委员会、国家保密局颁布《国家科学技术保密规定》,原有的《国家科学技术保密条例》同时废止。该规定列明了关系国家安全和利益,一旦泄露会造成五类后果的科学技术秘密的范围,以及不列入国家科学技术秘密范围的五类情形。该规定是根据《保守国家秘密法实施条例》第3条的规定制定关于科学技术的专项保密规定,因此能够获得国家科学技术秘密密级的技术成果会在法律保护上具有更强的力度。

另有些规定,例如:

文件名称	条款内容
1998年《广东省技术秘密保护条例》	第三条 本省行政区域内单位和个人拥有的技术秘密的保护,适用本条例。 属国家技术秘密,国家有法律、法规规定的,从其规定。 ……
2008年《浙江省技术秘密保护办法》	第三条 本省行政区域内权利人合法拥有的技术秘密保护适用本办法。属于国家秘密的技术秘密,按照有关法律、法规的规定执行。
2010年《宁波市技术秘密保护条例》	第二条 本市行政区域内的企业合法拥有的技术秘密保护适用本条例。 属国家科学技术秘密,法律、法规另有规定的,从其规定。

从以上规定可以看出,条例和办法规定的范围其实是不同的,足见国家科学技术秘密与商业秘密是有区别的。

2. 另一类特殊的技术秘密,是国家投资或资助,企事业单位承担的项目(课题)

所产生的技术秘密。国家对此类技术秘密规定有特定的权利归属和管理体系。例如:《国家科技重大专项知识产权管理暂行规定》第 26 条规定:"对作为技术秘密予以保护的科技成果,项目(课题)责任单位应当明确界定、标识予以保护的技术信息及其载体,采取保密措施,与可能接触该技术秘密的科技人员和其他人员签订保密协议。涉密人员因调离、退休等原因离开单位的,仍负有协议规定的保密义务,离开单位前应当将实验记录、材料、样品、产品、装备和图纸、计算机软件等全部技术资料交所在单位。"从此条看,作为技术秘密保护的项目(课题)与《反不正当竞争法》中的商业秘密并无区别,但是从该规定第 28 条规定:"权利人拟放弃重大专项产生或购买的知识产权的,应当进行评估,并报牵头组织单位备案。未经评估放弃知识产权或因其他原因导致权利失效的,由重大专项领导小组、牵头组织单位根据各自职责对项目(课题)责任单位及其责任人予以通报批评,并责令其改进知识产权管理工作。"可以看出,两者之间在管理和责任上还是不同的。

3. 国家科学技术秘密分为国家级、省、市级,因此企事业单位要根据技术本身的先进程度和当地技术发展情况,考虑申请级别。单位如果能够将技术秘密申请获得国家技术秘密密级,能够得到更大程度的保护。

※ **案例 1.3-6**:北京一得阁墨业有限责任公司诉高辛茂、北京传人文化艺术有限公司侵害商业秘密纠纷案①

一、基本案情

一审查明:北京一得阁墨汁厂成立于 1965 年 1 月 1 日,1997 年 12 月 26 日更名为北京一得阁工贸集团,2000 年 11 月 16 日又更名为北京一得阁工贸中心,2004 年 7 月 7 日又更名为北京一得阁墨业有限责任公司(以下简称一得阁公司)。高辛茂于1978 年调入一得阁墨汁厂工作,先在技术股工作,1987 年后任副厂长、副经理等职务,曾主管生产、行政、劳动、技术检验、市场开发等工作。其中 1987 年至 1995 年任主管技术的副厂长,其职责是负责全厂的技术开发、产品升级换代、技术改造、技术攻关及日常技术管理方面的组织领导工作,组织领导制定技术标准、工艺操作规程等。一得阁墨汁厂于 1967 年研制成功了北京墨汁,又于 20 世纪 80 年代研制开发了"一得阁墨汁"和"中华墨汁";1996 年 5 月 24 日,上述两种产品被列为北京市国家秘密技术项目。1997 年 7 月 14 日,一得阁工贸集团还成立了保密委员会,高辛茂任副组长。此外,一得阁公司还自 1995 年开始研制开发了"云头艳墨汁","云头艳墨汁"于2003 年正式投产。一得阁公司采取主、辅料分别提供的办法对墨汁配方进行保密。北京传人文化艺术有限公司(以下简称传人公司)成立于 2002 年 1 月 9 日,系家族式企业,共有股东 13 人,高辛茂出资 20 万元,是该公司最大的股东,其妻王淑云为法定

---

① 一审:北京市第一中级人民法院(2003)一中民初字第 9031 号民事判决书;二审:北京市高级人民法院(2005)高民终字第 440 号民事判决书;第一次申诉:北京市高级人民法院(2008)高民监字第 828 号民事裁定书;第二次申诉:最高人民法院(2011)民监字第 414 号民事裁定书。

代表人。2002年年底传人公司生产出了"国画墨汁""书法墨汁""习作墨汁"三种产品。2003年5月9日,一得阁公司与高辛茂解除了劳动关系,同年5月27日一得阁公司公证购买了传人公司生产的三种产品,一得阁公司认为上述三种产品的品质、效果指标与其生产的"一得阁墨汁""中华墨汁""北京墨汁"相同或非常近似。

国家科委、国家保密局1998年1月4日发布的《国家秘密技术项目持有单位管理暂行办法》第7条第2款规定,"涉密人员离、退休或调离该单位时,应与单位签订科技保密责任书,继续履行保密义务,未经本单位同意或上级主管部门批准,不得在任何单位从事与该技术有关的工作,直到该项目解密为止"。

一审判决:

(1)自判决生效之日起高辛茂不得披露所掌握的一得阁公司的商业秘密,亦不得参与墨汁产品的生产;

(2)自判决生效之日起,传人公司不得披露、使用高辛茂向其披露的一得阁公司的商业秘密,并停止生产、销售墨汁产品;

(3)自判决生效之日起15日内,传人公司将其库存的墨汁产品交法院销毁;

(4)自判决生效之日起15日内,传人公司和高辛茂共同赔偿一得阁公司3万元。

二审判决:驳回上诉,维持原判。

第一次再审:驳回再审申请。

第二次再审:驳回再审申请。

二、裁判要点

一审法院审理认为:

(1)一得阁公司主张权利的"中华墨汁""一得阁墨汁""北京墨汁"及"云头艳墨汁"的配方已符合商业秘密的构成条件,应作为商业秘密依法受到保护,但一得阁公司要求保护此四种墨汁的生产工艺的请求,不予支持。

(2)虽然一得阁公司未与高辛茂订立书面保密协议,但高辛茂作为一得阁公司的高级管理人员,负有保护企业商业秘密的义务。

(3)高辛茂、传人公司关于有关其墨汁配方是依据公知资料、独立研制的抗辩理由,不予支持。

(4)综合分析本案事实,并结合高辛茂与一得阁公司解除劳动关系前便以最大股东身份参与组建传人公司的事实,应当认定高辛茂违背了保守商业秘密的义务,向传人公司披露了一得阁公司的墨汁配方,故高辛茂应承担停止侵害、赔偿损失的民事责任。

(5)传人公司明知高辛茂披露的墨汁配方属于一得阁公司的商业秘密而予以使用,亦侵犯了一得阁公司的商业秘密,应当停止侵权并与高辛茂共同承担赔偿损失的民事责任。

二审法院认为一审法院查明的事实属实,予以确认。

二审法院审理认为：

（1）一得阁墨汁厂开发的"一得阁墨汁""中华墨汁""北京墨汁"和"云头艳墨汁"的配方均符合商业秘密的构成条件，应受法律保护。

（2）高辛茂与一得阁公司虽未签订保密协议，但高辛茂确曾长期担任一得阁墨汁厂主管技术的副厂长，且在1997年后还担任了一得阁工贸集团保密委员会的副组长，接触过一得阁公司的上述商业秘密，不管在离职前或离职后均应承担保守一得阁公司商业秘密的义务。

（3）传人公司主张其自行研制开发了"国画墨汁""书法墨汁"和"习作墨汁"三种产品，且该三种产品的配方与"一得阁墨汁""中华墨汁""北京墨汁"的配方均不相同，缺乏事实依据，不予采信。

（4）综合分析本案事实，并考虑到日常生活经验，确认高辛茂将其掌握的一得阁公司的"一得阁墨汁""中华墨汁"和"北京墨汁"的配方披露给了传人公司，传人公司利用上述商业秘密生产了"国画墨汁""书法墨汁"和"习作墨汁"，高辛茂和传人公司共同侵犯了一得阁公司的商业秘密，应当承担相应的法律责任。

（5）鉴于"一得阁墨汁""中华墨汁"已被列为国家秘密技术项目，依据《国家秘密技术项目持有单位管理暂行办法》第7条第2款之规定，"一得阁墨汁""中华墨汁"生产技术解密前，高辛茂作为涉密人员不得从事墨汁产品的生产，高辛茂参股经营的传人公司亦不得从事墨汁产品的生产。虽然本案中现有证据及事实不能认定高辛茂向传人公司披露了技术秘密，传人公司使用了"云头艳墨汁"配方，但"云头艳墨汁"配方既属一得阁公司的商业秘密，高辛茂负有不得向他人披露、传人公司亦负有不得自高辛茂处获取并进而使用该商业秘密的义务。一审判决认定事实清楚、适用法律正确、处理结果亦无不当，应予维持。

最高人民法院认为[①]，"国家秘密中的信息由于关系国家安全和利益，是处于尚未公开或者依照有关规定不应当公开的内容；属于国家秘密的信息在解密前，应当认定为该信息不为公众所知悉"。"国家秘密是关系国家的安全和利益，依照法定程序确定，在一定时间内只限一定范围的人员知悉的事项。对于纳入国家秘密技术项目的持有单位，包括国家秘密的产生单位、使用单位和经批准的知悉单位均有严格的保密管理规范。我国《反不正当竞争法》所指的不为公众所知悉，是有关信息不为其所属领域的相关人员普遍知悉和容易获得。国家秘密中的信息由于关系国家安全和利益，是处于尚未公开或者依照有关规定不应当公开的内容。被列为北京市国家秘密技术项目的'一得阁墨汁''中华墨汁'在技术出口保密审查、海关监管、失泄密案件查处中均有严格规定。既然涉及保密内容，北京市国家秘密技术项目通告中就不可能记载'一得阁墨汁''中华墨汁'的具体配方以及生产工艺。根据国家科委、国家保密局于1998年1月4日发布的《国家秘密技术项目持有单位管理暂行办法》第七条

---

① 参见《最高人民法院2011年知识产权年度报告》。

第二款规定,涉密人员离、退休或调离该单位时,应与单位签订科技保密责任书,继续履行保密义务,未经本单位同意或上级主管部门批准,不得在任何单位从事与该技术有关的工作,直到该项目解密为止。因此,'一得阁墨汁''中华墨汁'产品配方和加工工艺在解密前,应认定该配方信息不为公众所知悉。"

第四节　商业秘密与其他知识产权的关系

第23条　【商业秘密的知识产权属性】

23.1　商业秘密具有一般知识产权特征。商业秘密具有无形性,是一种没有形体的精神财富,是一种智慧所创造的产品。商业秘密的非物质性或无形性是知识产权的本质属性所在,也是该项权利与财产所有权的最根本的区别。

23.2　商业秘密具有财产性质。商业秘密可以成为交易的标的,商业秘密具有稀缺性,符合经济学上对财产的定义。

※ 条文释解

商业秘密具有一般知识产权的特征,但是与其他知识产权权利还是有区别的,包括:商业秘密权利边界不清晰;商业秘密权利缺乏稳定性;商业秘密权利没有国家强制性保护;商业秘密可以与专利、著作权、计算机软件、集成电路布图并存保护,也可以在权利保护中相互转换等。

第24条　【商业秘密与专利的关系】

24.1　商业秘密与专利技术的不同

24.1.1　保护客体不同。可以申请专利的技术范围是法定的,是以法律能够保护的对象为准;商业秘密既包括技术信息也包括经营信息。

24.1.2　完整性要求不同。专利技术的法定要求是完整的技术方案;商业秘密只限于可以使用或者利用,并不要求是一项绝对完整的技术方案。

24.1.3　秘密性要求不同。专利技术法定要求是绝对未被公众所知悉;商业秘密只要求不容易为相关人知悉。

24.1.4　独占程度不同。专利权具有对世权,义务人是不特定的,具有绝对的独占性;商业秘密具有相对的独占性,不能排斥他人合法取得,并加以实施或利用。

24.1.5　产生和取得权利的方式不同。专利权是以技术公开为代价,并要经过法定程序进行审查批准获得;商业秘密是自主产生或者合法受让获得。

24.1.6　保护期限不同。专利技术具有法定的保护期限,一旦该专利权丧失(如未交专利年费)或超过保护期限就进入公知领域,任何人均可以使用该项技术;商业秘密只要不被公开,即可享有无限期保护。

24.1.7　权利稳定性不同。专利权不因非法定因素而丧失,而商业秘密则无论因何种因素公开即丧失权利。

24.1.8 保护地域不同。专利技术具有很强的地域性,在没有被授予专利权的国家或地区的单位和个人,都可以任意使用该项技术;商业秘密则可以依据多边或者双边条约得到域外保护。

24.2 商业秘密与专利技术可以并存

一项技术在申请专利前或申请专利未公开之前应当作为商业秘密加以保护。一项技术或者若干项相关联的技术可以将部分内容申请专利,部分内容作为商业秘密加以保护。实践中对技术信息同时采用商业秘密和专利两种方式保护是最有效的。

24.3 商业秘密保护与专利保护的选择

(1)对简单的、易被他人自行研究成功或者较容易被他人通过反向工程解析的技术信息,商业秘密权利人应考虑采用申请专利的方式加以保护。

(2)企事业单位保密能力强的,可以采用商业秘密的方式保护。

(3)技术信息先进性程度高的,可以先采用商业秘密保护;技术信息可能丧失先进性或者可能被他人申请专利的,应当采用专利保护。

※ 条文释解

商业秘密与专利技术的不同,在众多研究著作中都有所阐述。在此,仅就技术秘密与专利技术不同的重点作一说明:

1. 与专利技术对"新颖性""创造性"的绝对要求相比,技术秘密只要是具有降低成本、节省材料或者其他"与众不同"之处即可。

2. 对专利技术的要求是对比"现有技术",而对商业秘密的要求是对比"暂未为他人知悉"。因此商业秘密是在相对时间、相对地域中的"新颖性"和"创造性"要求,或者说是有"独特性"的技术信息。

第25条 【商业秘密与计算机软件的关系】

25.1 具有独创性的计算机软件受《中华人民共和国著作权法》的保护,其程序和文档中符合商业秘密构成要件的部分也可以同时采用商业秘密方式保护。

25.2 计算机软件的程序和文档适用著作权保护的是表达形式,其中有些具有通用性,是否构成新的作品,要考察其是否具备独创性。商业秘密保护的是信息的内容,也要符合相对独创、新颖性的标准,对于公知的部分,也不能构成商业秘密保护。

※ 条文释解

在司法实践中,当事人往往在主张对计算机软件著作权保护的同时,还主张对商业秘密的保护。因此,特别要注意区分哪些是主张著作权保护,哪些是主张商业秘密保护。实践中,有一种情况是笼统地将所有源程序、目标程序和文档都请求著作权及商业秘密保护;还有一种情况是拆分程序和文档,程序请求著作权保护,文档请求商业秘密保护。以上两种都是不正确的请求。

《计算机软件保护条例》中第6条规定:"本条例对软件著作权的保护不延及开发软件所用的思想、处理过程、操作方法或者数学概念等。"根据该条规定结合《著作

《权法》保护的是作品的表达形式来看,那么该条例所不保护的就是"开发软件所用的思想、处理过程、操作方法或者数学概念等"。这其中的处理技术、操作方法等,如果符合商业秘密的法定构成要件,才是可以主张商业秘密保护的内容,同时还必须能够分析出具有"独特性"的商业秘密点。或者更为简单地说,程序是一种表达形式,受到著作权法的保护,程序的形成以及内在的"思想""创意",受到商业秘密的保护。而源程序、目标程序和文档是同一件东西,并不是不同的两件东西,是无法分别拆开请求不同法律保护的。

1. 逆向工程,又称逆向技术,是指一种产品设计技术再现过程,即对一项目标产品进行逆向分析及研究,从而演绎并得出该产品的处理流程、组织结构、功能特性及技术规格等设计要素,以制作出功能相近,但又不完全一样的产品。逆向工程源于商业及军事领域中的硬件分析。其主要目的是在不能轻易获得必要的生产信息的情况下,直接从成品分析,推导出产品的设计原理。① 从逆向工程的定义来看,它与反向工程的不同在于:① 局限于可以采用逆向工程进行的部分技术而非全部技术秘密;② 逆向工程较之反向工程在花费时间、精力上更为简单,且"再现过程"方法单一,所获得的结论也是固定的。

在 Weins v. Sporleder, 569 N. W. 2d 16, 20-21(S. D. 1997)案中,美国法院认为"涉案的牛饲料配方不是一项商业秘密,因为该配方可以在四到五天的时间里以大约27 美元的价格通过化学或者显微分析的手段获得;如果该配方可以在很短的时间内获得或者通过反向工程的方式获得的话,那么其不具备商业秘密的属性"。因此,笔者认为,做出反向工程的一方当事人所愿意和必须花费的时间、精力是构成反向工程成立的重要因素,而逆向工程的成功则可能导致原告主张的商业秘密因为缺乏必要的秘密性,也就是"容易获得"而使其主张的商业秘密无法成立。当然前提是逆向工程的对象——产品获得的手段要合法。

2. 反汇编是指把目标代码转为汇编代码的过程,也可以说是把机器语言转换为汇编语言代码、低级转高级的意思,常用于软件破解(例如找到它是如何注册的,从而解出它的注册码或者编写注册机)、外挂技术、病毒分析、逆向工程、软件汉化等领域。学习和理解反汇编语言对软件调试、漏洞分析、OS 的内核原理及理解高级语言代码都有相当大的帮助,在此过程中我们可以领悟到软件作者的编程思想。② 作者的编程思想所体现出来的技术方式是可以受到商业秘密保护的,但是反汇编仅能做到了解思想,并不当然会得到与原告主张的商业秘密完全一致的目标程序,尤其是源程序。因此,对于请求商业秘密保护的计算机软件与涉嫌侵权软件的比对结论成为关键点。

3. 反编译。计算机软件反向工程(Reverse engineering)也称为计算机软件还原

---

① 载 http://baike. baidu. com/link? url = bS1n- 4VLynrS4th3yqM2vFywFuhXCcmvoXrPHpV7sO4QDWy-5WGBETMumLkfZiDtM9E7OV0tc8jyyfYom8TBoOa。

② 载 http://baike. baidu. com/link? url =4YHMVjH8z-sfDvP6SwiEitGswPW2_bpbbFi1R-sFKtTtYOITmAG-sKRhWbqNajROJbQDIdYI_Giv0XzZZWl4Bca。

工程,是指通过对他人软件的目标程序(可执行程序)进行"逆向分析、研究"工作,以推导出他人的软件产品所使用的思路、原理、结构、算法、处理过程、运行方法等设计要素,某些特定情况下可能推导出源代码。① 从该定义可以看出,反编译更贴近于商业秘密中反向工程的概念。

根据《计算机软件保护条例》第 23 条第(五)项"未经软件著作权人许可,修改、翻译其软件的",属于著作权侵权行为。从目前国家法律体系来看,计算机软件还是以《著作权法》保护更为妥当。

※ **问题10**:计算机软件如何确定商业秘密信息范围和商业秘密点?

第 26 条 【商业秘密与著作权的关系】

26.1 对商业秘密信息的表达,可能构成著作权意义上的作品,可以受到《中华人民共和国著作权法》的保护。对于未发表的作品中包含的信息,也可能符合商业秘密的构成要件,可以作为商业秘密予以保护。

26.2 著作权保护的是表达形式,商业秘密保护的是信息的内容。在一项创意、策划具有可保护性时,即使尚未构成著作权或者著作权保护不适用时,可以采用商业秘密的方式予以保护。

※ **条文释解**

1. 商业秘密不同于著作权对独创性的要求,《著作权法》保护的作品只要是"智力劳动+独立完成"就可以构成独创性,而商业秘密的独特性则是"智力劳动+非公知性"。

2. 著作权保护的是思想内容的表达形式,对思想内容本身不加以保护。而对商业秘密的要求是因一种构思而使其依附于某种有形的载体,形成一种技术方案、程序、工艺、产品、经营策略、客户名单等,并可能使这一载体具有价值。因此,两者的区别是很明显的。律师常常将同一作品的请求主张相混淆的原因是将外在表现与内在思想相混淆。

3. 《著作权法》保护的是该法第 10 条规定的 17 项权利,而商业秘密保护的是禁止他人以不正当手段获取、披露、使用的行为。

笔者曾经接触过一个就同一作品同时诉请著作权与商业秘密侵权的案件,无须赘言,已经发表的作品已经丧失了商业秘密的秘密性;尚未发表的作品是否同时构成商业秘密侵权? 其实最为关键的是原告要求保护的是什么,是要根据对被告行为和法律后果的举证相对应才有实际的诉讼意义。

※ **问题11**:以年度经济指数为例,某经过行政机关授权的单位对于年度经济指数作出判断、预测的文章是主张著作权侵害还是主张商业秘密侵权?

---

① 载 http://baike.baidu.com/link?url=n7FPk7antBzaXCbZQdIkAqdbFff-kziHMR6sJMYpkyj8Pm9tz-4RXzfA40-J9tqu3Ningic8Yld5S2OabyXerDv_r-O-ULguA70IBPz_3_y8XTcv-dlGAxUAWwWKAAdekL9_dwrsUsxwd-JxS1ixRoGLOyqnMOQ-pVps3esIibHQ7。

第二章 商业秘密管理

第一节 目标、模式和评价

第27条 【管理目标】

27.1 商业秘密的管理目标是促进创新、实现价值、保护权利、设定预警、防范风险。

27.2 律师要结合各个单位的技术研发内容、成果特点、技术人员结构、研发流程和企业管理模式,设定管理目标,特别要注意以下事项:

(1) 合作伙伴越多,商业秘密被破解和泄露的风险就越大。

(2) 合作项目越多,管理难度就越大,既要考虑人员、技术的交叉性,又要考虑其必要的分割性。

(3) 商业秘密权利人和合法持有人采取保密措施的重要前提就是为了警示他人"这里有秘密",从而实现法律保护的要求。

(4) 商业秘密的保护是从创意、立项开始的,整个研发过程都需要采取保密措施,仅仅在形成成果后对成果的保护,可能导致商业秘密因环节疏漏而丧失秘密性。

(5) 风险防范应当从以下三个角度考虑:防止自身权益被他人侵犯;防止侵犯他人的合法权益;防止权利滥用和限制技术进步、垄断技术的行为。

※ 条文释解

商业秘密包括技术秘密和经营秘密,其管理目标和管理方式是不相同的。目前,大量经营秘密案件是与竞业限制有关,单纯的经营信息侵权纠纷比较少见。本章重点放在技术秘密方面,对经营秘密只作必要的说明。

商业秘密的管理目标是设定商业秘密管理制度要照顾到的几个部分,这几个部分成为一个相互的融合体时,才是最具智慧的管理制度,所形成的模式才是最利于单位科技创新、维护客户和保有市场竞争力的模式。

1. 促进创新。在设定管理制度和管理模式时,就要考虑所有的方法,是为了鼓励和促进员工的创新精神,给予财力、精神的支撑,而不是仅仅用"管"的方法,限定员工权限,甚至规定不得利用单位的商业秘密、专利技术进行创新。当员工所努力的一切均看不到对个人的利益,现实的或者前景的,还要承担风险时,促进创新就成为纸面上的一句话。其实"管"就是洪水决堤,"引"就是水到渠成。

2. 实现价值。任何技术信息和经营信息都可能成为商业秘密,但是商业秘密要能够在市场考验下实现自己的价值,才真正起到应有的效用。因此,实现价值是重要的目的之一。锁在保密箱中的商业秘密是商业秘密的载体,不是当事人创造商业秘密的目的。价值的实现,与市场战略、产品营销有关联,在每一个过程中可能形成新的商业秘密。因此,实现价值和创新一样,具有一生二、二生三的效果,不能小觑。但不是所有的商业秘密都能够直接实现价值,有些需要转化,成果转化是另外一个课题,可以参见《律师办理技术合同非诉讼法律业务操作指引》中的相关内容。

3. 保护权利。这个是众所周知的目标。权利保护包括对内、对外,也包括不同模式的保护和不同救济途径的保护。在侵害发生时,对商业秘密的保护模式可能是最重要的"呈堂证供",决定商业秘密是否构成及保护范围和法律后果。

4. 设定预警。在商业秘密管理中这项最为薄弱,它包括对他人创新的跟踪和对自身研发的掌控。很多企事业单位不知道如何作出预警,专利可以追踪、可以通过检索获得相关信息,那么商业秘密本身的秘密性和保密性确实不太好设定某种模式的跟踪方式。但是还是可以从以下几个方面予以考察:

(1) 同行业、同领域,专业人员流动的去向;

(2) 从同行业的研发能力以及申请专利的数量,推导出同行业的研发方向;

(3) 跟踪专利技术,他人已经申请专利的,就应当终止完全相同的研发,从这一点说,设定预警实际上也是在"创造价值",避免了重复研发的浪费;

(4) 通过正当手段,掌握同行业、同等水平的其他研发机构的研发方向、趋势、目标和相关信息,也可以采用各类形式的合作、入股等方式介入,合作进行研发工作。

5. 防范风险。防范风险包括第27.2款之5中的三个角度。

(1) 防止自身权益被他人侵犯,本章后几节均是探讨如何做好防范措施的。

(2) 防止涉嫌侵权、陷入纠纷之中。除了自身具有不法目的外,防止涉嫌侵权、陷入纠纷也是单位要重点防范避免发生的情形。分为几个部分:在取得商业秘密时的慎重;研发之始、研发过程中及研发完成后对专利技术的查询和关注类似技术发展趋势和市场交易的变化;聘用技术人员、销售人员时做好防范措施。

(3) 防止限制技术进步、垄断技术是双向的,既要防范他人设定不合法、不合理的限制性条件,也要避免因为自身设定的条件,被认定为限制技术进步、垄断技术的行为。这类情况一般发生在技术秘密交易和单位的管理规定中。

限制技术进步、垄断技术,请参见《律师办理技术合同非诉讼法律业务操作指引》中的相关内容。

第28条 【管理模式】

28.1 商业秘密所有人或者合法持有人应当根据自身的经营管理模式、企业规划、研发重点、市场比例和竞争优势,安排和调整商业秘密管理模式。

28.2 可供参考的商业秘密管理模式有:分项目管理、分阶段管理、分地域管理、分部门管理、分人员管理。

※ **条文释解**

1. 之所以管理模式的设立需要综合考虑单位自身性质、管理结构和模式以及商业秘密的具体情况，是因为可能构成商业秘密的信息复杂多样，创造过程、成果形式都不相同，还有些信息是在研发特定目标时无意中形成的；有的单位则是以受让、转化技术成果为主，自己并不进行研发工作，但在受让实施、转化过程中，也可能"意外获得"商业秘密。《深圳经济特区企业技术秘密保护条例》第7条规定："因意外获取的技术秘密，应当以合理形式保密，由此产生的合理费用，权利人应当予以补偿。"其中的"意外获得"，就具有这种性质。对于商业秘密的保护，不好作出一个统一的管理模式。但是大致先可以将商业秘密获取的情形分为以下几类：

（1）主动选题研发，包括在研发中意外形成的。

（2）受让或者被许可获得的，包括意外获得。

（3）接受国家或者其他单位委托开发、合作开发形成的。

（4）投资入股方式或者以其他方式与他人共同经营等。

2. 根据上述商业秘密获取的方式确定管理模式，以下管理模式可供参考，基本上几类模式可以综合利用，也可以单独实施，具体还是要看项目本身的特性适应于哪种模式：

（1）分项目管理。在技术研发或者营销中，不将全部事务或者信息集中于某一组人员中，而是根据不同的项目或者市场效果区域，分别组建相应的团队进行。每个组团，只能知悉自己项目的必要信息，彼此之间不互通信息。

（2）分阶段管理。在技术研发中，根据项目的特性，将研发过程分成几个阶段，每个阶段完成后交接给下个阶段的小组成员，如同接力赛一样，最终完成研发过程。阶段的分割使得任何一个研发人员均无法将技术信息汇总为一项完整的技术方案。

（3）分地域管理。分地域管理对于经营信息，尤其是客户名单是十分有效的，不同地域之间的客户信息在同一的规则下并不互通。员工只负责该地域的客户开发、维护工作，获取的相关信息由该地域负责人收集、整理，形成客户名单。业务人员有其他地域客户的，也要按照程序交由该地域的业务人员统一管理。技术研发取决于单位自身的地域分布情况，例如不同地域的分支机构，进行分别研发。

（4）分部门管理。分部门管理与分项目管理不同，在内部形成几类不同的研发部门，既可以按照研发阶段区分，也可以按照研发项目区分，还可以按照人员的研发水平区分。

（5）分人员管理。分人员管理是指两个方面，一是研发人员区分，二是上下管理层人员之间的区分。例如：在单位中，基础的是技术人员，然后逐层向上是技术主管、技术总监、技术副总，等等。每个层面的人员所掌握的信息量不同，职责和所承担的风险也不同。

第 29 条　【商业秘密评价】
29.1　对技术信息和经营信息作等级处理和分档管理,一般采用的方式是划定密级和标注密级。
29.2　划定商业秘密范围主要考察以下因素:
(1) 对该信息保密的可能性大小;
(2) 该信息的立项来源和研发过程是否足以构成商业秘密;
(3) 该信息是否与其他法律保护对象相关联,是否采用商业秘密保护方式更为有利;
(4) 该信息被反向工程的可能性大小等。
29.3　评定密级应当主要考察以下因素:
(1) 该信息的市场现状和前景;
(2) 该信息的经济价值和竞争优势;
(3) 该信息所在行业领域的情况、周边技术情况;
(4) 该信息研发开发成本、生命周期、技术成熟度、保密的可行性以及反向工程的难易程度;
(5) 技术信息是否获得有关专家或部门的鉴定以及鉴定结果。①
29.4　密级变更和解密
29.4.1　根据商业秘密的变化情况,结合市场变化及时调整密级。密级调整可以调低也可以调高。
29.4.2　以下情形出现,商业秘密可以解密:
(1) 保密期限届满,自动解密;
(2) 商业秘密公开或者可以从公开渠道轻易获得;
(3) 技术信息或经营信息陈旧,失去保密价值;
(4) 被新技术替代或者被他人申请专利;
(5) 已经大范围推广实施或过度的使用、转让,导致保密性过差。

※ 条文释解

1.《合同法》第 324 条第 2 款规定:"与履行合同有关的技术背景资料、可行性论证和技术评价报告、项目任务书和计划书、技术标准、技术规范、原始设计和工艺文件,以及其他技术文档,按照当事人的约定可以作为合同的组成部分。"《合同法》中的技术评价报告是指《科学技术评价办法(试行)》中第 3 条第 1 款的规定:"本办法所指科学技术评价是指受托方根据委托方明确的目的,按照规定的原则、程序和标准,运用科学、可行的方法对科学技术活动以及与科学技术活动相关的事项所进行的论证、评审、评议、评估、验收等活动。"但是本条中所述的"商业秘密评价"并非是《合同法》中技术评价的含义,而是权利人对以商业秘密方式保护的技术信息和经营信息

---

① 有资料表明,经过专家或有关部门鉴定的技术信息具有更高价值性。

的自我评价密级的体系。

2. 划定密级的过程就是权利人对商业秘密作出评价的过程。在各省、市、自治区的《技术秘密保护条例》中对于技术秘密的密级设定大部分都有规定,可以作为参照。

文件名称	条款内容
1997年《珠海市企业技术秘密保护条例》	第九条 企业可以参照下列标准自行确定技术秘密的密级: (一)技密AAA级:对企业的经济利益或者生存与发展具有特别重大影响的; (二)技密AA级:对企业的经济利益或者生存与发展具有重大影响的; (三)技密A级:对企业的经济利益或者生存与发展具有较大影响的。 关系到国家安全利益的技术秘密,其密级应当按国家有关法律、法规确定。
2008年《浙江省技术秘密保护办法》	第八条 …… 权利人可以自行选择合法的保护措施、手段和方法,自行确定技术秘密的密级和保密期限,但法律、法规另有规定的,从其规定。
2010年《宁波市企业技术秘密保护条例》	第九条 企业可以根据技术的生命周期、成熟程度、潜在价值和产品市场需求等因素,自行确定技术秘密的密级和保密期限。
2010年《中央企业商业秘密保护暂行规定》	第十一条 因国家秘密范围调整,中央企业商业秘密需要变更为国家秘密的,必须依法定程序将其确定为国家秘密。 第十二条 中央企业商业秘密及其密级、保密期限和知悉范围,由产生该事项的业务部门拟定,主管领导审批,保密办公室备案。 第十三条 中央企业商业秘密的密级,根据泄露会使企业的经济利益遭受损害的程度,确定为核心商业秘密、普通商业秘密两级,密级标注统一为"核心商密""普通商密"。 第十四条 中央企业自行设定商业秘密的保密期限。可以预见时限的以年、月、日计,不可以预见时限的应当定为"长期"或者"公布前"。

3. 特别要注意涉及国家秘密或者国家科学技术秘密的,按照国家相关的法律,通过法定程序予以确定密级。

文件名称	条款内容
1995年《科学技术保密规定》	第八条　国家科学技术秘密的密级： （一）绝密级 1. 国际领先，并且对国防建设或者经济建设具有特别重大影响的； 2. 能够导致高新技术领域突破的； 3. 能够整体反映国家防御和治安实力的。 （二）机密级 1. 处于国际先进水平，并且具有军事用途或者对经济建设具有重要影响的； 2. 能够局部反映国家防御和治安实力的； 3. 我国独有、不受自然条件因素制约、能体现民族特色的精华，并且社会效益或者经济效益显著的传统工艺。 （三）秘密级 1. 处于国际先进水平，并且与国外相比在主要技术方面具有优势，社会效益或者经济效益较大的； 2. 我国独有、受一定自然条件因素制约，并且社会效益或者经济效益很大的传统工艺。
2010年《保守国家秘密法》	第十条　国家秘密的密级分为绝密、机密、秘密三级。 绝密级国家秘密是最重要的国家秘密，泄露会使国家安全和利益遭受特别严重的损害；机密级国家秘密是重要的国家秘密，泄露会使国家安全和利益遭受严重的损害；秘密级国家秘密是一般的国家秘密，泄露会使国家安全和利益遭受损害。 第十一条　国家秘密及其密级的具体范围，由国家保密行政管理部门分别会同外交、公安、国家安全和其他中央有关机关规定。 军事方面的国家秘密及其密级的具体范围，由中央军事委员会规定。 国家秘密及其密级的具体范围的规定，应当在有关范围内公布，并根据情况变化及时调整。

4. 商业秘密会随着市场变化和技术发展而有所变化，同时又因为其易被泄露或者被他人的新技术替代，所以对于商业秘密的密级和保护方式要进行相应的调整，否则权利人会面临支付的保密成本增加、商业秘密价值却在减少的不平衡状态中。

第30条　【风险监控】

30.1　风险监控对于商业秘密的信息汇集、技术研发、管理模式及保护措施均至关重要，旨在全方位、多层次、各环节防范泄密风险、降低被破解的可能。

30.2　风险监控的主要内容有：决策监控、人员监控、研发监控、履约监控、实施监控。

※ **条文释解**

一般提到的风险防范，都是在开始研发后或者签署合同时的风险防范。实际上风险监控是风险防范的前提，贯穿选题之初直至经营的整个过程。既包括防范泄密风险,也包括选题立项的可行性分析,包括投入成本的回报期望预测。因此,风险监控是围绕商业秘密的法律、经济、技术、管理、财务等所有的风险在内的监控。

第二节　采取保密措施

第31条　【保密措施的要求】

31.1　有效、合理。商业秘密权利人有意识地采取了相应的保密措施,并且在通常情况下能够保证商业秘密不致泄露,可以认定其采取的保密措施是有效的;在同行业中认为是采取了适当的保密措施就是基本合理的。

31.2　合法。企事业单位为保护商业秘密所采取的保密措施应当合法。

31.3　制度公示(明示)。

参见本指引第27条。

31.4　保密措施应当尽可能明确商业秘密信息的范围、种类、保密期限和保密方法。

※ 条文释解

1. 保密措施的实施,首先要体现单位有保护商业秘密的主观意愿;其次要注意不仅仅是制定保密规定和签署保密协议,同时要减少商业秘密的接触人员和缩小接触范围。着重要说明的是"有效",有效的措施是组合的,且是交叉式的保护,而并非是指单项的有效。"有效"同时是对于设定的执行到位,而不是仅仅指设定本身的有效性。合理性是指警示和控制,警示"这里有秘密"和控制"接触"。

2. 根据《反不正当竞争解释》第11条第1款的规定:"权利人为防止信息泄漏所采取的与其商业价值等具体情况相适应的合理保护措施,应当认定为反不正当竞争法第十条第三款规定的'保密措施'。"从此款规定可以看出,合理的保护措施并非是通常认为合理的保护措施,而是应当与所保护的商业秘密价值等具体情况相适应的保护措施。目前实践中,多以与员工的保密协议认定原告采取了保密措施,但商业秘密价值一评估动辄上千万元、几千万元,仅有保密协议而不出具、不提供其他相应的保密措施证据,是否在保密措施或者是商业秘密价值上,有一个方面是可质疑的。但是被告律师常常忽略此点,对保密措施进行简单理解。同时,一些单位在设定保密制度时,也忽略了此点。在《反不正当竞争解释》第11条第2款,进一步明晰了如何判断什么是"与其商业价值等具体情况相适应的合理保护措施",即"人民法院应当根据所涉信息载体的特性、权利人保密的意愿、保密措施的可识别程度、他人通过正当方式获得的难易程度等因素,认定权利人是否采取了保密措施"。

3. 采取保密措施不能损害员工或者他人的合法权益,尤其是涉及人身安全、隐私权,不得采用违反公序良俗、限制自由或者侮辱性的措施。

※ **案例2.2-7**:成都美泰来服饰有限公司诉冷碧莲、成都百姿服饰有限公司侵害

商业秘密纠纷案①

一、基本案情

原告成都美泰来服饰有限公司(以下简称美泰来公司)诉称,被告冷碧莲系美泰来公司原业务员,其于2013年2月至11月期间,利用职务之便窃取、泄露、倒卖美泰来公司所有的涉及两家客户的名称、联系方式、需求及报价信息在内的经营信息给被告成都百姿服饰有限公司(以下简称百姿公司)使用,致使美泰来公司客户流失,严重影响了美泰来公司的正常生产经营秩序。两被告的行为已严重侵犯了美泰来公司所享有的商业秘密。据此,诉请人民法院判令:被告立即停止侵权、登报消除影响、赔礼道歉;共同赔偿美泰来公司经济损失20万元,并承担美泰来公司律师费、调查取证等维权费用5000元。

被告冷碧莲辩称,美泰来公司主张的商业秘密记载于其员工的笔记本中,美泰来公司没有对其采取相应的保密措施,同时该信息也不具备商业秘密的实质要件,因此美泰来公司主张的经营信息不构成商业秘密;冷碧莲也没有通过非法手段获取上述信息;美泰来公司所主张的经济损失没有依据,故请求驳回美泰来公司的诉讼请求。

被告百姿公司辩称,美泰来公司所主张的经营信息不构成商业秘密,请求驳回美泰来公司的诉讼请求。

经审理查明,美泰来公司系一家生产、销售服装、针纺织品的有限责任公司。在美泰来公司持有的一份笔记本中记载有关于一家诉争客户的信息,该信息包括客户的名称、联系人、联系电话、客户需求的服装种类、数量以及与客户接洽需要提供的面料品种。在美泰来公司的服装报价表、下单工艺明细表中记载了针对另一家诉争客户的报价信息,包括服装种类、款式、面料、单价。冷碧莲的笔记本以手抄方式记载了前述第一家客户的名称、联系人、联系电话、客户需求的服装种类、数量、单价等信息;美泰来公司员工袁德丽的笔记本中以手抄方式记载了前述第二家客户的名称、联系人、联系电话。美泰来公司称,涉案经营信息由美泰来公司分别告知其员工冷碧莲、袁德丽,由冷碧莲、袁德丽记录在她们自行保管的工作笔记中。

另查明,2012年2月至2013年11月,冷碧莲为美泰来公司业务员。2012年2月17日,冷碧莲签署了办公室文员、业务销售人员《入职须知》,该须知中记载"新入职员工应当爱岗敬业,不得泄露公司秘密,出卖公司利益,否则罚款……辞退……情节严重者,公司可追究其刑事及法律责任"。

以上事实有经庭审举证质证的企业法人营业执照、常住人口详细信息、查询通知单、职位申请表、入职须知、笔记本、服装报价表、下单工艺明细表等主要证据材料在案予以佐证。

一审判决:驳回原告成都美泰来服饰有限公司的全部诉讼请求。

---

① 一审:四川省成都市中级人民法院(2014)成民初字第173号民事判决书,笔者未查询到二审判决。

二、裁判要点

一审法院认为，权利人采取了保密措施是商业秘密构成的不可或缺的条件。对采取了保密措施这一构成要件的审查在于判断是否有保密措施、措施是否合理。就本案诉争经营信息而言，美泰来公司陈述和证明的保密措施仅体现在员工入职时被告知"不得泄露公司秘密，出卖公司利益"，除此之外，美泰来公司既未限定其涉密信息的知悉范围，也未专门告知冷碧莲及其他员工对摘抄的涉密信息应当遵守的保密纪律，同时记载保密信息的笔记本特别是员工笔记本上没有任何保密标志或者防止无关人员触碰的措施，因此美泰来公司所采取的保密措施在正常情况下也不足以防止信息泄露，尚达不到合理的程度。综上，因美泰来公司未对诉争经营信息采取合理的保密措施，致使商业秘密法定要件未能齐备，所以美泰来公司所主张的经营信息不构成商业秘密。因不构成商业秘密，故美泰来公司关于被告实施了窃取、披露、使用其商业秘密的主张及证据本院不再审查，其关于被告的行为侵犯美泰来公司的商业秘密应承担相应民事责任的主张和请求，本院不予支持，对被告的相反主张本院予以支持。

※ 问题12：在笔记本上的记录与记忆抗辩的区别是什么？

第32条 【保密的具体措施】

保密可以考虑以下措施：

（1）与知悉或者可能知悉、接触商业秘密信息的员工或者第三人签订保密协议；

（2）建立系统、详细的规章制度，并对全体员工公示(明示)；

（3）设定警示区域、警示标记、加设门卫等方式，对员工、来访人员的活动区域加以限制；

（4）对商业秘密信息的存放、借阅、转移等进行专门档案管理，对作废文件、资料进行专门处理；

（5）在商业秘密信息资料、文件、图纸上编制密级；

（6）专人使用和管理特定的计算机系统，并采取加密和与单位区域网断链方式予以保密；

（7）其他采用技术手段、特定程序或者其他为公众通晓的合理措施予以保密；

（8）其他根据具体情况可以采用的方式。

※ 条文释解

1. 保密措施包括物理性措施、技术性措施，还有合约方式的措施，无法一一列举，本条只是作出一些提示。根据《反不正当竞争解释》第11条第3款的规定："具有下列情形之一，在正常情况下足以防止涉密信息泄漏的，应当认定权利人采取了保密措施：（一）限定涉密信息的知悉范围，只对必须知悉的相关人员告知其内容；（二）对于涉密信息载体采取加锁等防范措施；（三）在涉密信息的载体上标有保密标志；（四）对于涉密信息采用密码或者代码等；（五）签订保密协议；（六）对于涉密的机器、厂房、车间等场所限制来访者或者提出保密要求；（七）确保信息秘密的其他合理措施。"

2. 保密措施采取的对象是商业秘密载体。因为载体的多样性,就要使用与载体相适应的保密措施。《中央企业商业秘密保护暂行规定》第 25 条规定:"中央企业应当对商业秘密载体的制作、收发、传递、使用、保存、销毁等过程实施控制,确保商业秘密载体安全。"该规定是按照商业秘密载体从研发到销毁的逐个过程予以管理;《保守国家秘密法》还包括了复制、设备维修、携带等过程。针对每一个过程的细化规定,使商业秘密载体自始至终处于控制的保密状态之下。除此之外,还包括单位自设的研发网络与内部局域网、互联网的断链,并限定人员经授权密码进入等。

3. 如果单位中任何人都可以接触到商业秘密信息,或者都签署有商业秘密保密协议,实际上该单位的"秘密信息"反而难以构成一项法律意义上的商业秘密。因为对于这一点的疏忽或者是对于商业秘密保密性的狭隘理解,导致单位商业秘密无法得到切实的保护。

4. 在各省、市、自治区的相关规定中,也有一些采取保密措施的方法,可供参考。

文件名称	条款内容
1997 年《珠海市企业技术秘密保护条例》	第十一条　企业应当按下列规定对技术秘密明示确认: (一)书面形式的技术秘密用标识"▲"标在首页的左上角,"▲"前标明密级,"▲"后标明保密期限; (二)非书面形式的技术秘密用前项规定的标识方式标在易于识别的地方; (三)对涉密的计算机及相关技术,应当采取防辐射等有效措施进行加密; (四)对于不易标识的技术秘密应当用其他有效方法予以确认。
1998 年《国家工商行政管理局关于商业秘密构成要件问题的答复》	权利人采取保密措施,包括口头或书面的保密协议、对商业秘密权利人的职工或与商业秘密权利人有业务关系的他人提出保密要求等合理措施。只要权利人提出了保密要求,商业秘密权利人的职工或与商业秘密权利人有业务关系的他人知道或应该知道存在商业秘密,即为权利人采取了合理的保密措施,职工或他人就对权利人承担保密义务。
2009 年《深圳经济特区企业技术秘密保护条例》	第十二条　企业可以建立保密措施,主要包括: (一)限定涉密信息的知悉范围; (二)对涉密信息、载体标明保密标志或采取防范措施; (三)签订保密协议; (四)对涉密场所使用者、来访者的保密要求; (五)其他合理措施。 第十三条　企业应当对其所拥有的合法技术秘密加以明示确认,确认方式包括: (一)加盖保密标识; (二)不能加盖保密标识的,用专门的企业文件加以确认;并将文件送达负有保密义务的有关人员; (三)保密义务人能理解的其他确认方式。

(续表)

文件名称	条款内容
2010年《宁波市企业技术秘密保护条例》	第十条　企业应当按下列规定对技术秘密明示确认： （一）书面形式的技术秘密加盖技术秘密标识，标明密级和保密期限； （二）非书面形式的技术秘密用前项规定的标识方式标在易于识别的地方； （三）对涉密的计算机及相关技术，在其存储介质和电子文档中设立明确的保密标志。 　　对于不易标识的企业技术秘密，应当用保密义务人能够理解的其他有效方法予以确认。 　　企业技术秘密的密级以及保密期限如有变更，应当在原件上作出明显标志并及时通知保密义务人。

第三节　建立规章制度

第33条　【制度设立的要求】

33.1　公司研究决定改制以及经营方面的重大问题、制定重要的规章制度时，应当听取公司工会的意见，并通过职工代表大会或者其他形式听取职工的意见和建议。[①]

33.2　用人单位应当将直接涉及劳动者切身利益的规章制度和重大事项决定公示，或者告知劳动者。[②]

※ 条文释解

1. 本条是商业秘密保护制度的设定要求。商业秘密保护制度属于单位规章制度中的一部分，也是技术创新、知识产权保护的一部分，因此在设定时既要注意其特殊性，也要注意统筹协调、综合安排。与其他劳动制度（劳动合同）、人事制度、知识产权制度不相衔接，甚或抵触的商业秘密保护制度往往要给其他制度让路，尤其可能在诉讼中得不到支持。而且，商业秘密保护制度往往是单向的，由单位制定，告知全体员工予以遵守和执行。因此设定的制度内容必须要遵守《公司法》《劳动法》的有关规定。最高人民法院《关于审理劳动争议案件适用法律若干问题的解释（二）》第16条规定："用人单位制定的内部规章制度与集体合同或者劳动合同约定的内容不一致，劳动者请求优先适用合同约定的，人民法院应予支持。"另外，制度设立的要求是规章制度民主程序的一部分。毕竟制度是需要执行的，公开、公平和尊重员工，保障员工的合法权利，是规章制度建立和执行的基础，也是《劳动法》的要求。

[①]　《中华人民共和国公司法》第18条。
[②]　《中华人民共和国劳动合同法》第4条。

2. 商业秘密保护的核心价值是诚实信用,其解决商业竞争中公平、有序和维护基本的道德准则。因此在设定规章制度时要提醒员工注意树立商业秘密的基本观念,并在企业文化中培养员工对企业的忠诚、企业对员工的信任、交易之间诚信、公平等理念,否则再完善的商业秘密保护制度,没有共同发展的职业环境,没有良好氛围的企业文化,没有彼此尊重和信任的观念,也难以保持竞争优势的持久发展。

3. 当对商业秘密权利人内部设立的规章制度是否设定有保密规定予以考查时,往往忽略了对制度是否执行、执行漏洞或未履行合约所导致的商业秘密丧失的可能性。还有重要的一点就是企业的规章制度需要公示,而不是制定完成后锁进抽屉,等待需要时再拿出来。未公示的规章制度不能认为是采取了保密措施的有效证据。

4. 有些单位认为,自己并无能力自主研发,因此对于商业秘密保护制度不必太关注,其实不然。即使当事人这么想,作为这些单位的法律顾问却不应当这么想。不仅除了技术开发之外还有经营信息可以受到商业秘密的保护,就算仅仅是代理销售、受托加工都可能与合同相对方,如供应商、委托方产生商业秘密纠纷,因此不自主保护商业秘密,在规章制度中也要设定防范侵害他人权益的管理措施和工作流程。

第 34 条 【制度公示】

34.1 制度公示是指保密制度的"公开"和规章的"明示"。

34.2 企事业单位设立商业秘密保密的规章制度,可以采用以下方式向全体员工公开和明示其内容,公开或者明示过程应当以可以证明的方式予以记载和保存:

(1)在指定位置张贴规章制度;

(2)在集体会议上公布规章制度的内容和法律性质;

(3)员工书面确认知悉规章制度的内容及法律性质,承诺遵守。

上述公开或者明示过程,应当以可以证明的方式予以记载和保存。

※ 条文释解

1. 商业秘密保护制度的最终目标是无法实现完全禁止他人接触商业秘密的,但能够起到警示他人"这里有秘密,请注意"即可。因此,商业秘密保护制度的公示就显得十分重要而且是必须的。公示不仅体现在向员工的公示,同时在签署合约、对外交易、产品营销以及委托加工等环节均应当作出提示。

2. 公示的方式、方法很多,可以根据单位的需要和习惯进行,公示过后要留存公示的证据。《律师办理劳动人事法律业务操作指引》[1]第 130 条对于规章制度的公示告知是这样提示的:

(1)规章制度内容确定后,律师应当根据用人单位的实际情况,建议采取诸如发放员工、开会宣读、组织学习、集中讨论、分组传阅等形式进行公示,并且应当保留员工签名等公示或告知的书面证据。

---

[1] 北京市律师协会编:《最新律师业务操作指引》,法律出版社 2015 年版,第 373 页。

(2) 律师应提示用人单位,在新员工入职时,用人单位应当将已经制定的规章制度发给员工或交给其阅读,并应当要求其签收或签名确认。

公示制度在 2001 年最高人民法院《关于审理劳动争议案件适用法律若干问题的解释》第 19 条中亦有规定:"用人单位根据《劳动法》第四条之规定,通过民主程序制定的规章制度,不违反国家法律、行政法规及政策规定,并已向劳动者公示的,可以作为人民法院审理劳动争议案件的依据。"

第 35 条 【促进创新规定】

35.1 旨在明示企事业单位的创新意图和目标,增强员工对知识产权的保护意识,激励员工的研发热情和自觉提高研发能力。

35.2 主要内容:

(1) 创新意义和目的;
(2) 创新目标和内容;
(3) 负责创新和审核的部门及权责;
(4) 创新人员的范围;
(5) 有价值的信息范围;
(6) 项目立项、项目经费申报及使用方案、项目评价;
(7) 成果申报、成果鉴定和成果发布流程;
(8) 文件、资料的移交、归档和借阅;
(9) 保密责任;
(10) 奖励和惩处措施。

※ 条文释解

企事业单位的规章制度是整套管理体系下的多种管理规定,根据各个单位的不同情况,自行决定制定与否以及制定哪些制度,没有特定的形式。本指引第 35—37 条,只是提示列举,远未形成体系,也并非全部都要制定,也不是都要分开制定,完全可以相互融合。但是鉴于其内容并不相同,所配备的管理人员和层面也不相同,还是建议分开制定:一方面,过多的规章制度在提交员工学习和知悉的过程中,从心理状态来讲就具有排斥性,反而不利于员工遵照执行。但对于外企单位来说,可能这就不是问题了。另一方面,分开制定,在需要修订时也相对容易些,哪个需要修订就可以进行修订,而不用全部重新颁发签署一遍。

1. 创新是指:"以现有的思维模式提出有别于常规或常人思路的见解为导向,利用现有的知识和物质,在特定的环境中,本着理想化需要或为满足社会需求,而改进或创造新的事物、方法、元素、路径、环境,并能获得一定有益效果的行为。创新是以新思维、新发明和新描述为特征的一种概念化过程。起源于拉丁语,它原意有三层含义:第一,更新;第二,创造新的东西;第三,改变。创新是人类特有的认识能力和实践能力,是人类主观能动性的高级表现形式,是推动民族进步和社会发展的不竭动力。

准确地说,创新是创新思维蓝图的外化、物化。"①创新活动包括政治、社会、经济等各个方面,以技术为主题的创新可以依靠知识产权予以保护。以模式、风格、理念、文化形式为主题的创新可以依靠《反不正当竞争法》予以保护。因此,本条是在知识产权管理规定之上的更高层面。因此,促进创新的内容、人员范围等都更宽泛。

2. 鼓励创造出具有独特性的各类信息是该规定的要点,而法律保护不是本规定的要点。

3. 创新的目标越细,则创新的方向越清晰,深度和广度不会缩减反而会扩大,随之规定内容的细节也越突出和详细,能够落实的奖惩措施也越具有可操作性。

第36条 【知识产权归属规定】
36.1 旨在明确规定知识产权权利内容和范围,明确员工工作成果的权利归属。
36.2 主要内容:
(1) 知识产权的界定与分类;
(2) 知识产权权利归属的原则;
(3) 知识产权权利归属的操作办法;
(4) 有价值信息的申报程序和办法;
(5) 相互通知义务;
(6) 保密责任;
(7) 奖励和惩处措施。

※ 条文释解

本条所涉及的规定是单位规章制度中最为重要的管理规定之一。一方面,这个规定要讲解单位对于知识产权的看法和做法;另一方面,要使遵守该规定的员工清楚知识产权以及自己就职于该单位所作出的成果是怎样分配权益的;再有,就是具体的操作办法。

本条设定的是大项,每一大项中都有诸多内容。

例如:

1. 在知识产权的界定与分类中,应当将单位对于专利、商标、著作权、计算机软件、商业秘密……创意策划以及新构思、新信息,特别是有价值信息的界定和分类依照法律规定,结合单位的创新目标和方式确定清楚。

2. 在知识产权归属的原则中应当包括:
(1) 职务成果与非职务成果,请参见《律师办理技术合同非诉讼法律业务操作指引》。
(2) 人身权与财产权。在知识产权各专门法律中均有规定,但同时也要兼顾其

---

① 载 http://baike.baidu.com/link?url=yAKDpRMEDFuvZcLMBPAagzfWh0r57o-gStF-_L66FkRgjCu5UK SmfWClSxJXkwjwEO8RxJpCBx-hdPmOIym7yhipwSxiVzgwAAi6sGr8A_u。

他法律的规定,例如《合同法》第 328 条规定:"完成技术成果的个人有在有关技术成果文件上写明自己是技术成果完成者的权利和取得荣誉证书、奖励的权利。"

(3)对法律规定中的一些名词和概念作出明确规定,以减少纠纷。例如完成技术成果的"个人":根据最高人民法院《关于审理技术合同纠纷案件适用法律若干问题的解释》第 6 条对"个人"的解释是:"合同法第三百二十六条、第三百二十七条所称完成技术成果的'个人',包括对技术成果单独或者共同作出创造性贡献的人,也即技术成果的发明人或者设计人。人民法院在对创造性贡献进行认定时,应当分解所涉及技术成果的实质性技术构成。提出实质性技术构成并由此实现技术方案的人,是作出创造性贡献的人。提供资金、设备、材料、试验条件,进行组织管理,协助绘制图纸、整理资料、翻译文献等人员,不属于完成技术成果的个人。"

本条中的奖励与惩处主要是指对规定执行的奖励和惩处,而非指研发成功或者技术成果形成后的奖励与惩处,后者应当在第 37 条"知识产权管理规定"中体现。

有些单位将无论何种情况下的员工的发现、发明的权利、附属利益以及后续改进的权利一股脑儿地规定为属于单位所有。单位认为,"全包括进去,将来有异议时再说"。其实,一时偷懒,会是产生异议的温床,而且与法律冲突的管理规定是无效的,将来解决纠纷可能比规定清楚所产生的损耗更大,且不利于员工创新的积极性,并会引发员工有意回避的心理状态。

第 37 条 【知识产权管理规定】

37.1 旨在设立知识产权管理体系,明确知识产权管理的执行程序及成果实现的途径和方法,奖励员工的创新成果。

37.2 主要内容:

(1)管理部门和管理人员;
(2)管理模式和具体方法;
(3)立项与研发的程序;
(4)经费审批和使用办法;
(5)成果申报、鉴定与发表办法;
(6)成果奖励办法;
(7)合作的审批和方式;
(8)文件、资料的移交、归档和借阅办法;
(9)保密责任与签订人员的范围;
(10)竞业限制的权责与签订人员的范围;
(11)奖励和惩处措施。

※ 条文释解

本条规定主要是以科研成果的项目管理为主,而非单位的整体管理框架。根据国家知识产权局于 2013 年 3 月 1 日实施的《企业知识产权管理规范(试行)》中对于

知识产权管理体系的描述,知识产权管理涉及所有与知识产权相关的制度文件的管理。包括以下几个方面:

"5.1 总要求

企业应按本标准的要求,策划、实施、运行、评审、改进文件化的知识产权管理体系。

5.2 文件要求

5.2.1 总则

知识产权管理体系文件应包括:

a) 知识产权方针和目标;
b) 知识产权手册;
c) 本标准中要求形成文件的程序和记录。

5.2.2 文件控制

知识产权管理体系文件是企业实施知识产权管理的依据,应予以控制:

a) 发布前得到审核和批准;
b) 文件更新后再发布前,应重新审核、批准;
c) 文件中相关要求应予以明确;
d) 应按文件类别、秘密级别进行管理;
e) 文件应易于识别、取用和阅读;
f) 因特定目的需要保留的失效文件,应予以标记。

5.2.3 知识产权手册

编制和保持知识产权手册,包括:

a) 知识产权方针目标和基本要求;
b) 知识产权机构设置、职责和沟通;
c) 为建立知识产权管理体系所形成文件的程序或对其引用;
d) 知识产权管理体系过程之间相互作用的表述。

5.2.4 外来文件与记录文件

5.3 编制形成文件的程序,规定记录的标识、贮存、保护、检索、保存和处置所需的控制。对外来文件和知识产权管理体系记录文件应予以控制并确保:

a) 行政决定、司法判决、律师函件等外来文件进行有效管理,确保其来源与取得时间可识别;
b) 建立、保持和维护记录文件,以证实知识产权管理体系符合本标准要求,并有效运行;
c) 外来文件与记录文件的完整性,明确保管方式和保管期限。"

该规定也可以根据知识产权类别进行设定。例如专利管理办法、商业秘密管理办法等。但是分类别管理,对于中小微企业而言,一是管理部门和人员没有那么齐备,多重规定反而会削弱执行力;二是办法中的内容重复的比较多,确无必要;三是不利于员工了解和理解知识产权之间的相互转换和衔接等问题。

第四节 人员管理

第38条 【管理目标和内容】

38.1 员工是创新、产生和保护商业秘密的基础要素,对员工的管理直接决定对商业秘密保护的效果。

38.2 做好岗位定职、工作交接和签署保密协议、竞业限制协议是必要的环节。

38.3 人员管理包括几个重要的环节:聘用、签约、转岗、离职和退休。

※ 条文释解

1. 本节的人员管理是指对于接触或者可能接触商业秘密的人员的管理。这些人员应当根据其岗位职责大小和掌握信息量的多少分为核心机密人员、普通机密人员,或者作出类似的区别。在管理中,核心机密人员与普通机密人员在保密协议、竞业限制协议以及其他管理层面所受到的制约和待遇应当有所区别。例如普通机密人员的竞业限制期限应当短于核心机密人员,甚至通过脱密期可以解决保密问题的可以不再签署竞业限制协议。

2. 在商业秘密管理和保护中,保密协议和竞业限制协议无疑是最为重要的内容之一。根据《劳动合同法》第23条的规定:"用人单位与劳动者可以在劳动合同中约定保守用人单位的商业秘密和与知识产权相关的保密事项。对负有保密义务的劳动者,用人单位可以在劳动合同或者保密协议中与劳动者约定竞业限制条款……"但除此之外,还有一个与之相关、但容易被忽视的就是岗位职责的确定:

(1) 岗位职责可以直接用于认定员工是否接触或者可能接触商业秘密,接触程度以及员工的发明创造应当属于单位还是个人等事实问题。在劳动合同中,一般使用的合同范本对于员工聘用岗位往往仅是"根据甲方安排"或者"经过乙方同意","乙方从事岗位(工种)的工作"。简单的一条,而在实际工作中给予乙方某种身份,例如销售经理、技术主管等不明确的"职务"名称。那么当涉及员工身份时,销售经理是否属于高级管理人员就会产生争议,而岗位职责是判定该争议的依据之一。

(2) 岗位职责确定了员工是否知道或者应当知道对单位规章制度中所规定的商业秘密信息自己负有的责任以及责任的大小。岗位职责的不同也决定了员工择业能力强弱和从业范围的宽窄度,比如商场的柜台售货员与商场的销售经理是有很大区别的,即使该销售经理也时常临时替班站柜台售货。因此,岗位职责是很关键的问题,在与员工的劳动合同中必须明确。

(3) 尽管目前案例中并无严格意义上的"不可避免泄露规则",但是将来也有可能在诉讼中加以适用。不可避免泄露规则(inevitable disclosure doctrine)旨在解决阻止离职雇员在新的工作岗位上自觉或不自觉地泄露前雇主商业秘密的问题。在 *Pepsi Co. Inc. v. Redmond* 案中,雷蒙德曾经是百事可乐公司的高级雇员,而夸克·沃兹公司是百事可乐公司的直接竞争者。1994年11月10日,雷蒙德正式向公司提出辞呈,并告知接受了夸克·沃兹公司的职位。6天后,百事可乐公司起诉申请对雷蒙德颁发临时禁令。1994年12月5日,地方法院颁发了禁令,禁止雷蒙德在1995年5月之前接受夸克·沃兹公司提供的职位,并且永久禁止其使用或泄露商业秘密。百事可乐公司提出不可避免泄露的几个构成要素之一,即是雷蒙德在百事可乐公司的职位与夸克·沃兹公司提供的新职位极其相似。① 附加其他要素,可以初步认为雷蒙德在相同或者相似的岗位上工作有可能、不得不或者习惯成自然地泄露、使用百事可乐公司的商业秘密。同理,即使员工本人并不离职,但是其近亲属创办从事相同经营业务的单位,并能够证明使用了完全相同的商业秘密生产产品、提供服务或者竞争客户的,也可能在诉讼发生时被审查。

第39条 【聘用】

39.1　考察拟聘用员工是否已经与原单位解除劳动合同关系,是否负有竞业限制义务和商业秘密的保密义务,并请拟聘用员工作出书面陈述或者承诺。

39.2　考察拟聘用员工原有岗位与现任岗位任职的异同,慎重安排岗位。

39.3　审查拟招聘员工自行提交的相关证书、文件,释明规章制度和任职岗位的要求。

39.4　做好必要的招聘记录。招聘记录尤其需要载明被聘人员要对填写内容的真实性负责。

※ 条文释解

1. 在招聘员工之初,就要防范侵犯他人商业秘密的风险。如果恰好需要相关人才、经验和能力,则更要有前期的准备,觉得自己模糊不清有利于规避风险,是单位决策不明智、管理不成熟的做法。员工的经验、能力等均不属于原单位的商业秘密,可以大胆聘用员工,让其在本单位发挥作用。因此,单位在招聘员工时就要厘清并按照程序办理好相应手续。

2. 在聘用员工时,特别要注意该员工是否与原单位解除了劳动合同,并已经办结离职手续。最高人民法院《关于审理劳动争议案件适用法律若干问题的解释》第11条规定:"用人单位招用尚未解除劳动合同的劳动者,原用人单位与劳动者发生的劳动争议,可以列新的用人单位为第三人。原用人单位以新的用人单位侵权为由向人民法院起诉的,可以列劳动者为第三人。原用人单位以新的用人单位和劳动者共同侵权为由向人民法院起诉的,新的用人单位和劳动者列为共同被告。"规定得很清楚了。

3. 在聘用面试时,对于员工填写的应聘材料内容的真实性,要求员工特别明示

---

① 参见冯晓青主编:《不正当竞争及其他知识产权侵权专题判解与学理研究》(第1分册),中国大百科全书出版社2010年版,第45页。

并签字。在有初步聘用意向时,告知应聘人员,单位对于知识产权、商业秘密保护的基本要求和规定是必要的,实际上应聘人员自己也会进行考量。双方都进行慎重的考虑是今后规章制度能够落实的基础。

※ 问题13:"原用人单位以新的用人单位和劳动者共同侵权为由向人民法院起诉的,新的用人单位和劳动者列为共同被告"是否商业秘密诉讼纠纷中新单位与员工对商业秘密侵权行为承担共同责任或连带责任的基础?

第40条 【签约】

40.1 根据单位的规章制度,确定聘用员工的岗位及职责,考虑是否需要签署保密合同和竞业限制协议。

40.2 释明保密义务(竞业限制)的内容、范围、期限、责任等事项,约定补偿办法和违约责任;释明任职期间及离职(或退休)后知识产权权利归属的法律性质。

40.3 对聘用员工自述其自有的技术、技能、知识产权予以充分尊重,并记录在案。

40.4 督促聘用员工书面确认和承诺遵守规章制度。

40.5 做好必要的签约记录,完善聘用员工的档案。

※ 条文释解

1. 山东省律师协会《律师从事劳动法律服务业务操作指引》第116条规定:"律师担任劳动法律事务顾问,应根据用人单位的要求协助制定包括员工考勤、工时、奖惩、薪酬、绩效、保密、培训、休息休假等方面的规章制度,其主要内容包括:……(八)保密和竞业限制制度:保密范围、适用对象、保密方式、保密措施、保密资料保管、借阅、复印、泄密责任、脱密期的岗位调整、竞业限制期限、竞业限制补偿费、违约金……"第129条规定:"律师应提示用人单位,与用人单位的高级管理人员、高级技术人员和其他负有保密义务的人员签订竞业限制协议或约定竞业限制补充条款,内容应当包括竞业限制的范围、期限、竞业限制补偿数额及支付方式、违约责任……律师应建议用人单位一般在员工入职或升迁时签订竞业限制协议。"该规定建议在员工入职或升迁时签订竞业限制协议,并无错误,但从商业秘密保护的本质出发是不准确的。首先,试用期就签署竞业限制协议,等于削弱了单位商业秘密的保密性,试用期员工是不应当被安排到能够接触到商业秘密核心技术的岗位上的,且试用期人员可以随时离开,单位应当是知道的。如果"入职"是指的签署正式劳动合同的人员,也并不妥当,因为竞业限制协议签署的对象是实际接触商业秘密,负有保密义务的员工或者高级管理人员、高级技术人员,对于签署正式劳动合同的初上岗员工而言,在没有接触到商业秘密时就签署竞业限制协议是具有被强迫性质的,会造成员工心理上的不快,实在没有必要。而如果离职时的岗位职责和薪酬待遇已经改变,原有的竞业限制协议可能已经不再适用,要有所调整了,那么也同样会造成双方对同一问题的争执。所以建议在交接、承办、接触商业秘密之前,签署竞业限制协议,而不是以员工入职或升职或离职为时间点。有些接触不属于核心技术秘密的员工采用脱密期可以解决的,就不用再签署竞业限制协议了。

2. 尽管员工的保密义务并不需要支付资金类的对价(参见本指引第四章第二节第 67 条),但是有些单位愿意在薪酬、岗位津贴中给予一定的"保密费"也是不错的决定,这取决于单位与员工的约定,但是要特别明示员工知悉,并将来不得追讨。对于员工违反保密义务的违约金仅在"保密费"的范围内考虑,并非是基于薪酬、岗位津贴的全额予以判断。在职员工的薪酬、岗位津贴中设定竞业限制补偿金,而员工离职后不再给付补偿金的做法是无法在诉讼中得到支持的。

第 41 条 【转岗】
41.1 员工可能因下列原因而转换岗位:
(1)不能胜任该岗位工作;
(2)需要采取脱密措施的;
(3)伤、病需要长期休假的;
(4)劳动合同订立时所依据的客观情况发生重大变化的;
(5)行政管理、业务管理、研发管理需要转换岗位的。
41.2 员工转岗,要切实保护员工的利益,并稳妥保护单位的知识产权不流失,降低商业秘密被泄密的风险。
41.3 完善转岗手续:
(1)对调离重要技术岗位或高级管理岗位的员工没有签署保密合同(竞业限制协议)的,应当补签;
(2)原有合同(协议)因情形变更需要补充或者变更的,予以完善。

※ 条文释解

转岗是容易被忽略的一个环节,因为人员并未离开单位,所以在很多时候单位并不太关注。但实际上因为转岗的原因并不相同,所以也要特别注意。不同的岗位可能存在不同的可能构成商业秘密的信息。转岗所面临的是员工可能在不同岗位接触商业秘密信息,例如,对商业秘密进行分部门管理的,那么转岗员工就有可能会整合和贯通相关信息或者获得其他信息,因此必须要调整与员工签署的各项合同、协议,尤其是涉及商业秘密的部分。对于转岗员工,无论何种原因都要善待,信任是双方面的,因为转岗,员工可能面临新的压力,且薪酬可能会有所降低,因此要充分征求员工的意见,充分协商,不要增加员工额外的精神负担。

第 42 条 【离职和退休】
42.1 完善离职和退休手续:
(1)指定专人做好资料、文件、图纸及其设施、设备的交接工作,明示离职员工不得复制、拷贝、毁损文件、资料;
(2)不得泄露、自行使用或者许可他人使用属于单位的商业秘密;

（3）不得泄露、传播单位的工作秘密；

（4）对知悉的商业秘密信息负有保密义务等。

42.2　根据单位的规章制度，重申员工在离职或退休后一定期间内所作出的知识产权权利归属规定。

42.3　国家有关部门的特别规定：

（1）对承担国家科技计划项目或者重要科研任务的企事业单位的科技人员，在科研任务尚未结束前要求调离、辞职，并可能泄露国家重大科技计划项目或者科研任务所涉及的技术秘密，危及国家安全和利益的，原则上不予批准。①

（2）企事业单位所拥有的技术秘密，依据国家科学技术委员会、国家保密局《科学技术保密规定》确定国家科学技术秘密时，涉密人员调离、辞职时，应当经确定密级的主管部门批准，并对其进行保密教育。未经批准擅自离职的，依法追究当事人及用人单位负责人的行政责任。②

※ 条文释解

所有措施都不是万无一失的，关键在于反复重申，并请员工确认。

第43条　【脱密措施】

43.1　企事业单位采取脱密措施旨在降低商业秘密泄密的风险，并保证员工的再就业利益。

43.2　脱密措施包括：

43.2.1　转换工作岗位、变更劳动合同中的相关内容、补充或变更保密合同或竞业限制协议；

43.2.2　设定脱密期：

（1）适用脱密期的员工为接触商业秘密，并掌握商业秘密核心信息的高级技术人员、高级管理人员；

（2）适用脱密期的时间一般在员工要求离职、退休或者单位认为需要调离原岗位的前几个月；

（3）适用脱密期的期限应当根据保密事项的性质、接触的程度等因素综合考虑确定，最长不超过 **6** 个月；

（4）适用脱密期的员工转岗、离职或退休后对已经知悉的商业秘密仍负有保密义务。

※ 条文释解

1. 脱密措施的设定是保护商业秘密很好的措施之一。既可以保护员工不至于因为离职离岗而使生活变得窘迫，因为即使是给予竞业限制补偿金也是低于其应得

---

① 《关于加强科技人员流动中技术秘密管理的若干意见》第3条。
② 《关于加强科技人员流动中技术秘密管理的若干意见》第4条。

工作收入的;同时又可以保护单位能够在缓冲阶段寻找合适人员,并可以减少未来竞业限制补偿金的支出。但是未必任何一项技术秘密或者经营秘密都适合采用此种方式,对于研发水平高、技术发展快的单位和领域是比较适宜的。

2. 脱密措施主要是采用脱密期的方式设定。其前提是单位具有商业秘密,对象是接触商业秘密的人员,目标是使该人员逐渐脱离商业秘密的研发进程,使之丧失对商业秘密信息的了解和掌握。

脱密期是指用人单位可以与掌握商业秘密的人员约定在离职之前至少 6 个月通知用人单位,用人单位为其调换岗位后,员工再工作一定期限,该期限期满,员工才可以正式离职的这一段时期。在这段时期内,用人单位可以把员工调至不接触秘密信息的部门工作,以确保员工不再接触新的秘密信息、淡化原秘密信息。因此,该期限也可以称为提前通知期。①

3. 提示以下规定,用以了解和理解脱密期,设定脱密期的人员在就业流动、离职、退休时都是受到原单位限制的。

文件名称	条款内容
1996 年劳动部《关于企业职工流动若干问题的通知》	二、用人单位与掌握商业秘密的职工在劳动合同中约定保守商业秘密有关事项时,可以约定在劳动合同终止前或该职工提出解除劳动合同后的一定时间内(不超过六个月),调整其工作岗位,变更劳动合同中相关内容……
2005 年天津市劳动和社会保障局《关于保守商业秘密协议、支付违约金和就业补助金等有关劳动合同问题的通知》	二、用人单位与掌握商业秘密的劳动者在劳动合同中可以约定劳动合同终止前或该劳动者提出解除劳动合同后的一定时间内(不超过六个月),调整其工作岗位,变更劳动合同中的相关内容……
2010 年《保守国家秘密法》	第三十八条 涉密人员离岗离职实行脱密期管理。涉密人员在脱密期内,应当按照规定履行保密义务,不得违反规定就业,不得以任何方式泄露国家秘密。
2013 年江苏省人大常委会《江苏省劳动合同条例》	第二十七条 用人单位与劳动者可以在劳动合同中约定保守用人单位的商业秘密和与知识产权相关的保密事项。 对负有保密义务的劳动者,用人单位可以与其在劳动合同或者保密协议中,就劳动者要求解除劳动合同的提前通知期以及提前通知期内的岗位调整、劳动报酬作出约定。提前通知期不得超过六个月。
2015 年《中外合资人才中介机构管理暂行规定》	第十二条 对于中外合资人才中介机构招聘人才出境,应当按照中国政府有关规定办理手续。其中,不得招聘下列人才出境之一的是:"(四)在岗的涉密人员和离岗脱密期未满的涉密人员……"

---

① 载 http://baike.baidu.com/link? url = GzuSCus26Cch21e2xzsIvc_cIXVeg1WN5WQ8cr4-4tilFbt38X7igPeuEFIzYbKao1FKsISLMCl3jgDnDp-1TK。

3. 采取脱密期的单位要注意以下几个问题：

（1）有一些观点认为，脱密期是有悖于《劳动法》和《劳动合同法》的规定的，因为两部法律中均没有提到脱密期的问题，且"劳动者提前三十日以书面形式通知用人单位，可以解除劳动合同"[①]。因此，在法律没有禁止的情况下适用脱密措施，首先必须要斟酌是否存在有可保护价值的秘密信息，且该员工实际接触过商业秘密实质性内容。

（2）脱密措施是调岗，脱离原有的接触商业秘密的岗位，换到不接触商业秘密的岗位或者其他行政、后勤岗位上过渡，并非是限制流动而不给予任何岗位、待遇的"闲置"。如果是"闲置"，员工是有权利要求工作和相应待遇的。但脱密期的薪酬很可能低于原有薪酬，所以必须保障员工的权益，就要规范相应的其他制度和措施，不能将脱密期独立于整体的劳动合同制度之外。

（3）脱密措施除了在规章制度中设定外，最重要的是在签署《劳动合同》时就与员工约定，包括申请离职提出的时间、脱密申请流程、核批后的资料交接、脱密期限、换岗条件和待遇等。

※ 问题14：单位与员工约定超过6个月脱密期的协议是否有效？

第五节　合 同 管 理

参见本指引第四章。

第六节　公 关 管 理

第44条　【接待来宾】

44.1　企事业单位对涉密区域应当设立警示区域和警示标牌，婉拒来访人员进入。

44.2　对于涉及商业秘密或者可能泄露商业秘密信息的资讯、文件、资料、图纸等整理收纳，放置在无法直接看到的地方。

44.3　必要时应当明示来访人员，勿进入注有特别警示标记的区域或者接触标注有密级的文件。

第45条　【成果发布】

45.1　企事业单位参加技术交流会、成果论证会、技术鉴定会时，应当避免展示核心技术资料，确有必要展示的，应当将有关材料标注密级，并指定特定的会议人员接收和返还，并和与会人员、鉴定人员签订保密协议。

[①] 《中华人民共和国劳动合同法》第37条。

45.2 根据国家及各省市的有关规定,国家公务员、技术鉴定人、技术经纪人等执行公务或者接触企事业单位商业秘密的人员均负有保密义务。

45.3 控制和核定研发人员发表论文、文章的实质性内容,尤其是对核心技术的研发思路和具体描述应予以限制。

※ 条文释解

成果发布一类是个人行为,一类是单位行为。

1. 研发人员发表论文,一味不允许发表是不恰当的,关键是论文内容是否会披露商业秘密核心信息,或者仅仅是因为介绍经验而发布失败的信息。因此要提醒研发人员在发表论文时注意细节的表达方式,而研发人员就本行业内普遍知晓或者公知技术理论的分析、分析结果所做的描述和说明应当予以准许。

2. 单位发表研究报告、成果公布等,也可能泄露商业秘密信息。例如各类高端技术会议的交流,就要考虑与会人员的组成,还有会议中间的提问环节,往往会给怀有不良目的的人员以机会。

3. 技术秘密中的核心信息被发表,一般是商业秘密被自行公开的方式之一。但是并非所有发表的论文和专著均会导致商业秘密被披露。以下情形可以认定商业秘密尚未因发表而被披露,尚处于不为公众所知悉的范畴:

(1) 论文、专著在特定的范围内发表,且告知他人为秘密,并有相应的保密约定;

(2) 论文、专著公开了周边技术、研究方向或部分研究成果,但是未表述商业秘密或者任何与商业秘密点有关的内容,这点的判断依据是,商业秘密技术在该领域普通技术人员中能否明了、实施或使用;

(3) 技术成果完成后的验收,申报国家级、省市级奖励,提交评审部门和专家的报告等,一般因评审部门和专家均属于国家规定的负有默示保密义务(参见本指引第四章第四节第75条)的人员,所以即使没有签署保密协议,也不视为商业秘密被披露。但作为提交单位还是要将材料、产品、软件等标注秘密字样或者设定密码,交给特定人员,按照商业秘密的保密要求严格保管、交接、查阅、回收、复印等各个环节。

※ 案例2.6-8:上海化工研究院诉昆山埃索托普化工有限公司、江苏汇鸿国际集团土产进出口苏州有限公司、陈伟元、程尚雄、强剑康商业秘密纠纷案[①]

一、基本案情

原告上海化工研究院(以下简称化工院)自1961年开始立项研发使用NO-HNO3化学交换法生产15N标记化合物,至1989年建成了15N标记化合物年产量为2.2千克的1号车间,1999年起向国外出口99%高丰度的15N标记化合物。2001年该技术被上海市高新技术成果转化项目认定办公室认定为上海市高新技术成果转化项目、

[①] 一审:上海市第一中级人民法院(2003)沪二中民五(知)初字第207号民事判决书;二审:上海市高级人民法院(2005)沪高民三(知)终字第40号民事判决书。

上海高新技术成果转化项目百佳等。在被告昆山埃索托普化工有限公司(以下简称埃索托普公司)生产15N标记化合物之前,原告系我国唯一生产15N标记化合物的单位。

原告化工院为保护其自行研发的科研成果,于1997年1月制定了《科技档案借阅、保密制度与立卷及归档范围》,规定了科技档案的借阅和保密制度;1998年10月颁布了《关于经济工作中的企业秘密及其管理办法的规定》,明确了该院企业秘密的含义、范围和管理;2001年3月颁布了《化工院职工奖惩实施办法》,规定了对工作中技术泄密职工的处罚办法等。原告通过不同方式将上述书面规定在全院职工中予以公布,同时还坚持对新职工进行保密制度的集中教育培训。根据上述保密制度,原告将15N技术的所有资料存档并列为"秘密"等级。

被告陈伟元于1992进入原告化工院15N生产车间工作,1999年12月起开始担任15N车间组长、工程师,全面负责15N的生产和管理工作,能够查阅15N技术资料、工艺图纸等,熟悉掌握15N技术的生产工艺和装置等。

被告强剑康于1995年8月进入原告化工院15N生产车间工作,1998年调入15N标记化合物合成组,主要从事15N标记化合物合成工作,担任高级工程师,熟悉掌握15N标记化合物的合成技术等。

被告程尚雄在原告化工院下属的有机所工作,担任工程师。

2001年上半年,被告江苏汇鸿国际集团土产进出口苏州有限公司(以下简称汇鸿苏州公司)的李网弟、李玉明和案外人昆山迪菲芳香油有限公司厂长王建飞等人共同商量出资成立一家生产15N标记化合物的公司,并通过被告程尚雄介绍认识了被告陈伟元、被告强剑康。此后,被告陈伟元向其姐夫沈林华借款并以沈林华的名义参与投资,被告强剑康让其表弟丁一波参与投资,与李玉明、王建飞、李雯剑、汪继勇共同出资,于2001年7月成立了被告埃索托普公司,李玉明担任法定代表人。2001年12月18日,李玉明担任被告汇鸿苏州公司的股东及董事。

在被告埃索托普公司筹备成立阶段,该公司在购买15N生产设备的过程中,当时尚未辞职还在原告化工院工作的被告陈伟元,以及被告程尚雄即以被告埃索托普公司的名义到加工单位为被告埃索托普公司定制、验收了部分生产设备。被告埃索托普公司成立后,被告程尚雄又先后怂恿被告陈伟元、强剑康到被告埃索托普公司工作。

2001年七八月,被告陈伟元以到同学开设的染料助剂厂工作为由向原告化工院提出辞职,同年11月递交了辞职报告并办理了辞职手续。2002年2月,被告程尚雄从原告下属的有机所辞职。2002年二三月间,被告强剑康以解决夫妻两地分居、到无锡其姑父开的化工厂开发新产品为由向原告提出辞职,同年5月开始办理辞职手续,在未办妥辞职手续前自行离职。

进入被告埃索托普公司后,被告陈伟元利用其在原告处工作时掌握的15N技术,为该公司筹建了与原告相同的15N生产装置,并负责15N车间的生产管理;被告强剑康从事15N标记化合物的合成工作；被告程尚雄担任总经理，负责公司的日常管理。

根据上海司法会计中心出具的沪司会浦字(2004)第10号查证报告,2002年7月至2003年8月期间,被告埃索托普公司销售硫酸铵、硝酸钾、尿素等各类15N标记化合物的数量为10 335克。被告埃索托普公司的销售数量乘以原告化工院同期同类品种规格的销售平均单价之积为人民币1 499 700.13元。原告化工院销售毛利率为67.72%。上述期间被告埃索托普公司生产的15N标记化合物均通过被告汇鸿苏州公司代理出口。

根据原告从海关取得的报关单、发票、装箱单的记载,2003年9月至2004年4月期间,被告汇鸿苏州公司代理被告埃索托普公司出口各类15N标记化合物的销售总额为201 105美元。

原告化工院于2003年3月14日向上海市公安局普陀分局举报被告陈伟元、程尚雄、强剑康、埃索托普公司涉嫌侵犯商业秘密罪。上海市普陀区人民法院和上海市第二中级人民法院分别于2004年5月25日和2004年8月25日先后作出了上述四名被告的行为均构成侵犯商业秘密罪的刑事一审判决和终审裁定。被告陈伟元被判处有期徒刑1年,并处罚金人民币3万元；被告程尚雄和被告强剑康分别被判处有期徒刑9个月,并处罚金人民币2万元；被告埃索托普公司被判处罚金人民币30万元。

……

另查明：上海市科学技术委员会接受上海市公安局普陀分局的委托出具了一份鉴定意见和三份补充意见。鉴定结论的主要内容为：① 原告化工院使用NO-HNO3化学交换法生产稳定性同位素15N的技术和生产装置存在不为公众所知悉的技术信息；② 被告埃索普公司使用NO-HNO3化学交换法生产稳定性同位素15N的技术和生产装置与原告使用NO-HNO3化学交换法生产稳定性同位素15N的技术和生产装置基本相同；③ 依据被告埃索托普公司提供的有关公知技术的资料,不可能设计形成该公司目前使用NO-HNO3化学交换法生产稳定性同位素15N的技术和生产装置。

一审法院判决：

(1) 被告陈伟元、程尚雄、强剑康、埃索托普公司、汇鸿苏州公司于本判决生效之日起至原告化工院稳定性同位素15N技术商业秘密权利终止之日止,停止对原告化工院上述商业秘密的侵害；

(2) 被告陈伟元、程尚雄、强剑康、埃索托普公司、汇鸿苏州公司于本判决生效之日起30日内,在《新民晚报》上刊登启事消除影响；

(3) 被告陈伟元、程尚雄、强剑康、埃索托普公司、汇鸿苏州公司于本判决生效之日起10日内,连带赔偿原告化工院包括合理费用在内的经济损失人民币230万元,其中被告汇鸿苏州公司应赔偿原告化工院经济损失人民币8万元；

(4) 对原告化工院的其他诉讼请求不予支持。

二审法院判决：驳回上诉,维持原判。

二、裁判要点

在本案中,上诉人诉称,被上诉人15N的生产技术和设备本身来源于国外公知技术,同时被上诉人单位的专家对其研发成果撰写了系列论文和专著公开发表,不具备构成商业秘密的"不为公众所知悉"和"采取保密措施"的要件。二审法院则认为:"有关技术的论文和专著的公开发表,不等于涉及该技术的有关技术秘密的公开。发表论文和专著不是判断该技术秘密是否公开的标准。经查,被上诉人单位的有关专家虽然对其研发的涉案技术成果公开发表了有关的论文等,但上海市科学技术委员会组织的鉴定专家的鉴定结论等证据反映,这些公开发表的文章并未披露被上诉人的涉案技术秘密。且被上诉人对涉案技术秘密的有关资料文件均明确标有'秘密'等字样,其内部也有一系列技术保密的规章制度。有关证据反映被上诉人对涉案技术采取的一系列保密措施符合法律规定的对商业秘密进行保护的要求。"

第46条 【展览宣传】

企事业单位在参加各类展览会、成果展示、成果汇报会上,应当避免涉及商业秘密的信息或者可能泄露商业秘密的资讯、信息、资料、图片以及易于直观目测、分析的设施、设备等予以披露和展示。

※ 条文释解

有些设施、设备一旦进入市场或者展示,则同行业普通专业人员"通过观察即可直接获得"商业秘密信息,这些设施、设备常常是用于制造、生产其他设备或者产品的,本身并不销售、出租,在采取保密措施的状态下,可以维持其秘密性。一旦公开展示,则可能导致商业秘密丧失,因此要特别注意。

第三章　商业秘密的权利归属

第一节　商业秘密的属性

为了本操作指引体系的完整,本章内容所涉及的权利归属、权益分配等内容依据合同约定的部分与《律师办理技术合同非诉讼法律业务操作指引》的内容重合。本章的释解只作提示,具体请参见《律师办理技术合同非诉讼法律业务操作指引》。

第47条　【商业秘密的属性】

47.1　商业秘密包括技术秘密和经营秘密。商业秘密权利不同于所有权,是一种特殊的知识产权。① 商业秘密权利是一种科技成果权②,具有法定的构成要件,只有符合条件的技术信息和经营信息才能成为商业秘密。③

47.2　从权利性质看,商业秘密不具有排他的独占性,并未被确立为商业秘密权,与物权、债权、著作权等其他知识产权相比,权利边界不具有绝对的法定性。

47.3　从权利保护方式看,民事救济以《中华人民共和国反不正当竞争法》保护为主,通过制止侵权,保护商业秘密;同时辅以合同法、程序法、劳动法等立法保护。刑事救济则将商业秘密与商标权、著作权、专利权并列,法律地位相同,保护力度相同。

47.4　从权利主体看,商业秘密权利人是商业秘密的创造者、控制者和管理者,包括所有人和被许可的使用人。

47.5　从权利的内容和行使看,商业秘密的权能包括占有、使用、收益和处分,由于商业秘密具有相对性的法律属性,权利的行使具有一定的局限性。

47.6　从权利价值看,商业秘密具有商业价值,可评估作价,是一种无形资产。根据其研究开发成本、实施该项商业秘密的收益、可得利益、可保持竞争优势的时间等因素确定。

47.7　从权利的保护期限看,商业秘密没有期限的限制,只要处于保密状态,就一直受法律保护。

第48条　【商业秘密的权利人】

48.1　商业秘密的权利主体可以是自然人、法人或其他经济组织,从其享有的权

---

① 最高人民法院研究室编:《知识产权司法解释理解与适用》,法律出版社2009年版,第316页。
② 《中华人民共和国民法通则》第118条。
③ 参见孔祥俊:《商标与不正当竞争法原理与判例》,法律出版社2009年版,第821—823页。

利范围上,包括商业秘密的所有人和被许可的使用人。[①]

48.2 商业秘密权利的专有性弱,任何人可能通过自主研发、反向工程、客户自愿交易等方式合法取得其商业秘密,即不同的人可同时拥有相同或近似的商业秘密。

48.3 商业秘密的权利人和独占使用许可合同的被许可人均具有民事诉讼主体资格,享有起诉权。

排他使用许可合同的被许可人、普通使用许可合同的被许可人应与权利人共同提起诉讼,在权利人不起诉或者经权利人书面授权的情况下,可以自行单独提起诉讼。

48.4 商业秘密的取得是认定权利人的方式,非法取得或者占有商业秘密的人不能认定为权利人。

※ 条文释解

归纳起来,商业秘密权利人所享有的权利包括:占有权、使用权、收益权和处分权;合同中约定的转让、许可权利;制止侵权的权利。但其前提必须是合法取得商业秘密的自然人、法人或者其他经济组织。

※ 问题15:经过反向工程获得商业秘密的所有人是否有权利披露、传播该商业秘密?

第49条 【商业秘密的义务人】

依据法律规定或合同约定负有保密义务的人,是商业秘密的义务人,包括自然人、法人或者其他经济组织。

※ 条文释解

商业秘密的义务人,是指依据法律规定和合同约定,负有保密义务的单位和人员。广义上还有商业秘密的相对人,包括不得利用刺探、盗取、引诱等手段获取商业秘密的任何自然人、法人或者其他经济组织。

1. 依据法律规定,具有保密义务的单位和人员包括以下几类:

(1) 特殊行业、特殊资质的人员,例如:会计师、律师、鉴定人等;

(2) 行政机关、公务员和其委托的机构和人员,例如:成果评估机构、申报成果奖励的核批机构、鉴定机构、招标机构等;

(3)《公司法》规定的董事、高级管理人员;

(4) 承担国家重大项目的管理人员、技术人员等。

2. 依据合同约定的保密义务,是以合同约定的涉密人员、约定的义务为范围的。

3. 还有一部分可以推定负有保密义务的人员,这部分大多是具有某种特定经济关系的人员,例如:代理关系、合资关系等;还有根据行业习惯、行业性质或者某类信

[①] 国家工商行政管理局《关于禁止侵犯商业秘密行为的若干规定》第2条。

息特定的接触人员可以推定负有保密义务的单位和人员,例如:武器装备、侦查设备设计、制造行业等。

第 50 条　【商业秘密的载体】

50.1　商业秘密依附于有形载体,还可以借助于人脑记忆存在,但存在于人脑记忆的商业秘密应能以某种有形形式复制。商业秘密的载体对于确定其权属非常重要,也是侵权诉讼和权属诉讼时必要审查的事实之一。

※ 条文释解

本条参见第一章第二节第 14 条及其释解。

第 51 条　【商业秘密的取得】

51.1　商业秘密可以原始取得,也可以继受取得。前者如通过自主研发、反向工程获取商业秘密,而继受取得主要通过受让或获得实施许可使用等方式取得。

51.2　商业秘密取得的证明:

(1)原始取得,可通过研发立项、记录文件、试验数据、技术成果验收备案文件等证明商业秘密的形成及归属。

(2)继受取得,主要通过合同方式证明全部或部分取得商业秘密。权利人以商业秘密出资的,接受该出资的企业也可全部或部分取得商业秘密。

※ 条文释解

1. 继受取得仅指技术秘密,经营秘密不涉及该取得方式。

2. 取得商业秘密的合同既包括技术开发合同、技术转让合同、技术咨询合同、技术服务合同、技术培训合同、技术进出口合同等技术合同,也包括企事业单位之间的合作合同、合资合同等。

3. 依据合同取得部分商业秘密的,不得以不正当手段获取权利人未披露部分的商业秘密。

第 52 条　【商业秘密的份额】

52.1　权利人可以按约定的比例共同享有一项商业秘密。如技术信息,权利人对权属约定比例的,视为共同所有,其权利使用和利益分配,按共有技术成果的有关规定处理。另有约定的,从其约定。

52.2　权利人可以按约定共同享有一项商业秘密的使用权。如对技术成果的使用权约定比例的,视为权利人对实施该项技术成果所获收益的分配比例。另有约定的,从其约定。

※ 条文释解

对于商业秘密的共有、使用以及收益分配,多由技术合同、出资入股合同、联营合同等合同约定确定,合同没有约定或者约定不明的,适用法律的规定。在《合同法》第 324 条关于合同基本条款的规定中明确了签署合同的各方可以就"(六)技术成果的归属和收益的分成办法"进行约定。

※ 依据

文件名称	条款内容
1999 年《合同法》	第三百四十条 合作开发完成的发明创造,除当事人另有约定的以外,申请专利的权利属于合作开发的当事人共有。当事人一方转让其共有的专利申请权的,其他各方享有以同等条件优先受让的权利。 合作开发的当事人一方声明放弃其共有的专利申请权的,可以由另一方单独申请或者由其他各方共同申请。申请人取得专利权的,放弃专利申请权的一方可以免费实施该专利。 合作开发的当事人一方不同意申请专利的,另一方或者其他各方不得申请专利。 第三百四十一条 委托开发或者合作开发完成的技术秘密成果的使用权、转让权以及利益的分配办法,由当事人约定。没有约定或者约定不明确,依照本法第六十一条的规定仍不能确定的,当事人均有使用和转让的权利,但委托开发的研究开发人不得在向委托人交付研究开发成果之前,将研究开发成果转让给第三人。
2000 年《中关村科技园区条例》	第十二条 中关村科技园区的企业和其他市场主体,可以实行股份期权、利润分享、年薪制和技术、管理以及其他智力要素参与收益分配的制度。经批准的上市公司,可以实行股票期权。
2001 年《集成电路布图设计保护条例》	第十条 两个以上自然人、法人或者其他组织合作创作的布图设计,其专有权的归属由合作者约定;未作约定或者约定不明的,其专有权由合作者共同享有。 第十一条 受委托创作的布图设计,其专有权的归属由委托人和受托人双方约定;未作约定或者约定不明的,其专有权由受托人享有。
2008 年《专利法》	第八条 两个以上单位或者个人合作完成的发明创造、一个单位或者个人接受其他单位或者个人委托所完成的发明创造,除另有协议的以外,申请专利的权利属于完成或者共同完成的单位或者个人;申请被批准后,申请的单位或者个人为专利权人。

第 53 条 【职务成果与非职务成果】

53.1 职务成果是指员工执行本单位的任务或者主要利用本单位的物质技术条件所完成的商业秘密。职务成果的转让权、使用权属于单位。

53.2 非职务成果是指员工在本职工作外,利用自己的专业知识和物质条件完成的商业秘密,与职务无关,其权利人是员工个人。非职务成果的转让权、使用权属于完成人。

具体参见《律师办理技术合同非诉讼法律业务操作指引》的相关章节。

※ **条文释解**

1. 技术秘密权属纠纷最关键的焦点问题就是确定诉争技术成果属于职务技术成果还是非职务技术成果。本条中对于职务技术成果的定义来源于《合同法》，与《专利法》和其他法律略有不同。

※ **依据**

文件名称	条款内容
1999年《合同法》	第三百二十六条 职务技术成果的使用权、转让权属于法人或者其他组织的，法人或者其他组织可以就该项职务技术成果订立技术合同…… 职务技术成果是执行法人或者其他组织的工作任务，或者主要是利用法人或者其他组织的物质技术条件所完成的技术成果。
2001年《集成电路布图设计保护条例》	第九条 布图设计专有权属于布图设计创作者，本条例另有规定的除外。 由法人或者其他组织主持，依据法人或者其他组织的意志而创作，并由法人或者其他组织承担责任的布图设计，该法人或者其他组织是创作者。 由自然人创作的布图设计，该自然人是创作者。
2004年最高人民法院《关于审理技术合同纠纷案件适用法律若干问题的解释》	第三条 合同法第三百二十六条第二款所称"物质技术条件"，包括资金、设备、器材、原材料、未公开的技术信息和资料等。 第四条 合同法第三百二十六条第二款所称"主要利用法人或者其他组织的物质技术条件"，包括职工在技术成果的研究开发过程中，全部或者大部分利用了法人或者其他组织的资金、设备、器材或者原材料等物质条件，并且这些物质条件对形成该技术成果具有实质性的影响；还包括该技术成果实质性内容是在法人或者其他组织尚未公开的技术成果、阶段性技术成果基础上完成的情形。但下列情况除外： （一）对利用法人或者其他组织提供的物质技术条件，约定返还资金或者交纳使用费的； （二）在技术成果完成后利用法人或者其他组织的物质技术条件对技术方案进行验证、测试的。 第五条 个人完成的技术成果，属于执行原所在法人或者其他组织的工作任务，又主要利用了现所在法人或者其他组织的物质技术条件的，应当按照该自然人原所在和现所在法人或者其他组织达成的协议确认权益。不能达成协议的，根据对完成该项技术成果的贡献大小由双方合理分享。 第六条 合同法第三百二十六条、第三百二十七条所称完成技术成果的"个人"，包括对技术成果单独或者共同作出创造性贡献的人，也即技术成果的发明人或者设计人。人民法院在对创造性贡献进行认定时，应当分解所涉及技术成果的实质性技术构成。提出实质性技术构成并由此实现技术方案的人，是作出创造性贡献的人。 提供资金、设备、材料、试验条件，进行组织管理，协助绘制图纸、整理资料、翻译文献等人员，不属于完成技术成果的个人。

(续表)

文件名称	条款内容
2008年《专利法》	第六条 执行本单位的任务或者主要是利用本单位的物质技术条件所完成的发明创造为职务发明创造。职务发明创造申请专利的权利属于该单位;申请被批准后,该单位为专利权人。 非职务发明创造,申请专利的权利属于发明人或者设计人;申请被批准后,该发明人或者设计人为专利权人。 利用本单位的物质技术条件所完成的发明创造,单位与发明人或者设计人订有合同,对申请专利的权利和专利权的归属作出约定的,从其约定。
2013年《计算机软件保护条例》	第十三条 自然人在法人或者其他组织中任职期间所开发的软件有下列情形之一的,该软件著作权由该法人或者其他组织享有,该法人或者其他组织可以对开发软件的自然人进行奖励: (一)针对本职工作中明确指定的开发目标所开发的软件; (二)开发的软件是从事本职工作活动所预见的结果或者自然的结果; (三)主要使用了法人或者其他组织的资金、专用设备、未公开的专门信息等物质技术条件所开发并由法人或者其他组织承担责任的软件。
2015年《促进科技成果转化法》	第二条 本法所称科技成果,是指通过科学研究与技术开发所产生的具有实用价值的成果。职务科技成果,是指执行研究开发机构、高等院校和企业等单位的工作任务,或者主要是利用上述单位的物质技术条件所完成的科技成果。

2. 职务成果的"完成人"。完成职务成果的员工,不仅包括与单位有固定劳动关系的人员,还包括下列人员:

(1) 为完成特定工作或临时性任务的临时雇员;

(2) 存在合同关系的管理与被管理人员或者服务人员;

(3) 离职、辞职、退休后1年内①继续完成原单位任务的。

3. 职务成果的"岗位职责和工作任务":

(1) 无论是履行岗位职责还是完成工作任务,其根本在于研发项目是由法人或者其他组织发起、进行并体现法人或者其他组织研发意志的行为。

(2) 岗位职责不仅包括在劳动合同或者相关合同中列明的本职岗位,也包括非本职岗位上完成的符合上述(1)所列工作任务的成果,属于职务成果。

(3) 工作任务不仅包括法人或者其他组织业务范围内的研发项目,也包括合同约定参与其他单位的项目研发、自行组织非业务范围内的研发项目。

4. 职务成果的"物质技术条件",要把握"主要利用"和"具有实质性影响"两个

---

① 《中华人民共和国专利法实施细则》第12条:"专利法第六条所称执行本单位的任务所完成的职务发明创造,是指:(一)在本职工作中作出的发明创造;(二)履行本单位交付的本职工作之外的任务所作出的发明创造;(三)退休、调离原单位后或者劳动、人事关系终止后1年内作出的,与其在原单位承担的本职工作或者原单位分配的任务有关的发明创造……"

关键点：

（1）"物质条件"不仅包括与研发项目相关的资金、设备、原材料、零部件等，也包括与研发项目无关的资金、设备、原材料、零部件等。

（2）"技术条件"不仅包括利用法人或者其他组织尚未公开的技术资料、数据、参数和技术信息，也包括利用法人或者其他组织研发终止、失败、阶段性成果等从公开渠道不能轻易获得专有技术资料、数据、参数和技术信息。

（3）"主要利用"是指超过50%的大部分利用，或者所占比例不大，但其利用对成果的形成具有实质性影响。

（4）"具有实质性影响"是指对成果的形成具有关键性作用或者必不可少的利用价值。

5. 职务成果归属：

（1）当事人各方有约定的从约定，无约定的，使用权、转让权属于法人或者其他组织。

（2）职务成果的完成人可以与法人或者其他组织约定成果的权益。

（3）职务成果的完成人有就该项职务成果因使用、转让而获得奖励或者报酬的权利。法人或者其他组织订立合同转让职务成果时，职务成果的完成人享有以同等条件优先受让的权利。

第二节　技术秘密的权利归属

第54条　【技术信息和技术秘密】

54.1　技术信息是指利用科学技术知识、信息、经验和技能作出的涉及产品、工艺、材料及其改进等的技术方案。

54.2　技术信息符合商业秘密的法定构成要件，并区别于经营信息的，称为技术秘密。

※ 条文释解

概念的清晰既是单位管理的需要，也是员工针对特定内容提高保护意识的一个方面，亦是纠纷发生后，争议各方对争议对象的理解范畴和解决问题的"共识"问题。

技术秘密，请参见第一章第二节10条。

第55条　【委托开发的技术秘密的权利归属】

55.1　委托开发的技术秘密，依当事人签订的协议而定；协议没有约定或者约定不明确的，归开发人享有，委托人享有技术秘密使用权。

55.2　后续改进的技术秘密，没有约定的，归属后续改进的开发人享有。

※ 条文释解

1. 根据《合同法》的规定，技术成果的归属与权益分配尊重当事人之间的约定，除非该约定违反法律强制性规定或者具有其他可以变更、撤销等情形存在。

2. 在合同没有约定或者约定不明的情形下：

（1）委托开发的技术秘密，当事人均有不经对方同意而自己使用或者以普通使用许可的方式许可他人使用技术成果（未申请专利前可以作为技术秘密），并各自独占由此所获利益的权利。

（2）当事人一方将技术秘密成果的转让权让与他人，或者以独占或者排他使用许可的方式许可他人使用开发的技术成果（未申请专利前可以作为技术秘密），必须经过对方当事人同意或者得到追认。

（3）对于委托开发合同的研究开发人的约束是不得在向委托人交付研究开发成果之前，将研究开发成果转让给第三人。

※ 依据

文件名称	条款内容
1998年《广东省技术秘密保护条例》	第五条 以合作或者委托研究开发所形成的技术秘密，其权益归属依当事人书面约定的办法确定；没有约定的，当事人均有使用和转让该技术秘密的权利。但是，属委托开发的研究开发方在向委托方交付技术秘密之前，不得将该技术秘密转让给第三方。
2005年河南省高级人民法院《商业秘密侵权纠纷案件审理的若干指导意见（试行）》	九、商业秘密侵权诉讼中合法取得商业秘密的人后续开发问题 1. 依合同约定取得权利人商业秘密的单位和个人，可以利用其商业秘密进行新的开发和研究，但应对商业秘密权利人承担合同约定的保密等义务。 2. 职工离职后，利用其任职时掌握和接触的原单位的商业秘密，并在此基础上作出新的技术成果或创新，有权就新的技术成果或创新予以实施或者使用。 3. 离职职工实施或者使用其在原单位商业秘密基础研究、开发的新技术时，如需同时利用原单位商业秘密的，应征得原单位的同意，并支付相应的使用费。

第56条 【合作开发的技术秘密的权利归属】

56.1 合作开发的技术秘密的权利归属，根据当事人签订的协议确定，协议没有约定或约定不明确的，合同当事人均享有技术秘密的转让权和使用权。

56.2 后续改进的技术秘密的权利归属，没有约定的，归属后续改进的开发人享有。

※ 条文释解

1. 委托开发合同与合作开发合同均属于《合同法》中的技术开发合同。

2. 签约各方合作开发完成的技术成果的归属和利益分配，首先以约定为主，没有约定或者约定不明确时，首先按照《合同法》第61条的规定予以确定，仍然无法确定的,当事人均有使用和转让的权利。

※ **依据**

文件名称	条款内容
2015年《促进科技成果转化法》	第四十条 科技成果完成单位与其他单位合作进行科技成果转化的,应当依法由合同约定该科技成果有关权益的归属。合同未作约定的,按照下列原则办理: (一)在合作转化中无新的发明创造的,该科技成果的权益,归该科技成果完成单位; (二)在合作转化中产生新的发明创造的,该新发明创造的权益归合作各方共有; (三)对合作转化中产生的科技成果,各方都有实施该项科技成果的权利,转让该科技成果应经合作各方同意。

第57条 【其他情况下技术秘密的权利归属】

57.1 技术转让合同履行中后续改进的技术秘密的权利归属

技术秘密转让合同或实施许可合同,在合同履行中一方后续改进的技术成果,根据约定确定其归属。没有约定或者约定不明确的,由完成该后续改进的一方享有,其他各方无权分享。

57.2 技术合同无效或者被撤销后的技术秘密的权利归属

技术合同无效或被撤销后,因履行合同所完成的新的技术成果或者在他人技术成果基础上完成的后续改进技术的权利归属和利益分享,不能重新达成协议确定的,应当归完成技术成果的一方享有。①

57.3 以技术出资的技术秘密的权利归属

《中华人民共和国公司法》允许以技术出资,没有明确约定技术秘密归属的,归接受出资的企业享有。但该技术秘密所占出资额过分低于该技术成果价值的,一般认定接受出资的企业仅享有使用权。②

57.4 以技术入股方式参与联营的技术秘密的权利归属

以技术入股方式参与联营,技术入股人不参与联营体经营管理,并且以保底条款形式约定联营体或者联营对方支付其技术价款或者使用费的,视为技术转让合同。③联营体所享有的是技术所有权还是使用权,视个案具体情况而定。

57.5 技术咨询或技术服务中形成的新技术成果的权利归属

受托人一般利用委托人提供的技术资料和工作条件完成的新技术成果的权利归属,有约定的依照约定,无约定或约定不明的,归属受托人。

---

① 最高人民法院《关于审理技术合同纠纷案件适用法律若干问题的解释》第11条第2款。
② 最高人民法院《关于审理技术合同纠纷案件适用法律若干问题的解释》第16条第1款。
③ 最高人民法院《关于审理技术合同纠纷案件适用法律若干问题的解释》第22条第3款。

57.6 "祖传秘方"的权利归属

在中医药、餐饮等行业中广泛存在的"祖传秘方",多属于秘密的技术信息,应当尊重历史和现实,承认合法的实际控制人为权利人。① 实际控制人去世后,按照继承法的原则确定新的权利人,即权利人指定继承人的,归指定的继承人享有,未指定继承人的,归法定继承人一人享有或多人共同继承享有。

57.7 员工在职期间完成的技术秘密的权利归属

57.7.1 职务成果是指员工执行本单位的任务或者主要利用本单位的物质技术条件所完成的商业秘密。职务成果的转让权、使用权属于单位。

57.7.2 非职务成果是指员工在本职工作外,利用自己的专业知识和物质条件完成的商业秘密,与职务无关,其权利人是员工个人。非职务成果的转让权、使用权属于完成人。

具体参见《律师办理技术合同非诉讼法律业务操作指引》的相关章节。

57.8 员工离职、退休后完成的技术秘密的权利归属

57.8.1 离职、退休后一年内继续从事与原所在单位岗位职责或者交付的任务有关的技术开发工作,属于职务技术成果,除另有约定外,归原单位享有。

57.8.2 员工离职一年后所完成的技术成果,由离职员工和/或新单位享有。

具体参见《律师办理技术合同非诉讼法律业务操作指引》的相关章节。

57.9 无民事主体资格的科研组织签订的技术合同的技术信息的权利归属

不具有民事主体资格的科研组织签订的技术合同,经法人或者其他组织授权或者认可的,依据合同由法人或者其他组织享有技术权益;未经授权或认可的,则由该科研组织成员共同享有技术权益。

57.10 承包期间的技术信息的权利归属

承包经营期间形成的技术秘密,除有约定的以外,权利属于承包人。②

第三节 经营秘密的权利归属

第58条 【经营信息和经营秘密】

58.1 经营信息是指技术信息以外的,包括但不限于经营管理、研发创意、会计核算、人力资源等任何与企业事业单位运营、研发相关的信息。

58.2 经营秘密,是指能够为权利人带来竞争优势,符合商业秘密法定构成要件的各类经营信息,包括管理诀窍、客户名单、货源情报、产销策略、招标投标的标底等信息。

58.3 相比技术秘密而言,经营秘密的新颖性和创造性要求不高。

---

① 参见张玉敏等:《知识产权法》,中国人民大学出版社2009年版,第447页。
② 江苏省高级人民法院《关于审理商业秘密案件有关问题的意见》第4条。

第 59 条 【经营管理中形成的经营秘密的权利归属】

权利人在经营活动中积累或形成的经营秘密,权利归其享有。

※ 条文释解

1. 经营秘密的归属问题比较简单,谁策划、积累的归谁所有。

2. 经营秘密基本不存在委托开发、转让、许可等问题,但是也有例外,根据【案例1.2-1】北京片石书坊图书有限公司诉台海出版社、南京快乐文化传播有限公司、南京快乐文化传播有限公司第一分公司侵害商业秘密纠纷案的启示,委托策划图书、节目模式等,均可能导致潜在的商业秘密权属纠纷。尽管该案并非属于委托方式,且裁判并未明确图书策划属于经营秘密,我们权且将其放在本条中。

3. 客户名单中的信息如果是通过单位员工辛苦努力获得,并是其自己收集、归纳、整理而形成的。那么员工与单位之间是否可能发生权属争议?基本可以肯定员工的请求不能得到支持:

(1)员工领取薪酬,在该岗位上属于履行工作职责;

(2)经营信息在市场竞争中才有其优势价值,员工个人的努力是促成价值的实现,并不是商业秘密中价值性的直接体现;

(3)员工个人价值的体现是升职、涨薪、奖金提成或者其他待遇及自身经验、能力的积累。

※ 问题16:如果双方对委托市场调查的方法以及所作出的报告发生权属纠纷,在合同没有约定的情况下,如何确定权益归属?

第 60 条 【客户名单的认定】

60.1 客户名单是经营信息的一个重要表现形式,能够反映与权利人有关的供求关系和价格等具体经营信息。

60.2 客户名单是否构成商业秘密,除依据商业秘密的一般构成要件外,主要根据以下内容认定:

(1)是否与权利人的经营活动相关,是否花费了物力和人力,权利人进行了较长时间的投资,付出了一定的体力和脑力劳动,形成了较为稳定的交易关系;

(2)竞争者不能从公开渠道轻易获得,客户名单需要经过长时间的积累、收集、加工和整理;

(3)具有特定性。客户名单的内容应包括客户的名称、联系方法、需求类型及习惯、经营规律、价格的承受能力等深度客户信息。受法律保护的客户名单应是具体明确的、区别于可以从公开渠道获得的普通客户的信息。

60.3 可构成商业秘密的客户名单,不同于客户名称的简单列举。因此将其称为客户信息,更为准确。

※ 条文释解

请参见第一章第二节第 10 条。

第四节　商业秘密权属纠纷

第61条　【商业秘密权属纠纷】

61.1　在商业秘密侵权纠纷中,被告仅以权属为抗辩理由的诉讼,属于商业秘密侵权诉讼。

商业秘密侵权诉讼,参见本指引第八章。

61.2　商业秘密权属纠纷分为以下几种情况:

61.2.1　从研发主体角度,包括:

(1) 企事业单位与聘用员工或非正式聘用员工之间就商业秘密权利归属所发生的纠纷;

(2) 企事业单位与离休、退休员工之间就商业秘密权利归属所发生的纠纷;

(3) 企事业单位与开发合同、转让(或许可)合同以及涉及服务、咨询、培训、中介、设计、创意等委托或者合作合同的相对方就商业秘密权利归属所发生的纠纷。

61.2.2　从研发阶段角度,包括:

(1) 技术成果转化中产生的新的商业秘密的权利归属纠纷;

(2) 基于专利技术的后续改进产生的新的商业秘密的权利归属纠纷;

(3) 基于受让的商业秘密(或非专利技术)的后续改进产生的新的商业秘密的权利归属纠纷等。

※ 条文释解

1. 因商业秘密产生的权属纠纷多是针对商业秘密中的技术秘密。在职员工完成本职工作,包括单位委派的工作任务或者主要是利用本单位的物质技术条件所完成的技术成果,属于职务技术成果。职务技术成果不论员工在技术方面做出的贡献大小,权利均归属单位。容易发生纠纷的几个问题:

(1) 员工认为不属于在岗职责范围内的研发成果的纠纷;

(2) 员工认为基于单位已有成果(比如专利技术)基础上作出的技术创新,在离职或者退休1年后完成的,不应属于原单位技术成果的纠纷;

(3) 对是否是基于单位已有成果基础上作出的技术创新存在异议的纠纷;

(4) 对是否主要利用单位的物质技术条件产生的纠纷;

(5) 在单位研发立项后尚未形成技术成果前离职的员工,抗辩自主研发完成的纠纷;

(6) 对技术成果署名权、获得奖励、报酬的纠纷;

(7) 故意回避法律规定,离职或者退休1年后产生的新成果纠纷等。

2. 权属纠纷主要从以下几个方面分析：

（1）事实分析。

① 与员工之间的权属纠纷。

首先，要仔细分析单位管理制度，尤其是《知识产权归属规定》是如何规定的；如果存在派出工作的情形，要分析派出工作时双方的约定：因与他人合作研发，派出员工前往该单位工作的时间、期限、职责以及薪酬、待遇变化等；

其次，要分析员工的劳动合同、岗位职责书以及保密协议和其他协议，如培训协议；

再次，了解员工离职、退休的时间点、交接手续和与单位的有关协议、技术成果归属提示单；

最后，员工在职期间接触到的技术信息、资料的范围、时间、程度等；员工因为工作出色所受到的表彰，包括物质的或者精神的；员工本人和同样技术人员的薪酬待遇；以及单位已经采取措施予以保护的技术成果的情况（包括专利、计算机软件、技术秘密等）等，基本可以作出权属纠纷结果的基本判断。

② 与其他单位之间的权属纠纷。

从委托、合作开发、转让、许可合同、咨询、服务合同，包括承揽加工等合同；立项、研发经过、完成时间、成果的提交时间和形式；以及价款支付情况等分析和确定成果权属。尤其要注意，尽管合同明确约定了，但在签署形式上是否存在瑕疵，在履行中是否存在其他争议。一份签署完整的合同并不等于履行完善、结果完美。

（2）法律分析。

① 符合职务成果规定的，法律上也有些例外，要特别注意是否具有以下因素：对利用法人或者其他组织提供的物质技术条件，约定返还资金或者交纳使用费的；在成果完成后利用法人或者其他组织的物质技术条件对技术方案进行验证、测试的；属于法人或者其他组织的行业或者研究领域的成果，但成果完成人无岗位职责要求，并明显不属于法人或者其他组织交派的任务，且双方之间无任何约定明确归属的。但是有以下情形的除外：一是研发工作基本上是利用工作时间进行的；二是技术研发范围与法人或者其他组织给其他员工、下属（内部）组织交派的工作任务或者正在进行的研发同类、类同或者近似的。

② 与员工纠纷的法律分析主要是以职务技术成果与非技术成果为出发点和着重点。前面已述，对于不同的技术成果，法律对于职务成果和非职务成果有细微的差别，在个案中要特别加以斟酌。

③ 与其他单位纠纷的法律分析主要是依据《合同法》以及各专门法的相关规定进行分析。如果涉及国家、省市立题、出资的项目，从专门的法规、规章中查询立项性质和权属规定。

※ 依据

文件名称	条款内容
2006年《关于国际科技合作项目知识产权管理的暂行规定》	十四、国际科技合作研究成果,按照合作各方在合作协议的约定更确定有关知识产权的归属。其申请专利等知识产权的权利一般属于合作各方单位共有,并可以按照下列原则办理: 1. 各方合作单位在本国领土内代表全体合作方申请专利以及在获得专利后许可他人实施该项专利,由此获得的经济利益,应按协议约定的比例分配。 2. 申请专利时成果完成人的名次排列,应当按照成果完成者的贡献大小确定…… 3. 合作各方如有一方声明放弃专利申请权,另一方可以单独申请,或者由其他各方共同申请。成果被授予专利权以后,放弃专利申请权的一方可以免费实施该项专利。 ……
2007年《科学技术进步法》	第二十条 利用财政性资金设立的科学技术基金项目或者科学技术计划项目所形成的发明专利权、计算机软件著作权、集成电路布图设计专有权和植物新品种权,除涉及国家安全、国家利益和重大社会公共利益的外,授权项目承担者依法取得。 项目承担者应当依法实施前款规定的知识产权,同时采取保护措施,并就实施和保护情况向项目管理机构提交年度报告;在合理期限内没有实施的,国家可以无偿实施,也可以许可他人有偿实施或者无偿实施。 项目承担者依法取得的本条第一款规定的知识产权,国家为了国家安全、国家利益和重大社会公共利益的需要,可以无偿实施,也可以许可他人有偿实施或者无偿实施。 项目承担者因实施本条第一款规定的知识产权所产生的利益分配,依照有关法律、行政法规的规定执行;法律、行政法规没有规定的,按照约定执行。
2010年《国家科技重大专项知识产权管理暂行规定》	第二十二条 重大专项产生的知识产权,其权利归属按照下列原则分配: (一)涉及国家安全、国家利益和重大社会公共利益的,属于国家,项目(课题)责任单位有免费使用的权利。 (二)除第(一)项规定的情况外,授权项目(课题)责任单位依法取得,为了国家安全、国家利益和重大社会公共利益的需要,国家可以无偿实施,也可以许可他人有偿实施或者无偿实施。 项目(课题)任务合同书应当根据上述原则对所产生的知识产权归属做出明确约定。 属于国家所有的知识产权的管理办法另行规定。牵头组织单位或其指定机构对属于国家所有的知识产权负有保护、管理和运用的义务。

(3)结果分析。诉讼是一件费心费力、专业性极强的事务,经过充分分析上述情况,一方面,单位应当初步能够确定如果提起诉讼程序,可能会是怎样的诉讼结果;另

一方面,已经形成基本的诉讼思路。

(4) 通过事实分析和法律分析,发现管理规定、与员工之间合同、协议中的不足,予以改善。

3. 发生权属纠纷,不能凭一时意气就认为"都应该是单位的",就一口否定或者削弱员工在职期间对技术成果研发所作出所有贡献,是不明智的。如果确实是岗位职责或者单位委派的工作,反而要更加肯定员工的贡献,顺利化解纠纷。

第 62 条　【与员工的权属纠纷】
与员工的权属纠纷主要是分析职务成果与非职务成果。
参见《律师办理技术合同非诉讼法律业务操作指引》相关章节。

※ **条文释解**

在【案例 1.2-3】王者安诉卫生部国际交流与合作中心、李洪山、原晋林侵犯商业秘密纠纷案中,原告起诉的是商业秘密纠纷,在起诉状中提到"原告的薪酬方法,是其用自己十多年人力资源管理研究积累的经验和掌握的知识,通过对被告薪酬管理问题的分析研究,独立创造出来的智力劳动成果,是原告获得职业竞争优势、获取经济利益的无形资产,被告李洪山以非法手段骗取后据为己有,严重地侵害了原告的知识产权,给原告造成了重大财产损失"。

被告单位则辩称:

(1) 2000 年 5 月,被告根据卫生部的工作要求开始酝酿人事制度改革,安排由田民、邢高岩、陈福清、刘志贵、王者安等五人组成的改革小组负责人事制度改革方案的制订工作,原告是改革小组成员之一。制订《卫生部国际交流与合作中心人事制度改革方案》是改革小组的主要任务,改革小组从 2000 年 5 月开始至 2000 年 10 月完成方案的制订工作,在方案制订过程中,改革小组多次召开工作会议研究方案制订中遇到的问题。方案经过了四次主任办公会和两次中心办公会广泛征询讨论,并根据卫生部人事司意见经过了多次修改才完成,因此:① 制订方案是被告下达给改革小组的工作任务。② 改革小组全体人员参加了方案的制订工作,改革小组成员之间是分工合作的关系。薪酬改革方案是改革小组分配给原告的工作任务。③ 被告的方案制订是在充分公开的条件下完成的,改革小组在方案的制订过程中不仅多次进行调研、讨论,期间还在被告的主任办公会和中心办公会上进行讨论,广泛听取各方面的意见才得以完成,没有采取任何保密措施。④ 方案经卫生部批准后于 2001 年实施,到目前已经过了多次修改,目前被告实施的是第四版方案,其余各次方案的修订,原告没有参加。

(2) 原告作为被告单位职工,其工作岗位和薪金的变动,是被告通过落实人事制度改革方案,根据员工在工作中的表现情况,按照绩效考核的结果决定的,属于被告行使管理权的结果,不属于商业秘密侵权案件查明的事实范畴。

(3) 被告经过十几年的发展,经营收入从 2000 年的 1 048.68 万元到 2010 年的

6665.56万元,是靠全体职工多方努力、辛勤工作的结果,不是仅依靠某个人或某些制度实现的,和改革方案的实施没有法律上的直接因果关系。

(4)原告所称的薪酬方法不具备商业秘密的法定条件。

综上,被告组织本单位工作人员制订自身的改革方案,属于正常工作行为,原告作为被告的职工只是在完成领导安排的工作任务,原告在完成工作任务的过程中,对其劳动成果不享有权利。原告的诉讼请求缺乏事实和法律依据,请求法院驳回原告的全部诉讼请求。

很自然,原告作为被告单位的员工,该案诉争的商业秘密首先要判断属于职务成果还是非职务成果,也就是商业秘密权利人是谁。一审、二审都是围绕这一焦点进行的。尽管在本案判决书中,就原告是否属于独立完成涉案成果作出判断,但是并未就是否构成职务成果作出具体的分析,而是从"由此可见,中心的人事制度改革方案是集体参与制订的,原告作为被告卫生部国际交流与合作中心的员工参与该项工作,是履行单位分配的工作任务的行为"的角度,确认原告的行为属于职务行为,其成果亦属于职务成果。而原告在起诉状中用很大的篇幅阐述《卫生部国际交流与合作中心人事制度改革方案》符合商业秘密的法律构成要件以及自己在经济、名誉上所受到的损害和被告单位的"不正当"获利,却没有更多地阐述"独立完成"的要点和事实,导致本案一审、二审裁判停留在职务与非职务焦点上,对于原告的商业秘密诉请并没有作出判断。可以推断法院认为原告既然都不是商业秘密权利人,那么商业秘密是否构成就没有必要审理了。一直到最高人民法院对是否构成商业秘密作出裁定,才回归到原告的诉请。

这个案子对我们最大的提示就是,遵循商业秘密形成的基本规律,每一个商业秘密纠纷案件,原告都必须首先证明自己是所主张的商业秘密权利人。

第63条 【研发阶段的权属纠纷】
研发阶段的权属纠纷,以合同约定和法律规定为准。

参见本章第二节和第三节。

第四章 与商业秘密有关的各类合同

第一节 合同的起草与修改

第64条 【前期审核与调查】

64.1 企事业单位与他人签订涉及商业秘密类合同,应当慎重考察以下几方面的内容:

(1) 权利人与义务人的资质和履约能力;
(2) 权利状况和许可范围;
(3) 商业秘密的价值和市场竞争优势;
(4) 同类行业的信息状况、技术水平及商业秘密周边技术、信息的法律保护程度;
(5) 采取保密措施的完善程度等。

64.2 企事业单位与员工签订保守商业秘密合同(含竞业限制协议),应当慎重考察以下几方面的内容:

(1) 员工的岗位职责和执行能力;
(2) 员工的诚信度和员工的期望目标;
(3) 员工劳动合同的期限和薪酬水平;
(4) 员工的培训成本等。

64.3 当事人在订立合同前就交换技术情报和资料可以达成签约前的保密协议,当事人不能就订立合同达成一致的,不影响保密协议的效力。

※ 条文释解

与他人签订涉及商业秘密类的合同是指本章第四节和第五节中的各类合同;与员工签订涉及商业秘密的合同、协议,在本章第二节和第三节中详述。

从本条可以看出,不是所有的合同相对方都适合统一的格式合同,除非该业务已经成为一类固定模式和内容的业务,但这对于商业秘密而言是不可能的。但是基本条款是可以固定下来的,对于每个条款的细节,可以采用选择项的方式予以事前或者洽谈后拟定。

第65条 【起草或修改合同要求】

65.1 合法性要求

合法性要求是起草或修改合同的首要要求。合法性审查主要从以下几方面进行:

(1) 合同目的是否合法;
(2) 交易标的是否合法;
(3) 双方主体是否自愿交易;
(4) 双方主体是否具有交易资质;
(5) 权责约定是否合法;
(6) 是否存在"非法垄断技术、妨碍技术进步或者侵害他人技术成果"[①]的情形;
(7) 其他约定条款是否符合法律规定。

65.2 完整性要求

起草或修改合同应当根据当事人的签约目的和实现途径,保证合同主要条款的全面完整。

65.3 严谨性要求

起草或修改合同必须恪守使用法言法语的原则,避免使用容易产生歧义、疑义的词句。对于难以理解的技术性、专业性用词,可以采用"术语解释"的方式在合同中予以确定其概念、内涵和在本合同中的特别含义。

对于合同交易的内容、权责要进行缜密的描述,综合考虑时间、地点、方式、程序等条款,设定不可预见的条款时要考虑双方的因素和商业秘密可能因此被泄密的风险及补救措施。

65.4 权利义务对等性要求

诚信、公平是合同法的基本原则,具体到合同条款中就是要求双方的权利、义务对等。

权利、义务不对等的结果,可能导致合同某些条款无效或者因显失公平而被对方当事人申请变更或撤销。

65.5 责任与行为因果性要求

65.5.1 违约金与损失赔偿在约定方式、适用法律、举证责任以及责任后果、数额确定等方面均不相同。因此,对于在合同中约定违约金、侵权损失赔偿,还是两者都约定在同一份合同中,律师要着眼于合同双方的权利、义务,履约能力,技术风险和可能出现的损害程度来进行判断。

65.1.2 违约金与损失赔偿在合同中的约定不能脱离具体的行为而设定,要与防止发生违约行为或者侵权行为相呼应。

65.1.3 违约金的数额和/或计算方式在合同中由双方当事人约定,并且应当是具体明确的约定。损失赔偿的数额是无法提前约定的,但是双方可以在合同中约定计算方式。

---

① 《中华人民共和国合同法》第329条。

※ 条文释解

在合同一方很强势的情况下,强势方拟定的合同几乎无法修改或者不允许修改,但依然要慎重考量。确有必要调整的,可以作为"另行约定条款"或者"保留意见条款"。既然是当事人约定的合同,则不必坚持某一条的修改,而是要灵活机动地用其他条款予以相应限制,可能同样能达到目的,达到合同权利义务的平衡。

第 66 条 【合同无效】

66.1 合同中出现下列情形的,可能会直接导致合同无效或者部分条款无效:
(1)妨碍技术进步、非法垄断技术的;
(2)滥用知识产权权利的;
(3)侵害他人技术成果权益的;
(4)违反法律强制性规定的。

66.2 知识产权滥用、限制竞争或者排除竞争包括以下几种情形:
(1)限制当事人一方在合同标的技术基础上进行新的研究开发或者限制其使用所改进的技术,或者双方交换改进技术的条件不对等,包括要求一方将其自行改进的技术无偿提供给对方、非互惠性转让给对方、无偿独占或者共享该改进技术的知识产权;
(2)限制当事人一方从其他来源获得与技术提供方类似的技术或者与其竞争的技术;
(3)阻碍当事人一方根据市场需求,按照合理方式充分实施合同标的技术,包括明显不合理地限制技术接受方实施合同标的技术生产产品或者提供服务的数量、品种、价格、销售渠道和出口市场;
(4)要求技术接受方接受并非实施技术必不可少的附带条件,包括购买非必需的技术、原材料、产品、设备、服务以及接收非必需的人员等;
(5)不合理地限制技术接受方购买原材料、零部件、产品或者设备等的渠道或者来源;
(6)禁止技术接受方对合同标的技术知识产权的有效性提出异议或者对提出的异议附加条件。

详细内容,参见《律师办理技术合同非诉讼法律业务操作指引》的相关章节。

66.3 当事人不得因合同无效而擅自披露商业秘密,依据无效合同接收的技术资料、样品、样机等,应当及时返还权利人,不得保留复制品。[①]

※ 条文释解

法律还规定了合同无效的其他情形。

[①] 参见《广东省技术秘密保护条例》第 16 条。

※ 依据

文件名称	条款内容
1999年《合同法》	第五十二条 有下列情形之一的,合同无效: (一)一方以欺诈、胁迫的手段订立合同,损害国家利益; (二)恶意串通,损害国家、集体或者第三人利益; (三)以合法形式掩盖非法目的; (四)损害社会公共利益; (五)违反法律、行政法规的强制性规定。 第九十四条 有下列情形之一的,当事人可以解除合同: (一)因不可抗力致使不能实现合同目的; (二)在履行期限届满之前,当事人一方明确表示或者以自己的行为表明不履行主要债务; (三)当事人一方迟延履行主要债务,经催告后在合理期限内仍未履行; (四)当事人一方迟延履行债务或者有其他违约行为致使不能实现合同目的; (五)法律规定的其他情形。 第三百二十九条 非法垄断技术、妨碍技术进步或者侵害他人技术成果的技术合同无效。 第三百三十七条 因作为技术开发合同标的的技术已经由他人公开,致使技术开发合同的履行没有意义的,当事人可以解除合同。
2004年最高人民法院《关于审理技术合同纠纷案件适用法律若干问题的解释》	第十条 下列情形,属于合同法第三百二十九条所称的"非法垄断技术、妨碍技术进步": (一)限制当事人一方在合同标的技术基础上进行新的研究开发或者限制其使用所改进的技术,或者双方交换改进技术的条件不对等,包括要求一方将其自行改进的技术无偿提供给对方、非互惠性转让给对方、无偿独占或者共享该改进技术的知识产权; (二)限制当事人一方从其他来源获得与技术提供方类似技术或者与其竞争的技术; (三)阻碍当事人一方根据市场需求,按照合理方式充分实施合同标的技术,包括明显不合理地限制技术接受方实施合同标的的技术生产产品或者提供服务的数量、品种、价格、销售渠道和出口市场; (四)要求技术接受方接受并非实施技术必不可少的附带条件,包括购买非必需的技术、原材料、产品、设备、服务以及接收非必需的人员等; (五)不合理地限制技术接受方购买原材料、零部件、产品或者设备等的渠道或者来源; (六)禁止技术接受方对合同标的技术知识产权的有效性提出异议或者对提出异议附加条件。 第四十四条 一方当事人以诉讼争议的技术合同侵害他人技术成果为由请求确认合同无效,或者人民法院在审理技术合同纠纷中发现可能存在该无效事由的,人民法院应当依法通知有关利害关系人,其可以作为有独立请求权的第三人参加诉讼或者依法向有管辖权的人民法院另行起诉。

(续表)

文件名称	条款内容
2004年最高人民法院《关于审理技术合同纠纷案件适用法律若干问题的解释》	利害关系人在接到通知后15日内不提起诉讼的,不影响人民法院对案件的审理。
2010年《合同违法行为监督处理办法》	第六条 当事人不得利用合同实施下列欺诈行为: (一)伪造合同; (二)虚构合同主体资格或者盗用、冒用他人名义订立合同; (三)虚构合同标的或者虚构货源、销售渠道诱人订立、履行合同; (四)发布或者利用虚假信息,诱人订立合同; (五)隐瞒重要事实,诱骗对方当事人做出错误的意思表示订立合同,或者诱骗对方当事人履行合同; (六)没有实际履行能力,以先履行小额合同或者部分履行合同的方法,诱骗对方当事人订立、履行合同; (七)恶意设置事实上不能履行的条款,造成对方当事人无法履行合同; (八)编造虚假理由中止(终止)合同,骗取财物; (九)提供虚假担保; (十)采用其他欺诈手段订立、履行合同。

第二节 企事业单位与员工之间的保密协议

第67条 【合同要点】

67.1 签订保守商业秘密合同的目的是防止商业秘密泄露和警示对方注意商业秘密的存在,以达到保护权利的最终目的。

67.2 企事业单位可以在劳动合同中约定保守商业秘密和与知识产权相关的保密事项,也可以单独与员工签订保密合同。

67.3 保密协议的签订范围以接触商业秘密的人员为主,保密协议的相对人可以是正式聘用的员工、特邀的技术人员、技术顾问、离职或退休人员以及为特定技术项目的研发的合作人员等。

67.4 保密协议的签订期限一般为离职或退休后2—5年。

※ 条文释解

1. 本章所阐述的保密协议的全称是"保守商业秘密协议",而并非广义上的"保密协议"(包含公司秘密或者其他单位认为需要保密的内容),因此要特别注意本节中对内容的限定。

2. 根据《劳动合同法》第23条"用人单位与劳动者可以在劳动合同中约定保守用人单位的商业秘密和与知识产权相关的保密事项"的规定，单位与员工之间为确定员工的保密义务，防止商业秘密泄露，往往在劳动合同中约定保密条款或者单独签署保密协议。

3. 保密条款或者保密协议是单位对商业秘密采取的最为普遍的保密措施之一，也是在各类侵犯商业秘密纠纷案件或者竞业限制纠纷案件中最容易证明采取保密措施的关键性证据。但是针对商业秘密保护的性质而言，推荐单独签署《保密协议》，这样可以解决几个问题：

（1）保守商业秘密所涉及的内容比较繁琐，在《劳动合同》中约定保密条款会形成一个"大肚子"，使得《劳动合同》条款过多；

（2）对于保密义务，有必要根据员工不同的岗位和职责进行细化处理，不同的人员签署不同的保密义务要求；

（3）对于董事、高级管理人员，因为有《公司法》规定的"竞业限制"（请参见本章第三节第69条）和不得"擅自披露公司秘密"的法定义务，因此在保密协议中还需要特别给予提示；

（4）在出现岗位调整、研发项目变化等情形时，利于修改；

（5）与员工的《劳动合同》终止后，因保密协议并不随之终止，有利于单位对合同、协议的分类管理和归档；

（6）在发生纠纷时，作为单独的证据出具，而无需在《劳动合同》中翻找所要证明的事项，尤其是无需经过劳动仲裁程序，直接向人民法院提起商业秘密侵权纠纷的处理。

4. 保密协议签署和履行的几个基本问题：

（1）单位与员工之间的保密协议是基于劳动关系所产生的，是基于劳动合同或者是劳务协议签署的。保密协议可以与正式员工签署，对于临时性或阶段性的劳动关系，只要接触保密信息的，例如兼职、返聘人员，也可以签署保密协议。

（2）既然是"保守商业秘密协议"，因此保密协议必须是基于单位具有或者可能具有有价值的可保密信息而签订的。

保密协议是表明商业秘密权利人自我保护的意识、愿望，也是权利"标注"；同时警示他人"这里有秘密"，提醒他人过错是需要承担法律责任的。商业秘密权利人的自我保护意识和愿望是商业秘密受到法律保护的前提，对于商业秘密权利人的自我放弃行为，法律不提供强制性保护。能够证明有秘密信息值得保护，才会使得保密协议有了最主要的基础。

（3）针对需要保护的商业秘密签署的保密协议，并非是一种空洞的形式，而需要规范基本的可保密信息的范围。"如果保密合同中的一般性保密条款或者保密规章制度中的一般性保密要求过于空泛笼统，如仅仅载明'员工应当保守公司的商业秘密'，而未明确保密的具体内容及范围，在这种情况下，无法判断权利人主张的商业秘密是否属于一般性保密条款或者保密要求中的'商业秘密',也不足以认定员工已经通过保密措施知悉了企业希望保密的商业秘密范围,从而无法认定员工对其在工作中所掌握的相关信息的使用具有主观恶意,故单凭此类原则性规定并不足以认定企业采取了必要的保密措施。"[1]但保密协议只要确定有保护价值的内容范围即可,也并不需要具体到商业秘密的实质性内容。

(4)关于保密协议的签署时间。保密协议的签订,并非必须是在单位已经存在商业秘密的情形下进行,技术信息在研发策划阶段、经营信息在公司组建中就可以也应当关注到与员工签署保密协议的工作。但是一旦发生纠纷,保密协议的效力就必须经得起秘密信息能够达到商业秘密的法定构成要件的程度。

(5)关于保密费的问题。员工保密义务的对价是对单位的忠实义务和所属岗位的履职权利与义务。

在前几年,单位与员工就保密协议进行磋商时,常常会出现这样的问题,员工一方认为:权利义务是对等的,负有义务就有对价,所以保密义务的对价就是要支付保密费。企业一方认为:保密义务是履职的基本要求,已经在工资、酬金或者岗位津贴中有所体现,无须另行支付保密费。之所以出现这样的分歧,有部分原因是因为我国的有关规定不明晰,甚至是冲突的。例如:天津市劳动和社会保障局颁发的《关于保守商业秘密协议、支付违约金和就业补助金等有关劳动合同问题的通知》就明确了"用人单位支付给有保密义务劳动者的保密补偿费"。但是目前已经基本达成共识:① 是否支付保密费由单位与员工自主约定。没有约定支付保密费的,员工也负有保密义务。② 国家不再设置强制条款要求单位支付保密费用。③ 单位支付保密费要予以明示。

※ **依据**

文件名称	条款内容
2004年江苏省高级人民法院《关于审理商业秘密案件有关问题的意见》	第十三条　保密义务不以义务人是否同意或权利人是否支付对价为前提。
2005年河南省高级人民法院《商业秘密纠纷案件审理的若干指导意见(试行)》	四、商业秘密侵权诉讼中保密协议问题 3. ……保密协议约定职工保密期限或单位应对职工的保密义务支付相应报酬等,一般从其约定。

---

[1] 孔祥俊:《商业秘密司法保护实务》,中国法制出版社2012年版,第41页。

(续表)

文件名称	条款内容
2008年《浙江省技术秘密保护办法》	第九条 权利人要求本单位或者与本单位合作的涉及技术秘密的相关人员(以下简称相关人员)保守技术秘密的,应当签订保密协议或者在劳动(聘用)合同(以下统称合同)中作出明确具体的约定。相关人员应当严格按照保密协议或者合同约定履行义务。没有签订保密协议或者没有在合同中作出约定的,相关人员不承担保密责任。保密协议或者合同约定的部分内容不明确的,相关人员只对约定明确的内容承担保密义务。 签订保密协议或者合同约定的相关人员,合同终止后仍负保密义务的,应当书面约定,双方可以就是否支付保密费及其数额进行协商。
2009年《深圳经济特区企业技术秘密保护条例》	第十六条 企业采取发放保密费的方式保护技术秘密的,保密费应当在劳动合同或者工资单中明示。

在公开出版物中也有类似的情况出现,"没有无权利的义务,用人单位要求劳动者保守商业秘密的同时,同样应当为此付出代价"[①]。但是代价是什么,并没有说明。我们可以认为这个代价是指的保密费,但书中也强调了"保守责任是劳动者对用人单位承担的合同附随义务,在未订立保密协议的情况下,劳动者仍然应当承担保密责任……"可见,各个省市和部门之间的规定不同导致目前公众的认识不同,引发了保密协议签署、履行中的不协调。尤其体现在劳动保护和知识产权保护两个领域之间的争议比较大,劳动保护更倾向于有保密费作为对价,而知识产权保护则认为对价是隐形的:

首先,国家设立商业秘密的保护制度本身就是基于商业道德准则和信义来规范市场竞争者之间的竞争关系的。

其次,任何员工在与企业签订劳动合同时,事实上是已经将自身的信义和忠诚表达给了企业,也就要负有相应的义务。只不过我们在信用制度不完善而且羞于去说"忠诚"的情形下,模糊了这个问题。

最后,针对商业秘密保护而言,签署保密协议的目的是提示和警示作用;对商业秘密诉讼而言,是为了固定单位和员工双方的权利义务,同时又是商业秘密采取了保密措施的证据。所以,单位和员工之间需要这一纸合约,只是把接触、知悉商业秘密员工应负有的义务明确和固定下来。

(6)保密期限和保密协议终止问题。①保密协议不因《劳动合同》的解除、终止而失去效力。②保密协议因约定的保密事项的解密或被披露而终止。

保密协议往往并不约定解除或者终止的具体条件,只是约定保密的期限,有的长

---

① 梁智主编:《劳动合同法实务一本全》,中国法制出版社2008年版,第93页。

达10年、20年之久,甚至无限期。是因为有些单位将公司秘密也一并约定在其中,因此商业秘密被公开后,员工也无法解除保密协议。保密协议是为了保护商业秘密而设立的,当商业秘密解密或被公开后,保密协议就自然终止了,无限期地约定保密义务是不恰当的。当然,有的人会提出,像可口可乐公司那样上百年保守商业秘密的,难道不需要约定一个更长的时间吗?实际上,真正可维持长久并具有值得保密的内容的知悉人员仅仅限于几个人。

※ **依据**

文件名称	条款内容
2010年《广东省技术秘密保护条例》	第十一条 单位可以在劳动合同中约定技术秘密保护条款,也可以与有关当事人依法签订技术秘密保护协议。 在技术秘密保护期限内,劳动合同终止的,当事人仍负有保护技术秘密的义务。
2004年江苏省高级人民法院《关于审理商业秘密案件有关问题的意见》	第十四条 保密义务的期限与商业秘密存续的期限相同。
2005年河南省高级人民法院《商业秘密纠纷案件审理的若干指导意见(试行)》	四、商业秘密侵权诉讼中保密协议问题 2. 因工作接触、了解单位商业秘密的职工,未与原单位签订保密协议,任职期间和离职后,仍应对其知悉的单位的商业秘密负有保密义务。 3. 职工的保密义务维持时间一般应为职工在职期间和离职后,直至单位商业秘密失效时止……
2007年天津市高级人民法院《审理侵犯商业秘密纠纷案件研讨会纪要》	10. 企、事业单位依法与员工单独订立的保密合同或劳动合同中的保密条款具有相对独立性,不因劳动合同解除失效。
2008年《浙江省技术秘密保护办法》	第十一条 有下列情形之一的,保密协议或者合同约定自行终止: (一)约定的保密期限届满的; (二)该技术秘密已公开的; (三)权利人不按保密协议或者合同约定支付保密费的。

第68条 【合同主要条款】
(1) 岗位职责;
(2) 资料、软件交接内容、地点和程序;
(3) 保密事项(商业秘密信息名称);
(4) 保密范围和保密期限;
(5) 披露限制;
(6) 禁止性条款;

（7）协助约定；

（8）资料、文件、设备等的保存、归档、交接和处理；

（9）违约责任；

（10）合同变更与补充；

（11）合同解除与终止；

（12）竞业限制义务；

参见本章第三节；

（13）脱密期；

（14）争议解决办法；

（15）合同成立与生效时间。

※ **条文释解**

1. 本条是保密协议的主要条款。作为一份协议，其中的鉴于条款、合同引言、陈述、合同签署页、合同附件等都应当具备。例如签约各方的名称、基本信息，协议签署依据、协议名称、协议目的、保证条款、签署盖章、签署日期，等等。这些部分均是从业律师应该掌握的内容，并无特殊性。因此，在此处忽略。只有几点问题予以说明：

（1）要将该员工的《劳动合同》及编号写清楚；

（2）要注意当协议与管理制度不相符合时，依据最高人民法院《关于审理劳动争议案件适用法律若干问题的解释（二）》第16条的规定："用人单位制定的内部规章制度与集体合同或者劳动合同约定的内容不一致，劳动者请求优先适用合同约定的，人民法院应予支持。"

2. 具体合同条款说明：

（1）岗位职责。前面已经说过，并一再重复岗位职责的重要性。在保密协议中进一步明确是必要的。当岗位职责变化后，应该修改此项，但是修改时依然要保留原有的岗位职责，以便一旦发生纠纷时可以查验和提供依据。

（2）资料、软件交接内容、地点和程序。一方面，在员工拟接触、了解所要履行的职务时，可能会从单位获得一些相关的资料、软件或者是设置密码、柜箱钥匙等，无论是第一次还是陆续有些交接事项，都应当请员工一起核验，并且双方签字确认。

另一方面，员工向单位递交研发成果、资料、软件等时，也要与单位指定的人员一同查验，并且双方签字确认。

（3）保密事项。保密事项应当与单位的秘密信息范围、员工接触的商业秘密和员工职务中产生的秘密信息范围相同或者大致相同，笼统地描述为"保守单位所有的商业秘密"是无法确定商业秘密的基本形式、主题和范围的，看似周全无遗漏，但实际上如果每个员工都签署这样的相同条款，实质上意味着商业秘密的保密性管理并未达到基本的"限定人员知悉"的要求。

（4）保密范围和保密期限。保密范围与上述第（3）项保密事项并不冲突，第（3）项指的是保密事项的秘密信息范围，本项指的是保密义务履行的范围，即地域性、阶段性等。保密期限则是根据所要保密的秘密信息的性质、内容等设定的期限，而非指员工履行本协议义务的期限。例如：在研发中一些初步的资料、实验数据可能随着研发的进展被替代、废止等情形渐渐失去了保密的价值，就无须继续保密。一句话，保密协议条款越详细、界限越清晰，就越有利于员工责任的明确，借用协议的疏漏从中获利的可能性就越小，纠纷的产生就失去了基础，风险自然就降低了。

（5）披露限制。这里有个疑问，既然是保密协议，怎么还有披露条款？此项是指商业秘密公关管理中对员工个人的特殊性要求。例如，研发人员中的教授、专家，在讲座、发表文章时所受到的一些限制性条款。

（6）禁止性条款。

① 禁止性条款又可以称为广义上的"不竞争条款"或者是"非竞争条款"，多以"员工不得……"的形式出现，如果说前几条是对双方的约束，这一条是凸显对员工的强制性约束。这种约束要尽量周全，并与管理规定、管理方法相协调，例如：负有保密义务的员工不得从事兼职活动，不得以家属名义筹办具有直接竞争关系的企业，不得入股、投资具有直接竞争关系的企业，不得诱导、协助其他员工离职经营与秘密信息相关的企业等限制性条款。

② 还有就是对于员工的与不正当竞争无关的禁止性条款，例如：笔者曾看到一份保密协议，是如此约定的："员工离职时，应当办理交接手续。不得带走属于公司的财物，所有资料、U盘应当返还公司。"但是依然发生了纠纷，这份保密协议遗漏了一个重要事项，就是对复制行为的防控。真是百密一疏，导致了纠纷的产生。

（7）协助约定。一方面，保密协议不仅约束员工，单位也负有积极配合员工履行协议的义务，当员工出现困难、疑惑时，单位要设定渠道让员工能够阐述意见，寻求解决问题的办法。另一方面，员工也要协助单位做好保密措施，在必要时提醒发现的一些疏漏。

（8）资料、文件、设备等的保存、归档、交接和处理。本款主要依据单位的管理规定予以设置。各个单位的措施不同，也比较好理解，不再赘述。

（9）违约责任。违约责任特别要关注与员工的权利和义务相对应的问题。《劳动合同法》第23条规定："用人单位与劳动者可以在劳动合同中约定保守用人单位的商业秘密和与知识产权相关的保密事项。对负有保密义务的劳动者，用人单位可以在劳动合同或者保密协议中与劳动者约定竞业限制条款，并约定在解除或者终止劳动合同后，在竞业限制期限内按月给予劳动者经济补偿。劳动者违反竞业限制约定的，应当按照约定向用人单位支付违约金。"第25条规定："除本法第二十二条和第二十三条规定的情形外，用人单位不得与劳动者约定由劳动者承担违约金。"因此，就保密协议可以签署违约金。违约责任的约定应当考虑以下几个因素：

① 除违约金外，是否还有其他约定的法律责任。

② 设定违约金是最简单的方式，但是设定怎样的具体数额或者怎样的比例是比较困难的，商业秘密的保密协议并不像买卖合同一样，货物有具体的价款，可以很容

易计算出相应的违约金占货款总价的百分之多少;另外,随着研发技术或者员工业务深入,也很难计算商业秘密的价值。因此,在保密协议中,建议采用具体数额确定违约金。

③ 违约金要和保密事项相符合,不宜过高。因为违约金的本质是"以补偿性为主,以惩罚性为辅"①。岗位职责范围少、较为单一的违约金比岗位职责重、职责范围大的要低一些,因为员工所接触的内容有局限性。②

(10) 合同变更与补充。员工岗位职责和接触商业秘密的范围有改变的,应当变更或者补充内容。对于变更和补充的前提条件、方式方法、生效条件可以在此条中约定。

(11) 合同解除与终止。前述提及保密协议的解除与终止,既可以约定一定的期限,一般是2—5年;也可以约定于商业秘密解密或者被公开时终止。采用何种方式,要根据保密的信息内容予以确定,可以考虑以下因素:

① 保密信息是否属于关键性、核心信息;
② 保密信息形成的成本;
③ 保密信息是否容易被破解、可保密性程度;
④ 保密信息是否受到他人的保密要求约束;
⑤ 保密信息被披露后的损失大小等。

另外,解除与终止如何通知到合同相对方。

(12) 竞业限制义务。竞业限制可以签署在保密协议中,也可以单独签署。如果作为保密协议的一部分,也同样需要本章第三节中拟定的条款,因此,有些条款不得不分别确定保密义务部分的约定和竞业限制义务的约定。例如:生效时间,保密协议的生效时间与竞业限制协议的生效时间会有不同。请参见本章第三节相关内容。

(13) 脱密期。请参见第二章第四节第43条。

(14) 争议解决办法。因为保密协议是基于《劳动合同》而产生的,如果仅仅是对违约责任的追究,则应当通过劳动仲裁程序予以解决。如果涉嫌因违约导致商业秘密被侵权,则可以直接提起商业秘密侵权纠纷诉讼。因此,单位与员工可以在保密协议中明确争议解决办法,避免在仲裁或者诉讼中就管辖问题发生争议。另外,有些单位、某些行业有纠纷协调组织的,也可以考虑先行进行协调解决。

(15) 合同成立与生效时间。合同成立时间与合同生效时间是有区别的,尤其是在附条件、附期限生效以及法定生效条件下的合同并非是双方签字盖章后即时生效,而是有待于条件的成就或者是期限的到达。一般情形下,合同的成立时间和生效时间是由合同各方约定的,但是有些是根据法律规定需要进行授权、批准、备案的才具

---

① 最高人民法院《关于当前形势下审理民商事合同纠纷案件若干问题的指导意见》(法发〔2009〕40号)第6条。
② 如果单位在薪酬、待遇中未设定保密费,违约金如何计算、是否公平?这个问题有待研究。

有法律效力。例如:《物权法》第 9 条中关于不动产的规定:"不动产物权的设立、变更、转让和消灭,经依法登记,发生效力;未经登记,不发生效力,但法律另有规定的除外。"《商标法》第 42 条规定:"转让注册商标的,转让人和受让人应当签订转让协议,并共同向商标局提出申请……转让注册商标经核准后,予以公告。受让人自公告之日起享有商标专用权。"

  保密协议的成立时间和生效时间一般是一致的,但是涉及其中的竞业限制条款,则生效时间是在员工离职时生效,单位和员工开始履行各自的义务。

  ※ **依据**

文件名称	条款内容
2001 年《中关村科技园区条例》	第四十二条　中关村科技园区的企业和其他市场主体的商业秘密受法律保护,任何组织和个人不得以任何方式侵犯他人的商业秘密。 企业和员工可以在劳动合同中约定保密条款或者单独签订保密合同。 企业员工在职期间或者离职后,对与本企业或者原所在企业有关的商业秘密,依照法律规定或者合同约定承担保密义务。
2004 年安徽省人大常委会《安徽省劳动合同条例》	第十三条　劳动者应当保守用人单位商业秘密。用人单位可以在劳动合同或者保密协议中与涉密的劳动者就解除劳动合同的提前通知期作出约定,提前通知期不得少于 30 日。 第十四条　对负有保守用人单位商业秘密义务的劳动者,用人单位可以在劳动合同或者保密协议中约定劳动者在本单位或者离开单位后的一定期限内不得自行生产同类产品,不得经营或者为他人经营与原用人单位同类业务或者有竞争关系的业务。所约定的期限最长不得超过 3 年,法律、法规另有规定的除外。劳动合同当事人有上述约定的,应当同时约定在终止、解除劳动合同时给予劳动者一定的经济补偿。 第十五条　劳动合同当事人可以在劳动合同中约定违约金。约定违约金应当遵循公平、合理的原则。劳动者具有下列情形之一的,方可对其违约金作出约定: (一)违反劳动合同期限约定的; (二)违反保守商业秘密约定的; (三)法律、法规规定可以对劳动者约定违约金的其他情形。
2004 年湖北省政府《湖北省劳动合同规定》	第十三条　劳动者从事涉及商业秘密(包括技术秘密,下同)工作的,劳动合同双方可在劳动合同中约定保守单位商业秘密的条款或者单独签订保密协议,也可约定劳动者在终止或解除劳动合同后的一定期间内,不得到生产同类产品或经营同类业务且有竞争关系的其他用人单位任职,也不得自己生产与原单位有竞争关系的同类产品或经营同类业务,但用人单位应当给予劳动者一定数额的经济补偿。商业秘密进入公知状态后,保密条款或者保密协议约定的内容自行失效。 依照前款规定约定的事项不得违反法律、法规的规定。

(续表)

文件名称	条款内容
2005年宁夏回族自治区人大常委会《宁夏回族自治区劳动合同条例》	第十八条 劳动合同当事人可以在劳动合同中约定保密条款或者单独签订保密协议。用人单位与需要保守商业秘密岗位的劳动者,可以约定解除劳动合同的提前通知期。提前通知期最长不得超过六个月。 商业秘密进入公开状态后,保密条款或者保密协议自动失效。 用人单位与负有保守商业秘密的劳动者,可以在劳动合同或者保密协议中约定竞业限制条款,并可以约定在终止或者解除劳动合同后给予劳动者经济补偿。
2005年天津市劳动和社会保障局《关于保守商业秘密协议、支付违约金和就业补助金等有关劳动合同问题的通知》	一、用人单位与劳动者签订保守本单位商业秘密协议,应当明确下列事项: (一)本单位商业秘密的范围; (二)相关人员的保密义务和履行保密义务的措施; (三)用人单位支付给有保密义务劳动者的保密补偿费(标准双方协商确定); (四)泄露商业秘密的法律责任。 二、用人单位与掌握商业秘密的劳动者在劳动合同中可以约定劳动合同终止前或该劳动者提出解除劳动合同后的一定时间内(不超过六个月),调整其工作岗位,变更劳动合同中的相关内容; 三、用人单位和劳动者可以在劳动合同中约定违约责任,约定违约金应本着合法、对等和适量的原则,对劳动者约定违约金的数额原则上不超过其十二个月的标准工资。标准工资指违约行为发生前十二个月劳动者月平均工资。劳动者月平均工资超过上年度本市职工月平均工资标准的,按本市上年度职工月平均工资计算。
2012年《劳动合同法》	第二十三条 用人单位与劳动者可以在劳动合同中约定保守用人单位的商业秘密和与知识产权相关的保密事项……
2013年江苏省人大常委会《江苏省劳动合同条例》	第二十七条 用人单位与劳动者可以在劳动合同中约定保守用人单位的商业秘密和与知识产权相关的保密事项。 对负有保密义务的劳动者,用人单位可以与其在劳动合同或者保密协议中,就劳动者要求解除劳动合同的提前通知期以及提前通知期内的岗位调整、劳动报酬作出约定。提前通知期不得超过六个月。
2013年山东省人大常委会《山东省劳动合同条例》	第三十五条 集体协商代表应当真实反映本方意愿,维护本方合法权益,接受本方人员咨询和监督。 集体协商双方均有义务向对方提供与集体合同内容有关的情况和资料;涉及国家秘密或者企业商业秘密的,双方代表均负有保密义务。

第三节　竞业限制协议

第69条　【协议要点】

69.1　竞业限制，是指企事业单位与知悉商业秘密实质性内容的员工签订协议，约定员工在离开本单位后一定期限内不得在生产同类产品或者经营同类业务且有竞争关系或者其他利害关系的单位从事与原单位任职相同或者类似的工作，或者自行生产、经营与原单位有竞争关系的同类产品或者业务，企业以向员工支付一定数额的补偿金为代价，限制员工的就业范围，以防止原单位商业秘密泄露的一种预防措施。

69.2　企事业单位可以与知悉或接触商业秘密的高级管理人员、高级技术人员或其他负有保密义务的员工签订竞业限制协议。用人单位应当给予该员工一定数额的经济补偿，在竞业限制期限内按月给付该员工补偿金。该员工违反竞业限制约定的，应当按照约定向用人单位支付违约金。

69.3　签订竞业限制协议有两个基础：

（1）企事业单位拥有符合法定条件的商业秘密或者是具有保护价值的秘密信息；

（2）签订竞业限制协议的人员应当是与企事业单位签署了劳动合同的员工。

69.4　竞业限制协议可以在签订劳动合同时签订，也可以在员工任职期间、离职或退休时签订。该协议可以作为保守商业秘密合同的一部分，也可以单独签订。

无论是否签订竞业限制协议，义务人仍有义务保守知悉的商业秘密。

69.5　竞业限制协议的期限不得超过两年。对于没有约定竞业限制期限的，目前各省市的规定不同，应参照相应规定或各省高级人民法院颁发的司法解释、批复等规范性文件执行。

69.6　竞业限制协议约定的部分内容不明确的，义务人只对约定明确的内容承担义务。

69.7　竞业限制协议生效前或者履行期间，用人单位放弃对员工竞业限制要求的，应当提前一个月通知员工。

69.8　企事业单位可以和员工约定违反竞业限制义务的违约金，对违约金的上限，虽然没有明确的法律规定，但一般不应高于年补偿金的 30%。[①]

69.9　竞业限制与竞业避止[②]的区别：

（1）法律属性不同：竞业限制是企事业单位与员工之间的合约约定的，竞业避止是法定的，无须合约的约定；

[①] 根据最高人民法院《关于审理劳动争议案件适用法律若干问题的解释（四）》第9条第2款："在解除竞业限制协议时，劳动者请求用人单位额外支付劳动者三个月的竞业限制经济补偿的，人民法院应予支持。"

[②] 《中华人民共和国公司法》第149条中对董事、高级管理人员的限制，严格用词是"竞业避止"。有些学者称之为"在职竞业限制"和"离职竞业限制"，用以区分两种不同的情形。

（2）约束对象不同：竞业限制约束的是接触和知悉商业秘密的员工，竞业避止约束的是董事、高级管理人员；

（3）保护对象不同：竞业限制保护的是商业秘密，竞业避止保护的是包括商业秘密在内的公司秘密；

（4）所负责任期限不同：竞业限制是约定的期限，竞业避止仅是在企事业单位的任职期间，就商业秘密保护，离职或退休后的企事业单位的竞业避止人员如有必要，还必须签订竞业限制协议；

（5）法律责任不同。

参见本指引第一章第三节。

※ 条文释解

1. 商业秘密之诉属于"信义之诉"，其本质是基于员工对单位负有的忠实义务和单位之间的诚信原则。根据张玉瑞先生的观点"忠实义务的标准，是一个具有一般是非观的人，认为雇员对其雇主的有关行为，是善意的还是恶意的。忠实义务包括及时报告有关商业信息、不得侵占单位的成功机会、不得为竞争企业工作、不得以不正当手段劝诱同事脱离企业、不得诱使企业的客户转向他人。不得泄露企业的商业秘密和保密信息、及时报告职务发明不得隐瞒等。""在英美法系国家，直到目前仍有一种重要观点认为被告侵犯原告商业秘密权，实质上是对原告'信赖关系'的违反，被告的侵权行为是对原告信任的滥用。美国联邦最高法院于1973年指出：'保护商业秘密的目的，在于维护商业伦理；交易中的善意、诚实与公正，是商业活动充满生命力和活力的保证。'"[①]

2. 各个单位均加强了对知识产权的保护意识，也包括对商业秘密的保护和防范意识，在员工尤其是技术人员进入单位时就要求签署竞业限制协议，甚至有些企业在没有签署劳动合同前就要求先签署竞业限制协议，以防止员工进入单位后不愿意签署或者就补偿金问题讨价还价。竞业限制协议确实是保护商业秘密的重要手段，但竞业限制并不是万能的防线，且设置这道防线是有前提的。诉讼中，原告与被告争议最多的焦点是对是否约定补偿金以及补偿金是否支付、是否合理进行辩论，激烈地讨论竞业限制协议是否有效的问题，但忽略了另一个角度的关键性问题，就是竞业限制协议是完全依靠两块基石建立起来的：一块基石是竞业限制同样是基于劳动关系产生的，并且是以保密协议为前提的；另一块基石是单位有商业秘密存在，签署竞业限制协议的员工应当接触过商业秘密，而且是核心的商业秘密信息。从此点而言，单位与所有员工都签署竞业限制协议是不适当的，尤其是对于技术性弱，靠一般知识、经验、技能工作的员工，也包括普通的技术人员，签署竞业限制协议是极其不公平的，因为对于他们而言，本身的择业能力范围就有限。

根据2009年江苏省高级人民法院《关于在当前宏观经济形势下妥善审理劳动争

---

① 王先林：《竞争法学》，中国人民大学出版社2009年版，第161页。

议案件的指导意见》明确指出："只有在存在商业秘密等需要保密事项的情况下才可以约定竞业限制条款。"原文摘抄如下："审理涉及竞业限制条款的劳动争议案件,既要保护用人单位的商业秘密等合法权益,又要防止因不适当扩大竞业限制的范围而妨碍劳动者的择业自由。依法认定用人单位与劳动者在劳动合同或者保密协议中约定的竞业限制条款的效力。只有在存在商业秘密等需要保密事项的情况下才可以约定竞业限制条款。用人单位在竞业限制期限内未按照法律规定与合同约定给付劳动者经济补偿的,竞业限制条款对劳动者不具有法律约束力。用人单位给予劳动者的经济补偿低于《江苏省劳动合同条例》规定标准的,竞业限制条款对劳动者原则上不具有法律约束力,但双方同意继续履行竞业限制条款,劳动者要求按照法定标准补足的,人民法院应予支持。"

3. 竞业限制的补偿金是对涉密员工择业权限制的对应补偿,以弥补具有相应工作技能的员工因为竞业限制而可能导致因无法充分发挥其潜能和学识影响生活水平的提高,甚至导致生活水平的下降。员工为保护单位的权益而作出牺牲,单位应当尽心尽责地给予员工补偿,这种补偿应当是现实的、可实现的利益。有些单位以期权、商业保险等形式予以补偿,事先并未明确属于竞业限制补偿金,在发生纠纷后,才提出是补偿金的性质,这种情况下必须严格考量员工是否已经明确知晓、同意并接受,员工因误解或者在任职期间的压力或者情形变迁,如单位许诺的条件已经无法实现或有证据证明可能无法实现时,应当允许重新谈判补偿金问题。还有些竞业限制协议约定,员工一旦违犯协议,不仅要全额退回补偿金,还要承担大额的违约金和赔偿金,实际上商业秘密是否泄露、是否给单位造成了损失已经不是争议的焦点,而成了案件的附属品。赔偿损失必须要考量员工违约造成的商业秘密的损害,而不是处罚违约行为,因此对于员工违犯约定的纠纷案件而言,也应当酌情判处。

反过来说,单位因为商业秘密丧失或者无必要继续予以保护时,亦有权约定竞业限制协议自动解除或者提出终止竞业限制协议。有些员工签署了竞业限制协议后,因协议尚未到期,拒绝解除协议,要求单位继续履行支付补偿金的义务,同样是不妥当的。

无论是上述哪种情况,都需要在竞业限制协议中予以明确约定,一旦发生纠纷,单位和员工都可以据约保护自己的利益。

4. "竞业限制"和"竞业禁止"在法律规定和司法实践中是混同使用的。《劳动合同法》第 23 条使用的是"竞业限制";在《最高人民法院知识产权案件年度报告(2011)》[①]中,显示部分法院称之为"竞业禁止"。一直到今年颁布的《国家知产局办

---

① 《最高人民法院知识产权案件年度报告(2011)》之 34"……上海市高级人民法院二审认为,本案中并无证据表明富日公司对其与'森林株式会社'的销售合同及相关附件采取了相关保密措施;劳动合同第十一条应认定为竞业禁止条款,该条款未涉及因此限制而应支付的补偿费,也没有证据证明富日公司曾支付给黄子瑜相关补偿费用,富日公司不能援引该条款主张黄子瑜侵犯了其商业秘密。遂判决驳回上诉,维持一审判决。富日公司向最高人民法院申请再审。最高人民法院于 2011 年 7 月 27 日裁定驳回富日公司的再审申请"。

公室关于组织申报国家知识产权优势企业和国家知识产权示范企业的通知》(国知办发管字〔2015〕10号)中,仍然使用的是"竞业禁止"。目前,更多的是使用"竞业限制"。

5. 关于"竞业避止"。我国《公司法》第148条①和《合伙企业法》第32条②的规定,一向被认为是员工处于特殊岗位所应当向单位承担的更为严格的职责。为了加以区别,有些学者将竞业限制划分为在职竞业限制和离职竞业限制,或者划分为法定竞业限制和约定竞业限制。商业秘密语境下的竞业限制主要是商业行为意义上的约定,是单位与员工双方的意思表示,并有确定的权利义务对价关系。而《公司法》《合伙企业法》规定的竞业限制是单方的法定义务,因此建议使用竞业避止一词,"避止"的用词本身就含有主动意识上的回避意思,更加符合法定含义。因此,本文使用竞业避止作为法定竞业限制的代名词。

当《公司法》《合伙企业法》等所规定的董事、高级管理人员、合伙人在职期间自营或为他人经营,以及去往别家公司就职或者另行组建公司,并且有可能披露或者使用原单位商业秘密的情形出现时,围绕竞业避止和竞业限制的诉辩和举证就会存在事实认定和适用法律上的差异,这些差异主要体现在以下几点:

(1) 董事、高级管理人员对企业负有忠实和勤勉义务③的要求高于普通员工。

(2) 竞业避止限制的是在职期间的行为,竞业限制限制的是员工离职后的择业权利。前者是法定的义务,后者是约定的义务。

(3) 在涉及竞业避止纠纷案件中,被告的离职时间是事实认定的要点之一。

※ **依据**

文件名称	条款内容
2004年《安徽省劳动合同条例》	第十四条 对负有保守用人单位商业秘密义务的劳动者,用人单位可以在劳动合同或者保密协议中约定劳动者在本单位或者离开单位后的一定期限内不得自行生产同类产品,不得经营或者为他人经营与原用人单位同类业务或者有竞争关系的业务。所约定的期限最长不得超过3年,法律、法规另有规定的除外。劳动合同当事人有上述约定的,应当同时约定在终止、解除劳动合同时给予劳动者一定的经济补偿。

---

① 《中华人民共和国公司法》第148条第1款第(五)项:"未经股东会或者股东大会同意,利用职务便利为自己或者他人谋取属于公司的商业机会,自营或者为他人经营与所任职公司同类的业务。"
② 《中华人民共和国合伙企业法》第32条第1款:"合伙人不得自营或者同他人合作经营与本合伙企业相竞争的业务。"
③ 《中华人民共和国公司法》第147条:"董事、监事、高级管理人员应当遵守法律、行政法规和公司章程,对公司负有忠实义务和勤勉义务。"

(续表)

文件名称	条款内容
2004年《湖北省劳动合同规定》	第十三条 劳动者从事涉及商业秘密(包括技术秘密,下同)工作的,劳动合同双方可在劳动合同中约定保守单位商业秘密的条款或者单独签订保密协议,也可约定劳动者在终止或解除劳动合同后的一定期间内,不得到生产同类产品或经营同类业务且有竞争关系的其他用人单位任职,也不得自己生产与原单位有竞争关系的同类产品或经营同类业务,但用人单位应当给予劳动者一定数额的经济补偿。商业秘密进入公知状态后,保密条款或者保密协议约定的内容自行失效。 依照前款规定约定的事项不得违反法律、法规的规定。
2005年《宁夏回族自治区劳动合同条例》	第十八条 用人单位与负有保守商业秘密的劳动者,可以在劳动合同或者保密协议中约定竞业限制条款,并可以约定在终止或者解除劳动合同后给予劳动者经济补偿。
2005年天津市劳动和社会保障局《关于保守商业秘密协议、支付违约金和就业补助金等有关劳动合同问题的通知》	二、用人单位与掌握商业秘密的劳动者在劳动合同中可以约定劳动合同终止前或该劳动者提出解除劳动合同后的一定时间内(不超过六个月),调整其工作岗位,变更劳动合同中的相关内容;用人单位也可规定掌握商业秘密的劳动者在终止或解除劳动合同的一定期限内(不超过三年),不得到生产同类产品或经营同类业务且有竞争关系的其他用人单位任职,也不得自己生产与原单位有竞争关系的同类产品或经营同类业务,但用人单位应当给予该劳动者一定数额的经济补偿金,标准为:劳动者被竞业禁止期间,用人单位必须按不低于劳动者在职期间工资标准的二分之一向劳动者支付经济补偿金,但月补偿标准不得低于天津市最低工资水平,支付方式由双方协商确定。用人单位不向劳动者支付经济补偿金的,竞业禁止条款无效。 三、用人单位和劳动者可以在劳动合同中约定违约责任,约定违约金应本着合法、对等和适量的原则,对劳动者约定违约金的数额原则上不超过其十二个月的标准工资。标准工资指违约行为发生前十二个月劳动者月平均工资。劳动者月平均工资超过上年度本市职工月平均工资标准的,按本市上年度职工月平均工资计算。
2009年上海市高级人民法院《关于适用〈劳动合同法〉若干问题的意见》	十三、当事人对竞业限制条款约定不清的处理 劳动合同当事人仅约定劳动者应当履行竞业限制义务,但未约定是否向劳动者支付补偿金,或者虽约定向劳动者支付补偿金但未明确约定具体支付标准的,基于当事人就竞业限制有一致的意思表示,可以认为竞业限制条款对双方仍有约束力。补偿金数额不明的,双方可以继续就补偿金的标准进行协商;协商不能达成一致的,用人单位应当按照劳动者此前正常工资的20%—50%支付。协商不能达成一致的,限制期最长不得超过两年。
2009年《山西省劳动合同条例》	第十九条 劳动合同履行过程中,如有服务期、竞业限制等事项需要约定的,双方依法书面约定,作为劳动合同的补充协议,与劳动合同一并履行。

(续表)

文件名称	条款内容
2012年《劳动合同法》	第二十三条　用人单位与劳动者可以在劳动合同中约定保守用人单位的商业秘密和与知识产权相关的保密事项。 对负有保密义务的劳动者,用人单位可以在劳动合同或者保密协议中与劳动者约定竞业限制条款,并约定在解除或者终止劳动合同后,在竞业限制期限内按月给予劳动者经济补偿。劳动者违反竞业限制约定的,应当按照约定向用人单位支付违约金。 第二十四条　竞业限制的人员限于用人单位的高级管理人员、高级技术人员和其他负有保密义务的人员。竞业限制的范围、地域、期限由用人单位与劳动者约定,竞业限制的约定不得违反法律、法规的规定。 在解除或者终止劳动合同后,前款规定的人员到与本单位生产或者经营同类产品、从事同类业务的有竞争关系的其他用人单位,或者自己开业生产或者经营同类产品、从事同类业务的竞业限制期限,不得超过二年。
2013年《江苏省劳动合同条例》	第二十八条　用人单位对处于竞业限制期限内的离职劳动者应当按月给予经济补偿,月经济补偿额不得低于该劳动者离开用人单位前十二个月的月平均工资的三分之一。 用人单位未按照约定给予劳动者经济补偿的,劳动者可以不履行竞业限制义务,但劳动者已经履行的,有权要求用人单位给予经济补偿。 竞业限制约定中的同类产品、同类业务仅限于劳动者离职前用人单位实际生产或者经营的相关产品和业务。竞业限制的期限由当事人约定,最长不得超过二年。

竞业限制和竞业避止的案例很多,这里简要摘选几例裁判要点,具体案情请参见相关判决书内容。

※ **案例4.3-9：北京思特奇信息技术股份有限公司诉李希金竞业禁止纠纷案**[①]

判决书写道:"我国公司法对公司董事、经理之外的一般劳动者未负有法定竞业禁止义务,但如上述劳动者与公司签有在职竞业禁止合同,则一般认为如合同未违反法律禁止性规定,劳动者应如约负有在职竞业禁止义务,因劳动者依契约自由原则与所任职公司作出竞业禁止约定后,应讲究信用、恪守诺言、诚实不欺,在不损害公司利益和社会公共利益的前提下追求自己的利益;且对于在职劳动者而言,在公司为其提供劳动就业机会、场所,支付劳动报酬,并为其积累知识、技能的情况下,其工作权和生存权已有保障,法律不应牺牲公司的合法权益,而去追求劳动者自由劳动权的充分实现,否则有悖公平正义原则;公司与其董事、经理之外的可依职权和信赖关系接触

[①] 一审:北京市海淀区人民法院(2005)海民初字第7624号民事判决书。笔者未查询到二审判决。

或知悉商业秘密的劳动者签订在职竞业禁止协议,则更具合理性之基础。思特奇公司与时任高级工程师的李希金签订包含在职竞业禁止条款的保密协议,系双方真实意思表示,且内容不违反法律禁止性规定,应属合法有效,双方均应严格如约履行各自的义务。

※ **案例4.3-10:李维驹、谭家声诉李振良、黄红颜竞业限制(注:此案指的是竞业避止)纠纷案**①

二审法院认为"是否违反竞业限制义务的关键是两被上诉人成立港华机械厂时,上诉人与被上诉人合伙关系是否已经解除"。本案的一审判决明确指出:依照《合伙企业法》的规定,"合伙人在合伙期间应当履行竞业限制的法定义务"。"从2003年2月和同年3月18日双方签署的有关协议……的内容,已经明确表明合伙各方已经达成解除合伙关系的一致意思表示,故被告在与原告解除合伙关系之后另行成立新的企业,并不违反竞业限制义务。原告主张被告违背竞业限制义务的理由不成立……"二审法院驳回上诉,维持原判。

※ **案例4.3-11:北京华尔光电子有限公司诉林明竞业禁止纠纷案**②

判决书对于辞职时间不明的认定作了如下表述:"本院认为,诉讼中林明提供的由刘燕军、胡丹平签字的财务交接清单和资料移交清单不足以证明林明已正式辞去了在华尔公司的职务,主要有三点理由:第一,林明非公司一般职员,其作为公司的董事和副总经理,负责公司财务、国外采购等业务,肩负公司经营管理职责,换言之,副总经理职务不仅仅是一种权力,同时亦承担相应的责任。辞职行为不仅是对权力的放弃,而且还是对责任的卸去,而责任的卸去则须经严格的程序。按公司章程第三十七条的规定,林明如果要辞去公司副总经理的职务,应向公司的权力机关或意思执行机关提出书面的辞职报告。书面意思表示是明示辞职行为的一种不可缺少的形式。本案中,作为副总经理的林明未根据华尔公司章程的规定提前向董事会书面报告,作为董事的林明也未向其股东提出正式的辞职报告。关于董事或副总经理辞职生效时间的确认。通常情况下,公司董事或副总经理主动辞职,应以其提出辞呈并经董事会批准后生效,但董事会批准需设定一个合理的时间。如果在一合理的时间内公司的权力机关不作为的,经申请辞职的人的催告,亦可产生辞职的法律效果。但本案中,林明并没有正式提出书面的辞呈,所以不存在辞职的生效时间问题。第三,林明抗辩所称的交接清单,由于其没有正式提出书面的辞呈,其内容亦没有载明交接字样,清单的经手人也不确认是为林明辞职交接,故只能视为工作中的一般交接,与辞职无直接的关联性。"

---

① 一审:广东省中山市中级人民法院(2003)中中法民三初字第13号民事判决书;二审:广东省高级人民法院(2004)粤高法民三终字第115号民事判决书。
② 一审:北京市海淀区人民法院(2001)海经初字第1137号民事判决书;未查到二审判决书。

※ 案例4.3-12：南通大江化学有限公司诉朱慧忠竞业禁止合同纠纷案[①]

原告诉称：被告在我公司工作期间与我公司签订了《企业员工保密合同》，合同第5条规定被告离职后3年内不得从事与我公司业务相同行业的职业，并约定了竞业禁止的补偿金。被告于2005年11月16日从我公司离职，离职时我公司向其支付了12个月的竞业禁止补偿金共计8852.63元。被告收取了该补偿金并明确表示遵守保密合同的所有规定。但我公司经调查发现，被告在办理离职手续前至今一直在与我公司有竞争关系的南京喜之郎食品有限公司（以下简称喜之郎公司）工作，严重违反了竞业禁止约定。请求判令被告支付违约金人民币50万元，并承担案件受理费。

被告辩称：原告与我签订的保密合同中的竞业禁止条款因补偿费不合理而无效，我不负有竞业禁止的义务；原告没有需要保护的商业秘密，单独的竞业禁止条款不能成立；我并没有从事竞业禁止条款所规定的竞业事项，即使我应当承担违约金，原告主张的50万元违约金显然过高。请求驳回原告的诉讼请求。

一、基本案情

原告南通大江化学有限公司（以下简称大江公司）是主要从事干燥剂等化工产品生产销售的企业。2003年8月4日、2005年7月28日，被告朱慧忠与大江公司签订劳动合同，大江公司安排朱慧忠具体从事干燥剂、脱氧剂的生产及相关设备的组装、维护、管理等工作。2004年12月31日，朱慧忠与大江公司签订企业员工保密合同，合同第5条约定朱慧忠离职后3年内不得从事与大江公司业务相同行业的职业（包括但不限于股东、合伙人、董事、经理、从业人员、临时工、顾问）；该规定由大江公司在朱慧忠离职时确认，大江公司确认使用该条款规定的，则每月向朱慧忠支付离职前12个月从大江公司获得月报酬1/3的经济补偿金。该合同第15条约定朱慧忠如违反合同任一条款，则应向大江公司一次性支付违约金100万元。朱慧忠在大江公司工作期间，大江公司曾出资选送朱慧忠到日本接受有关干燥剂项目的培训。

2005年11月17日，朱慧忠从大江公司离职，大江公司按其离职前月平均工资2213.15元的1/3的标准，向其支付了第一期计12个月的竞业禁止补偿金8852.63元。朱慧忠出具了收条，并承诺保证履行保密协议中约定的各项义务。

朱慧忠从大江公司离职后到喜之郎公司工作，该公司的经营范围中包括生产、加工干燥剂。朱慧忠在该公司主要从事有关干燥剂项目的推进及机械设备的管理、维护工作。大江公司因认为朱慧忠违反了竞业禁止条款规定，故未再向其支付后续的竞业禁止补偿金，并诉至法院，要求朱慧忠承担违约责任。

一审法院判决：

（1）被告朱慧忠在本判决生效之日起7日内退还原告大江公司补偿金人民币8852.63元，并支付该款自2005年11月17日起至履行日的同期银行存款利息。

[①] 一审：江苏南通市中级人民法院（2007）通中民三初字第0282号民事判决书；二审：江苏省高级人民法院（2008）苏民三终字第0076号民事判决书。

（2）驳回原告大江公司要求被告朱慧忠支付违约金的诉讼请求。

二审法院判决：驳回上诉，维持原判。

二、裁判要点

竞业限制协议必须基于劳动合同签署。法院判决认为："竞业禁止合同不得独立存在。竞业禁止协议是用人单位为保护自己的某种利益，限制劳动者的工作、就业权而形成，其签订的主体必须是雇主与其雇佣的劳动者。也就是说竞业禁止协议是劳动关系的附属物，在用人单位与劳动者签订保密协议的情形下也可以是保密协议的附属协议，其不能脱离劳动关系而独立存在。"

※ 问题 17：根据北京市高级人民法院《关于审理商业特许经营合同纠纷案件适用法律若干问题的指导意见》第 2 条第 1 款："经营资源既包括注册商标、企业标志、专利，也包括字号、商业秘密、具有独特风格的整体营业形象，以及在先使用并具有一定影响的未注册商标等能够形成某种市场竞争优势的经营资源"的规定，在特许经营中，特许人与被特许人之间签订竞业限制协议是否有效？

第 70 条 【协议主要条款】
（1）与保守商业秘密合同的关联性；
（2）对竞业限制的同类行业或者竞争单位的概述；
（3）竞业限制的行业范围；
（4）竞业限制的区域；
（5）竞业限制的期限；
（6）补偿金发放的起止日期；
（7）补偿金数额及支付方式；
（8）禁止性条款；
（9）协助约定；
（10）双方的违约责任；
（11）协议的解除与终止条件；
（12）争议解决办法；
（13）协议成立与生效时间。

※ 条文释解

因为竞业限制的特殊性和复杂性，特别将有关的重要条款提炼出来，因此，涉及补偿金、违约金、协议的终止条件和协议无效或部分无效的条件单列为第 71—74 条。

1. 与保守商业秘密合同的关联性。

此条是指竞业限制与保密协议之间的关系，根据《劳动合同法》第 23 条的规定，对负有保密义务的劳动者，用人单位可以在劳动合同或者保密协议中与劳动者约定竞业限制条款。也就是说竞业限制协议签署的员工是负有保密义务的劳动者，竞业限制签署的依据是基于劳动合同和保密协议。因此，签署竞业限制协议，则应当标明

"本协议依据编号为××的《劳动合同书》(或者《保密协议》)签署"等类似内容。

2. 对竞业限制的同类行业或者竞争单位的概述。

竞业限制是限制员工的择业权,只能在同类行业、竞争单位或者同岗位职责上加以限制。笔者见到过这样的竞业限制条款"×××在3年之内,不得在食品行业、具有竞争关系的企业任职……""食品行业"的概念是很宽泛,除了只知道原单位是做食品行业的,甚至无法知道原单位究竟主营业务是什么?是食品设备制造还是食品加工、销售或是食品种植、运输?食品还包括一般餐厨食品、食品添加剂、调味品等,这样宽泛的领域,不用想就知道,不超过前一年收入20%—60%的补偿金是不足以弥补员工被限制择业权的。既然补偿金只是对于员工不能选择某些具体的领域、具体的竞争对象单位的限制,而不是员工只能在家里养鱼种花,不能外出工作,这是其一。其二有些竞争单位是明晰的,而员工可能并不一定太明确,笼统地说具有竞争关系的企业,员工反而无法切实履行义务。双方对概念及范围的了解和理解存在异议时,最容易产生纠纷。即使不能清晰地描述,也应该有个大致的概述。

3. 竞业限制的专业范围。

专业范围是更为细致的描述。但实际上应当是限定于商业秘密相关的范围,而并非是技术秘密或者经营秘密所属领域的范围,否则将扩大员工的义务责任,压缩员工的就业范围,可能会侵害到员工的权益。例如,技术秘密是生产茶饮料的设备、工艺,那么竞业限制的专业范围应当是茶饮料的设备、工艺范围,而并非是所有的饮料行业,更不是所有食品设备、工艺领域。

4. 竞业限制的区域。

竞业限制协议没有区域范围是常见的,但是有些员工只是区域的销售人员,并不知晓其他区域的业务情况。因此,应当对区域范围作出限定。

5. 竞业限制的起止期限。

(1) 竞业限制的生效时间一般是自员工离职时起,也有些单位是规定在离职前一段时间内开始生效,比如提出离职时生效。

(2) 要区别于兼职。单位可以限定某些员工不得兼职是为了员工专心在工作岗位上工作,单位并不因为限制兼职而支付员工任何费用。有些员工因为经济原因或者愿意辛苦工作多挣钱而从事兼职工作,例如设计绘图人员、技工等,单位没有明确规定不允许的,就不得予以限制。

(3) 竞业限制的期限。根据商业秘密的价值、维持时间等因素,对离职员工竞业限制的期限一般不超过2年,不具有特定、持续性经营秘密的企业,一般不超过1年为宜。同时,限制离职员工履约的期限,同样要考虑到行业的发展和工资水平的变化。因此,过长的期限约定是没有必要的,一般以考虑离职员工能够脱密为宜。根据1997年国家科委《关于加强科技人员流动中技术秘密管理的若干意见》第7条的规定:"……竞业限制期限不得超过3年。"我国《劳动合同法》第24条第2款规定:"在解除或者终止劳动合同后,前款规定的人员到与本单位生产或者经营同类产品、从事同类业务的有竞争关系的其他用人单位,或者自己开业生产或者经营同类产品、从事同类业务的竞业限制期限,不得超过二年。"较多的地方性法规规定的期限亦为两年。

6. 补偿金发放的起止日期。

此条并无特殊,应当与前一条期限相同。

7. 补偿金数额及支付方式。

请参见本章本节第71条。

8. 禁止性条款。

请参见本章第二节第68条。

9. 协助约定。

请参见本章第二节第68条。

10. 双方的违约责任。

在本章第二节第68条的保密协议中,是"违约责任",在本条则是双方的违约责任。单位要支付员工补偿金、在商业秘密解密或者被披露后要及时通知员工都是单位的义务,因此,竞业限制的违约可能是员工也可能是单位。具体请参见本节第72条。

11. 协议的解除与终止条件。

参见本章本节第73条。

※ 依据

文件名称	条款内容
1996年劳动部《关于企业职工流动若干问题的通知》	第二条 ……用人单位也可规定掌握商业秘密的职工在终止或解除劳动合同后的一定期限内(不超过三年),不得到生产同类产品或经营同类业务且有竞争关系的其他用人单位任职,也不得自己生产与原单位有竞争关系的同类产品或经营同类业务,但用人单位应当给予该职工一定数额的经济补偿。
1999年《广东省技术秘密保护条例》	第十三条 单位可以与知悉技术秘密的有关人员签订竞业限制协议。 前款所称竞业限制是指单位与知悉技术秘密的人员约定在解除劳动关系后一定时间内,被竞业限制人员不得在生产同一种核心技术产品且有竞争关系的其他单位任职,或者自己从事与原单位有竞争关系的同一种核心技术产品的生产经营。 竞业限制的时间不得超过三年。在竞业限制期间,单位应当向被竞业限制人员支付一定的竞业限制补偿费。 第十四条 竞业限制协议应当双方协商一致,并且以书面形式签订。 竞业限制协议主要内容包括: (一)生产同一种核心技术产品且有竞争关系的企业范围; (二)竞业限制的期限; (三)竞业限制补偿费的数额及支付方式; (四)违约责任。

(续表)

文件名称	条款内容
2001年《中关村科技园区条例》	第四十三条　企业与员工可以在劳动合同或者保密合同中约定竞业限制条款,也可以订立专门的竞业限制合同。竞业限制条款或者竞业限制合同应当明确竞业限制的范围和期限。竞业限制的期限除法律、法规另有规定外,最长不得超过3年。商业秘密进入公知领域后,竞业限制条款或者竞业限制合同自行失效。 第四十四条　知悉或者可能知悉商业秘密的员工应当履行竞业限制合同的约定,在离开企业一定期限内不得自营或者为他人经营与原企业有竞争的业务。 企应当依照竞业限制合同的约定,向负有竞业限制义务的原员工按年度支付一定的补偿费,补偿数额不得少于该员工在企业最后一年年收入的二分之一。 第四十五条　中关村科技园区的高等学校、科研机构适用本条例第四十二条、第四十三条、第四十四条的规定;中关村科技园区的企业、高等学校、科研机构中的兼职人员或者离退休人员适用本条例第四十三条、第四十四条的规定。
2004年《梧州市企业技术秘密保护暂行规定》①	第十七条　竞业限制约定的补偿费,按年计算不得少于该员工离开企业最后一个年度从该企业获得的报酬总额的三分之二。竞业限制协议中没有约定补偿费的,补偿费按照前款规定的最低标准计算。
2005年《关于保守商业秘密协议、支付违约金和就业补助金等有关劳动合同问题的通知》	二、用人单位也可规定掌握商业秘密的劳动者在终止或解除劳动合同的一定期限内(不超过三年),不得到生产同类产品或经营同类业务且有竞争关系的其他用人单位任职,也不得自己生产与原单位有竞争关系的同类产品或经营同类业务,但用人单位应当给予该劳动者一定数额的经济补偿金,标准为:劳动者被竞业禁止期间,用人单位必须按不低于劳动者在职期间工资标准的二分之一向劳动者支付经济补偿金,但月补偿标准不得低于天津市最低工资水平,支付方式由双方协商确定。用人单位不向劳动者支付经济补偿金的,竞业禁止条款无效。
2008年《浙江省技术秘密保护办法》	第十二条　权利人与知悉技术秘密的相关人员可以签订竞业限制协议。 相关人员应当严格按照竞业限制协议约定履行义务。竞业限制协议约定的部分内容不明确的,相关人员只对约定明确的内容承担保密义务。 权利人应当按竞业限制协议约定向履约的相关人员支付一定数额的补偿费。 第十三条　竞业限制协议应当具备以下主要条款: (一)竞业限制的具体范围; (二)竞业限制的期限; (三)补偿费的数额及支付方法; (四)违约责任; (五)其他需要约定的事项。

① 载http://china.findlaw.cn/chanquan/shangyemimi/syjmbf/58804.html。

(续表)

文件名称	条款内容
2008年《浙江省技术秘密保护办法》	第十四条　竞业限制协议约定的竞业限制期限最长不得超过2年;没有约定期限的,竞业限制期限为2年。 第十五条　竞业限制补偿费的标准由权利人与相关人员协商确定。没有确定的,年度补偿费按合同终止前最后一个年度该相关人员从权利人处所获得报酬总额的三分之二计算。 第十六条　有下列情形之一的,竞业限制协议终止: (一)竞业限制期限届满的; (二)该技术秘密已经公开的; (三)依法或者协议双方约定终止的其他情形。 协议双方可以约定,权利人违反协议约定不支付或者无正当理由拖欠补偿费,或者权利人违法、违约解除与相关人员合同的,竞业限制协议自行终止。
2010年国务院国有资产监督管理委员会《中央企业商业秘密保护暂行规定》(国资发〔2010〕41号)	第十九条　……中央企业应当根据涉密程度等与核心涉密人员签订竞业限制协议,协议中应当包含经济补偿条款。
2012年《劳动合同法》	第二十三条　……对负有保密义务的劳动者,用人单位可以在劳动合同或者保密协议中与劳动者约定竞业限制条款,并约定在解除或者终止劳动合同后,在竞业限制期限内按月给予劳动者经济补偿。劳动者违反竞业限制约定的,应当按照约定向用人单位支付违约金。 第二十四条　竞业限制的人员限于用人单位的高级管理人员、高级技术人员和其他负有保密义务的人员。竞业限制的范围、地域、期限由用人单位与劳动者约定,竞业限制的约定不得违反法律、法规的规定。 在解除或者终止劳动合同后,前款规定的人员到与本单位生产或者经营同类产品、从事同类业务的有竞争关系的其他用人单位,或者自己开业生产或者经营同类产品、从事同类业务的竞业限制期限,不得超过二年。
2013年最高人民法院《关于审理劳动争议案件适用法律若干问题的解释(四)》	第六条　当事人在劳动合同或者保密协议中约定了竞业限制,但未约定解除或者终止劳动合同后给予劳动者经济补偿,劳动者履行了竞业限制义务,要求用人单位按照劳动者在劳动合同解除或者终止前十二个月平均工资的30%按月支付经济补偿的,人民法院应予支持。 前款规定的月平均工资的30%低于劳动合同履行地最低工资标准的,按照劳动合同履行地最低工资标准支付。 第七条　当事人在劳动合同或者保密协议中约定了竞业限制和经济补偿,当事人解除劳动合同时,除另有约定外,用人单位要求劳动者履行竞业限制义务,或者劳动者履行了竞业限制义务后要求用人单位支付经济补偿的,人民法院应予支持。

(续表)

文件名称	条款内容
2013年最高人民法院《关于审理劳动争议案件适用法律若干问题的解释(四)》	第八条 当事人在劳动合同或者保密协议中约定了竞业限制和经济补偿,劳动合同解除或者终止后,因用人单位的原因导致三个月未支付经济补偿,劳动者请求解除竞业限制约定的,人民法院应予支持。 第九条 在竞业限制期限内,用人单位请求解除竞业限制协议时,人民法院应予支持。 在解除竞业限制协议时,劳动者请求用人单位额外支付劳动者三个月的竞业限制经济补偿的,人民法院应予支持。 第十条 劳动者违反竞业限制约定,向用人单位支付违约金后,用人单位要求劳动者按照约定继续履行竞业限制义务的,人民法院应予支持。

※ 问题18:竞业限制协议解除和终止的条件有哪些?

第71条 【补偿金的约定】

71.1 补偿金的设定应当综合考虑以下因素:

(1) 义务人的专业技能,可能影响义务人生活水平的程度;

(2) 对义务人限制的领域范围、就职岗位、地域范围、年限等;

(3) 商业秘密的可保密程度和持续力;

(4) 义务人在单位上一年度或者协议签订前一年度的报酬总额。

71.2 目前各省市对补偿金的数额规定不同,一般年补偿金是离职前上一年度收入的1/2到2/3①,但不得低于劳动合同履行地最低工资标准。

※ 条文释解

竞业限制补偿金从根本性质上说,就是原企业对离职员工在选择就业时因为受到原企业保护自身利益而约定履行必要的义务所作出的对离职员工的安置和补偿,是保障离职员工在离职后达到或接近与具有和他相当工作能力的员工的社会生活水平。因此,原企业要设定竞业限制协议,首先应当先行履行自己的义务:足额支付约定的补偿金。原企业未履行约定时,应当首先承担对竞业限制协议的违约责任;竞业限制协议对补偿金的数额、支付方式约定不明时,企业应当首先承担履行不能的后果,与离职员工积极、妥善地协商补偿金的问题。这是基于企业可保护利益——商业秘密所采取的措施,企业对自身利益采取放任或不合作态度时,没有任何个体员工应

---

① 最高人民法院《关于审理劳动争议案件适用法律若干问题的解释(四)》第6条规定:"当事人在劳动合同或者保密协议中约定了竞业限制,但未约定解除或者终止劳动合同后给予劳动者经济补偿,劳动者履行了竞业限制义务,要求用人单位按照劳动者在劳动合同解除或者终止前十二个月平均工资的30%按月支付经济补偿的,人民法院应予支持。前款规定的月平均工资的30%低于劳动合同履行地最低工资标准的,按照劳动合同履行地最低工资标准支付。"

当对此承担责任。但是竞业限制补偿金并不要求完全补足离职员工在原单位的收入水平,从限制择业权并非禁止就业而言,竞业限制补偿金的数额可以结合以下内容综合考虑:

1. 专业技能越低,所限定的专业领域、期限、区域范围就应当越窄;限定的专业领域、期限、区域范围越窄,补偿金的费用就越低。

2. 补偿金数额与限制期限成反比;与原企业所保护的商业秘密的价值、市场前景成正比。

3. 商业秘密信息的维持时间。保密性弱、技术更新快、反向工程相对简单、脱密时间短的商业秘密,就没有必要约定过长的竞业限制期限。毕竟单位是要负担保护商业秘密的成本,因此,要考虑商业秘密的可保密性和持续力,如果综合评价比较低,其披露风险大且后果不严重的,则相对应的补偿金比较低。笔者看到北京市律师协会发布的《律师办理劳动人事法律业务操作指引》一文中,"北京市的司法实践中,对于补偿费,如果双方无约定,经过协商亦无法达成一致的,按照双方劳动关系解除或终止前最后一个年度劳动者工资的20%—60%支付补偿费。用人单位明确表示不支付劳动者经济补偿的,竞业限制条款对劳动者不具有约束力"可以作为参考。之所以有一个比例幅度,就是基于限制的范围、期限不同而可以综合考量。单位期望以最低成本维护最大价值是没有错的,但是当商业秘密被披露,可能导致整个市场丧失竞争优势时,理性权衡成本与收益是必要的。

4. 离职员工知悉商业秘密的范围和程度。离职员工并非知悉全部商业秘密,尤其是技术秘密,许多企业在开发研制过程中,采取拆分手段将技术研发的各个部分交由不同的研发部门和技术人员进行,因此,离职员工所知悉的商业秘密并非轻易能够构成新技术或者合成与原企业商业秘密相同或者近似技术时,原企业应当给予离职员工较为宽泛的择业权利,保证离职员工就自己的学识、技术专业获得更好的薪酬和工作环境。

5. 其他还有,例如离职员工的专业技能在同行业中可能影响离职员工生活水平的程度。专业技能较弱的,择业权的受限就应当少,期限也应较短等。

有关规定,请见本章本节第70条。

※ **案例4.3-13:公安部第一研究所诉黄志竞业限制纠纷案**①

一、基本案情

原告诉称:黄志原为我单位销售部门负责人。2001年黄志要求辞职,因其属于业务骨干,掌握客户资源、价格体系、产品构成等商业秘密,在2001年3月22日离职时与我所签订了《协议书》,双方作了"2年内不得到经营、销售、生产安检、射线机的

---

① 一审:北京市海淀区人民法院(2002)海民初字第15021号民事判决书;二审:北京市第一中级人民法院(2003)一中民终字第495号民事判决书。

单位工作";我所"给予其生活与再就业补贴12万元"的竞业限制约定。但其离职后不久,就到我单位在国内的主要竞争对手——生产销售同类设备的德国海曼系统有限责任公司(以下简称海曼公司)北京代表处工作,并利用其掌握的客户情况代表海曼公司北京代表处与我单位竞争,在用户中诋毁我所信誉,使我所蒙受了信誉和经济上的重大损失,黄志也在本单位起到了恶劣的示范作用。现诉讼到法院,要求判决被告黄志自判决之日起2年内不得在经营、销售、生产安检设备的单位工作;赔偿我所经济损失14万元(我方支付给黄志的12万元补偿费损失和2万元律师费损失),诉讼费由被告黄志承担。

被告辩称:

(1)我确与公安部一所签订了竞业禁止协议书,但公安部一所违约在先,其并未按照协议书支付给我12万元的补偿费,我因为生活原因不得不另找工作,我有在先履行抗辩权。公安部一所所称的以现金支付的69 980元,我以为是以前住房公积金、保险金等费用的退款,而不是协议书约定的补偿费。并且公安部一所没有说明这笔款项是补偿费。我认为补偿费均应以现金的形式支付。

(2)我并不是如公安部一所所说在离职2个月后就参加海曼公司的经营活动,我于2001年2月离开公安部一所,因为工资只支付到2月。2002年6月5日我才加入了海曼公司。我没有参加与公安部一所竞争的西安机场的投标活动,我只是帮助他人带了一份投标书。我也没有参加其他的经营活动。我与他人交换名片只是与他人交往,没有进行不正当竞争行为。

(3)公安部一所是事业单位,不适用《劳动法》。

(4)公安部一所提供律师费用发票已经超出了举证期限,并且费用过高。我请求法院判令原协议解除,驳回原告的诉讼请求。

法庭查明:黄志原为公安部一所工作人员,1998年1月1日,被公安部一所任命为销售三科科长。2001年3月前黄志提出辞职,2001年3月22日与公安部一所签订了一份竞业限制协议书。该协议书主要内容是:经所领导批准,同意黄志(乙方)调离公安部一所(甲方),根据国家和研究所有关规定,经甲乙双方协商同意,为维护国家利益和研究所的有关经营、销售、生产及技术等秘密和权益,黄志调出后,双方必须履行以下协议:一是乙方必须严格遵守国家和一所的经营、销售、生产及技术等秘密。不得损害一所的权益和经济利益。二是乙方在离开甲方2年内(2001年3月1日起—2003年3月1日止),不得应聘到经营、销售、生产安检X射线机的单位工作。三是甲方给予乙方生活与再就业补贴12万元。上述事实有公安部一所的任免通知、协议书为证。

公安部一所于2001年3月开始停发黄志工资,2001年3月24日以"其他"名目给付黄志现金69 980元。1997年开始公安部一所在中国人寿保险公司北京市崇文区支公司给职工办理了养老年金保险,其中黄志的投保情况如下:保单号为970310324,月交保费204元(已交至2001年10月),累计7 344元;趸交保费36 872

元。保单号为1999-110103-Y10-00000018-1，趸交保费702元。以上合计保险费44 918元。与黄志签订竞业禁止协议后，公安部一所将上述养老金转到黄志个人名下，并为黄志办理了1个个人养老金保险证和2个养老金保险证，三证现在公安部一所存放。关于上述保险事宜，公安部一所称，给黄志办完手续后，通知黄志领取保险证及自行去交纳2000年投保费（该投保费4 146元，通常在次年的3—4月份交纳，因黄志辞职，单位只能给黄志现金，由其自行交付），黄志没有到单位，故、款一直放在单位。但黄志不认可公安部一所的陈述。经查，如果黄志不继续投保的话，可领取退保金44 572元（不含手续费）。此外，公安部一所在中国人寿保险公司北京市分公司为黄志办理了国寿个人养老金保险，保单号2000-110103-Y14-00005769-9，交保费1 089.71元，已退保金1 089.71元，现在公安部一所存放。以上事实有付款凭证及投保资料在案佐证。

上述两笔款项，公安部一所称是付给黄志的补偿金，黄志称收取的不是补偿金，而是住房公积金、保险金等费用的退款，但其没有证据证明。

黄志从公安部一所离职后，于2002年6月5日与外国企业服务公司签订了一份《劳动合同书》，成为海曼公司的职员，在海曼公司北京代表处工作，海曼公司主要生产X射线的安检设备，与公安部一所之间存在同业竞争关系。上述事实有北京市外国企业服务总公司与黄志签订的《劳动合同书》为证。但公安部一所认为黄志离职后即在海曼公司任职，其为此提供了三份证人证言。黄志认为：三份证言均是公安部一所工作人员出示；我只是和他人见面并没有参与经营活动；我在2002年帮助他人带了一份投标书，并没有投标行为；我交换名片，只是与他人交往的行为，没有不正当竞争的行为。并提交了路晓明的证言，该证言说，公安部一所朱建平所反映的在2001年6月1日和黄志一起去空军政治部将海曼公司放在那里的检测设备拉走送往西安机场一事，现说明如下：去空军政治部将海曼公司放在那里的检测设备拉走送往西安机场。自始至终是我经办的，黄志从来没有参加过。本院认为，三位证人提到的与黄志见面的地点及交换名片的事实，因黄志没有提出否认，本院予以确认。黄志在这些特定的经营场所多次与公安部一所的工作人员邂逅，代表海曼公司送投标书，并在一次社交场所代表海曼公司出席宴会，显然不是一种简单的、与经营目的无关的单纯的会面，故认定黄志已经参与了海曼公司的经营行为，三位证人的证言本院予以确认，路晓明的证言并没有说明黄志随同的合理原因，本院不予以采信。

一审法院判决：

（1）自2001年3月1日起至2003年3月1日止被告黄志不得在经营、销售、生产安检设备的单位工作；

（2）自本判决生效之日起20日内被告黄志赔偿原告公安部第一研究所损失6万元及因诉讼支出的合理费用3000元（如黄志不同意续保，黄志可以用取得的养老退保金偿还公安部一所）；

（3）案件受理费3910元（原告预交），由被告黄志负担（于本判决生效之日起7

日内交纳)。

二审法院判决:驳回上诉,维持原判。

二、裁判要点

1."选择,并成为最好的自己",是任何员工所期待和向往的,一切辛苦努力和工作实践都是在寻求自身价值的不断生长,不论其选择现实利益还是未来利益。自身价值生长的标志可能是加薪、提职,也可能是其他的因素,比如:换换环境、理理心情等。但加薪和提职是最容易被理解的通常状态,也是跳槽最自然的驱动力。因此,有专业水平、工作能力强、能够接触到核心技术和经营秘密的员工,离开原企业、就职更利于个人发展的企业是提升个人收入、增进个人价值的重要方式之一。而原企业考虑的同样是自身权益的保护,不因员工的离职而削弱其竞争力,尤其是力求避免新竞争者的渗入。竞业限制协议就是从两者利益的角度,平衡各自的需求,调整各自的期望值。因此,离职员工受到择业限制的时候,原企业要付出切实的对价就不难理解。

2. 竞业限制补偿金应当是现实的利益,该种利益应当能够补偿离职员工基于专业能力、工作经验已经实现的生活水平。在现实中,许多企业将竞业限制补偿金以薪酬的一部分、奖金、分红、股权、保险金等方式"预先"支付员工。在发生竞业限制纠纷时原企业主张原先发放的即为竞业限制补偿金。有些情况下,离职员工是确知的,有些情形下离职员工并不确知或者事后并不同意这种补偿方式,对补偿数额亦有异议。既然竞业限制补偿金是为了保障离职员工今后的生活水平,弥补择业权的限制所造成的损失,竞业限制补偿金就应当是离职员工履约期间可实现的利益,既不是前置的收益,也不应是未来才可以实现的预期利益,更不可以是变化中的无法预期的利益。

该案纠纷发生在2002年,2001年原告与被告签订了竞业限制协议,在协议中约定:"甲方(原告)给予乙方(被告)生活与再就业补贴12万元。"12万元是否支付、如何支付的,成为本案审理的焦点问题。法院查明,原告在1997年"给职工办理了养老年金保险",原告主张养老年金保险是竞业限制补偿金的一部分。法院认为,"原告为职工设立的养老保险是商业养老保险,根据商业养老保险的性质,单位有权放弃投保,退保金归单位,因此,原告自愿为被告办理养老金保险证的行为不是法定义务,被告没有理由要求当然取得"。同时法院又认为,"竞业限制补偿金是单位对禁止职工劳动就业的一种补偿,单位为职工办理养老金保险,可以使职工在退休后获得必要的经济生活保障,解除后顾之忧,安度晚年。所以,养老保险是解决单位与职工之间竞业限制补偿问题的一种比较合适的办法"。对于法院的这一认定,实在值得商榷。且原告养老金保险的投保时间在1997年,当时原告与被告还没有签订竞业限制协议,被告完全有理由认为养老金保险并非竞业限制补偿金。从现实说,养老金保险实现的时间必然在单位投保时约定的时间或退休之后,那么离职员工要想在受限择业后不降低生活水平的预期就要推迟到约定的条件成就之年。退保只是将单位福利变现,不退保则还要继续缴纳保险费。企业保护预期利益的同时要考虑到员工的现实利益。毕竟竞业限制协议是企业与员工的双方约定,需要以物质、权益支付竞业限制补偿金或者增加员工的额外劳务、额外付出的,应当取得员工的认可。

该案中,原、被告竞业限制协议中约定的"2年内不得到经营、销售、生产安检、射线机的单位工作",限制了离职员工从经营、销售、生产各个领域以及"射线机"行业的择业范围,就属于对离职员工择业范围限制过宽。但是根据2001—2003年期间该行业和岗位的生活水平,以及被告的岗位职责来看,原告给予被告每年6万元的竞业限制补偿金还算合理,只是案件审理结果确实令人遗憾。

第72条 【违约金的约定】

违约金的设定应当综合考虑以下因素:

(1) 单位商业秘密的获取成本;
(2) 义务人接触商业秘密的程度;
(3) 义务人获得补偿金的数额;
(4) 违约行为可能造成的损害程度。

※ 条文释解

本条是针对员工违约金的考量,因为单位违约责任相对简单,主要是不支付补偿金的违约责任的承担:双方愿意继续履行的应当补足未支付部分,并承担未支付部分一定比例的违约金。解除合同的,解除日之前未予以支付的违约金应当补足,并承担未支付部分一定比例的违约金。根据2013年最高人民法院《关于审理劳动争议案件适用法律若干问题的解释(四)》第9条第2款"在解除竞业限制协议时,劳动者请求用人单位额外支付劳动者三个月的竞业限制经济补偿的,人民法院应予支持"的规定员工可以要求额外支付3个月的补偿金,是给员工一个再就业的时间段和对于单位随时要求解除的补偿。因此,就解除事宜,单位在竞业限制协议中要予以明确约定解除的条件为好。

离职员工与原企业约定的竞业限制补偿金数额和支付方式,需要从补偿金的法律属性判断其合理性。离职员工与原企业约定的违约金也需要从竞业限制协议的法律属性判断其合理性。

在【案例4.3-12】南通大江化学有限公司诉朱慧忠竞业禁止合同纠纷案中,一审法院判决认为:"目前法律并没有统一规定补偿金的标准,应当在个案中结合劳动者居住地的生活水平、物价水平、最低生活保障水平、最低工资水平、教育、医疗、住房成本、劳动者原收入等因素综合确定,总的标准应当是不能大幅度不合理降低劳动者原有生活水平。本案中,朱慧忠原收入是每月2 200余元,在当地可以维持一个基本达到小康的生活水准,但竞业禁止补偿金只有每月730余元,基本属于最低水平的收入(当地最低工资标准为每月700元)。虽然对这一约定朱慧忠也签字认可,但法院必须考虑劳动者和用人单位之间签订协议时不平衡的弱势、强势关系,如果朱慧忠承担竞业禁止的义务将大大降低其原有生活水平。所以对于朱慧忠而言,这一补偿金是不合理的,朱慧忠不负有竞业禁止的义务。"但是二审法院认为:"鉴于《江苏省劳动合同条例》第十七条明确规定用人单位应支付给劳动者的年经济补偿金'不得低于该劳动者离开用人单位前十二个月从该用人单位获得的报酬总额的三分之一',而本案中双方当事人约定的补偿金并不违反该规定,故一审判决以双方当事人约定的补偿金不合理为由认定朱慧忠不负有竞业禁止义务不当,应予纠正。"目前,大部分情况是竞业限制补偿金是依据员工上一年的工资总额计算比例得出的,这种计算方式并非周全和周到:首先,员工在原企业的收入水平可以推断出员工接触、知悉商业秘密的程度和其岗位职责的关键与否;其次,竞业限制补偿金的数额可以推断出原企业商业秘密的市场竞争力。尽管仅就上述两点不能草率作出最终结论。在本案中,竞业限制协议约定的期限是3年。法院认为"协议规定为3年,显然较长,但考虑当时我国一些规章的规定,3年的禁业时间尚属于合理范畴"。较低的补偿金与较长的限制期限是企业最得意的选择,当两权相害时,企业的选择只有审慎考虑自己商业秘密的竞争优势和市场价值。

该案原告与被告约定无论违反哪一条款,违约金数额是100万元。明显不合理的违约金看似员工应当注意不要违反,但实际上反而使员工感觉明显不合理的约定,又怎么能有效呢?

第73条 【协议的解除、终止条件】
竞业限制协议因下列原因解除:
(1) 企事业单位违反竞业限制协议,不支付或者无正当理由拖欠补偿费,达到约定的标准和期限的。①
(2) 因员工违约,符合约定的解除条件的,企事业单位可以解除竞业限制协议。
竞业限制协议因下列原因终止:
(1) 协议期满而终止;
(2) 商业秘密被公开;
(3) 负有竞业限制义务的员工死亡;
(4) 企业解散、破产、终止而无权利接受者的;
(5) 未约定补偿金,事后又无法达成约定的。

第74条 【协议无效或部分无效的条件】
竞业限制协议可能因下列原因无效:
(1) 负有竞业限制义务的员工实际上没有接触到商业秘密的;
(2) 企事业单位违反劳动合同解雇员工的;
(3) 企事业单位未执行国家有关科技人员政策的;
(4) 员工受到显失公平待遇的;

---

① 最高人民法院《关于审理劳动争议案件适用法律若干问题的解释(四)》第8条:"当事人在劳动合同或者保密协议中约定了竞业限制和经济补偿,劳动合同解除或者终止后,因用人单位的原因导致三个月未支付经济补偿,劳动者请求解除竞业限制约定的,人民法院应予支持。"

（5）其他违反法律法规强制性规定的。

第四节　企事业单位与其他企业、组织之间的保密协议

第75条　【合同要点】

75.1　商业秘密权利人或合法持有人在市场交易或者经营过程中，与任何交易人之间应当签订保密协议。

75.2　会计师事务所、律师事务所等中介服务提供者以及技术鉴定、评估、评审等机构，均负有默示保密义务，但当默示保密义务不确定、不明确时，也应当签订保密协议。

75.3　保密协议可能涉及以下各类合同：

（1）买卖合同、建设工程合同等；

（2）租赁合同、保管合同、仓储合同、运输合同、维修合同等；

（3）开发合同、转让（许可）合同、服务合同、咨询合同、特许经营合同等；

（4）加工承揽合同、设备安装合同等；

（5）知识产权投融资合同、技术入股合同等。

75.4　商业秘密权利人或合法持有人可以与合同相对方单独签订保密协议，也可以在具体合同中约定专门的保密条款。

※ 条文释解

对商业秘密的保护在任何环节都需要注意，一般情况下，出于方便需要，保密义务多作为其他合同中的一个条款，而不是一份独立的"保密协议"。对于大多数或者某一单业务来说，不涉及或者合同相对方不可能通过合同签订、履行接触到商业秘密的均没有问题，反而简单、明确。除此之外，尤其是以技术秘密为合同标的的合同，则应当签署独立的"保密协议"，以示对于商业秘密保护的关注和意愿，且条款周全，易于防控。

1. 在签署和履行合同时，要注意的几个问题：

（1）可以在合同洽商初期，先行协商保密协议条款，确定：保密信息的知悉人员范围；保密承诺；技术信息谈判、交换的保密方式；披露程度；违约责任和赔偿责任；秘密信息所有人未按照约定披露，导致签署正式合同约定的技术秘密与披露的技术秘密不符时的责任；保密协议的解除和终止条件等。

（2）在签署合同前就要对合同目的和预期作出基本的判断，根据法律规定，形成基本的合同框架。

（3）考查合同相对方在业内的诚信度、技术水平。

（4）考查合同相对方履行合同的能力，是否能够独立承担合同义务还是要再行委托第三人承接部分义务。

（5）存储、保管商业秘密信息的人员、场所等，比如委托加工，并非仅在图纸上标

注秘密字样就已经完成了保密措施,在加工单位歇工期间,图纸应当被妥善保管进加锁的房间、柜子,一切措施要与商业秘密载体的特性相符。

(6) 完成合同义务的基础性条件。例如是否需要外聘技术人员等。

(7) 己方履约能力以及出现问题时的解决方案。在有些合同中,例如:承揽合同,《合同法》第 264 条规定:"定作人未向承揽人支付报酬或者材料费等价款的,承揽人对完成的工作成果享有留置权,但当事人另有约定的除外。"因此在签署合同之初就应当对此类问题约定相应的解决方案条款。

(8) 商业秘密技术信息与现有技术的区别以及通过其他渠道获得的可能性等,根据商业秘密载体的特性,在外包装等显著位置标注警示内容。

(9) 涉密技术资料、设备、产品的交接工作要依据合同约定指定人员进行,并且双方签署有关时间、地点、参与人员、数量等内容的《交接单》。

(10) 合同在履行过程中予以跟进,可能出现泄密情况时及时提醒合同相对方,一旦出现泄密情况时及时采取措施予以应对。

2. 关于默示保密义务。有学者认为默示保密义务即是法定保密义务,笔者认为默示保密义务的范围大于法律、法规、行业规定中明确的"法定保密义务",因为根据《反不正当竞争法》的规定,"经营者在市场交易中,应当遵循自愿、平等、公平、诚实信用的原则,遵守公认的商业道德"。那么,默示保密义务设定了在没有明文规定的情形下,市场交易各方本着诚实信用和商业道德的基本原则,也应当负有的保密义务。《合同法》中就将保密义务定为合同签署、履行的附随义务之一。针对商业秘密而言,这些默示保密义务是否足够视为对方或第三人应当负起保守商业秘密的义务,恐怕也要个案分析,并非所有的"默示"都能成立。促成默示保密义务成立的几类情形:

(1) 因为特定的职责能够接触到商业秘密,且不接触则无法履行职责的特定行业、人群;

(2) 与商业秘密权利人有特定(或固定)的交易关系,可以视为其明知或应知负有保密义务的;

(3) 国家行政机关、司法机关或者其授权的部门、行业、机构等履行公权力职责的单位,等等。

※ 依据

文件名称	条款内容
1997 年《珠海市企业技术秘密保护条例》	第十七条 有关部门组织对企业进行鉴定、评审、论证、评估等活动时,企业有权提出保密要求,参与者负有保密义务,并应当遵守企业技术秘密保护的有关规定。

(续表)

文件名称	条款内容
1998年《关于禁止侵犯商业秘密行为的若干规定》	第十条 国家机关及其公务人员在履行公务时,不得披露或者允许他人使用权利人的商业秘密。 工商行政管理机关的办案人员在监督检查侵犯商业秘密的不正当竞争行为时,应当对权利人的商业秘密予以保密。
1998年《广东省技术秘密保护条例》	第十五条 职务技术成果完成人,对其完成的职务技术成果中的技术秘密负有保护义务;未经所在单位同意,不得擅自披露和使用。 国家公务员执行公务、有关专家参加科技成果鉴定或者技术论证、技术经纪人从事技术中介活动等,知悉他人技术秘密的,负有技术秘密保护义务,不得擅自披露和使用。
1999年《合同法》	第六十条 当事人应当按照约定全面履行自己的义务。 当事人应当遵循诚实信用原则,根据合同的性质、目的和交易习惯履行通知、协助、保密等义务。
2004年《北京市律师保守执业秘密规则》	第二条 律师保守秘密的范围包括在执业过程中知悉的国家秘密、客户商业秘密、当事人隐私和其他未公开的客户信息。 第七条 律师在执业过程中,对于上述涉及当事人的保密事项,除非存在法律上的明文要求,或得到当事人明示或默示的授权,或基于维护律师自身的合法权益,否则不得披露。 第九条 律师在撰写学术著作、回忆录、传记以及诸如此类的文章时应避免披露保密信息。 第十条 律师在办理案件结束后仍然有保密义务,律师离职或退休后仍然有义务保守执业过程中获悉的秘密。
2007年《司法鉴定程序通则》	第五条 司法鉴定机构和司法鉴定人应当保守在执业活动中知悉的国家秘密、商业秘密,不得泄露个人隐私。 未经委托人的同意,不得向其他人或者组织提供与鉴定事项有关的信息,但法律、法规另有规定的除外。
2009年《深圳经济特区企业技术秘密保护条例》	第三十七条 市知识产权行政主管部门或者其他国家机关工作人员非法使用、允许他人使用或者泄露履行公务过程中所知悉的技术秘密的,由所在单位、监察机关或者公务员主管部门给予处分;构成犯罪的,依法追究刑事责任。
2010年《宁波市企业技术秘密保护条例》	第二十条 有关专家参加科技成果鉴定或者技术论证、技术经纪人从事技术中介活动等,知悉企业技术秘密的,负有技术秘密保护义务,应当遵守企业技术秘密保护的有关规定,不得擅自披露和使用,因泄露企业技术秘密给企业造成损失的,依法承担赔偿责任。

(续表)

文件名称	条款内容
2015年《促进科技成果转化法》	第三十条 国家培育和发展技术市场,鼓励创办科技中介服务机构,为技术交易提供交易场所、信息平台以及信息检索、加工与分析、评估、经纪等服务。 科技中介服务机构提供服务,应当遵循公正、客观的原则,不得提供虚假的信息和证明,对其在服务过程中知悉的国家秘密和当事人的商业秘密负有保密义务。
2015年《公证法》	第二十三条 公证员不得有下列行为: (一)同时在二个以上公证机构执业; (二)从事有报酬的其他职业; (三)为本人及近亲属办理公证或者办理与本人及近亲属有利害关系的公证; (四)私自出具公证书; (五)为不真实、不合法的事项出具公证书; (六)侵占、挪用公证费或者侵占、盗窃公证专用物品; (七)毁损、篡改公证文书或者公证档案; (八)泄露在执业活动中知悉的国家秘密、商业秘密或者个人隐私; (九)法律、法规、国务院司法行政部门规定禁止的其他行为。

第76条 【协议主要条款】

仅以单独签订的保密协议为例,主要条款有:

(1)与主合同的关联性;
(2)保密信息的性质;
(3)保密信息的权利人及合法持有人情况;
(4)保密信息的权利状况和周边技术信息情况;
(5)保密的具体内容与范围;
(6)保密的区域;
(7)保密的期限;
(8)保密的方式;
(9)负有保密义务的人员限制;
(10)协助约定;
(11)双方的权利义务;
(12)商业秘密被披露后的补救措施及其后续履行的解决;
(13)违约责任;
(14)协议的解除与终止条件;
(15)争议解决办法;
(16)协议成立与生效时间。

※ 条文释解

保密协议是针对主合同涉及商业秘密或者技术秘密交易而设定的协议。

要注意的是商业秘密被披露后的补救措施及其后续履行问题的解决条款。有些并非当事人恶意所导致的商业秘密被披露。例如委托印刷,在可以采取补救措施时,应当第一时间与他人说明情况,补签保密协议,如果协商不成应当告知其后果。因为在商业秘密还未公开披露之前,提示对方是可以尝试的方法。如果对方不予以接受,并进一步披露或者自行使用、许可他人使用,实际上本质是明知而为,则可能构成商业秘密侵权。

第77条 【买卖合同、建设工程合同等】

商业秘密权利人或合法持有人在签订此类合同时应当注意:

77.1 商业秘密权利人或合法持有人为买方的合同:

买卖合同可能透露货物的买卖数量、规格、进货时间和渠道等信息,容易被他人利用,研究分析和推测出该公司的研究方向、研究的进程和新研发思路。

77.2 商业秘密权利人或合法持有人为卖方的合同:

在商业秘密权利人或合法持有人销售带有商业秘密信息的产品或者对方使用时,应当适当标注"不得反向破解""不得进行反向工程"等字样,并在合同中约束对方。

77.3 建设工程合同中的商业秘密权利人或合法持有人应当妥善保管物品和图纸,商业秘密为方法时,应当特别约定实施方法时的现场维护。

第78条 【租赁合同、保管合同、仓储合同、运输合同、维修合同等】

商业秘密权利人或合法持有人在签订此类合同时应当注意:

78.1 在商业秘密权利人或合法持有人销售带有商业秘密信息的产品或者对方使用时,应当适当标注"不得反向破解""不得进行反向工程"等字样,并在合同中约束对方。

78.2 采用黑箱封闭手段,禁止合同相对方非法开启。

※ 条文释解

"黑箱封闭",是指产品在出租、运输、保管、仓储等环节,产品所有人与承租人、承运人、保管人签订合同,在合同中明示约定不允许合同相对人开箱解析所托产品的技术信息。

1. "黑箱封闭"是依据合同约定形成的。

2. 合同相对方并未取得商业秘密的许可授权,其商业秘密载体的物权也未予以转移。

3. 学术界大部分观点主张"黑箱封闭"仅是针对商业秘密产品的出租中才适用。从"黑箱封闭"的法律意义上说,其性质是提示和警示作用,告知相对人"我有秘密",是单位采取保密措施的形式之一。采用"黑箱封闭"的形式同其他保密措施一样,并不意味着产品中的技术信息必然构成法定的商业秘密。因此,在产品生产、制造到销售环节,均可以采用"黑箱封闭"的保密方式。

第79条 【加工承揽合同、设备安装合同等】
商业秘密权利人或合法持有人在签订此类合同时应当注意:
79.1 此类合同最容易导致商业秘密被披露,在商业秘密公知性审查中亦会审查此类合同是否签订了保密协议或者保密条款。
79.2 此类合同要注意在图纸、资料保管中所采取的保密措施是否有效、合理,对于图纸、资料的涉密人员范围、借阅和复印程序都应当加以约定。

※ 条文释解

这类合同中,还应当包括印刷合同。在【案例1.2-1】北京片石书坊图书有限公司诉台海出版社、南京快乐文化传播有限公司、南京快乐文化传播有限公司第一分公司侵害商业秘密纠纷案中,二审法院判决书中详述道:"片石书坊公司为确保上述信息不被泄露,采取了以下措施:1. 通过与其公司员工张青义签订《公司保密协议及图书出版操作流程》,明确约定张青义就书稿的选题机密信息和构思内容及其创作方案具有保密义务,同时,通过张贴该协议告知片石书坊公司的全体员工就相关事宜具有保密义务。2. 片石书坊公司在与本书稿的编撰者温乐群签订《著作权转让合同》时,约定《邓答》书稿的选题、构思创意等信息的知悉范围仅限该合同双方当事人及相关必要人员,知悉信息人员均对此负有保密义务。3. 在该书稿进行照排时,片石书坊公司与负责照排的吴清华签订《委托照排协议书》,约定吴清华对该书稿负有保密义务,对照排中所知晓的商业秘密不得对外泄露。4. 片石书坊公司就该书稿出版报批事宜与台海出版社沟通时仅与其负责人马铁联系,严格限制了该书稿内容的知悉范围。由此可见,片石书坊公司在该书稿从创意构思到编撰再到照排最后到报批等各个环节均签订了明确具体的保密协议或严格限制知悉人员范围,因此,片石书坊公司就该书稿的策划创意、编排体例、内容选取采取了与之相适应的合理保密措施。"从该案中可以看出,图书的策划、印刷以及与出版社之间要订立保密协议。但是判决书并未就"负责照排的吴清华"是否是原告人员还是被告人员作出说明,但从上下文中"吴清华又将修改完毕的《邓答》书稿(简称2010年《邓答》书稿)通过中通速递发到台海出版社"可以认为吴清华并非图书出版社的照排人员,因此该案原告与被告之间的保密措施仅仅是"片石书坊公司就该书稿出版报批事宜与台海出版社沟通时仅与其负责人马铁联系,严格限制了该书稿内容的知悉范围"。仅就与出版社某特定人员联系,而认定原告采取了保密措施是比较脆弱的。出版社人员亦不属于负有默示保密义务的特定人员,与某固定人员联系也属于一般出版过程中的特定习惯。因此,该案从一审判赔"赔偿北京片石书坊图书有限责任公司经济损失八万元及因本案诉讼支出的合理费用五千元",到二审判赔"赔偿北京片石书坊图书有限公司经济损失五十万元及诉讼合理支出五千元"确实存疑。

※ 案例4.4-14：大连誉嵘实业有限公司诉茂盛汽车零部件（大连）有限公司商业秘密合同纠纷案①

一、基本案情

2009年至2011年下半年期间，原告向荷兰公司销售由其向原告定制的合页2138项目产品和合页2229项目产品。被告是受原告委托在国内加工合页产品的公司之一。

2009年8月13日，原告与被告签订《协议》，协议约定，原告为国外客户设计研发定制合页（2138）项目产品，其中包括该项目所包含的所有零配件及涉及的一切生产工艺技术要求。被告根据原告提供的技术生产工艺要求生产其中的冲压部分，并受原告委托装配其他零配件并最终完成成品；协议第1条约定"保密信息"是指提供方向接受方提供的所有技术、商业或财务信息，包括与上述原告或被告技术相关的所有信息，包括但不限于商业秘密、专有技术、设计、生产工艺方法、成分、样品、模具、设备、加工和控制信息、产品性能数据、指南、配件供应商名单、客户名单、购买和销售记录、财务数据和营销信息，但不包括原告明确批准披露的信息和原告公开披露的信息；协议第3条约定被告同意对原告提供的所有保密信息保密，只为提供的特定目的而使用保密信息，未经原告事前书面同意不得向第三方披露，除非第三方是为了同一提供目的而有需要了解。被告同意接受保密信息的每一方均应遵守本协议之规定。被告保证自身及其代理均将尽力对保密信息进行保密，使之免遭非法披露、滥用或失窃；协议第4条约定被告承诺不直接或间接地同原告的潜在或现有客户（包括终端客户）进行业务联系。不得利用原告提供的模具及生产工艺方法为其他第三方提供相同或相似的产品；双方还约定如被告违反本协议第4条，原告有权要求被告赔偿原告损失及将其所得利润支付给原告；协议自签字之日起生效，有效期为5年，但第3款之规定在本协议终止后仍然有效等内容。合同签订后，原告依约将生产合页的加工和控制信息、生产工艺方法、产品性能数据、指南、配件供应商名单、客户信息等提供给被告。被告按《协议》约定接受原告委托生产合页2138项目产品的冲压部分、装配其他零配件最终完成成品。

2009年11月至2010年9月间，荷兰公司拟要求原告设计研发合页2229项目产品并欲购买。合页2229项目产品与合页2138项目产品二者配件构成相同，只是合页中间突起略有不同，前者是圆形，后者是椭圆形，二者是极为相似的产品。2010年9月3日，原告通过电子邮件告知荷兰公司称"2229项目合页产品必须最低25%利润（不包括退税），只有你方确认这个价格我们才会启动这个项目"。荷兰公司最终通过电子邮件与原告确认启动合页2229项目。嗣后，原告委托被告生产合页2229项目产品。2011年11月9日，原告函告被告称："目前关于我司委托贵司加工的折页项

---

① 一审：辽宁省大连市西岗区人民法院（2012）西民初字第1036号民事判决书；二审：辽宁省大连市中级人民法院（2014）大民四终字第30号民事判决书。

目的相关产品问题:由于荷兰公司已经拖欠我司货款几个月未付,故我公司已停止向该荷兰客户供货,根据我司和贵司签订的保密协议,我司不同意贵司直接给荷兰公司供货。我公司和荷兰公司处理付款纠纷问题大约需要两个月时间,我司会保证贵司的利益不受损失,如在这两个月的时间内,我司不能够解决此付款纠纷问题,我们将承担茂森精密金属(大连)有限公司(即被告)的实际损失。"2012年,被告未经原告许可直接接受荷兰公司委托生产并销售合页2229项目产品共计46 528千克,价值约216 041美元。

二审法院另查明:

案涉合页产品系由叶片、销子、轴承、小焊销等若干零配件组成,需要通过钢板生产、冲压、焊接、抛丸、电镀、包装、装运等若干生产程序完成,各零配件及生产程序由不同的厂家完成。其中,叶片钢板由原告提出技术参数委托上海祝桥公司特别定制,销子由原告委托青岛公司加工又经金州志诚公司通过无心磨加工使其达到要求的尺寸,塑料轴承是原告从浙江采购,叶片冲压是由原告委托被告完成,电镀先后由原告委托品川、永光公司等参与开发。上述全部零配件供应商信息均由原告提供给被告,然后由被告将全部零配件组装成合页成品,并按原告制定的包装、装运要求等直接出口至荷兰。

2009年12月18日,被告与荷兰公司签订《模具协议—项目编号2229和2138》,约定被告作为供应商向客户荷兰公司提供两项目的模具用于生产合页产品的叶片。该《模具协议》第3条模具验收款项下第3.2条约定,供应商接受客户或其代理人誉嵘公司(原告)在任意时间对模具组的状态进行审核模具组是否得到妥善维护和存放。

一审判决:

(1)被告茂森精密金属(大连)有限公司立即停止生产未经原告许可生产的合页2229项目产品或合页2138项目产品。

(2)被告茂森精密金属(大连)有限公司于本判决生效之日起10日内赔偿原告大连誉嵘实业有限公司经济损失34万元。

(3)被告茂森精密金属(大连)有限公司于本判决生效之日10日内支付原告大连誉嵘实业有限公司公证费25 150元,翻译费1 620元。

(4)驳回原告大连誉嵘实业有限公司的其他诉讼请求。

二审判决:

(1)维持大连市西岗区人民法院(2012)西民初字第1036号民事判决第二项、第三项和第四项。

(2)变更大连市西岗区人民法院(2012)西民初字第1036号民事判决第一项为"被告茂盛汽车零部件(大连)有限公司[原茂森精密金属(大连)有限公司]立即停止生产未经原告大连誉嵘实业有限公司许可生产的合页2229项目产品"。

二、裁判要点

一审法院认为,"原、被告签订的《协议》系双方当事人的真实意思表示,不违反法律和行政法规的强制性规定,该协议合法有效。双方均应按协议约定履行各自义务,现被告违反协议约定,未经原告许可,私自接受原告的客户荷兰公司委托,利用原告提供的生产工艺方法等技术信息生产与《协议》定制的合页 2138 项目产品相近似的合页 2229 项目产品,已构成违约,应承担相应的民事责任"。

二审法院认为:"被告主张原告不是案涉商业秘密的所有权人,仅为荷兰公司的委托代理人,不具备签订《协议》的主体资格。《协议》签订的背景为原告为其国外客户设计研发定制合页项目产品,包括该项目所包含的所有零配件及涉及的一切生产工艺技术要求。被告根据原告提供的技术生产工艺要求生产其中的冲压部分,并接受原告委托装配其他零配件并最终完成成品。因此,被告在签订《协议》时已明确认可原告为案涉合页产品的设计研发方,案涉产品的所有相关保密信息均由原告提供。而且,原告在原审中提供了大量证据证明其继大连誉嵘新实业有限公司自 2005 年起开始设计研发案涉合页产品,逐步解决了钢板材料、叶片冲压生产工艺、焊接、轴承、表面工艺及包装等技术问题,并确定了合页产品的各配件供应商。被告否认原告是案涉商业秘密的所有权人,仅依据其与荷兰公司签订的《模具协议—项目编号 2229 和 2138》中关于原告为荷兰公司代理人的表述主张该二者之间存在代理关系,而原告对该关系表述不予认可,在被告无法提供其他证据佐证的情况下,其主张原告为荷兰公司代理人的证据不足,尚不足以推翻原告主张的案件事实。因此,被告关于原告不具备签订《协议》主体资格的上诉理由,本院不予采纳。"

"关于被告提出的原告与荷兰公司终止合作在先,其向荷兰公司出口产品未对原告造成损害,且原告没有依据《承诺函》承担其损失的上诉理由,在被告与原告已经签署保密协议的前提下,被告即应依约对原告承担相应的保密义务,并在违约时承担相应的赔偿责任,非以损害后果作为违约责任的承担依据。"

第 80 条 【技术贸易合同】
商业秘密权利人或合法持有人在签署此类合同时应当注意:

80.1 国际上的技术贸易主要是通过技术转让、许可合同的方式进行的,技术秘密也主要是采取这种方式进行。

80.2 要明确地域范围和期限以及许可的类型和使用方式,作为转让方或许可方避免转让和许可利益的损失;作为受让方避免受让获益的损失。

80.3 应当着重注意可能涉及的不平等或者限制竞争的条款。

参见《律师办理技术合同非诉讼法律业务操作指引》相关章节。

第 81 条 【知识产权投融资、技术出资入股合同】
对于技术秘密出资入股合同,律师要着重注意以下几个方面的问题:
(1)出资人的合法资格、权利状况;

（2）技术秘密的价值、法定的评估标准及股权比例；
（3）入股后的权利归属；
（4）入股后的权益分享。

参见《律师办理技术合同非诉讼法律业务操作指引》相关章节。

※ 条文释解

请参见《律师办理技术合同非诉讼法律业务操作指引》第十章、第十一章。

第五节　技术秘密合同

第82条　【合同要点】

82.1　技术秘密合同可以分为开发合同、转让合同和许可合同。利用商业秘密提供技术服务或技术咨询的，参照技术服务合同和技术咨询合同的规定。

82.2　涉及技术秘密的开发合同是指当事人之间就新技术、新产品、新工艺或者新材料及其系统的研究开发项目，可能形成技术秘密或者拟定以技术秘密方式予以保护所订立的合同。

82.3　涉及技术秘密的转让合同是指合法拥有技术秘密的权利人，包括其他有权对外转让技术秘密的人，将专利申请中涉及的技术秘密或不涉及专利的技术秘密的相关权利让与他人所订立的合同。

82.4　涉及技术秘密的许可合同是指合法拥有技术秘密的权利人，包括其他有权再许可技术秘密的法人、组织或者个人，许可他人实施、使用技术秘密所订立的合同。

82.5　技术信息得到商业秘密保护的前提是权利人已经采用相应的方式使他人能够认识到该信息的秘密性。技术秘密的内容包括但不限于设计图纸（含草图）、试验结果和试验记录、工艺、配方、样品、数据、计算机程序等。技术信息可以是有特定的、完整的技术内容，构成一项产品、工艺、材料及其改进的技术方案，也可以是某一产品、工艺、材料等技术或产品中的部分技术要素。

参见《律师办理技术合同非诉讼法律业务操作指引》相关章节。

※ 条文释解

1. 技术秘密合同可以分为两类：

（1）技术秘密开发合同，是指当事人之间就新技术、新产品、新工艺或者新材料及其系统的研究开发项目，可能形成技术秘密或者拟定以技术秘密方式予以保护所订立的合同，即签署合同时，拟进行研发而尚未形成技术秘密的合同。

技术秘密开发合同在签订时，合同标的技术秘密尚未开发出来，是尚不存在的，因此开发合同中的开发目标、验收标准、风险约定是很重要的条款。

（2）技术秘密让与合同和技术秘密许可使用合同，是指合法拥有技术秘密的权利人，包括其他有权对外转让技术秘密的人，将专利申请中涉及的技术秘密、技术秘密的相关权利让与他人或者许可他人实施、使用技术秘密所订立的合同,即签署合同时,已经存在可以受到法律保护的技术秘密。

技术秘密让与合同和技术秘密许可使用合同签署时,作为合同标的技术秘密已经存在,并可以应用实施的。但是技术秘密的成熟度、技术秘密让与合同和技术秘密许可使用合同是否有效的判定标准。技术秘密让与合同和技术秘密许可使用合同中的技术标准、技术指导与培训、收益分配等是关键性条款。

技术秘密被许可的次数越多,被泄密的风险就越大。

2. 技术秘密合同的当事人(可能是商业秘密权利人,也可能是被许可一方)不当披露技术秘密的,以合同违约还是商业秘密侵权提起诉讼的问题是需要认真考量的。

3. 对技术秘密合同无效后的处理,以当事人的约定为依据。条款约定可以参考有关规定,例如《广东省技术秘密保护条例》第 16 条:"当事人不得因合同无效而擅自披露商业秘密,依据无效合同接收的技术资料、样品、样机等,应当及时返还权利人,不得保留复制品。"拟定相关合同条款。

其他详细内容,请参见《律师办理技术合同非诉讼法律业务操作指引》第一章、第二章。

第 83 条 【合同主要条款】

83.1 《中华人民共和国合同法》规定的技术合同的主要条款:

(1) 项目名称;

(2) 标的的内容、范围和要求;

(3) 履行的计划、进度、期限、地点、地域和方式;

(4) 技术情报和资料的保密;

(5) 风险责任的承担;

(6) 技术成果的归属和收益的分成办法;

(7) 验收标准和方法;

(8) 价款、报酬或者使用费及其支付方式;

(9) 违约金或者损失赔偿的计算方法;

(10) 解决争议的方法;

(11) 名词和术语的解释。

83.2 与履行合同有关的技术背景资料、可行性论证和技术评价报告、项目任务书和计划书、技术标准、技术规范、原始设计和工艺文件,以及其他技术文档,按照当事人的约定可以作为合同的组成部分。

83.3 与技术秘密特殊性相关的条款。

本条设定的主要条款涵盖了技术秘密开发合同、技术秘密转让合同及技术秘密许可合同三种类型合同的主要条款,因此在适用时应当着重考虑各类不同合同的特点,结合个案的实际情况予以选择。

主要条款包括：
(1) 合同目的；
(2) 定义合同标的名称；
(3) 标的的技术特性、特征；
(4) 开发目的与技术目标；
(5) 权利人与权利范围；
(6) 权利状况；
(7) 许可使用的方式、期限、地域；
(8) 技术指标、技术参数（数据）；
(9) 技术资料交接内容、地点和程序；
(10) 附带知识产权的权利状况、归属及处理方式；
(11) 申请专利的权利；
(12) 验收标准与验收方式；
(13) 合同价款及支付方式；
(14) 提成方式的账目查阅及审计方式；
(15) 技术风险与风险承担；
(16) 后续改进成果的归属与权益分享；
(17) 保密内容、期限、地域和保密人员范围；
(18) 履行合同人员的责任；
(19) 成果分享；
(20) 成果申报；
(21) 成果鉴定；
(22) 技术指导与培训；
(23) 禁止性条款；
(24) 协助约定；
(25) 违约责任；
(26) 合同变更与补充；
(27) 合同中止；
(28) 合同解除与终止；
(29) 补救措施；
(30) 合同解除或终止后技术资料、设备的归属和处理；
(31) 名词和术语解释；
(32) 争议解决办法；
(33) 法律适用；
(34) 合同签订地与签订（生效）时间。

分类合同条款，请参见《律师办理技术合同非诉讼法律业务操作指引》相关章节。

※ 案例4.4-15：广西裕生智能节能设备有限公司诉上海裕生智能节能设备有限公司技术合同纠纷案①

一、基本案情

2004年12月18日，原、被告签订《专有技术有偿使用合同书》（以下简称《技术合同》），约定："1. 术语定义：专有技术，指被告生产的ZJZ型智能化节电装置（以下简称ZJZ装置）的技术（所包含的具体内容详见《上海市新产品鉴定证书》——沪科鉴定2001SXP16号）；技术秘密，指ZJZ装置的可编程使用的核心技术参数；应用对象，指被告生产ZJZ装置适用的对象，主要是中央空调系统中未安装变频调速的冷却、冷冻循环水泵、风机等有负荷变化的机电设备系统；技术指标，指被告生产ZJZ装置年平均节电率达到40%以上，目前在国内同类产品中占据领先水平；有价电器组件，指被告自己研究开发的，用于ZJZ装置上的电器组件；合同产品，指原告使用被告的专有技术设计、制造、安装的ZJZ装置。2. 被告特别授权原告有偿使用被告研究开发的ZJZ装置的专有技术，组织生产和销售，销售区域为广西、广东、云南、海南地区；被告有责任向原告提供设计、生产ZJZ装置的所有技术秘密资料，如设计、制造、安装及维修ZJZ装置的全部技术资料、图纸、数据以及被告现有的一切有关的其他资料；被告有责任对原告的技术人员进行培训和技术指导，使原告尽快全面掌握专有技术；被告由总工程师带领技术人员，赴原告工厂进行合同的技术培训和服务，直到原告的技术人员能够独立生产出符合技术指标要求的合格产品为止；被告有责任为原告做好技术跟踪服务和技术指导工作；按照原告初期投资150万元的规划，被告在合同生效后10日内，向原告提供一份详细的投资预算方案及生产、调试和检测设备的清单，在2个月内帮助原告建成完整的生产、调试、检测系统，在流动资金充足的条件下，这条生产线必须达到年产300台、平均功率30KW的水平；被告帮助原告建立生产工艺流程，建立质量保证体系，在合同生效后3个月内生产出第一批符合技术指标的合同产品；签订本合同时，被告必须向原告提供ZJZ装置的产品部件名称、规格、型号、等级、生产商、采购地的明细表；原告需要被告提供有价电器组件，必须每月把采购清单传真给被告。3. ZJZ装置技术的使用费总额为人民币300万元（以下币种同）。在合同生效后7日内，原告向被告支付100万元；原告收到被告提供的附件中所规定的全部技术资料后10日内，向被告支付60万元；原告人员到被告驻地培训结束后，原告向被告支付40万元；本合同生效后3个月内，原告能够独立生产出质量符合技术指标的第一批合格产品时，向被告支付70万元；合同生效后满12个月，原告支付给被告30万元。4. 在正式交付前，被告应将设计、生产、安装ZJZ装置的全部技术资料、图纸、文件登记造册，准备好两份详细的清单；在合同生效后7日内，由被告将全部技术资料送给原告；正式交接后，双方签署《专有技术资料交接备忘录》，被告保证所交

---

① 一审：上海市第二中级人民法院（2006）沪二中民五（知）初字第95号民事判决书；二审：上海市高级人民法院（2008）沪高民三（知）终字第151号民事判决书。

的是设计、生产、安装 ZJZ 装置的全部最新最完整的技术资料等。原、被告另在《技术合同》第 7.3 条约定,被告如果迟交技术资料超过 1 个月,原告有权终止合同并索赔全部经济损失;并且还在《技术合同》第 7.5 条约定,被告若违反合同约定,所提供的技术、设备、部件不能生产出合格的产品,经过 3 次考核验收,节电率仍然达不到 40% 以上,原告有权终止合同,并要求被告退还全部已付的使用费,赔偿全部使用费 20% 的损失金。双方还约定了该合同共有 5 个附件,与合同正文具有同等的法律效力,分别是:附件 1,ZJZ 装置技术资料清单;附件 2,与 ZJZ 装置有关的证书复印件;附件 3,生产 ZJZ 装置部件的名称、型号、规格、等级、生产商、采购地、价格一览表;附件 4,合同产品的检测的具体方法、措施;附件 5,南方区域内已签订的合同文件。但合同签订时,被告没有将上述附件交付原告。"

同日,原、被告又签订了《协议书》,约定:《协议书》是《技术合同》不可分割的部分,《技术合同》的正式执行期为自 2005 年 3 月 1 日起;原告积极展开 2005 年度南方地区的销售工作,产品由被告以出厂价格提供给原告,直至原告生产出合格的产品;原告承诺 2004 年底之前先预付 10 万元定金。

上述合同签订后,原告即在南宁市投资设厂。2004 年 12 月 27 日,原告向被告支付了使用费 10 万元。2005 年 3 月 18 日、4 月 11 日、6 月 7 日,原告先后向被告支付了使用费 90 万元、50 万元和 50 万元。

2005 年 3 月 21 日,被告总工程师施永权对原告的 10 名技术人员进行了 10 天的技术培训。

2005 年 4 月 8 日,原、被告签署《资料接收目录》,原告取得了《关于成立裕生广西分公司的各类文件》(以下简称《各类文件》),该资料共有 191 页,分 8 个部分……

同日,原、被告还签署了《交接单》,载明被告向原告交付了内容为 ZJZ 装置的节电原理与参数设置的《专有技术资料》1 份共 5 页。

2005 年 5 月至 8 月期间,在被告派驻原告处的工程师黄卫星等的现场指导下,原告制造了 15 台 ZJZ 装置,其中 11 台规格型号为 5.5KW,2 台规格型号为 15KW,1 台规格型号为 22KW,1 台规格型号为 30KW。原告向昆明波音翱腾新飞训练有限公司(以下简称翱腾公司)销售了 2 台规格型号为 15KW 的 ZJZ 装置,每台价格为 24 750 元。

2005 年 8 月 18 日,原告向被告发出传真,要求被告不能在没有原告同意的情况下,单方面撤换派驻在原告处的工程师,并要求安排双方会面协商。同月 23 日,原、被告召开工作协调会议。被告要求原告签署产品考核验收证书,给付使用费,并要求对被告派驻原告处的工程师实行轮换制。原告表示,原告生产的 ZJZ 装置实际只向翱腾公司销售了 2 台,开始虽调试合格,但后因用户模块毁坏,将技术指标调低,故无法签署产品考核验收证书。

2005 年 9 月 9 日,由于双方对于被告派驻原告处的工程师的轮换时间等问题未达成一致意见,被告派驻原告处的工程师黄卫星等回沪。黄卫星在《工作交接手续》

中载明:原告目前还不能够独立去现场勘查,设计的电路图还存在很多错误,对客户的技术交流不够完善,生产人员虽能独立参照电路图生产出节电装置,但要经常查看原告的生产工艺,原告还没有现场设备调试的经验,被告需要对原告进一步指导以尽快帮助原告独立掌握ZJZ装置的生产技术。

2005年10月18日,原告向被告发出公函,表示:由于被告至今未向原告提供核心技术参数和有价电器组件,导致原告无法生产出具有专有技术的ZJZ装置。同年10月25日,被告回函,称:被告已经向原告交付了核心技术参数;培训中已经讲过有价电器组件的改制原理和方法等;原告已经生产出了ZJZ装置,如果达不到合同约定的技术指标和性能,原告应要求被告派人解决。同年11月24日,原告向被告发出律师函,认为被告未按约定转让ZJZ装置的专有技术,已构成严重违约,并通知被告自收到律师函之日起,解除《技术合同》。

审理中,原告提出其从未签署过2005年4月8日的《交接单》,亦未收到过《交接单》上载明的《专有技术资料》。2006年6月5日,根据原告的申请,原审法院委托司法鉴定科学技术研究所司法鉴定中心(以下简称司鉴中心),鉴定《交接单》上原、被告公章印文的形成时间。同年7月14日,司鉴中心出具了无法判断上述印文形成时间的鉴定结论。

2006年8月8日、2007年4月26日、2007年7月2日,根据被告的申请,原审法院先后委托北京九州世初知识产权司法鉴定中心(以下简称九州世初鉴定中心),对如下事项进行技术鉴定:① 被告提交的不包括《交接单》中《专有技术资料》在内的技术资料和包括《专有技术资料》在内的技术资料以及被告在审理中补充提交的技术资料,是否符合《技术合同》的技术要求;② 对原告生产的安装在翱腾公司的2台15KW的ZJZ装置是否符合《技术合同》的技术要求,进行现场勘查。

2007年10月24日,九州世初鉴定中心出具《鉴定报告书》(京九鉴字第18715号),鉴定结论如下:……①

2008年1月8日,根据被告的申请,原审法院委托九州世初鉴定中心对以下问题进行技术鉴定:① 被告生产ZJZ装置所使用的技术是属于不为公众所知悉的技术?还是属于公知技术?② 原告生产的安装在翱腾公司的2台15KW的ZJZ装置所使用的技术与上述第一项中被告生产ZJZ装置所使用的技术是否相同。同年3月21日,九州世初鉴定中心出具《司法鉴定报告书》(京九司鉴中心[2008]知鉴字第016号),鉴定结论为:① 被告所主张的在《专有技术资料》中给出的ZJZ装置中有关DY2000(即DY27B02特)的温度设定参数为非公知技术;② 被告所主张的《专有技术资料》中的"智能传感器的技术改进"为非公知技术;③ 安装在翱腾公司的2台15KW的ZJZ装置的使用方式不是一般中央空调的正规使用方式,因此没有使用上述非公知技术。

---

① 此处略,请查看判决书原文。

2008年6月5日,原审法院向九州世初鉴定中心发出公函,要求该鉴定中心进一步解释,一般情况下,ZJZ装置能否达到年平均节电率为40%的技术指标。同月18日,九州世初鉴定中心书面答复如下:一个节电装置用于现场后,其节电率的大小,与节电装置本身的技术水平有一定关系,但主要影响因素是被控对象使用现场的节电空间;脱离现场的实际情况,不将现场的"节能空间"作为前提,来讨论一个节电装置的节能指标是不科学的;如果应用现场的节能空间在40%以上,使用被告的ZJZ装置技术所生产的节电装置,是能够达到年平均节电率为40%的技术指标的;"年平均节电率为40%的技术指标"不应该是节电装置本身的技术指标,而应该是节电装置现场应用的技术指标。

一审法院判决:

(1) 解除原告广西裕生智能节能设备有限公司与被告上海裕生智能节能设备有限公司于2004年12月18日签订的《专有技术有偿使用合同书》及《协议书》;

(2) 被告上海裕生智能节能设备有限公司于判决生效之日起10日内,返还原告广西裕生智能节能设备有限公司使用费人民币200万元;

(3) 原告广西裕生智能节能设备有限公司于判决生效之日起10日内,返还被告上海裕生智能节能设备有限公司名称为《关于成立裕生广西分公司的各类文件》和《专有技术资料》的技术资料;

(4) 驳回原告广西裕生智能节能设备有限公司的其余诉讼请求。

二审法院判决:驳回上诉,维持原判。

二、裁判要点

1. 我国《合同法》对于合同约定的"权属的让与"和"权利的许可",统归于技术转让范畴。对于涉及技术秘密的让与合同、许可合同统称为"技术秘密转让合同"。在最高人民法院《民事案由规定》中,将技术秘密转让合同明确分为"技术秘密让与合同"和"技术秘密许可使用合同"。在起草、签署合同实际操作中,除非当事人明确转让的性质,否则实际上从合同标题中难以区分"让与"和"许可使用",需要从签约各方约定的条款和实际签约目的来进行判断。因此,在签署时就要作出明确的定性,而不是发生纠纷时双方各执一词,还要法院来判定。

2. 技术秘密作为技术合同标的具有特殊性。因此,技术秘密的让与或许可使用在合同签署前——履行——终止后的各个阶段都存在极大的技术秘密被披露或被不正当使用的风险。

签约前,让与人(或许可人)出于保密的要求,不愿意在合同未签署前提交全部技术资料、详解技术内容。而受让人(或被许可人)在未详尽了解技术秘密的情形下,又想避免签署合同的风险。因此，充分、有效地运用《合同法》第43条①的规定在技术秘密合同谈判签约中十分重要。

首先，签署、审查技术秘密让与合同或技术秘密许可使用合同，签约各方应当慎重考察以下几方面的内容：

(1) 签约各方的资质和履约能力；

(2) 技术秘密的技术范围、具体内容、目前许可的状况和许可范围等；

(3) 技术秘密的核心价值和市场竞争优势；

(4) 同类行业的信息状况、技术水平及商业秘密周边技术、信息的法律保护程度；

(5) 采取保密措施的完善程度；

(6) 技术秘密的适用条件等。

其次，签约各方在订立合同前就技术秘密内容、交换技术情报和资料应当达成签约前的保密协议，签约各方不能就订立合同达成一致的，不影响保密协议的效力。拟签约合同无论是否成立，均约束受让人(或被许可人)一方不得披露和不正当使用。

解除后，技术秘密让与合同或者技术秘密许可使用合同无论法定事由被解除还是按照约定解除，对签约各方而言都会产生相应的经济损失。

技术秘密让与合同或者技术秘密许可使用合同中约定的解除条件应当比其他技术合同更加严谨和慎重：① 不能随意约定解除事项；② 解除的提出必须经过双方协商认可的程序；③ 在催告通知到达对方的法定期限内，发出催告的一方不应当在无保障的状态下进行技术鉴定、技术评估、专家评审、专家咨询等事项。因为，技术秘密一旦被披露或被不正当使用，不仅权益丧失，维权也具有相当的难度。

签约各方发生纠纷，解除合同后一般难以再另行签署协议，因此在技术秘密让与合同或者技术秘密许可使用合同中应当明确约定合同解除后的几个事项：① 已经向对方当事人披露的技术秘密资料、图纸、信息的处理；② 含有技术秘密的设备、产品、物料等的处理；③ 后续保密义务的人员、范围、期限的设定；④ 以及相关的违约责任等。

3. 在技术秘密让与合同与技术秘密许可使用合同中，让与人(或许可人)按时提供完整、准确、明晰的技术资料是其主要的义务之一。

在本案中，原、被告在《技术合同》第7.3条约定，被告如果迟交技术资料超过1个月，原告有权终止合同并索赔全部经济损失……经过法院审理认为，"根据系争合同的约定，上诉人上海裕生公司应当在约定时间内向被上诉人广西裕生公司交付设计、生产、安装ZJZ装置的全部最新最完整的技术资料；上诉人如果迟交技术资料超

---

① 《中华人民共和国合同法》第43条："当事人在订立合同过程中知悉的商业秘密，无论合同是否成立，不得泄露或者不正当地使用。泄露或者不正当地使用该商业秘密给对方造成损失的，应当承担损害赔偿责任。"

过1个月,被上诉人有权终止合同。根据本案查明的事实,在系争合同的履行过程中,上诉人上海裕生公司向被上诉人广西裕生公司交付的技术资料并不符合《技术合同》的要求。由于上诉人未能按时向被上诉人交付符合合同约定的技术资料,《技术合同》第7.3条约定的解除合同的条件成立,被上诉人有权要求解除《技术合同》以及作为该合同不可分割部分的《协议书》,并要求上诉人返还已支付的使用费200万元。同时,被上诉人也应当向上诉人返还上诉人已经移交的技术资料,且不得再使用《技术合同》所约定的专有技术"。正是因为对技术资料的内容、所达到的标准、交接时间等有了较为明确的约定,法院认为解除合同的条件成立,支持了原告的主张。

因此,对于技术资料的约定,除了具体的交付时间、交接手续外,其主要技术资料、技术文件等在合同主文中明确具体名称、基本内容、提交标准、明确附件编号,然后作为合同附件。

第五章　商业秘密纠纷的前期处理

第一节　事实调查与分析

第84条　【听取当事人陈述】

84.1　听取当事人陈述是快速了解案情的途径,也是广泛收集证据和深入研究案情的基础。

84.2　引导当事人全面陈述事实,尤其是与争议具有关联性的事实,当事人难免漫无目的和带有主观情绪的叙述,律师要注意区分。

84.3　概括出案情脉络、双方观点、争议焦点。

84.4　不明确的问题请当事人澄清,也可以在事后提供详细的问题清单,对一些细节问题进行集中提问,并询问当事人是否能提供相关的书面证据予以支持。

※ 条文释解

律师在概括出案情脉络之前应当全面听取当事人的陈述,根据法律作出初步判断,然后就重点问题和关键性的事实着重询问,询问时要向当事人说明询问的目的,否则有些当事人会沉浸在自己的"故事"中,将主观的判断和推测夹杂其中。律师应尽量辨别出哪些是客观事实,哪些是陈述人自己的经验汇总、主观判断和推测;在几个重要的节点,要询问当事人是否有相应的证据,例如:商业秘密的载体、劳动关系、合同约定、当事人现有的证据。

在当事人陈述完毕后,要作出陈述的主要观点和证据的小结,询问当事人小结是否与他的意思相一致,然后再提出自己的看法。切忌贸然提出自己的意见,使得当事人一再纠正或辩解,谈话就会不顺畅。

不符合法律规定或者很明显法律无法支持的,要提示当事人。

第85条　【整理归纳材料】

85.1　整理当事人陈述和回答的记录,做好会谈笔录,笔录要准确、全面,基本能概括法律关系所涉及的全部内容。

85.2　编制案卷目录,建立案件档案。

※ 条文释解

编制案卷是律师接办业务的第一个重要程序,做好工作记录,归总当事人陈述意见,简要进行意见整理和提出尚需要进一步了解的问题,就是形成整体思路的过程。有些律师在案件办理过程中,会逐渐偏离原有的方向,要停下来看看以前的记录,是否记忆有偏差或者是被什么样的证据、事实引导出偏差,以便重新调整方向。

第 86 条　【调查收集证据材料】

86.1　律师分析案情的基础是证据,务必重视证据材料的调查收集,包括书证、物证、视听资料、电子证据、证人证言、勘验笔录和鉴定结论等。

86.2　律师调查收集证据材料,应当遵循合法性原则、正当性原则、全面收集原则、保守执业秘密原则。

86.3　律师调查收集证据材料的途径:

(1) 向己方当事人调查收集证据材料;

(2) 向对方当事人或者第三人调查收集证据材料;

(3) 向证人调查收集证据材料;

(4) 查阅相关部门的档案和卷宗资料;

(5) 申请法院调查收集证据材料。

86.4　律师调查收集证据材料的方法,主要包括会见、访问、复印、抄录、拍照、录音录像、公证购买、公证下载、鉴定、评估、现场勘验、模拟试验等。

※ 条文释解

1. 律师执业要遵守律师行业的规定和准则,符合作为一个法律人的基本法律规范和道德标准,尤其是在证据收集方面更要注意。因为众所周知,商业秘密的证据取得是有难度的,采用一些非常规、但是不违法的手段获取的证据,要注意能够在诉讼中说明其合法来源、取得时间。对于符合法律规定且无法获取的证据,可以提请法院调取。

2. 关于"陷阱"取证问题。2011 年 12 月颁发的最高人民法院《关于充分发挥知识产权审判职能作用推动社会主义文化大发展大繁荣和促进经济自主协调发展若干问题的意见》(法发〔2011〕18 号)中就陷阱取证问题谈到:"关于'陷阱'取证,我国法律对此没有规定,司法实践也未使用这个概念。有关理论和实践问题,可以进行探讨研究。最近,最高人民法院审判委员会通过的《关于审理著作权民事纠纷案件适用法律若干问题的解释》规定,当事人自行或者委托他人以定购、现场交易等方式购买侵权复制品而取得的实物、发票等,可以作为证据;公证人员在未向涉嫌侵权的一方当事人表明身份的情况下,如实对另一方当事人按照前述方式取得的证据和取证过程出具的公证书,应当作为证据使用,但有相反证据的除外。这一司法解释有利于被侵权人履行举证责任,有利于制止和制裁侵权行为。其他知识产权案件,可以参照著作权法司法解释的上述规定执行。"

商业秘密案件的取证,多采用公证人员不披露身份地采用拍照、购买、录像等方式进行。然后按照公证程序要求制作《公证书》,基本都可以得到支持。从另外一个方面来说,对方当事人的代理人在寻找《公证书》的形式瑕疵,比如:页码错误、错漏字,除此之外,也没有更大的能力去探查《公证书》的取证过程、是否诱导、摄影摄像器材是否清洁、证据筛选与否等可能存在"致命伤"的问题,很多情况下是公证人员没有注意到一些细节。

3. 当出现公证的事项是属于专业技术鉴定、评估事项的,要及时提出公证事项违反法律规定。

※ 依据

文件名称	条款内容
2015年最高人民法院《关于适用〈中华人民共和国民事诉讼法〉的解释》	第九十四条　民事诉讼法第六十四条第二款规定的当事人及其诉讼代理人因客观原因不能自行收集的证据包括: (一)证据由国家有关部门保存,当事人及其诉讼代理人无权查阅调取的; (二)涉及国家秘密、商业秘密或者个人隐私的; (三)当事人及其诉讼代理人因客观原因不能自行收集的其他证据。 当事人及其诉讼代理人因客观原因不能自行收集的证据,可以在举证期限届满前书面申请人民法院调查收集。
2014年最高人民法院《关于审理涉及公证活动相关民事案件的若干规定》	第四条　当事人、公证事项的利害关系人提供证据证明公证机构及其公证员在公证活动中具有下列情形之一的,人民法院应当认定公证机构有过错: (一)为不真实、不合法的事项出具公证书的; (二)毁损、篡改公证书或者公证档案的; (三)泄露在执业活动中知悉的商业秘密或者个人隐私的; (四)违反公证程序、办证规则以及国务院司法行政部门制定的行业规范出具公证书的; (五)公证机构在公证过程中未尽到充分的审查、核实义务,致使公证书错误或者不真实的; (六)对存在错误的公证书,经当事人、公证事项的利害关系人申请仍不予纠正或者补正的; (七)其他违反法律、法规、国务院司法行政部门强制性规定的情形。
2015年《公证法》	第三十一条　有下列情形之一的,公证机构不予办理公证: (一)无民事行为能力人或者限制民事行为能力人没有监护人代理申请办理公证的; (二)当事人与申请公证的事项没有利害关系的; (三)申请公证的事项属专业技术鉴定、评估事项的; (四)当事人之间对申请公证的事项有争议的; (五)当事人虚构、隐瞒事实,或者提供虚假证明材料的; (六)当事人提供的证明材料不充分或者拒绝补充证明材料的; (七)申请公证的事项不真实、不合法的; (八)申请公证的事项违背社会公德的; (九)当事人拒绝按照规定支付公证费的。

第 87 条　【判断商业秘密点】

87.1　根据当事人陈述和初步收集的证据材料,初步判断涉案商业秘密点,也就是判断涉案商业秘密的具体内容。

87.2　商业秘密系由若干部分组成的,还应明确整体或组成部分是商业秘密,或者整体与组成部分均是商业秘密。

87.3　请求保护的商业秘密内容应当固定在相应的载体上,通过载体能够重复再现商业秘密的具体内容。

※ 条文释解

请参见第八章第一节第 172 条。

第 88 条　【判断商业秘密的构成】

根据相关的证据材料,确定商业秘密的载体、范围、内容,判断涉案信息是否符合商业秘密的法定构成要件。

※ 条文释解

请参见第一章第二节。

第 89 条　【确定权利主体】

89.1　根据当事人的陈述及其提供的证据材料,确定涉案商业秘密权属主体。

89.2　当事人继受取得商业秘密的,应当明确取得的性质和方式。不同性质的权利主体不仅实体权利不同,其诉讼权利也不同。

※ 条文释解

1. 通过当事人的陈述或者询问当事人,确定商业秘密的取得方式。继受取得商业秘密的,应当具有完整、有效的合同、授权书的约定或者其他能够加以证明的证据。因此,要仔细审查相关的合同文件,确定合同中对于商业秘密归属的证明条款,同时详细询问当事人履行合同时是否出现过变更情形及相关证据。因为当事人之间的合同并不一定规范,因此,对于其他条款要结合上下文分析,判断是否可能构成权利归属的意思表示。

2. 对于存有异议或者证据不足以证明的,应当引导、提示当事人提供相应的证据材料,律师自行收集证据的,要注意方式、方法。无论哪种方式取得证据材料,均要符合合法性的要求,即:

(1) 在中华人民共和国领域外形成的,该证据应当经所在国公证机关予以证明,并经中华人民共和国驻该国使领馆予以认证,或者履行中华人民共和国与该所在国订立的有关条约中规定的证明手续。证据是在香港、澳门、台湾地区形成的,应当履行相关的证明手续。

(2) 证据的取得手段不得是严重侵害他人合法权益、严重违背公序良俗以及违反法律禁止性规定的。

第90条 【确定义务主体】

90.1 在商业秘密侵权纠纷中,根据不同的情况,义务主体可能涉及现职员工、离职员工、转让方、被许可方或者其他第三方等。

90.2 在涉及商业秘密的技术成果权属纠纷中,主要的义务主体是合同对方或者员工。

90.3 在商业秘密合同纠纷中,义务主体主要是合同对方。律师应当根据案件情况,初步确定可能涉及的义务主体。

※ 条文释解

本条所述的义务主体是相对于权利主体而言的,并非是指诉讼中的被告。最常见的情况是当事人来询问或者咨询时,并不知道应该告谁,希望得到律师的专业性的指导。律师首先要明确相对于权利人的义务主体是谁,然后结合纠纷性质作出判断。

第91条 【判断纠纷性质】

根据案件情况,判断纠纷属于侵权纠纷、权属纠纷还是合同纠纷,抑或属于违约和侵权的竞合。

※ 条文释解

涉及商业秘密的纠纷,大致可以分为以下几类情况:
（1）单纯的侵权纠纷；
（2）单纯的违约纠纷；
（3）因违约导致的侵权纠纷；
（4）因侵权导致的违约纠纷；
（5）侵权纠纷中附带权属纠纷；
（6）因违约导致的权属纠纷等。

纠纷性质的确定直接关系到诉请、事实陈述和证据的提交。

第92条 【判断诉讼时效】

92.1 对商业秘密提起的诉讼,适用《中华人民共和国民法通则》一般诉讼时效为两年的规定,从权利人知道或者应当知道侵权行为发生之日起起算,同时适用有关诉讼时效中止、中断和延长的规定。

92.2 对于连续实施的商业秘密侵权行为,从权利人知道或者应当知道侵权行为发生之日起至权利人向人民法院提起诉讼之日止已超过两年的,在该项商业秘密受法律保护期间,人民法院仍应当判决被告停止侵权行为,侵权损害赔偿额应自权利人向人民法院起诉之日向前推算两年计算,超过两年的侵权损害不予保护。

※ 条文释解

要注意一些特别的规定,比如:《合同法》第129条规定:"因国际货物买卖合同和技术进出口合同争议提起诉讼或者申请仲裁的期限为四年,自当事人知道或者应当知道其权利受到侵害之日起计算。因其他合同争议提起诉讼或者申请仲裁的期限,依照有关法律的规定。"

第 93 条 【初步判断和决定】

93.1 在综合考虑和分析的基础上,判断以何种途径主张或者抗辩,还欠缺哪些条件和证据材料,然后决定是否受理。

93.2 有些律师接到案件,先受理再分析,导致当事人误解事实已经清楚、证据较为充分。一旦律师发现问题后,无法得到当事人的认同和配合。

第 94 条 【办理委托手续】

律师接受当事人的委托,应由所在的律师事务所与当事人签订委托代理合同,由律师事务所收取律师费并出具正规律师事务所发票,由当事人签发商定的一般授权或者特别授权的《授权委托书》。

※ **条文释解**

1. 接受委托的主体是律师事务所,具体的律师只是承办人。《律师法》第 25 条有明确规定:"律师承办业务,由律师事务所统一接受委托,与委托人签订书面委托合同,按照国家规定统一收取费用并如实入账。"

2. 办理委托手续包括与当事人(委托人)签署《委托代理合同(协议书)》与委托人签发《授权委托书》,涉及刑事案件的,在侦查、起诉等不同阶段有不同的格式文本,一般可以在律师协会领取。

《委托代理合同(协议书)》应当包括以下基本条款:

(1) 合同签署各方的基本情况以及通讯方式等;
(2) 委托与受托的依据以及授权权限、期限等;
(3) 委托事项的性质、案由、对方当事人;
(4) 保密事项;
(5) 代理风险提示;
(6) 委托事项的信息交流方式;
(7) 业务材料的交接方式;
(8) 律师费用数额、支付方式、支付时间;
(9) 合同解除和终止的条件;
(10) 违约责任;
(11) 争议解决方式等。

3. 注意利益冲突问题。利益冲突,是指同一律师事务所代理的委托事项与该所其他委托事项的委托人之间有利益上的冲突,继续代理会直接影响到相关委托人的利益的情形。①

---

① 2001 年《北京市律师业避免利益冲突的规则(试行)》第 4 条。

4. 各省市都有不同的收费标准，注意要符合有关规定。

第 95 条 【律师事务所档案管理】
95.1 委托业务和案件中涉及的商业秘密，律师事务所和承办律师均有义务保密，无论是否签订了保密协议。
95.2 案件中涉及商业秘密的资料、图纸、报表或者产品、软盘等，应当按照商业秘密的保密要求予以保管。商业秘密案件的档案应当独立存放、专人保管、专人使用，接触商业秘密案件档案的人员应当签订保密协议。

※ 条文释解
1. 各个律师事务所均有各自不同的业务档案的管理制度和方式，从档案分类、收案、立档、归卷到查询、复制、检索均有一系列程序，尤其是对于实习律师或者律师助理来说，是必须学习和掌握的一项技能。因为常常并非是承办律师本人进行档案的分类和订卷工作，因此对于涉及商业秘密的案件的卷宗，凡是接触案卷材料的人员均负有保密义务，尤其是一些律师事务所是由行政助理来帮助完成档案管理工作的，因此不仅是需要接触人员签订保密协议，也要求在档案管理的各个环节设定保密措施。
2. 有律师认为，既然是律师事务所与客户之间签订的委托代理协议，自己作为承办律师或者承办律师的助理在转所后对于原有客户的保密义务就自行解除了，这种观点是不正确的。承办律师作为商业秘密的接触者，同样具有保密义务，且该义务即使没有保密协议存在，也属于默示义务，不因为承办律师离开原单位而终止。

第 96 条 【分析、确定主张诉请或抗辩理由】
参见本指引后续相关各章。

※ 条文释解
1. 涉及商业秘密合同诉讼的，参见第七章第 148 条、第 158—163 条。
2. 涉及侵害商业秘密民事案件的，参见第八章第 176 条、第 190—192 条。
3. 涉及侵害商业秘密刑事案件的，参见第十章第 261 条。

第 97 条 【选择维权方式或救济途径】
参见本指引后续相关各章。

第二节 律师声明与律师函

第 98 条 【律师声明的事实审查】
事实审查主要有以下几方面的内容：
（1）声明人主张的信息是否符合商业秘密的法定条件，名称是否准确、范围是否明晰、内容是否固定；

（2）声明人是否对主张的商业秘密拥有合法权利；

（3）声明人所述商业秘密的权利状况，是否有相同或者近似的专利技术，是否有可替代技术；

（4）查明侵犯声明人商业秘密的行为已经实施、正在实施或准备实施，主要包括哪些侵权行为；

（5）声明人提供的证据事实能否支持其声明意见等。

※ 条文释解

在实务操作上，声明对于涉嫌侵害商业秘密的效力并不强，反而容易披露技术秘密。其一，因为技术秘密的披露，如果符合不正当手段取得的要求则是有特定对象的，其作出声明的防范能力并不延及或者说是并不涉及其他单位和人员，广而告之的声明并无实际意义；其二，技术秘密的技术性、专业性很强，在初期也只能是怀疑，并非像专利权利一样具有确定的权利保护范围，商业秘密则有待于进一步确定；其三，声明不能针对经营秘密作出。所以，在分析商业秘密构成和查明侵权事实时，多以律师函方式直接向具体的涉嫌侵权方提出。

第99条 【律师声明的目的和内容】

99.1 律师声明的目的是公开澄清事实、消除不良影响，防止招摇撞骗；也可以对潜在的侵权人或者正在侵权的侵权人提出警告，起到警示作用；还可以起到宣传教育作用，显示委托人维权的立场。

99.2 律师声明的内容，包括声明事项和声明意见两个主要部分：

（1）声明事项是指声明人对涉及商业秘密的什么事情发表声明，需要写明具体的事实；

（2）声明意见是指声明人对于所涉及的商业秘密事件所持的态度、主张和依据。

第100条 【律师声明的对象与范围】

律师声明主要是就特定事项针对不特定对象，通过报纸、期刊、广播、电视、网络等媒体公开表明立场。

※ 条文释解

声明是针对不特定的对象作出的，因此比签发律师函要多几项内容的审查：

（1）公开的途径和范围；

（2）不特定对象接受信息的范围、能力和反应预测；

（3）对声明提出异议的来源、程度和可能性考量。

第101条 【应注意的问题】

律师声明应当注意以下几个问题：

（1）有委托人的授权，并以代理人的名义从事该项业务；

（2）声明的内容必须真实合法，不得违法和损害他人合法利益和在先权利；

(3) 声明的内容必须经过委托人的书面确认。

※ 条文释解

首要的是在充分确定技术秘密存在且是自主研发和合法继受的前提下作出,或者是与其他权益例如计算机软件著作权、商标权等一并作出。

第 102 条　【律师函的事实审查】

事实审查主要有以下几方面的内容:

(1) 委托人主张的信息是否符合商业秘密的法定条件,名称是否准确、范围是否明晰、内容是否固定;

(2) 委托人是否对主张的商业秘密切实拥有合法权利;

(3) 委托人所述商业秘密的权利状况,是否有相同或者近似的专利技术,是否有可替代技术;

(4) 发函对象与委托人的关系;

(5) 发函对象是否存在侵权或者违约行为,以及具体事实;

(6) 发函对象可能承担的法律责任;

(7) 委托人提供的证据材料能否支持律师意见。

※ 条文释解

1. 接受当事人的委托,签发律师函是律师的常规业务。但其名称在知识产权领域,通常也被称为警告函、律师警告函等。从严格意义上来讲,律师函的外延大于警告函,因为律师函也可以包括具有催告、询问、答复内容的由律师事务所签发的一类文件。律师函必须是律师接受当事人的委托,以律师事务所的名义发出的,具有十分明确的对象、事实证据支持和后果警示的文件。有些时候当事人以自己的名义或者公司法务签发的也可以称为警告函,但肯定不能称之为律师函。

2. 律师函在事实审查方面,不仅要确认事实的存在,同时要掌握相关的证据材料,否则可能引发损害商誉、商业诋毁等纠纷。

3. 当律师函涉及商业秘密纠纷时,与其他知识产权涉嫌侵权所签发的律师函具有以下更为特殊的地方:

(1) 审查商业秘密的构成。与专利权、商标权、著作权不同,商业秘密的构成是比较复杂的,前期需要律师做前期必要的调查和准备工作,例如专利检索;

(2) 商业秘密应该是具有明确的范围、技术特征、商业秘密点,这些在发函之前均要有充分准备,如果草率发函,可能会刺激对方,导致取证困难,甚或诉讼中无法构成商业秘密就十分被动了;

(3) 商业秘密侵权是要有人员,且是特定的人员的接触作为一个连接点,因此,签发律师函之前必须确定接触人和不正当性的行为。

4. 律师函的签发,既可以警示涉嫌侵权人,如果侵权行为继续也可以证明涉嫌侵权人的主观恶意性和恶意程度。

第 103 条 【发函目的和内容】

103.1 发送律师函的目的是通过律师表明权利人的主张,对侵权或者违约行为的性质、后果、法律责任等进行法律阐述,使责任人清楚其行为应当承担的法律后果。如果将来need要诉讼,那么,对方收到确有理由的警告而不停止侵权或者违约行为,可以确定侵权具有明知性。

103.2 律师函的主要内容:

(1) 委托人享有的权利内容;

(2) 能证明义务人侵权或者违约的事实,同时结合依据法律对事实性质的分析,指出其可能承担的法律责任;

(3) 提出委托人的要求;

(4) 在律师函附件中可以列明适用的法律条款,以帮助发函对象了解法律规定和其可能承担的法律责任;

(5) 在针对某些侵权或者违约行为时,也可以考虑附上签收证明和承诺书,让发函对象签收律师函,并给予合理期限签署承诺书。

※ 条文释解

1. 如果发函对象涉嫌技术秘密侵权,且已经掌握了充分的证据材料可以证明,则可以通过律师函制止侵害结果的扩大,并起到警示的作用。大多数情况下,单位因为气愤于员工私自带走技术秘密并创办竞争性单位而不愿意协商、调解,甚至坚持要把员工送上刑事法庭。因此,在律师函中应该仅仅针对涉嫌侵权的单位作出,一般不应该针对接触、披露的个人作出,也就是说应该严格掌握"警示"和"恫吓"的界限。

2. 律师函一定要准确运用法言法语,遣词造句要避免引起对方的误读。

第 104 条 【发函对象】

律师函主要发送给涉嫌构成侵权的法人、组织或个人,或者是违反合同约定的相对人。

※ 条文释解

此处的个人包括自行创办企业的生产、使用商业秘密产品的非法人机构(组织),例如个体工商户,也包括原有的员工,也可能是第三人。

第 105 条 【注意事项】

律师发送律师函,应注意以下事项:

(1) 针对委托人选择的争议解决方式和救济途径,已经完成初步的证据收集工作;

(2) 律师函一定要以委托人的代理人名义发出;

(3) 律师函的内容必须经过委托人的书面确认;

(4) 发送律师函后要及时跟进:首先要确认对方是否收到和知悉其内容,然后要主动与对方联络,以推进律师函的效用,并了解发函对象的意思;

(5) 发送律师函可能成为对方提起不侵权诉讼的依据,律师要提前做好应对准备。

※ 条文释解

律师函在法律部分由律师负责,在事实陈述部分应当由当事人给予确认。律师函所涉及的法律责任部分,应当依据法律作出,并不能百分之百的按照当事人的要求列明。与当事人意见相左时,应当认真听取当事人的意见、耐心作出解释,尤其要避免逻辑错误、事实错误的破绽,避免在诉讼中反而成为对方攻击的把柄。

※ **案例 5.2-16**:**深圳市理邦精密仪器股份有限公司诉深圳迈瑞生物医疗电子股份有限公司商业诋毁纠纷案**①

尽管本案不属于商业秘密纠纷案,但是对于律师函、警告函的签发具有很好的启示和引导作用。

一、基本案情

一、二审法院经审理查明,2011 年 6 月 23 日,广东某律师事务所律师受迈瑞公司委托和该律师事务所的指派,分别向南阳大印医疗器械有限公司、重庆源庆医疗设备有限公司、西安茗阳电子科技有限公司、萍乡市锦诚医疗设备有限公司发出律师函。2011 年 6 月 27 日,又向 LKL 先进科技私人有限公司(公司号 693123-T)发出律师函。上述企业均先后收到律师函。律师函具体内容如下:"迈瑞公司在血压测量、超声、监护、呼吸监控、血氧测量等产品中拥有的专利包括但不限于:电子无创血压测量装置(专利号为 03139708.5)、带小型非易失性存储卡的监护仪(专利号为 200520062990.8)、带小型电子存储卡接口的医疗诊断仪(专利号为 200520062991.2)、带小型无线局域网卡的医疗诊断仪(专利号为 200520062992.7)、一种非线性拟合恢复振荡脉搏波趋势包络的方法(专利号为 200410051427.0)、基于阻抗变化原理的人体呼吸波监控方法和装置(专利号为 200410015387.4)、一种便携超声诊断仪(专利号为 200710124611.7),等等。迈瑞公司认为,理邦公司生产、销售的多款产品,其技术方案落入了迈瑞公司一项或多项专利权利要求的保护范围之内,构成对迈瑞公司专利权的侵犯,这些涉嫌侵权产品包括但不限于:M8、M8A、M8B、M9、M9A、M9B 等便携式多参数监护仪,M80、M50 多参数监护仪,DUS3、DUS6、DUS3Vet、DUS6Vet 等全数字超声诊断系统。为此,迈瑞公司已于 2011 年 4 月向深圳市中级人民法院提起专利侵权诉讼,请求法院判令理邦公司立即停止侵犯迈瑞公司专利权的行为,并赔偿迈瑞公司经济损失,深圳市中级人民法院已依法受理了上述案件。"该律师函还告知收函人未经迈瑞公司许可,许诺销售、销售侵犯迈瑞公司专利的产品,亦构成对迈瑞公司专利权的侵犯,应承担相应的法律责任。收函人应立即停止许诺销售、销售理邦公司生产的上述被控侵

---

① 二审:广东省高级人民法院(2013)粤高法民三终字第 106 号民事判决书;再审:最高人民法院(2015)民申字第 191 号民事裁定书。

权产品,否则,迈瑞公司将依法追究其侵权责任。

根据广东省深圳市深圳公证处(2011)深证字第100898号公证书的记载,2011年7月8日,理邦公司的委托代理人宁敏来到该处申请网页证据保全公证。证明迈瑞公司的产品分为生命信息与支持、临床检验、数字超声、放射影像、兽用产品。证明迈瑞公司和理邦公司在监护、数字超声领域存在竞争关系。

迈瑞公司提起的诉讼共涉及12个涉嫌侵权产品、8项专利(迈瑞公司律师函中提及涉嫌侵权的是12个产品,7项专利),已由二审判决确定理邦公司侵权的有1个产品(DUS6Vet)侵犯迈瑞公司一项专利(专利号200710124611.7);已由一审判决认定理邦公司侵权的有10个产品(DUS3Vet、DUS6、DUS3、M8、M9、M80、M9A、M9B、M8A、M8B)侵犯迈瑞公司两项专利(专利号200710124611.7、专利号03139708.5)。

再审审查过程中,理邦公司提交了深圳市中级人民法院作出的12份裁定书,证明迈瑞公司撤回了其与理邦公司23件专利权纠纷案件中的12件,进而证明迈瑞公司利用专利诉讼、发送律师函等一系列行为对理邦公司进行商业诋毁。

一审判决:驳回深圳市理邦精密仪器股份有限公司的诉讼请求。
二审判决:驳回上诉,维持原判。
再审裁定:驳回深圳市理邦精密仪器股份有限公司的再审申请。

二、裁判要点

最高人民法院认为:"本案迈瑞公司向理邦公司的客户发送律师函属于专利侵权警告行为,即告知理邦公司客户有关涉嫌侵权事实,要求停止涉嫌侵权行为并表达协商解决纠纷的愿望……为保护专利权而发送侵权警告,可视为当事人协商解决纠纷的重要途径和环节,符合法律有关鼓励当事人协商解决纠纷的规定精神,也是专利权人行使专利权的应有之义……但是,专利权人发送侵权警告要适当,不能滥用侵权警告而损害他人合法权益、扰乱市场竞争秩序。如果专利权人为谋求市场竞争优势或者破坏竞争对手的竞争优势,以不正当方式滥用侵权警告,损害竞争对手合法权益,则超出权利行使的范围,可以构成商业诋毁或其他不正当竞争行为。因此,发送侵权警告既可以是权利行使行为,可被用以行使和保护权利;又可以是市场竞争行为,可被用以进行市场竞争或者不正当竞争。正当的侵权警告与不正当竞争的划分涉及权利保护与维护公平竞争之间的利益平衡,要求既允许正当的侵权警告行为及保护权利的行使,又有效防止滥用侵权警告及保护竞争对手的合法权益。侵权警告是属于正当维权还是构成不正当竞争,应当根据发送侵权警告的具体情况和有关法律规定进行认定。就本案而言,理邦公司主张迈瑞公司发送律师函构成商业诋毁,该主张能否成立,应当根据相关法律规定和本案具体事实进行判断。

首先,迈瑞公司是正当维权行为还是市场竞争行为。权利人发送侵权警告行为的属性及其正当性,通常要根据权利人的权利状况、警告内容及发送的意图、对象、方式、范围等多种因素进行综合判断……

其次,迈瑞公司发送律师函是否构成商业诋毁行为。根据《中华人民共和国反不正当竞争法》第十四条规定:'经营者不得捏造、散布虚伪事实,损害竞争对手的商业信誉、商品声誉。'据此,即便向竞争对手的涉嫌侵权客户发送侵权警告,如果以捏造、散布虚伪事实的方式损害竞争对手的商誉,仍可以构成商业诋毁行为。就本案而言,问题的关键是迈瑞公司发送的律师函是否构成捏造、散布虚伪事实,尤其是以何种标准和确定性程度判断律师函的内容是否构成虚伪事实。为确保权利正当行使和保护竞争对手的合法权益,权利人发送侵权警告必须有事实依据。就专利侵权争议而言,由于专利权人熟知其专利权状况,且应当一般有能力知道相关涉嫌侵权事实,因此显然应当以此为依据发送侵权警告,在发送侵权警告时应当善尽谨慎注意义务,充分披露据以判断涉嫌构成专利侵权的必要信息。但是,由于专利侵权警告毕竟是权利人谋求解决专利侵权争议的单方意愿,且由于专利权本身在效力上的相对不确定性及侵权判断的专业性,尤其是不确定性必然伴随无能为力,法律不能强人所难,因此不能苛求侵权警告内容完全确定和毫无疑义,对其确定性程度的要求应当根据案件具体情况进行把握。就本案而言,在我国有关法律和其他规范对于侵权警告的信息披露规则尚无具体要求的情况下,迈瑞公司的律师函明确了其据以主张权利的专利,理邦公司涉嫌侵权的产品范围,向法院起诉理邦公司的事实,以及受函客户的涉嫌侵权行为,据此可以认定其对涉嫌侵权信息的披露是比较充分的,符合诚实信用的要求。至于本案所涉迈瑞公司据以主张权利的部分专利事后被宣告无效、迈瑞公司撤回部分专利诉讼等事实,能否作为认定其构成不正当竞争的依据,应当根据相关情况进行综合分析。假如专利权人明知或者应知竞争对手不可能构成侵权,仍然虚晃一枪地提起专利侵权诉讼,事后又撤回侵权诉讼,并轻率地向竞争对手的客户发送侵权警告函,以此损害竞争对手商誉,其行为就有可能构成不正当竞争。但就本案而言,鉴于专利权自身效力的相对不稳定性,专利权事后被宣告无效也非权利人当然能够预料和控制,因此迈瑞公司据以主张权利的部分专利事后部分被宣告无效,显然不足以据此认定其在权利有效之时据以主张权利行为的不正当性,仅此也不足以认定其构成捏造、散布虚假事实。迈瑞公司律师函虽然罗列了涉嫌被侵权的多项专利,但其立足点及核心显然是理邦公司的哪些产品涉嫌侵权。况且,专利权人依据多项相关专利对相同或者相近涉嫌侵权产品一同提起诉讼,在专利侵权诉讼中并不鲜见,即便不能全部胜诉,也可能有广种薄收之效,即使中途撤回部分诉讼通常也无可厚非,仅此也不足以证明相关诉讼行为具有不正当性。就本案而言,判断律师函是否捏造、散布虚伪事实,也主要取决于其所列举的涉嫌侵权产品有哪些事实上构成了侵权。迈瑞公司虽撤回部分专利侵权诉讼,但就律师函涉及的 12 个涉嫌侵权产品而言,在案涉其他专利侵权诉讼中,已由二审判决认定构成侵权的有 1 个产品,一审判决认定构成侵权的有 10 个产品。因此迈瑞公司撤回部分诉讼对于涉嫌侵权的核心事实判断并无实质性影响,不足以据此认定其构成虚伪事实。而且,在专利侵权判断具有较强专业性的情况下,迈瑞公司对于涉嫌侵权事实的基本判断能够达到已获一审判决认可的程度,已足以说明迈瑞公司在发送律师函时对理邦公司专利侵权的事实判断具有较高的准确性,达到了较高的审慎注意程度,据此可以认定其已尽到谨慎注意义务,不宜再因其部分专利被宣告无效和部分案件撤诉而认定其捏造、散布虚伪事实。据此,理邦公司以部分专利事后被宣告无效及撤回部分专利侵权诉讼为由主张迈瑞公司构成捏造、散布虚伪事实,理由不足,本院不予支持。"

"……为有效发挥专利侵权警告的纠纷解决功能和维护当事人之间的利益平衡,需要适当限制侵权警告的发送条件、发送内容、发送对象范围、发送方式等,并由权利人承担不正当侵权警告行为的法律责任。就专利侵权警告的内容而言,权利人在侵权警告中依据的涉嫌侵权事实应当具有较高程度的确定性,但又不能对其确定性程度要求过高和过分,否则会妨碍侵权警告制度的正常效用和有悖此类制度的初衷。而且,对涉嫌侵权事实的确定性程度可以有多种判断途径,但在侵权警告中对于涉嫌侵权的基本事实判断事后能够达到获一审判决认可的情况下,已足以认定其在发送侵权警告时不属于捏造、散布虚伪事实,而不能再苛求只有终审判决认定的侵权事实才能作为判断依据。"

第三节 谈 判

第 106 条 【交流和分析当事人的要求】

106.1 谈判可能是成本最低的解决争议办法之一,谈判的目的是使当事人付出最低的成本而实现利益的最大化,律师参加谈判的作用就是为这种利益最大化提供法律上的帮助。

106.2 通过交流,分析了解当事人的要求和期望值,有助于明确具体的工作方向和工作目标。

106.3 针对当事人的要求,提出满足要求需要具备的条件,然后结合现有证据进行法律分析论证,对当事人的要求进行合理划分,指出可以实现的要求、不能实现的要求以及可能实现的要求等几个部分。

106.4 综合分析判断,作出几套备选方案。

※ 条文释解

1. 谈判不是表演给当事人看,而是为实现符合当事人意愿并符合法律规定的目标。有些律师一上来就是一副盛气凌人的模样,只"磋"不"商",最终导致谈判破裂。既然是谈判,就要有取舍,抓大放小是一种谈判能力,周全而不纠缠、细致而不矫情。例如:有的律师死盯住违约责任的比例大小,其实比例大小是根据合同各方的权利义务和履约信用、执行能力作出的,违约责任的比例小不足以把握对方时,可以调整对方的附加义务,也可以调整己方的权利期限、范围和实现方式。只有符合法律规定,并灵活地加以运用,谈判才可能顺利地进行下去。

2. 有些律师认为,当事人变化快,实在是摸不清其意图,其实根据情形变化而作出及时的调整是必要的。因此,多沟通和交流也就同样重要。

第 107 条　【谈判信息的收集】
谈判信息收集一般通过以下途径进行：
（1）直接向当事人了解情况；
（2）向知情的第三方了解情况；
（3）查询有关机关的档案材料；
（4）网络检索相关的背景资料。

※ 条文释解

只有全面了解和拥有足够深度和广度的信息才可能在谈判中易于应变和掌握主动。这些信息不仅包括与谈判事项、法律相关的信息，同时也包括与周边知识、常识、市场趋势、行业准则、交易习惯以及相关判例的信息。

第 108 条　【了解对方的情况】
律师在谈判前应对对方以下情况予以了解：
（1）对方的主体资格、资信和生产经营情况；
（2）对方对该谈判的态度；
（3）对方与该谈判有关的经营信息和经营决策，以及此项谈判可能对对方的影响；
（4）对方在该谈判中最不希望出现的情形、最不可能接受的情形，以及可能接受的情形；
（5）对方可能提出的和解方案和条件。

※ 条文释解

了解对方情况有一部分属于推测和判断，但不是武断的认定。推测谈判走向的基础是经验积累和技能的运用。

第 109 条　【分析焦点问题】
109.1　基于对当事人要求和对对方的了解，分析谈判过程中可能涉及的主要事实问题和法律问题。
109.2　就双方的利益进行分析和评估，就各个谈判条件做好以下四种准备：
（1）当事人的理想条件；
（2）当事人的现实目标；
（3）当事人的底线；
（4）当事人的最大让步和让步条件。
109.3　双方涉及此项纠纷的主要证据材料、法律性质和法律后果。这是双方对自己利益进行评估的基础。

※ 条文释解

1. 首先要了解当事人进行谈判的意图是什么，最希望实现的目标是什么？其次要了解在整体谈判中最容易达成一致的是什么,最不易达成一致的是什么?例如:在诉讼调解谈判中最不易达成一致的是赔偿数额,相对容易达成一致的是赔礼道歉的范围和方式。在合同谈判中,最不易达成一致的是交易价格,相对容易达成一致的是支付方式,等等。

2. 在诉讼谈判中,首先要确定涉诉的权益是什么。有些诉讼在权益上就存在纠纷,也可以进行模糊的一揽子调解,但律师心里要有杆秤。其次,原告与被告的心态不同,在诉讼谈判中不可急于求成,避免事后当事人后悔或者不满。调解方案应当充分向当事人解说清楚,并取得当事人的认可。

3. 在合同谈判中掌握谈判目标的法律性质,围绕该法律性质进行。例如:商业秘密的让与和许可在法律上性质完全不同,因此谈判重点就会有所不同。要根据不同的法律性质,判断合同各方的主要权利和主要义务。基于达成约定各方的主要权利和主要义务,调整和确定违约责任以及后续事项的解决条件。

第110条 【谈判目标】

110.1 谈判目标是律师在谈判前和谈判过程中,根据其了解的当事人要求和各种影响谈判的因素,经过分析评估后所希望达到的谈判结果。

110.2 谈判双方的相对实力主要取决于各方能在多大程度上承受谈判破裂的后果。律师应当向当事人解释说明其所掌握的各种情况,尽可能将当事人的要求和谈判目标实现最大限度的一致,制定当事人的主选谈判目标。

110.3 在确定谈判目标前,律师还应当和当事人讨论己方可以接受的最佳替代方案,增加己方的选择余地,这需要充分分析和反复测算,列出具体量化指标,并且需要谈判双方都能够接受。

110.3.1 替代方案是谈判中较为重要的环节,可以根据对方的状况和谈判的进程进行调整。

110.3.2 制订出主选方案和替代方案的让步条件和交换条件。

110.4 准备好谈判不成功后的下一步方案。向对方提出和解之前,必须做好诉讼的准备,尤其是有关侵权或者违约的证据材料,必须全面收集完整。

第111条 【谈判的重点环节】

111.1 陈述。双方律师首先要各自陈述对纠纷的焦点、原因、己方行为的理由,以避免谈判的核心问题不准确,各说各话,不能实际解决问题。

111.2 说服。双方律师在谈判中根据现场情况,综合运用多种说服形式说服对方接受己方的理由和方案。

111.3 磋商。双方律师要彼此听取对方的意见,就每一个问题进行交流和沟通,找到双方都觉得最为恰当的结合点。

111.4 让步。双方律师都要以维护核心利益和达到谈判目标为中心,进行适当的变通。

※ 条文释解

焦点问题和谈判目标,加上重点环节,可以说是一个谈判准备、谈判开展中的几个相互联结、相互转换的关键性考量角度。

第112条 【律师参与谈判的角色】
112.1 律师是委托人的代理人,是谈判法律问题时的主角,但不是最终意志的决定者。
112.2 律师以坚持原则和目标进行谈判,不要与对方形成对抗或者配合关系。

第113条 【注意事项】
律师在谈判中,应注意以下事项:
(1) 律师不应带有个人好恶与个人感情;
(2) 律师陈述不应针对具体个人,避免激化矛盾;
(3) 律师尽可能不对谈判事项作直接的最终的接受或否定的决定,除非委托人特别授权;
(4) 律师在谈判过程中可以提出对事实、证据、法律、谈判方案的意见,但不应是自己的主观评价;
(5) 谈判在行政救济、刑事自诉、民事诉讼过程中都可能涉及,要结合个案,根据纠纷的进展阶段予以调整。

第六章 民事救济的共同问题

第一节 基本要求

第114条 【做好工作记录】

由于商业秘密纠纷周期都比较长,资料、文件通常也都比较多,按照时间顺序做好详细的工作记录就非常必要,凡是涉及纠纷的事实材料和具有法律意义的事项,都应列明发生时间、主要内容、资料来源、简单评价及办理结果等内容,并按照自己的习惯顺序排列。

※ 条文释解

做好工作记录是每位律师的必修课。律师们各自有自己的记录方式和阅览习惯,有些律师事务所也有固定的工作记录模式。

第115条 【分析事实和收集证据】

115.1 分析事实是确定诉请或者答辩意见、提交证据的基础,因此律师应当尽职听取当事人的陈述并作出初步的法律判断。

115.2 律师应当与委托人一起查证和分析事实,并就与争议相关的部分收集证据。

115.3 证据不足的,应当请当事人补足或者代理人自行调查收集,并考虑是否以及如何申请调取证据或者采取证据保全。

第116条 【确定诉讼请求】

116.1 诉讼请求是纠纷案件的核心,也是诉讼的目的。所有的证据材料、事实陈述、答辩意见、抗辩理由和法律意见都将围绕诉讼请求进行。

116.2 诉讼请求以《中华人民共和国民法通则》第六章和侵犯商业秘密的损害赔偿额构成①相结合考虑。

※ 条文释解

1. 商业秘密案件的诉讼请求,应当与案由吻合。根据最高人民法院《关于印发修改后的〈民事案件案由规定〉的通知》,涉及商业秘密诉讼纠纷案件的案由有以下

---

① 最高人民法院《关于审理不正当竞争民事案件应用法律若干问题的解释》第17条第1款:"确定反不正当竞争法第十条规定的侵犯商业秘密行为的损害赔偿额,可以参照确定侵犯专利权的损害赔偿额的方法进行……"

两类:

(1) 商业秘密合同纠纷案由为:① 技术秘密让与合同纠纷;② 技术秘密许可使用合同纠纷;③ 经营秘密让与合同纠纷;④ 经营秘密许可使用合同纠纷。

(2) 侵害商业秘密纠纷案由为:① 侵害技术秘密纠纷;② 侵害经营秘密纠纷。该规定并未单独列明商业秘密权属纠纷,实践中发生的也比较少,但理论上是可能发生的。

(3) 劳动合同纠纷案由为:竞业限制纠纷。

2. 合同纠纷的诉讼请求的具体内容,参见第七章第 148 条。

3. 侵权纠纷的诉讼请求的具体内容,参见第八章第 176 条。

第 117 条 【纠纷的解决方式】

117.1 商业秘密合同纠纷的解决可以通过和解、诉讼、仲裁方式解决。

117.2 商业秘密合同纠纷发现能够和解的,应当首先采用和解方式解决。

117.3 不能和解解决的:

(1) 合同中约定仲裁条款,或者发生纠纷后双方就纠纷的解决达成仲裁协议的,应当按照约定向相关仲裁机构申请仲裁。

(2) 合同中没有约定仲裁条款,或者发生纠纷后双方也没有达成仲裁协议的,按照《中华人民共和国民事诉讼法》第 23 条、第 34 条的规定通过诉讼解决。

(3) 最高人民法院对商业秘密纠纷的司法管辖有专门规定的,按照该规定选择司法管辖。

(4) 因商业秘密权属产生纠纷的,解决方式参见本指引第七章。

(5) 对于因违反《中华人民共和国反不正当竞争法》第 10 条第 1 款第(三)项而产生的纠纷,律师应当注意对商业秘密侵权法律关系与合同法律关系的竞合进行选择。

(6) 适用合同纠纷法律关系的,解决方式参见本指引第八章。

(7) 适用商业秘密侵权法律关系的,解决方式参见本指引第九章。

※ 条文释解

1. 因为商业秘密纠纷事实的复杂性、主体关系的多样性和涉及多部法律,因此在确定纠纷解决方式时应当与管辖结合考虑。

2. 目前实践中,有些知识产权案件,法院会征询当事人的意见由第三方主持调解。在调解过程中,双方当事人均有机会陈述自己的意见和观点。调解形式也相对简单,氛围相对轻松,能够趋同或者达成一致意见,也不失为一个好的争议解决方式。达成调解协议的,也可以以人民法院调解书的方式予以确认。调解达成协议,但是未经过法院程序办理民事调解书的,双方签署的调解协议书也可以作为具有合同效力的文书,当调解协议的履行或者调解协议的内容发生争议的,一方当事人可以就调解协议问题向人民法院提起诉讼,人民法院按照合同纠纷进行审理。但如果是当事人一方以原纠纷向人民法院起诉,对方当事人以调解协议抗辩并提供调解协议书的,调解协议的内容还要再进行审理。

※ **依据**

文件名称	条款内容
2005年佛山市中级人民法院《关于审理劳动争议案件的若干意见》	2. 因商业秘密被侵害而引起的纠纷是否属劳动争议案件? 劳动和社会保障部办公厅关于《劳动争议案中涉及商业秘密侵权问题的函》(劳社厅函〔1999〕69号)规定,劳动合同中如果明确约定了有关保守商业秘密的内容,由于劳动者未履行,造成用人单位商业秘密被侵害而发生劳动争议,当事人向劳动争议仲裁委员会申请仲裁的,仲裁委员会应当受理,并依据有关规定和劳动合同的约定作出裁决。实践中,商业秘密被侵害时,权利人可以寻求民法、劳动法等法律救济途径,应当充分保障权利人多元化的救济途径。劳动合同争议与保密合同争议所涉及的权利和义务不尽相同,如果用人单位直接依据保密合同请求法院追究劳动者的民事责任,法院一般不宜以争议未经仲裁直接驳回当事人的请求。 3. 因竞业限制而引起的纠纷是否属劳动争议案件? 因竞业限制而引起的纠纷包括因约定竞业限制条款而无相应经济补偿而引起的补偿纠纷和请求确认竞业限制条款无效纠纷以及因违反竞业限制条款而引起的赔偿纠纷等。我们认为,竞业限制的约定是在劳动合同履行期间或履行期满后对劳动者就业限制的一种约定,实际是劳动合同的履行内容或劳动合同履行的一种续延。故因竞业禁止而引起的纠纷一般应视为劳动合同纠纷,应仲裁前置。但如果用人单位以不正当竞争纠纷为由起诉劳动者和新用人单位,则可以不正当竞争纠纷直接受理,无需仲裁前置。
2007年天津市高级人民法院《审理侵犯商业秘密纠纷案件研讨会纪要》	10. 企、事业单位依法与员工单独订立的保密合同或劳动合同中的保密条款具有相对独立性,不因劳动合同解除失效。企、事业员工离职后违反保密合同的约定,侵犯原所在单位商业秘密的,企、事业单位可以依据保密合同或合同中的保密条款,独立提起保密合同纠纷诉讼。该类案件不属劳动争议案件,不受劳动争议处理程序的限制。 11. 民事合同中有商业秘密保密条款约定的,当事人可以单独就保密条款纠纷提起诉讼,不受合同履行期限或合同中途解除的影响,但依法应确认无效的合同或当事人另有约定的除外。 12. 在立案或审理中发现侵权纠纷与合同纠纷竞合的,应分别情况处理,选择合同纠纷诉讼一般只能起诉合同相对人;选择侵权诉讼可以起诉任何侵权人。当事人选择侵权诉讼的,按照侵权案件适用法律处理,不审理其中的合同纠纷内容。

（续表）

文件名称	条款内容
2009年最高人民法院《关于建立健全诉讼与非诉讼相衔接的矛盾纠纷解决机制的若干意见》	14. 对属于人民法院受理民事诉讼的范围和受诉人民法院管辖的案件，人民法院在收到起诉状或者口头起诉之后、正式立案之前，可以依职权或者经当事人申请后，委派行政机关、人民调解组织、商事调解组织、行业调解组织或者其他具有调解职能的组织进行调解。当事人不同意调解或者在商定、指定时间内不能达成调解协议的，人民法院应当依法及时立案。 15. 经双方当事人同意，或者人民法院认为确有必要的，人民法院可以在立案后将民事案件委托行政机关、人民调解组织、商事调解组织、行业调解组织或者其他具有调解职能的组织协助进行调解。当事人可以协商选定有关机关或者组织，也可商请人民法院确定。 调解结束后，有关机关或者组织应当将调解结果告知人民法院。达成调解协议的，当事人可以申请撤诉、申请司法确认，或者由人民法院经过审查后制作调解书。调解不成的，人民法院应当及时审判。
2012年最高人民法院《关于扩大诉讼与非诉讼相衔接的矛盾纠纷解决机制改革试点总体方案》	10. 赋予调解协议合同效力。特邀调解组织或者特邀调解员主持调解达成协议后，当事人就调解协议的履行或者调解协议的内容发生争议的，一方当事人可以就调解协议问题向人民法院提起诉讼，人民法院按照合同纠纷进行审理。当事人一方以原纠纷向人民法院起诉，对方当事人以调解协议抗辩并提供调解协议书的，应当就调解协议的内容进行审理。

第118条　【综合运用诉讼方法】

结合个案，充分考虑和采用法律允许使用的手段和措施：

118.1　慎重分析原告的诉讼请求和被告抗辩的理由、证据材料以及涉及的相关法律依据。

118.2　对方当事人可能对自己提交证据的质证意见，并准备辩驳意见。

118.3　提出不公开审理申请和证据保密申请，以避免商业秘密的二次披露。

118.4　考虑提出证据保全、财产保全、延期举证、申请证人出庭、申请专家辅助人、技术鉴定、价值评估等各种申请。

118.5　作为原告代理人，要注意诉讼请求变更的时机；作为被告的代理人，要注意是否提出管辖异议和/或反诉。

※ 条文释解

目前可以申请诉前停止侵害知识产权的仅有"申请诉前停止侵害专利权""申请诉前停止侵害注册商标专用权""申请诉前停止侵害著作权"和"申请诉前停止侵害植物新品种权"四类，并不包括商业秘密。

但《2013年上海法院知识产权审判白皮书》中提到："美国礼来公司等诉黄孟炜侵害商业秘密纠纷案，法院依法裁定禁止黄孟炜披露、使用或允许他人使用美国礼来公司等主张作为商业秘密保护的文件，该案系国内首例依据修改后的《民事诉讼法》

在商业秘密侵权诉讼中适用行为保全措施的案件,该行为保全裁定作出后法院立即要求黄孟炜作出'在终审判决之前绝不作出违反法院裁定行为'的承诺,执行取得预期效果。"该案列为2013年最高人民法院公布的8起知识产权保护典型案例之一。目前,最高人民法院《关于审查知识产权与竞争纠纷行为保全案件适用法律若干问题的解释(征求意见稿)》已经向社会公开征求意见,也许很快会予以颁布。

※ **依据**

文件名称	条款内容
2012年《民事诉讼法》	第一百条 人民法院对于可能因当事人一方的行为或者其他原因,使判决难以执行或者造成当事人其他损害的案件,根据对方当事人的申请,可以裁定对其财产进行保全、责令其作出一定行为或者禁止其作出一定行为;当事人没有提出申请的,人民法院在必要时也可以裁定采取保全措施。 人民法院采取保全措施,可以责令申请人提供担保,申请人不提供担保的,裁定驳回申请。 人民法院接受申请后,对情况紧急的,必须在四十八小时内作出裁定;裁定采取保全措施的,应当立即开始执行。
2015年最高人民法院《关于适用〈中华人民共和国民事诉讼法〉的解释》	第九十九条 人民法院应当在审理前的准备阶段确定当事人的举证期限。举证期限可以由当事人协商,并经人民法院准许。 人民法院确定举证期限,第一审普通程序案件不得少于十五日,当事人提供新的证据的第二审案件不得少于十日。 举证期限届满后,当事人对已经提供的证据,申请提供反驳证据或者对证据来源、形式等方面的瑕疵进行补正的,人民法院可以酌情再次确定举证期限,该期限不受前款规定的限制。 第一百条 当事人申请延长举证期限的,应当在举证期限届满前向人民法院提出书面申请。 申请理由成立的,人民法院应当准许,适当延长举证期限,并通知其他当事人。延长的举证期限适用于其他当事人。 申请理由不成立的,人民法院不予准许,并通知申请人。 第一百零三条 证据应当在法庭上出示,由当事人互相质证。未经当事人质证的证据,不得作为认定案件事实的根据。 当事人在审理前的准备阶段认可的证据,经审判人员在庭审中说明后,视为质证过的证据。 涉及国家秘密、商业秘密、个人隐私或者法律规定应当保密的证据,不得公开质证。 第一百五十二条 人民法院依照民事诉讼法第一百条、第一百零一条规定,在采取诉前保全、诉讼保全措施时,责令利害关系人或者当事人提供担保的,应当书面通知。 利害关系人申请诉前保全的,应当提供担保。申请诉前财产保全的,应当提供相当于请求保全数额的担保;情况特殊的,人民法院可以酌情处理。申请诉前行为保全的,担保的数额由人民法院根据案件的具体情况决定。 在诉讼中,人民法院依申请或者依职权采取保全措施的,应当根据案件的具体情况,决定当事人是否应当提供担保以及担保的数额。

※ **案例 6.1-17：美国礼来公司、礼来(中国)研发有限公司诉黄孟炜侵害商业秘密纠纷案**①

一、基本案情

申请人(原告)：美国礼来公司(Eli Lilly and Company)

申请人(原告)：礼来(中国)研发有限公司(以下简称礼来中国公司)

被申请人(被告)：黄孟炜。

被申请人于 2012 年 5 月入职礼来中国公司，双方签订了《保密协议》。2013 年 1 月，被申请人从礼来中国公司的服务器上下载了 48 个申请人所拥有的文件(申请人宣称其中 21 个为其核心机密商业文件)，并将上述文件私自存储至被申请人所拥有的设备中。经交涉，被申请人签署同意函，承认下载了 33 个属于公司的保密文件，并承诺允许申请人指定的人员检查和删除上述文件。此后，申请人曾数次派员联系被申请人，但被申请人拒绝履行同意函约定的事项。申请人于 2013 年 2 月 27 日致信被申请人宣布解除双方劳动关系。2013 年 7 月，美国礼来公司、礼来中国公司以黄孟炜侵害技术秘密为由诉至上海市第一中级人民法院，同时提出行为保全的申请，请求法院责令被申请人黄孟炜不得披露、使用或者允许他人使用从申请人处盗取的 21 个商业秘密文件。为此，申请人向法院提供了涉案 21 个商业秘密文件的名称及内容、承诺书等证据材料，并就上述申请提供了担保金。

二、裁定要点

上海市第一中级人民法院审查认为，"申请人提交的证据能够初步证明被申请人获取并掌握了申请人的商业秘密文件，由于被申请人未履行允许检查和删除上述文件的承诺，致使申请人所主张的商业秘密存在被披露、使用或者外泄的危险，可能对申请人造成无法弥补的损害，符合行为保全的条件。2013 年 7 月 31 日，该院作出民事裁定，禁止被申请人黄孟炜披露、使用或允许他人使用申请人美国礼来公司、礼来中国公司主张作为商业秘密保护的 21 个文件"。

第二节 管辖确定

第 119 条 【管辖部门】

119.1 初步判断纠纷的性质，确定不同的主管部门。

(1) 属于用人单位和员工之间的劳动合同纠纷，应向劳动仲裁部门申请仲裁。

(2) 属于用人单位和员工及其新聘用单位之间的侵权纠纷，应向人民法院起诉；对于侵权纠纷，也可向工商行政管理部门投诉；属于平等民事主体之间的合同纠纷(不包括劳动合同)，应向人民法院或者商事仲裁委员会起诉或者申请仲裁。

---

① 案例来源：vip.chinalawinfo.com(北大法宝)。

(3) 涉嫌商业秘密犯罪的,可以向公安机关报案,也可以直接向人民法院提起刑事自诉。

119.2 员工与第三人共同侵权的,可以将员工和第三人作为共同被告直接向法院起诉。

119.3 对于因劳动者与用人单位之间的竞业限制协议引发的纠纷,如果当事人以违约为由主张权利,则属于劳动争议,依法应当通过劳动争议处理程序解决;如果当事人以侵犯商业秘密为由主张权利,则属于不正当竞争纠纷,人民法院可以依法直接予以受理。①

119.4 员工离职后违反保密合同的约定,侵犯原所在单位商业秘密的,企事业单位可以依据保密合同或合同中的保密条款,独立提起保密合同纠纷诉讼。该类案件不属劳动争议案件,不受劳动争议处理程序的限制。②

119.5 劳动合同中如果明确约定了有关保守商业秘密的内容,由于劳动者未履行,造成用人单位商业秘密被侵害而发生劳动争议,当事人向劳动争议仲裁委员会申请仲裁的,仲裁委员会应当受理,并依据有关规定和劳动合同的约定作出裁决。③

※ 条文释解

1. 竞业限制违约、保密协议违约和侵权诉讼之间的关系,要特别注意,不是所有违反竞业限制、保密协议的行为一定构成侵害商业秘密。

首先,国家对于竞业限制与侵害商业秘密关系的审判原则是"妥善处理保护商业秘密与自由择业、涉密者竞业限制和人才合理流动的关系,维护劳动者正当就业、创业的合法权益"④。"妥善处理商业秘密保护和竞业限制协议的关系,竞业限制协议以可保护的商业秘密存在为前提,但两者具有不同的法律依据和行为表现,违反竞业限制义务不等于侵犯商业秘密,竞业限制的期限也不等于保密期限。原告以侵犯商业秘密为由提起侵权之诉,不受已存在竞业限制约定的限制。"⑤

其次,毕竟违约诉讼与侵权诉讼的不同是十分明显的,其所证明的难度和法律责任也有很大的区别,慎重考虑予以选择,是律师在前期必须充分权衡的一项重要工作。

2. 目前,在几个市有知识产权仲裁委员会,例如:青岛知识产权仲裁委员会、上海知识产权仲裁委员会、杭州知识产权仲裁院、重庆知识产权仲裁院、广州仲裁委员会知识产权仲裁中心、武汉仲裁委员会知识产权仲裁院等。知识产权仲裁委员会隶

---

① 最高人民法院 2010 年 4 月发布的《最高人民法院知识产权案件年度报告》中"40.关于依据劳动合同中的保密或竞业限制条款提起的商业秘密侵权案件的管辖"。
② 天津市高级人民法院 2007 年 4 月 11 日印发的《审理侵犯商业秘密纠纷案件研讨会纪要》第 10 条。
③ 劳动和社会保障部办公厅 1999 年 7 月 7 日发布的《关于劳动争议案中涉及商业秘密侵权问题的函》(劳社厅函〔1999〕69 号)。
④ 最高人民法院《关于当前经济形势下知识产权审判服务大局若干问题的意见》(法发〔2009〕23 号)。
⑤ 最高人民法院《关于充分发挥知识产权审判职能作用推动社会主义文化大发展大繁荣和促进经济自主协调发展若干问题的意见》(法发〔2011〕18 号)。

属于当地的仲裁委员会,依托当地资源,按照仲裁委员会的规则进行仲裁活动,是仲裁委员会的专业机构。因为知识产权仲裁院不受地域和级别的限制,当事人除了向人民法院提起诉讼之外,也可以约定向知识产权仲裁院申请仲裁。

第120条 【地域管辖】

120.1 侵权纠纷案件的地域管辖,可按实际情况选择在被告所在地或侵权行为地起诉,其中,侵权行为地包括侵权行为实施地和侵权结果发生地。侵权行为地应当根据原告指控的侵权人的具体侵权行为来确定。

120.2 侵权行为实施地是指被告被指控实施侵权行为的地域,包括非法获取商业秘密地、非法披露商业秘密地和非法使用商业秘密地。

120.3 侵权结果发生地,应当理解为是侵权行为直接产生的结果发生地,不能以原告受到损害就认为原告所在地就是侵权结果发生地,也不能将侵权结果到达地作为侵权结果发生地,应明确"侵权结果"针对的是哪些具体的侵权行为。

120.4 合同纠纷案件的地域管辖,可按具体情况选择在被告所在地或合同履行地起诉。

120.5 权属纠纷案件的地域管辖,可按具体情况选择在被告所在地或合同履行地起诉。

120.6 劳动争议案件的地域管辖,劳动争议仲裁委员会负责管辖本区域内发生的劳动争议案件。劳动争议案件由劳动合同履行地或者用人单位所在地的劳动争议仲裁委员会管辖。双方当事人分别向劳动合同履行地和用人单位所在地的劳动争议仲裁委员会申请仲裁的,由劳动合同履行地的劳动争议仲裁委员会管辖。

120.7 商事仲裁委员会应当由当事人协商选定,仲裁不实行级别管辖和地域管辖。

※ **案例6.2-18**:艾利丹尼森公司、艾利(广州)有限公司、艾利(昆山)有限公司、艾利(中国)有限公司与四维企业股份有限公司、四维实业(深圳)有限公司、南海市里水意利印刷厂、佛山市环市镇东升汾江印刷厂经营部侵犯商业秘密纠纷管辖权异议上诉案[①]

最高人民法院裁定认为:销售侵犯商业秘密所制造的侵权产品不属于《反不正当竞争法》第10条规定的侵犯商业秘密的行为;使用商业秘密的行为实施地和结果发生地通常是重合的,亦即,使用商业秘密的过程,一般是制造侵权产品的过程,当侵权产品制造完成时,使用商业秘密的侵权结果即同时发生,不宜将该侵权产品的销售地视为使用商业秘密的侵权结果地。可见,之所以不将销售侵犯商业秘密产品的地点作为侵权行为地,是因为此类销售行为不是法定的侵犯商业秘密行为,而侵犯商业秘密行为的具体类型都是法定的。最终裁定该案移送江苏省高级人民法院处理。

[①] 参见孔祥俊:《反不正当竞争法的创新性适用》,中国法制出版社2014年版,第147页。

第 121 条 【级别管辖】

121.1 在级别管辖上,商业秘密纠纷除应当由高级人民法院管辖和经最高人民法院指定具有一般知识产权民事案件管辖权的基层人民法院管辖的以外,均由中级人民法院管辖。

121.2 具有一般知识产权民事案件管辖权的基层法院的管辖标准,按照最高人民法院颁布并自 2010 年 2 月 1 日起施行的《基层人民法院管辖第一审知识产权民事案件标准》执行。

121.3 高级人民法院的管辖标准,按照最高人民法院颁布并自 2010 年 2 月 1 日起施行的《关于调整地方各级人民法院管辖第一审知识产权民事案件标准的通知》执行,即"高级人民法院管辖诉讼标的额在 2 亿元以上的第一审知识产权民事案件,以及诉讼标的额在 1 亿元以上且当事人一方住所地不在其辖区或者涉外、涉港澳台的第一审知识产权民事案件"。

121.4 劳动争议仲裁委员会负责管辖本区域内发生的劳动争议案件。劳动争议仲裁不实行级别管辖。

121.5 商事仲裁委员会应当由当事人协商选定,仲裁不实行级别管辖和地域管辖。

※ 依据

文件名称	条款内容
2005 年佛山市中级人民法院《关于审理劳动争议案件的若干意见》	2. 因商业秘密被侵害而引起的纠纷是否属劳动争议案件? 劳动和社会保障部办公厅关于《劳动争议案中涉及商业秘密侵权问题的函》(劳社厅函〔1999〕69 号)规定,劳动合同中如果明确约定了有关保守商业秘密的内容,由于劳动者未履行,造成用人单位商业秘密被侵害而发生劳动争议,当事人向劳动争议仲裁委员会申请仲裁的,仲裁委员会应当受理,并依据有关规定和劳动合同的约定作出裁决。实践中,商业秘密被侵害时,权利人可以寻求民法、劳动法等法律救济途径,应当充分保障权利人多元化的救济途径。劳动合同争议与保密合同争议所涉及的权利和义务不尽相同,如果用人单位直接依据保密合同请求法院追究劳动者的民事责任,法院一般不宜以争议未经仲裁直接驳回当事人的请求。

(续表)

文件名称	条款内容
2005年佛山市中级人民法院《关于审理劳动争议案件的若干意见》	3. 因竞业限制而引起的纠纷是否属劳动争议案件？ 因竞业限制而引起的纠纷包括因约定竞业限制条款而无相应经济补偿而引起的补偿纠纷和请求确认竞业限制条款无效纠纷以及因违反竞业限制条款而引起的赔偿纠纷等。我们认为，竞业限制的约定是在劳动合同履行期间或履行期满后对劳动者就业限制的一种约定，实际是劳动合同的履行内容或劳动合同履行的一种续延。故因竞业禁止而引起的纠纷一般应视为劳动合同纠纷，应仲裁前置。但如果用人单位以不正当竞争纠纷为由起诉劳动者和新用人单位，则可以不正当竞争纠纷直接受理，无需仲裁前置。
2011年江苏省高级人民法院、江苏省人民检察院、江苏省公安厅《关于办理知识产权刑事案件若干程序问题的意见》	第一条　侵犯知识产权犯罪案件由犯罪地公安机关立案侦查。必要时，可以由犯罪嫌疑人居住地公安机关立案侦查。侵犯知识产权案件的犯罪地，包括侵权产品制造地、储存地、运输地、销售地、传播侵权作品、销售侵权产品的网站服务器所在地、网络接入地、网站建立者或者管理者所在地，侵权作品上传者所在地，权利人受到实际侵害的犯罪结果发生地。对有多个侵犯知识产权犯罪的，由最初受理的公安机关或者主要犯罪地公安机关管辖。多个侵犯知识产权犯罪地的公安机关对管辖有争议的，由共同的上级公安机关指定管辖，需要提请批准逮捕、移送审查起诉、提起公诉的，由该公安机关所在地的同级人民检察院、人民法院受理。 对于不同犯罪嫌疑人、犯罪团伙跨区域实施的涉及同一批侵权产品的制造、储存、运输、销售等侵犯知识产权犯罪行为，符合并案处理要求的，有关公安机关可以一并立案侦查，需要提请逮捕、移送审查起诉、提起公诉的，由该公安机关所在地的同级人民检察院、人民法院受理，无需再提请指定管辖。
2012年《民事诉讼法》	第十七条　基层人民法院管辖第一审民事案件，但本法另有规定的除外。 第十八条　中级人民法院管辖下列第一审民事案件： （一）重大涉外案件； （二）在本辖区有重大影响的案件； （三）最高人民法院确定由中级人民法院管辖的案件。 第十九条　高级人民法院管辖在本辖区有重大影响的第一审民事案件。 第二十条　最高人民法院管辖下列第一审民事案件： （一）在全国有重大影响的案件； （二）认为应当由本院审理的案件。 第二十三条　因合同纠纷提起的诉讼，由被告住所地或者合同履行地人民法院管辖。 第二十八条　因侵权行为提起的诉讼，由侵权行为地或者被告住所地人民法院管辖。

(续表)

文件名称	条款内容
2012年《民事诉讼法》	第三十四条　合同或者其他财产权益纠纷的当事人可以书面协议选择被告住所地、合同履行地、合同签订地、原告住所地、标的物所在地等与争议有实际联系的地点的人民法院管辖,但不得违反本法对级别管辖和专属管辖的规定。 第三十五条　两个以上人民法院都有管辖权的诉讼,原告可以向其中一个人民法院起诉;原告向两个以上有管辖权的人民法院起诉的,由最先立案的人民法院管辖。
2015年最高人民法院《关于适用〈中华人民共和国民事诉讼法〉的解释》	一、管辖 第一条　民事诉讼法第十八条第一项规定的重大涉外案件,包括争议标的额大的案件、案情复杂的案件,或者一方当事人人数众多等具有重大影响的案件。 第二条　专利纠纷案件由知识产权法院、最高人民法院确定的中级人民法院和基层人民法院管辖。 海事、海商案件由海事法院管辖。 第十八条　合同约定履行地点的,以约定的履行地点为合同履行地。 合同对履行地点没有约定或者约定不明确,争议标的为给付货币的,接收货币一方所在地为合同履行地;交付不动产的,不动产所在地为合同履行地;其他标的,履行义务一方所在地为合同履行地。即时结清的合同,交易行为地为合同履行地。 合同没有实际履行,当事人双方住所地都不在合同约定的履行地的,由被告住所地人民法院管辖。 第十九条　财产租赁合同、融资租赁合同以租赁物使用地为合同履行地。合同对履行地有约定的,从其约定。 第二十四条　民事诉讼法第二十八条规定的侵权行为地,包括侵权行为实施地、侵权结果发生地。 第二十五条　信息网络侵权行为实施地包括实施被诉侵权行为的计算机等信息设备所在地,侵权结果发生地包括被侵权人住所地。 第二十七条　当事人申请诉前保全后没有在法定期间起诉或者申请仲裁,给被申请人、利害关系人造成损失引起的诉讼,由采取保全措施的人民法院管辖。 当事人申请诉前保全后在法定期间内起诉或者申请仲裁,被申请人、利害关系人因保全受到损失提起的诉讼,由受理起诉的人民法院或者采取保全措施的人民法院管辖。 第二十九条　民事诉讼法第三十四条规定的书面协议,包括书面合同中的协议管辖条款或者诉讼前以书面形式达成的选择管辖的协议。 第三十条　根据管辖协议,起诉时能够确定管辖法院的,从其约定;不能确定的,依照民事诉讼法的相关规定确定管辖。 管辖协议约定两个以上与争议有实际联系的地点的人民法院管辖,原告可以向其中一个人民法院起诉。 第三十三条　合同转让的,合同的管辖协议对合同受让人有效,但转让时受让人不知道有管辖协议,或者转让协议另有约定且原合同相对人同意的除外。

(续表)

文件名称	条款内容
2014年最高人民法院《关于北京、上海、广州知识产权法院案件管辖的规定》	第一条 知识产权法院管辖所在市辖区内的下列第一审案件： （一）专利、植物新品种、集成电路布图设计、技术秘密、计算机软件民事和行政案件； （二）对国务院部门或者县级以上地方人民政府所作的涉及著作权、商标、不正当竞争等行政行为提起诉讼的行政案件； （三）涉及驰名商标认定的民事案件。 第二条 广州知识产权法院对广东省内本规定第一条第（一）项和第（三）项规定的案件实行跨区域管辖。 第三条 北京市、上海市各中级人民法院和广州市中级人民法院不再受理知识产权民事和行政案件。 广东省其他中级人民法院不再受理本规定第一条第（一）项和第（三）项规定的案件。 北京市、上海市、广东省各基层人民法院不再受理本规定第一条第（一）项和第（三）项规定的案件。 第四条 案件标的既包含本规定第一条第（一）项和第（三）项规定的内容，又包含其他内容的，按本规定第一条和第二条的规定确定管辖。 第五条 下列第一审行政案件由北京知识产权法院管辖： （一）不服国务院部门作出的有关专利、商标、植物新品种、集成电路布图设计等知识产权的授权确权裁定或者决定的； （二）不服国务院部门作出的有关专利、植物新品种、集成电路布图设计的强制许可决定以及强制许可使用费或者报酬的裁决的； （三）不服国务院部门作出的涉及知识产权授权确权的其他行政行为的。 第六条 当事人对知识产权法院所在市的基层人民法院作出的第一审著作权、商标、技术合同、不正当竞争等知识产权民事和行政判决、裁定提起的上诉案件，由知识产权法院审理。 第七条 当事人对知识产权法院作出的第一审判决、裁定提起的上诉案件和依法申请上一级法院复议的案件，由知识产权法院所在地的高级人民法院知识产权审判庭审理。 第八条 知识产权法院所在省（直辖市）的基层人民法院在知识产权法院成立前已经受理但尚未审结的本规定第一条第（一）项和第（三）项规定的案件，由该基层人民法院继续审理。 除广州市中级人民法院以外，广东省其他中级人民法院在广州知识产权法院成立前已经受理但尚未审结的本规定第一条第（一）项和第（三）项规定的案件，由该中级人民法院继续审理。

第122条 【提出管辖权异议应注意的问题】

122.1 代理被告提出管辖权异议的，应当在提交答辩状期间提出。

122.2 为了争取更充分地了解案情和收集证据应诉，或者为了延缓实体审理，被告通常会提出管辖权异议。

122.3 代理原告选择管辖法院应当综合各类因素考虑,如:被告单一或多个、所在地域、诉讼便利、执法环境、证据保全的便利程度等。

※ 条文释解

基于几项原因,被告会提出管辖权异议:
(1) 管辖存在可争议或者不符合法律规定的地方;
(2) 尚未准备充分,需要一些时间;
(3) 纯粹是为了将诉讼手段用足。

原告代理人应当对于被告方提出的异议申请进行分析,作出判断,予以应对。

第三节 证据保全和财产保全

第123条 【证据保全】

123.1 申请证据保全

申请证据保全是商业秘密纠纷案件中原告获胜的重要保障,保全的证据内容主要包括被告实施侵权行为和侵权获利的证据,具体方式可采用公证证据保全、诉前证据保全、诉中证据保全。

123.2 公证证据保全

从保护原告利益和防止证据灭失的角度来看,原告律师应当采用向公证机关申请证据保全的方式收集并固定证据。公证证据具有较强的证明力,除了有相反证据足以推翻公证证据的情形外,对经过公证的法律行为、法律事实和文书,其证据效力应当被确认。

123.3 诉前证据保全

诉前证据保全是向立案法院提出申请,并应当由法院裁定进行,因此有相应的难度。有的地方,高级人民法院的规范性文件就规定,在审理侵犯商业秘密纠纷案件中,不适用我国专利法等知识产权专门法关于诉前临时禁止措施和诉前证据保全的规定。[①] 但是目前部分法院对当事人的申请进行审查,认为确有必要的,可以裁定进行。

123.4 诉中证据保全

与诉前证据保全相比,诉中证据保全相对容易。但实践中通常还需要具备一定的条件,譬如原告的权利内容明确、权利来源和权利基础合法有效、侵权嫌疑较大、保全证据的内容和线索具体、当事人确实不能通过公证等方式自行获取以及提供相应的担保等。

---

① 天津市高级人民法院2007年4月11日印发的《审理侵犯商业秘密纠纷案件研讨会纪要》第13条。

※ 依据

文件名称	条款内容
2010年江苏省高级人民法院《侵犯商业秘密纠纷案件审理指南》	6.1 财产保全 当事人提出财产保全申请的,应依照《民事诉讼法》有关规定进行审查。当事人申请符合法律规定且又提供有效担保的,一般情况下,应准许其财产保全申请。 6.2 证据保全 当事人申请证据保全的,应当依照《民事诉讼法》第七十四条有关证据保全的规定对其申请进行审查,并决定是否采取证据保全。如果合议庭认为申请人申请符合法律规定的,可根据案情决定是否要求申请人提供担保。 侵犯商业秘密纠纷案件中,当事人申请证据保全主要集中于两类证据: (1) 被告的侵权获利,如企业财务账册等。这一情况下,可要求原告先至工商、税务、海关等部门调取被告经营状况及利润的证据,而不必一律依照原告的申请对被告财务账册等资料进行封存,以免影响被告的正常生产经营。 (2) 被告的侵权证据,如被告与客户的往来合同、被告的生产技术资料等。这一情况下,应要求原告提供被告侵权的初步证据,再决定是否准许原告的申请。如果原告并未提供被告侵权的初步证据,一般不应准许其申请。 6.3 法院依当事人申请调查取证 当事人申请法院向案外人调查取证的,一般应先行向其签发人民法院调查令,由申请人代理律师持调查令向案外人收集证据。当事人持人民法院调查令收集证据仍被拒绝的,再次申请法院调查取证的,合议庭应当根据《民事诉讼法》和《证据规定》的有关规定进行审查并作出决定。 6.4 临时禁令 侵犯商业秘密纠纷案件中,当事人提出临时禁令申请,应当以其申请无法律依据为由不予准许。
2012年《民事诉讼法》	第六十四条 当事人对自己提出的主张,有责任提供证据。 当事人及其诉讼代理人因客观原因不能自行收集的证据,或者人民法院认为审理案件需要的证据,人民法院应当调查收集……
2015年最高人民法院《关于适用〈中华人民共和国民事诉讼法〉的解释》	第九十四条 民事诉讼法第六十四条第二款规定的当事人及其诉讼代理人因客观原因不能自行收集的证据包括: (一) 证据由国家有关部门保存,当事人及其诉讼代理人无权查阅调取的; (二) 涉及国家秘密、商业秘密或者个人隐私的; (三) 当事人及其诉讼代理人因客观原因不能自行收集的其他证据。 当事人及其诉讼代理人因客观原因不能自行收集的证据,可以在举证期限届满前书面申请人民法院调查收集。 第九十五条 当事人申请调查收集的证据,与待证事实无关联、对证明待证事实无意义或者其他无调查收集必要的,人民法院不予准许。

(续表)

文件名称	条款内容
2014年最高人民法院《关于适用〈中华人民共和国民事诉讼法〉的解释》	第九十六条　民事诉讼法第六十四条第二款规定的人民法院认为审理案件需要的证据包括： （一）涉及可能损害国家利益、社会公共利益的； （二）涉及身份关系的； （三）涉及民事诉讼法第五十五条规定诉讼的； （四）当事人有恶意串通损害他人合法权益可能的； （五）涉及依职权追加当事人、中止诉讼、终结诉讼、回避等程序性事项的。 除前款规定外，人民法院调查收集证据，应当依照当事人的申请进行。 第九十七条　人民法院调查收集证据，应当由两人以上共同进行。调查材料要由调查人、被调查人、记录人签名、捺印或者盖章。 第九十八条　当事人根据民事诉讼法第八十一条第一款规定申请证据保全的，可以在举证期限届满前书面提出。 证据保全可能对他人造成损失的，人民法院应当责令申请人提供相应的担保。
2014年浙江省高级人民法院民三庭《关于知识产权民事诉讼证据保全的实施意见》	第四条　人民法院应谨慎行使"证据可能灭失或者以后难以取得"的自由裁量权，既要充分考量知识产权证据的不稳定性和易毁灭性等特点，及时有效地采取保全措施，又要防止当事人滥用证据保全程序，转移举证责任、耗费司法资源。 第六条　人民法院应及时对证据保全申请的合法性进行审查： （一）申请人为适格主体。申请人一般为权利人或者利害关系人。特殊情况下，被诉侵权人也可以作为申请人。其中利害关系人包括知识产权财产权利的合法继承人和知识产权许可合同的被许可人等。独占实施许可合同的被许可人可以单独向人民法院提出申请；排他实施许可合同的被许可人在权利人不申请的情况下，可以提出申请；普通实施许可合同的被许可人经权利人明确授权的，可以提出申请。 （二）申请人提交了证明自己权利存在以及该权利遭受被申请人侵害的初步证据。证明权利存在的初步证据主要包括专利权证书、专利缴费凭证、专利登记簿副本、商标注册证书、著作权登记证书、作品底稿、公开出版物等，利害关系人除需提供上述证据外，还应提供实施许可合同、证明其合法继承人身份的材料等。申请人提供的存在侵权事实的证人证言，一般不得单独作为证明权利遭受侵害的初步证据。 （三）申请保全的证据内容属于由申请人承担举证责任的内容； （四）其他需要审查的事项。 第七条　人民法院应及时对当事人提出证据保全申请的必要性进行审查，即申请保全的证据可能灭失或以后难以取得，且当事人及其诉讼代理人因客观原因不能自行收集。 下列情形，人民法院对证据保全申请可以不予准许： （一）证据可由当事人通过购买等方式自行取得； （二）证据可由公证机关保全取得；

(续表)

文件名称	条款内容
2014年浙江省高级人民法院民三庭《关于知识产权民事诉讼证据保全的实施意见》	（三）有证据证明持有证据的一方当事人无正当理由拒不提供； （四）其他不需要采取证据保全措施的。 第八条　人民法院应对当事人提出保全申请的证据的关联性进行审查： （一）申请保全的证据的内容所能证明的对象属于诉讼请求涉及的范围； （二）申请保全的证据与被诉侵权行为的存在、状态、规模及权利受损程度等待证事实具有关联性； （三）其他需要审查的事项。 第十四条　人民法院应依法保障申请人在证据保全执行中享有的见证权和指认权，被申请人享有的陈述权和异议权。在采取证据保全措施前，应当向双方当事人送达权利义务告知书。 对于技术性较强的保全措施，应当允许当事人聘请的专业人士参与。 申请人不宜到场参与证据保全的，人民法院可以要求申请人提供详细的保全线索，明确保全的地点、对象、步骤以及需要注意的事项等。人民法院应当及时将保全的证据交由申请人确认。 第十五条　人民法院应根据案件的具体情况，及时采取有效的证据保全措施： （一）查封或扣押生产被诉侵权产品的专用模具、专用机械设备等，并进行拍照； （二）查封或扣押被诉侵权产品的成品与半成品，并清点库存数量； （三）复制或扣押可反映生产或销售被诉侵权产品的数量、金额以及利润的财务账册或报表、生产记录、仓储记录、销售合同、报价单、销售发票等； （四）提取与被诉侵权产品有关的宣传资料、画册、产品目录等； （五）复制电脑及各种数据储存器中涉嫌侵权的程序、图纸、技术资料以及内部管理资料、客户资料等； （六）封存、提取易变质、不易保管的物品，应当同时进行照相、录像； （七）其他需要采取的证据保全措施。

第124条　【财产保全】

124.1　律师对根据已有证据详细论证胜诉可能性较高的，且对方可能转移、隐匿资金的，要及时申请财产保全。这样，既可以保障胜诉判决的赔偿执行问题，也可以给被告施加压力，促使被告主动和解。对于制止侵权，防止权利人损失扩大并保证生效判决的顺利执行具有重要意义。

124.2　由于商业秘密纠纷案件中原告相对较低的胜诉率，该类案件的财产保全申请被准许的难度也相应增加很多，因此，原告应尽力提供各方面能证明自己胜诉可能性和保全必要性的证据。

124.3　法院采取财产保全会严格按照民事诉讼法的有关规定慎重进行。在采取财产保全措施前，会严格审查当事人是否提出了财产保全的申请并提供了可靠的、足够的担保;申请人享有的商业秘密是否具有稳定的法律效力;被申请人的侵权事实是否明显;保全的范围是否合理,保全的方式是否适当,被申请人是否有偿付能力等。对于不必要保全的,或者保全结果会给被申请人的合法权益造成无法挽回的重大损失的,人民法院不会采取财产保全措施。

124.4 为了财产保全的有效性和及时性,在起诉之前或者立案同时提出财产保全申请为宜。

※ 依据

文件名称	条款内容
2010年江苏省高级人民法院《侵犯商业秘密纠纷案件审理指南》	6.1 财产保全 当事人提出财产保全申请的,应依照《民事诉讼法》有关规定进行审查。当事人申请符合法律规定且又提供有效担保的,一般情况下,应准许其财产保全申请。
2012年《民事诉讼法》	第一百条 人民法院对于可能因当事人一方的行为或者其他原因,使判决难以执行或者造成当事人其他损害的案件,根据对方当事人的申请,可以裁定对其财产进行保全、责令其作出一定行为或者禁止其作出一定行为;当事人没有提出申请的,人民法院在必要时也可以裁定采取保全措施。 人民法院采取保全措施,可以责令申请人提供担保,申请人不提供担保的,裁定驳回申请。 人民法院接受申请后,对情况紧急的,必须在四十八小时内作出裁定;裁定采取保全措施的,应当立即开始执行。

在【案例2.6-8】上海化工研究院诉昆山埃索托普化工有限公司、江苏汇鸿国际集团土产进出口苏州有限公司、陈伟元、程尚雄、强剑康商业秘密纠纷案中,原告上海化工研究院提出财产保全申请,要求查封、扣押、冻结被告昆山埃索托普化工有限公司银行存款128万元或者等值资产,并提供了担保。经上海市第二中级人民法院(2003)沪二中民五(知)初字第207号《民事裁定书》裁定:冻结被告昆山埃索托普化工有限公司银行存款人民币128万元或查封、扣押其等值资产。

第四节 鉴定与评估

第125条 【鉴定机构】

125.1 有关商业秘密的专业鉴定,属于知识产权司法鉴定,应当委托列入鉴定人名册的鉴定人进行鉴定,而且要求鉴定机构和人员必须取得知识产权司法鉴定资质,而不能是社会上一般的行业协会或组织。

125.2 人民法院同意当事人的鉴定申请的,通常应由当事人协商确定有鉴定资质的机构和人员,协商不成的,由人民法院指定,并通知当事人在合理的期限内对鉴定机构、鉴定人员的资格或者是否申请回避等事项提出意见。

※ **条文释解**

本节所述的鉴定,是指司法鉴定,是指在诉讼活动中鉴定人运用科学技术或者专门知识对诉讼涉及的专门性问题进行鉴别和判断并提供鉴定意见的活动,区别于课题项目在结题时由有关部门组织该专业领域的专家作出的"成果鉴定"。且国家对司法鉴定业务的鉴定人和鉴定机构实行登记管理制度,查验鉴定机构和鉴定人是否具备法定资质是保证鉴定结论能够作为合法、有效证据的关键。

1. 司法鉴定机构一般分为法医、物证、视听资料类、工程造价类、建筑工程质量类、知识产权类、机动车辆类、财务会计类等。

北京市司法鉴定机构知识产权类名录①附后,供参考:

华科知识产权司法鉴定中心
工业和信息化部软件与集成电路促进中心知识产权司法鉴定所
工业和信息化部电子科学技术情报研究所知识产权司法鉴定中心
工业和信息化部电信研究院知识产权司法鉴定所
北京国科知识产权司法鉴定中心
北京京洲科技知识产权司法鉴定中心
北京紫图知识产权司法鉴定中心
北京国威知识产权司法鉴定中心
北京智慧知识产权司法鉴定中心
北京菲沃德知识产权司法鉴定中心

2. 关于商业秘密的鉴定问题,如果一个较为偏僻地区的单位,经过多年研究开发出一个项目,在鉴定时,所采用的鉴定方式是比对现有技术是不公平的。第一,前述已经说过商业秘密是相对秘密性,并非绝对秘密性。第二,如果他人采用了不正当手段获取商业秘密,而事后以别人的公开专利予以对抗,很显然是违背诚实信用的,而商业秘密处于竞争法中,其保护的根本就是诚实信用。

※ **依据**

文件名称	条款内容
2008年最高人民法院《关于民事诉讼证据的若干规定》	第二十五条 当事人申请鉴定,应当在举证期限内提出。符合本规定第二十七条规定的情形,当事人申请重新鉴定的除外。 对需要鉴定的事项负有举证责任的当事人,在人民法院指定的期限内无正当理由不提出鉴定申请或者不预交鉴定费用或者拒不提供相关材料,致使对案件争议的事实无法通过鉴定结论予以认定的,应当对该事实承担举证不能的法律后果。 第二十六条 当事人申请鉴定经人民法院同意后,由双方当事人协商确定有鉴定资格的鉴定机构、鉴定人员,协商不成的,由人民法院指定。

---

① 载 http://www.bafs.org.cn/list.php?cid=11。

(续表)

文件名称	条款内容
2001年最高人民法院《人民法院司法鉴定工作暂行规定》	第二条 本规定所称司法鉴定,是指在诉讼过程中,为查明案件事实,人民法院依据职权,或者应当事人及其他诉讼参与人的申请,指派或委托具有专门知识人,对专门性问题进行检验、鉴别和评定的活动。
2007年最高人民法院《对外委托鉴定、评估、拍卖等工作管理规定》	第五条 对外委托鉴定、评估、拍卖等工作按照公开、公平、择优的原则,实行对外委托名册制度,最高人民法院司法辅助工作部门负责《最高人民法院司法技术专业机构、专家名册》(以下简称《名册》)的编制和对入册专业机构、专家的工作情况进行监督和协调。 第十二条 选择鉴定、检验、评估、审计专业机构,指定破产清算管理人实行协商选择与随机选择相结合的方式。选择拍卖专业机构实行随机选择的方式。 凡需要由人民法院依职权指定的案件由最高人民法院司法辅助工作部门按照随机的方式,选择对外委托的专业机构,然后进行指定。
2016年司法部《司法鉴定程序通则》	第二条 司法鉴定是指在诉讼活动中鉴定人运用科学技术或者专门知识对诉讼涉及的专门性问题进行鉴别和判断并提供鉴定意见的活动。司法鉴定程序是指司法鉴定机构和司法鉴定人进行司法鉴定活动的方式、步骤以及相关的规则的总称。 第三条 本通则适用于司法鉴定机构和司法鉴定人从事各类司法鉴定业务的活动。
2012年北京市高级人民法院《关于规范委托知识产权司法鉴定工作的通知》	二、自2012年6月1日起,各级法院受理的知识产权纠纷案件需要委托司法鉴定机构进行司法鉴定的(鉴定范围详见附件),可先由当事人协商,在我院下发的知识产权司法鉴定机构名册范围内选择确定;当事人选择一致的,由案件承办法院自行委托该机构进行司法鉴定;当事人不同意协商或选择不一致的,各级法院应当填写《司法鉴定移送表》,由各院诉服办专人负责将相关材料报送市高级法院,由市高级法院在名册范围内随机确定司法鉴定机构;报送信息时,鉴定类别为"资产"、物品类别为"其他",物品名称分别为专利、商标、著作权、商业秘密、技术合同、集成电路布图、植物新品种,物品描述一栏应当清晰描述鉴定事项……

第126条 【鉴定内容】

126.1 一般是针对涉案的信息进行鉴定,包括非公知性鉴定和同一性鉴定两个部分。当事人应当明确鉴定的对象及其范围,主要包含权利人所称被侵权商业秘密是否不为公众所知悉,被侵权人使用的信息与权利人商业秘密是否相同或实质性相同等。

126.2 人民法院只能就专业技术事实和专业经营事实提出鉴定委托,权利人的技术信息、经营信息是否构成商业秘密,被诉侵权人是否侵权等是法律问题,不属于委托鉴定的范围,应由人民法院根据相应证据作出判定。

※ 条文释解

1. 商业秘密案件仅涉及技术秘密司法鉴定,包括"非公知性"鉴定和"同一性"鉴定两个部分。一般情况下,先做"非公知性"鉴定,再做"同一性"鉴定。当事人确实有把握的,可以同时进行。所谓同时进行是指申请和提交鉴定材料同时进行,用以节省办理手续的时间。在实际鉴定过程中,还是有先后次序的,对于鉴定结论为"非公知性"的技术点才有必要继续进行"同一性"鉴定。在司法实务中,律师可以提出先就"非公知性"的鉴定结论进行质证和辩论,然后再归纳确定"同一性"鉴定的技术点。

"客户名单等经营信息一般不具备鉴定的条件。"①

2. 要注意鉴定机构只能就技术事实问题作出鉴定意见,不应当对是否构成侵权作出判断。在《全面加强知识产权审判工作为建设创新型国家和构建和谐社会提供强有力的司法保障》中,最高人民法院原副院长曹建明先生也说过:"认定事实和适用法律是知识产权审判的两个基本环节,都是法官的职责,但在审判中应注意有所区别对待。一是,解决法律适用问题是法官的职责,不能把法律适用问题交给法官以外的任何人去判断,包括不能把权利是否存在、是否构成侵权、是否构成商业秘密等法律问题交由鉴定机构去判断。二是,知识产权案件中涉及的专门性问题多,经常需要通过鉴定或其他专门人员辅助的方式进行事实认定,但法官首先应当尽可能自行对事实问题作出判断,只有采取其他方式难以作出认定的专业技术事实问题,才可以委托鉴定。对商品类似和商标近似以及外观设计的近似性等,一般无须借助专业技术手段即可作出认定,原则上不宜进行鉴定。三是,法官决不能因为有鉴定结论和专业人员辅助就放弃事实认定职责,而是必须充分发挥开庭质证等审查判断证据的程序功能,认真审查并作出认定。特别是,在移交鉴定之前应当组织当事人对提交鉴定的材料进行质证;对鉴定结论也必须经过庭审质证,由法官结合涉案证据综合审查后独立作出评判。"如果鉴定意见出现法律判断或者诱导法律判断的,在质证时要明确、准确地提出己方的意见。

3. 2010年,《江苏省高级人民法院侵犯商业秘密纠纷案件审理指南》就司法鉴定的内容明确如下:"侵犯商业秘密纠纷案件中的司法鉴定一般涉及以下两项内容:原告主张的技术信息是否不为公众所知悉;原、被告的技术信息是否相同或实质性相同。原告对被告提供的供侵权对比的生产技术持有异议,认为按照该技术无法生产出涉案产品或无法达到被告所称技术效果的,可以就该问题(即被告提供技术的实用性)进行司法鉴定。"因此,除了对"非公知性"和"同一性"必要时作出鉴定外,下列情形也可以进行技术鉴定:

(1) 原告认为被告提供的对比技术无法实现现有侵权产品效果或者根本无法生产出相应产品的。

---

① 孔祥俊主编:《商业秘密司法保护实务》,中国法制出版社2012年版,第42页。

(2) 被告辩称在合法取得的商业秘密基础上进行后续改进所获得的更具先进性的技术鉴定。这是在被告实施、使用技术超出约定范围、地域、期限时的抗辩理由之一。

第 127 条 【鉴定材料的提交、选定、移送和固定】

127.1 商业秘密的鉴定材料是鉴定活动赖以开展的物质基础,其提交、选定、移送和固定至关重要,如果鉴定材料不提交、不完整、不真实、不充分,或者在移送中损毁、灭失抑或被调换,鉴定结论可能不被认定。

127.2 当事人应在指定限期内提交完整的资料供鉴定使用,否则,应承担鉴定结论对其不利的后果。

127.3 诉讼中法院委托鉴定的,应当按照证据的实质审查原则组织双方当事人对鉴定材料的关联性、真实性及合法性进行审查,并对当事人双方的意见制作笔录以确认鉴定材料真实、完整。

127.4 鉴定机构接受人民法院的委托,对诉讼中有争议的技术问题进行鉴定时,应以双方当事人经过庭审质证的真实、合法、有效的证据材料作为鉴定依据。依据未经双方当事人质证或者核对的证据材料所作出的鉴定结论,不是合法有效的证据,不能作为认定案件事实的依据。

对于鉴定材料的移送和固定,可以建议法院在鉴定材料质证合格后当面封存,并让双方当事人在笔录上签名或盖章,以及在鉴定材料封口处签名。

※ 条文释解

根据最高人民法院《人民法院司法鉴定工作暂行规定》,鉴定工作一般应按下列步骤进行:

(1) 审查鉴定委托书;
(2) 查验送检材料、客体,审查相关技术资料;
(3) 根据技术规范制订鉴定方案;
(4) 对鉴定活动进行详细记录;
(5) 出具鉴定文书。

上述是对人民法院委托鉴定的一般工作程序,对于当事人而言,相对应的是以下步骤:

(1) 查询符合资质的技术鉴定机构、提交鉴定申请书。鉴定申请书一定要写明申请鉴定的具体内容,而不是笼统地概括成"非公知性"鉴定或者"同一性"鉴定。但在实际操作中"同一性"鉴定分为"相同"与"实质性相同",一般知识产权鉴定机构都是明晰的,当事人认为确有必要也可以在申请书中说明。申请方准备鉴定费用。

(2) 进一步审核鉴定机构、鉴定人员资质和专业领域,在鉴定机构确定鉴定人员后对鉴定人员作出是否回避意见。

(3) 申请方准备送检材料、送检客体、相关技术资料,上述材料和物品必须是已经递交法庭,并经过质证的材料、客体。对方查验相关材料、客体与申请鉴定事项相关并且无误后,在法庭主持下,封存相关材料、客体,转交鉴定机构相关人员。

(4) 任何一方当事人有新材料要提交或者要变更其中的材料、客体的,必须经过法庭许可,且要对方当事人确认无误后,通过法庭转交鉴定机构相关人员。

(5) 及时配合鉴定机构的相关工作。有些时候鉴定机构并不能独立完成全部鉴定工作,需要委托第三方进行,比如特定的检测、化学分析等。听取当事人意见(因为当事人比较了解相关专业的测量、分析机构),经过法庭许可,提示鉴定机构具有权威性的测量、分析机构名册。

(6) 做好对鉴定结论的质证和辩论准备。

(7) 要注意民事诉讼与刑事诉讼中进行技术鉴定的不同。

(8) 要注意鉴定意见一旦作出,对原有己方送检的材料、客体适用"禁止反言"原则,再提出异议,很可能得不到支持。

禁止反言是国际法及普通法上的一项重要的法律原则。若一当事人因另一当事人之陈述产生依赖,则另一当事人不得否定其先前的陈述。学者对该原则的概念尚无统一的定论,英国学者鲍尔对禁止反言原则所作的定义为:"假如某人(声明人)以言语或行动向别人(受声明人)作声明,又或声明人有义务说话或采取行动而不履行义务,因此,以缄默或不行动作出声明,而声明人的实际或者推定的意向是,而结果亦是:导致受声明人基于该声明改变(坏的改变)了处境,日后在任何声明人与受声明人之间的诉讼中,假如受声明人在适当的时候,用适当的方法反对,声明人不得作任何与他事前作的声明有实质上不同的陈词,亦不得举证证明该不同的陈词。"《元照英美法词典》的解释是,"指禁止当事人提出与其以前的言行相反的主张:即对于当事人先前的行为、主张或否认,禁止其在此后的法律程序中反悔。否则,将会对他人造成损害"①。

在【案例2.6-8】上海化工研究院诉昆山埃索托普化工有限公司、江苏汇鸿国际集团土产进出口苏州有限公司、陈伟元、程尚雄、强剑康商业秘密纠纷案的判决书中提到:"原告化工院于2003年3月14日向上海市公安局普陀分局举报被告陈伟元、程尚雄、强剑康、埃索托普公司涉嫌侵犯商业秘密罪。上海市普陀区人民法院和上海市第二中级人民法院分别于2004年5月25日和2004年8月25日先后作出了上述四名被告的行为均构成侵犯商业秘密罪的刑事一审判决和终审裁定。被告陈伟元被判处有期徒刑一年,并处罚金人民币3万元;被告程尚雄和被告强剑康分别被判处有期徒刑九个月,并处罚金人民币2万元;被告埃索托普公司被判处罚金人民币30万元。"该刑事案件中,上海市科学技术委员会接受上海市公安局普陀分局的委托出具了一份鉴定意见和三份补充意见。在民事诉讼的二审中,上诉人认为,"上海市科委

---

① 梁鹏:《论英美保险法之禁止反言规则》,载《环球法律评论》2008年第2期,第94页。

不具备鉴定资质①,其进行鉴定与《司法鉴定程序通则》和《人民法院对外委托司法鉴定管理规定》等有关规定不符,其鉴定结论应为无效;原审上海市科委鉴定专家未出庭回答提问"。但是二审法院认为:"《司法鉴定程序通则》是对司法鉴定机构的鉴定行为进行规范的一种准则。该通则第二条规定:'本通则适用于面向社会服务的司法鉴定机构从事的各类司法鉴定活动。'因此,它是针对司法鉴定机构的司法鉴定活动的,并不是用以规范司法、行政等机关的委托鉴定行为的。《人民法院对外委托司法鉴定管理规定》是规范人民法院在司法鉴定方面的对外委托行为的。它并不能约束人民法院以外的机关或单位的委托司法鉴定行为。"

第一,该案的审理是在2003—2005年间,当时《司法鉴定程序通则》(以下简称《通则》)还未进行修改,其第2条规定,本通则适用于面向社会服务的司法鉴定机构从事的各类司法鉴定活动。该条最初订立的目的含有区别于人民法院设立的司法鉴定机构的意思②,2007年,《通则》第2条第1款修改为:"司法鉴定程序是指司法鉴定机构和司法鉴定人进行司法鉴定活动应当遵循的方式、方法、步骤以及相关的规则和标准。"增加了第2款:"本通则适用于司法鉴定机构和司法鉴定人从事各类司法鉴定业务的活动。"2007年的修改,非常明确地确定了二审法院在判决书中所述的内容,因此,当事人适用该《通则》所提出的异议显然是有偏差的。从本案判决书上文看,"经查,上海市公安局普陀分局在对涉案有关被告进行刑事侦查过程中,鉴于该案所涉专业的具体情况,就有关技术委托上海市科学技术委员会组织专家进行鉴定,并不违反法律的有关规定"。技术鉴定是上海市公安局普陀分局委托上海市科委作出的,并非人民法院委托进行的,且当事人并未申请重新鉴定。因此,当事人适用该《人民法院对外委托司法鉴定管理规定》所提出的异议显然亦有偏差。

第二,技术鉴定意见属于商业秘密侵权案件中的重要事实证据,当事人对在刑事案件中所作出的技术鉴定意见存有异议的,在民事诉讼中应当提出重新鉴定的申请或者自行委托鉴定。对于在原有刑事案件中已经采纳的鉴定意见提出程序问题是很难的,除非有更强有力的事实证据予以推翻,因为就刑事案件和民事案件的证据而言,刑事案件应当遵循更为严格的证据规则。

根据最高人民法院《关于民事诉讼证据的若干规定》第27条的规定:因下列情形均可以申请重新鉴定:"(一)鉴定机构或者鉴定人员不具备相关的鉴定资格的;(二)鉴定程序严重违法的;(三)鉴定结论明显依据不足的;(四)经过质证认定不能作为证据使用的其他情形。对有缺陷的鉴定结论,可以通过补充鉴定、重新质证或者补充质证等方法解决的,不予重新鉴定。"

---

① 在当事人上诉中此处含有"委托"两字,也就是当事人认为一审法院所依据定案的鉴定意见因委托对象的资质瑕疵而应为无效结论。而在二审法院对此作出认定的此部分,因为缺少了"委托"两字,容易误解当事人提出的异议,从而难以理解法院下文认定的内容。

② 《人民法院司法鉴定工作暂行规定》第6条:"最高人民法院、各高级人民法院和有条件的中级人民法院设立独立的司法鉴定机构。"

对于该条规定，最高人民法院认为："鉴定结论有《证据规定》第二十七条第一款规定的鉴定机构或者鉴定人员不具备相关的鉴定资格、鉴定程序违法、鉴定结论明显依据不足、经过质证认定不能作为证据使用等情形的，当事人申请重新鉴定的，应当准许，不得通过补充鉴定、重新质证、补充质证等方式处理。"①

第三，从另一个方面说，商业秘密的范围和商业秘密点的确定是商业秘密主张方的权利和义务，任何人不可替代。商业秘密权益是不为国家强制力所保护的专有权益，犯罪嫌疑人能否有充分的时间详细阅读完整的技术鉴定意见和充分利用公共资源去寻找资料核查技术鉴定意见的内容，从目前来看是有困难的，在这种情形下，既然当事人提出异议，且已经承担了刑事责任，法院是否可以释明其可以申请重新鉴定，其实当事人自己心里最为明白，是否重新申请鉴定其自会考量。

※ **案例6.4-19：成都佳灵电气制造有限公司诉成都希望电子研究所、成都希望森兰变频器制造有限公司、胡向云、余心祥、郑友斌、邓仕方侵害商业秘密纠纷案**②

一、基本案情

1991年7月，四川省洪雅电力变频器厂高级工程师吴加林到成都武侯区佳灵变频技术研究所兼职。1993年8月，该所法定代表人由杜淼青变更为吴加林，吴加林与杜淼青结清债权债务工作，并约定此后一切民事责任由吴加林承担。该所也更名为成都佳灵电气研究所（以下简称佳灵研究所），主营变频器等产品的技术开发、生产及自研、自制产品的销售等业务。1992年3月，成立了由吴加林任法定代表人的成都佳灵电气制造有限公司（以下简称佳灵公司），主营各类电器，兼营电子产品。

1994年1月，经四川省科委对JP6C全数字式变频器（以下简称JP6C变频器）进行鉴定，成果完成单位为佳灵研究所（公司），以吴加林等为主要研究人员，自行研究、开发、设计和生产的节能产品，功能齐全，保护功能完善，其中获得了三项专利，填补了国内空白，并颁发了《科学技术成果鉴定证书》。1994年8月，佳灵研究所被原国家科委批准为《国家级科技重点推广计划》JP6C变频器项目的技术依托单位。后因该研究所未经工商行政管理部门年检，于1997年11月被吊销企业法人营业执照。1995年10月，佳灵公司生产的JP6C变频器被评为1994年度四川省优秀新产品一等奖。1996年9月，原国家机械部等八单位以机械科（1996）768号文件，将佳灵公司JP6C变频器作为第十七批节能机电产品推广项目。同年10月，佳灵公司生产的JP6C变频器产品被国家经济贸易委员会评为向社会和用户推荐的产品。同年12月27日，经中国方圆标志委员会巴蜀认证中心评定，证明佳灵公司建立和实施了符合

---

① 《正确实施知识产权法律 促进科技进步和经济发展加快推进社会主义现代化建设》——最高人民法院副院长曹建明在全国法院知识产权审判工作座谈会暨优秀知识产权裁判文书颁奖会上的讲话（2002年10月15日）。

② 一审：四川省高级人民法院（2000）川经初字第05号民事判决书；二审：最高人民法院（2001）民三终字第11号民事判决书。

GB/T19001-1994-ISO9001:1994标准要求的质量体系。该体系覆盖了JP6C型变频器设计、开发、生产、安装和服务的全过程,并颁发了《质量认证体系证书》。1999年1月,JP6C变频器研究成果被授予"世界华人重大科学技术成果"证书。佳灵公司生产的JP6C变频器被四川省科委、四川省国家保密局列为1999年度军民两用国家技术秘密项目(无密级)。

佳灵公司称,JP6C变频器的商业秘密包含:主电路元件的选择、低电感母线技术、驱动技术、启动过程中的过流失速和减速过程中的过压失速采用软硬件结合的方法来实现,经济的电流检测技术,采用康铜丝来完成、高压开关电源技术、变频器的硬件封锁,软件保护技术、IPM、GBT不同厂家产品死区时间的确定、转矩提升大小的确定、PWM波形的生成与压频比的关系、主从机之间的通讯协议的确定、WC196MH与93CX6之间的通讯协议、各项管理功能的实现、数据地址口的复用技术、操作板的软件设计内容、印制电路板设计中的特殊要求、变频器老化和检测中的电机对拖技术、变频器出厂检验是否合格的关键参数、各种元器件参数的确定值等19项技术秘密点。该技术的载体是其设计图纸、软件和生产出的JP6C变频器产品。此外,还包括各种元件的供应商定点名单、价格的确定技术等。佳灵公司对其JP6C变频器技术采取了相应的保密措施,颁布了《保密的相关规定》,如保密制度、软件安全管理规定和档案管理制度等,规定非经领导批准不得擅自查阅、借阅、复制档案材料。与员工在签订《劳动合同》的同时,还签订了《保守技术、商业秘密合同》,要求员工严格遵守《保密守则》,要求对公司的知识产权、专有技术和商业秘密负有保密责任。

成都希望电子研究所(以下简称希望研究所)于1996年8月5日经工商行政管理部门核准登记,法定代表人刘永言,其经营范围为主营各种功率变频调速器系列、电力电子技术产品的开发研制、生产经营和转让等业务。1997年,该所的交流电机森兰变频调速器在"第四届上海科学技术博览会"上被评为金奖,并颁发证书。1998年3月该所的交流电机森兰变频调速器被原国家科委列为"国家级火炬计划项目",并颁发项目证书。1999年4月该所的交流电机森兰变频调速器在国家知识产权局主办的"中国专利技术博览会"上被评为"金奖",并颁发证书。成都希望森兰变频器制造有限公司(以下简称希望森兰公司)于1998年4月经工商行政管理部门核准登记,法定代表人刘永言,其经营范围为:设计、研制、生产、销售维护变频调速器及相关电子产品。主营各种变频调速器及相关电子产品的开发、研制、生产、销售等。同年5月,希望森兰公司被成都市科学技术委员会认定为高新技术企业,并颁发"高新技术企业认定证书"。1999年5月,该公司生产的森兰牌变频器获"1999年四川名优特新博览会银奖产品"称号。2000年4月,中国进出口商品质量认证中心向该公司颁发的《质量体系认证证书》载明其建立的质量体系经评审合格,认证范围为森兰变频调速器、电力交流器产品的设计、开发、生产制造、安装和服务。

1998年10月以前,胡向云在佳灵公司工作;1998年10月,应聘到成都市培根教育研究所(以下简称培研所)工作;1999年3月,胡向云从培研所借调到希望森兰公司从事技术管理工作,同年9月正式受聘于该公司。余心祥、郑友斌于1998年11月以前在佳灵公司分别从事电器硬件和结构设计工作。他们因对佳灵公司自1993年以来扣缴其养老保险金不满而离开佳灵公司,于1998年12月从人才中心受聘到培研所工作,1999年3月从培研所借调到希望森兰公司。1999年2月以前,邓仕方在佳灵公司从事空调变频器软件开发工作,因对佳灵公司扣缴其养老保险金不满而离开佳灵公司,于1999年3月到成都通达自动化控制工程公司工作。1999年9月,上述三被上诉人受聘于希望森兰公司,分别从事硬件、结构设计和新产品软件开发工作。

1999年9月,佳灵公司向国家工商总局举报希望研究所、希望森兰公司侵犯其商业秘密,国家工商总局转四川省工商局查处。四川省工商局受案后,对双方当事人生产的相关型号产品送四川省电子产品质量监督检验站(以下简称省质检站)进行技术鉴定。2000年8月21日,四川省工商局根据证据资料和省质检站的《产品技术鉴定报告》,作出川工商办(2000)130号调查终结报告,处理结论为希望森兰公司与佳灵公司的产品不具有相同性或一致性,佳灵公司指控希望研究所、希望森兰公司侵犯其商业秘密不成立。

2000年3月,佳灵公司以希望研究所、希望森兰公司设计生产的BT40S系列高性能数字式变频调速器(以下简称BT40S变频器)侵犯其商业秘密为由,向原审法院提起诉讼,请求判令被上诉人立即停止侵权,赔偿经济损失3000万元,并向上诉人赔礼道歉,承担本案诉讼费用和上诉人支付的律师费用。此后,根据佳灵公司的申请,原审法院又追加胡向云、余心祥、郑友斌、邓仕方为本案共同被告。

法院根据佳灵公司的申请,采取了证据保全措施,依法扣押了希望森兰公司生产的BT40S、BT12S变频器2.2KW各一台,扣押了希望研究所BT40S变频器软盘一张、技术图纸复印件一份。经双方当事人同意,原审法院委托中国科学技术法学会华科知识产权鉴定中心(以下简称华科鉴定中心)对佳灵公司主张的JP6C变频器19个技术秘密点是否属于公知技术,希望研究所、希望森兰公司的BT40S变频器是否使用了该技术进行了鉴定。2001年9月,华科鉴定中心作出鉴定意见,结论为:佳灵公司所主张的19项技术秘密点中的理论和技术均属于公知技术。佳灵公司利用这些公知技术进行一些工艺设计和参数的确定以及一些元器件的选择是其非公知技术。希望研究所和希望森兰公司也利用上述的公知技术做了相似的工作,但从样机对比看,所得到的结果与佳灵公司的非公知技术不同。

一审法院判决:驳回原告佳灵公司的诉讼请求。

二审法院判决:驳回上诉,维持原判。

二、裁判要点

1. 结合本案,原告诉请保护的商业秘密包括技术秘密和经营秘密:其主张的技术秘密是JP6C变频器,可以说JP6C变频器是原告主张商业秘密的范围,主张的技术秘密点是19项。其主张的经营秘密,原告具体表述为"各种元件的供应商定点名单、价格确定技术"。

在原告主张商业秘密的范围和指定商业秘密点的基础上,法院委托知识产权鉴定机构作出了"非公知性"和"同一性"的鉴定报告。法庭就19项商业秘密点进行了逐一判断,最后作出判决认为:从该中心提供的鉴定意见可知,希望森兰公司变频器使用的技术与佳灵公司JP6C变频器中的非公知技术部分不同。这就表明了希望森兰公司和希望研究所没有通过胡向云等四自然人获取并使用佳灵公司的技术秘密……需要特别阐明的是,以两个产品的功能或者功能参数相同推定两个产品所采用的技术方案也一定相同,显然是一种缺乏科学依据的做法,相同功能的产品完全可能采用不同的技术方案来实现。其实,省质检站的《产品技术鉴定报告》表明,两家产品的部分功能并不相同。希望森兰公司BT40S产品具有而佳灵公司JP6C-T9产品没有的功能共计15个;佳灵公司产品具有而希望森兰公司产品不具有的功能共计26个;希望森兰公司产品与佳灵公司产品都有但具体含义和处理方式不同的功能共计28个;希望森兰公司产品与佳灵公司产品都有但功能参数范围不同的功能共计24个;希望森兰公司产品与佳灵公司产品都有但不能直接得出二者区别的功能共计22个。显然,两家产品功能真正完全相同的只有22个。

通常情况下,原告常常能够确定商业秘密的范围,但是无法确定商业秘密点的存在和具体的技术内容,而导致鉴定不能,致使整体诉讼从根本上无法展开,导致败诉。

2. 本案佳灵公司一审败诉后,在二审上诉中对技术鉴定的送检样品、送检材料和技术鉴定报告提出异议,称:

(1)原审鉴定不完善、不合理,鉴定结论含糊不清,应予重新鉴定。原审法院对委托专家鉴定需要查明哪些事实认识不清,致使委托事项不完整、不准确。

(2)原审鉴定依据的资料不仅不全面,而且不真实,提供的产品只是46个规格中的一种,根本无法反映上诉人的技术秘密要点;原审鉴定专家对重要的软件技术秘密没有进行鉴定,所下结论是推定的。

(3)由于原审法院仅给专家提供了一个规格的样机,所以鉴定结论才指出"从样机对比看,所得到的结果与佳灵公司非公知技术不同"。事实上,涉案产品共有50个规格的产品,技术不尽相同,希望森兰公司一个规格的样机的结果与佳灵公司的非公知技术不同,不能说明其他全部产品的技术与佳灵公司的非公知技术不同。原审法院认定佳灵公司的JP6C变频器与希望森兰公司生产的BT40S变频器不具有相同性,缺乏依据。

围绕商业秘密民事诉讼中技术鉴定这一关键性问题,法院的态度十分明确:

首先,原审法院委托鉴定的事项是双方在进行技术鉴定之前就已经明知的,事后对委托鉴定的事项提出不完整、不准确的异议理由不能成立。

其次,法院查阅了相关卷宗,证实鉴定机构所鉴定的希望森兰公司生产的BT40S2.2KWI变频器样机属于佳灵公司指控的被控侵权产品的范围,以该样机代表所有的被控侵权产品是上诉人佳灵公司的本意。该样机是原审法院根据佳灵公司的证据保全申请所保全的产品,鉴定机构通知双方提供鉴定样机也是经过原审法院征求了双方当事人的意见后才提供的。上诉人佳灵公司在提供样机时不提出异议,在鉴定结果出来并对其不利的情况下,又提出鉴定的样机只是46个规格产品中的一个,甚至认为其技术秘密主要被运用在希望森兰公司1999年元月以前生产的产品中,而该样机是希望森兰公司1999年以后生产的产品,不能反映上诉人佳灵公司的技术秘密要点的异议理由不能成立。

※ **问题19**:为了固定证据,可否就送检材料、设备及鉴定过程进行公证?

第128条 【对鉴定报告的质证和采信问题】

128.1 鉴定报告要经过当事人质证才能作为定案依据。

128.2 对鉴定报告的质证和采信,关键是鉴定人出庭问题,律师应主动申请法院通知鉴定机构派员出庭接受质询,鉴定人也应当出庭接受当事人质询。律师应主动申请具有专门知识的人出庭协助质证。

※ 条文释解

1. 司法鉴定人并非是必须出庭作证的,根据北京市高级人民法院、北京市司法局《关于司法鉴定人出庭作证的规定(试行)》第13条的规定,有下列情形之一的,经人民法院同意,可以不出庭:"(一)该鉴定意见对案件的审判不起决定作用;(二)两名以上司法鉴定人共同作出的鉴定意见,已有一名鉴定人出庭,并向法院提交了其他鉴定人的书面授权;(三)司法鉴定人因突发疾病、重病或者行动极为不便的;(四)司法鉴定人因自然灾害等不可抗力无法出庭的;(五)因其他特殊客观原因确实无法出庭的。"

第14条规定:"司法鉴定人确因特殊原因无法出庭的,经人民法院书面准许,应当书面答复当事人的质询。"

第15条又规定:"司法鉴定人在人民法院指定日期出庭作证所发生的交通费、住宿费、误餐费和误工补贴等必要费用,由申请方先行垫付,人民法院代为收取,由败诉方承担。"

2. 鉴定意见的质证,参见第七章第一节第142条。

3. 专家辅助人,参见本章第五节第134条。

4. 因为《鉴定报告》完全不是最终的、唯一的证据,因此,严格意义上说"鉴定结论"一词并不妥当,采用"鉴定意见"的用词更为准确。

※ 依据

文件名称	条款内容
2008年最高人民法院《关于民事诉讼证据的若干规定》	第二十七条　当事人对人民法院委托的鉴定部门作出的鉴定结论有异议申请重新鉴定，提出证据证明存在下列情形之一的，人民法院应予准许： （一）鉴定机构或者鉴定人员不具备相关的鉴定资格的； （二）鉴定程序严重违法的； （三）鉴定结论明显依据不足的； （四）经过质证认定不能作为证据使用的其他情形。 对有缺陷的鉴定结论，可以通过补充鉴定、重新质证或者补充质证等方法解决的，不予重新鉴定。 第二十八条　一方当事人自行委托有关部门作出的鉴定结论，另一方当事人有证据足以反驳并申请重新鉴定的，人民法院应予准许。 第二十九条　审判人员对鉴定人出具的鉴定书，应当审查是否具有下列内容： （一）委托人姓名或者名称、委托鉴定的内容； （二）委托鉴定的材料； （三）鉴定的依据及使用的科学技术手段； （四）对鉴定过程的说明； （五）明确的鉴定结论； （六）对鉴定人鉴定资格的说明； （七）鉴定人员及鉴定机构签名盖章。
2005年《河南省高级人民法院商业秘密侵权纠纷案件审理的若干指导意见（试行）》的通知	七、商业秘密侵权诉讼中技术鉴定问题 1. 商业秘密侵权诉讼中的技术鉴定，是指商业秘密侵权案件审理过程中，依照规定的程序、形式和要求，由鉴定机构对案件所涉技术信息内容进行审查和评价，做出科学、正确结论的过程。 2. 当事人申请鉴定的，人民法院应根据查明案件事实的需要审查决定鉴定与否。当事人的申请内容与其诉讼主张无关的，应予驳回。人民法院一般不应主动进行鉴定，也不应主动超出当事人申请的范围进行鉴定。负有举证责任的一方当事人不申请鉴定，人民法院应向其说明举证要求和法律后果，根据案情需要可依职权委托鉴定。 3. 人民法院同意当事人鉴定申请的，应由当事人协商确定有鉴定资格的机构和人员，协商不成的，由人民法院指定，并通知当事人在合理的期限内对鉴定机构、鉴定人员的资格或者申请回避等提出意见。 4. 鉴定结论的形成及其运用应贯彻客观公正、科学权威的原则。作为鉴定对象的技术信息应是当事人争议的客观存在的案件事实，鉴定的过程和鉴定结论的质证等方面必须公正、公平，鉴定结论应实事求是，建立在充分科学依据的基地上，内容正确、表达准确。

(续表)

文件名称	条款内容
2005年《河南省高级人民法院商业秘密侵权纠纷案件审理的若干指导意见(试行)》的通知	5. 人民法院决定委托鉴定后,应要求当事人明确鉴定的对象及其范围,主要包含权利人所诉被侵权商业秘密是否为公知技术,被侵权人使用的技术与权利人商业秘密相同与否等。还应要求当事人在指定限期内提交完整的资料供鉴定使用,否则,承担鉴定结论对其不利的后果。 6. 人民法院只能就专业技术事实提出鉴定委托,权利人的技术、经营信息是否构成商业秘密,被诉侵权人是否侵权等不是委托鉴定的范围,应由人民法院根据相应证据做出判定。 7. 鉴定人应当出庭接受当事人质询,鉴定结论要经过当事人质证才能作为定案依据。 8. 鉴定结论存在鉴定机构或者鉴定人员不具备相关的鉴定资格、鉴定程序违法、鉴定结论明显依据不足、经过质证认定不能作为证据使用等情形的,当事人申请重新鉴定的,应予准许,不得通过补充鉴定、重新质证、补充质证等方式处理。
2007年《司法鉴定程序通则》	第十六条 具有下列情形之一的鉴定委托,司法鉴定机构不得受理: (一) 委托事项超出本机构司法鉴定业务范围的; (二) 鉴定材料不真实、不完整、不充分或者取得方式不合法的; (三) 鉴定事项的用途不合法或者违背社会公德的; (四) 鉴定要求不符合司法鉴定执业规则或者相关鉴定技术规范的; (五) 鉴定要求超出本机构技术条件和鉴定能力的; (六) 不符合本通则第二十九条规定的; (七) 其他不符合法律、法规、规章规定情形的。 对不予受理的,应当向委托人说明理由,退还其提供的鉴定材料。 第二十二条 司法鉴定人进行鉴定,应当依下列顺序遵守和采用该专业领域的技术标准和技术规范: (一) 国家标准和技术规范; (二) 司法鉴定主管部门、司法鉴定行业组织或者相关行业主管部门制定的行业标准和技术规范; (三) 该专业领域多数专家认可的技术标准和技术规范。 不具备前款规定的技术标准和技术规范的,可以采用所属司法鉴定机构自行制定的有关技术规范。
2007年《最高人民法院技术咨询、技术审核工作管理规定》	第十二条 技术审核的主要内容有: (一) 鉴定材料和鉴定对象是否符合鉴定要求,是否具备鉴定条件; (二) 鉴定手段、方法是否科学,鉴定过程是否规范; (三) 鉴定意见及其分析所依据的事实是否客观全面,特征的解释是否合理,适用的标准是否准确,分析说明是否符合逻辑,鉴定结论的推论是否符合科学规范; (四) 其他应当审核的内容。

(续表)

文件名称	条款内容
2012年《民事诉讼法》	第七十六条　当事人可以就查明事实的专门性问题向人民法院申请鉴定。当事人申请鉴定的,由双方当事人协商确定具备资格的鉴定人;协商不成的,由人民法院指定。 当事人未申请鉴定,人民法院对专门性问题认为需要鉴定的,应当委托具备资格的鉴定人进行鉴定。 第七十七条　鉴定人有权了解进行鉴定所需要的案件材料,必要时可以询问当事人、证人。 鉴定人应当提出书面鉴定意见,在鉴定书上签名或者盖章。 第七十八条　当事人对鉴定意见有异议或者人民法院认为鉴定人有必要出庭的,鉴定人应当出庭作证。经人民法院通知,鉴定人拒不出庭作证的,鉴定意见不得作为认定事实的根据;支付鉴定费用的当事人可以要求返还鉴定费用。 第七十九条　当事人可以申请人民法院通知有专门知识的人出庭,就鉴定人作出的鉴定意见或者专业问题提出意见。
2015年最高人民法院《关于适用〈中华人民共和国民事诉讼法〉的解释》	第一百二十一条　当事人申请鉴定,可以在举证期限届满前提出。申请鉴定的事项与待证事实无关联,或者对证明待证事实无意义的,人民法院不予准许。 人民法院准许当事人鉴定申请的,应当组织双方当事人协商确定具备相应资格的鉴定人。当事人协商不成的,由人民法院指定。 符合依职权调查收集证据条件的,人民法院应当依职权委托鉴定,在询问当事人的意见后,指定具备相应资格的鉴定人。

第129条　【评估机构】

商业秘密价值评估属于专业鉴定的一种,应当委托具有资质的鉴定人进行评估,而且要求鉴定机构和人员必须取得评估需要的资格。

※ 条文释解

1. 本条所述的评估是针对资产价值的评估,非项目立项、结题验收时对项目的评估,也不是对国家或者行业设立机构的评估或者是对特定事项的风险评估。

2. 本条所述的鉴定性质是指在司法程序中作为证据使用的评估报告,而非一般知识产权交易和质押中的无形资产评估。因此,必须是根据2006年4月财政部和国家知识产权局联合颁发的《关于加强知识产权资产评估管理工作若干问题的通知》的规定,知识产权评估应当依法委托经财政部门批准设立的资产评估机构进行评估。该类评估属于国家鉴证性质。评估人员应当具有注册资产评估师证书。在执行知识产权评估业务时,可以聘请专利、商标、版权等知识产权方面的专家协助工作,但不能因此减轻或免除资产评估机构及注册资产评估师应当承担的法律责任。

第130条 【评估内容】

商业秘密评估的内容通常涉及两项:一项是被侵害商业秘密的价值评估,另一项是被侵害商业秘密由于侵权而导致的价值损失评估,也就是权利人的损失。

※ 条文释解

无论是何种目标的评估,首先要确定权利人,并评估的价值必须是该权利人权益范围内的;其次,申请评估可能要提供以下一些材料:

(1) 被评估权益的正面和/或负面权益资料;
(2) 被评估权益的转让、许可情况;
(3) 被评估权益周边技术的市场情况、竞争情况;
(4) 被评估权益的研发成本、权利的法律状态、权利的稳定性、权利延续的时间、知识产权垄断的产品和服务市场的寿命、市场收益递增与衰减规律等;
(5) 被评估权益的实施成本和能力;
(6) 被评估权益所在国的市场风险和法律风险等。

根据不同的评估目的,律师要协助当事人向评估机构提供不同的所需要的财务资料。评估机构未予以重视的部分,当事人应当予以提醒,例如:商业秘密被侵害后所造成的竞争力优势的削弱程度。

第131条 【评估方法】

商业秘密的评估方法主要包括:收益现值法、重置成本法、现行市价法和清算价格法,评估机构和评估人员应当根据商业秘密资产的有关情况进行恰当选择。

※ 条文释解

1. 商业秘密评估属于知识产权无形资产评估的一种,归根结蒂是一种资产评估。首先是要有明细的产权依据,这个要申请方提供充分;其次是要符合法律的规范,并考量评估的标准、被评估的量与评估的方法三个要素;最后是取价依据和参考依据的真实性、合法性的认定。

2. 评估方法的不同会直接导致结论的差异,且有些差异是很大的。没有财会专业知识的律师恐怕难以发现在评估方法中的问题,要寻求专业人士的帮助或者聘请一家会计师事务所对评估报告作一个针对诉讼之用的分析。

第五节 开庭准备

第132条 【申请不公开审理】

为了防止诉讼中造成商业秘密的二次披露,在诉讼中涉及己方的商业秘密,无论是原告还是被告,都应及时申请法院不公开审理,但商业秘密已经被披露的除外。

※ 条文释解

在商业秘密诉讼中,本条与本章第133条是相关联系的,应当向法庭同时提出。

※ **问题 20**：第一次开庭时未申请不公开审理，第二次开庭时申请是否可以？

第 133 条 【提出保密申请】

及时申请法院告知对方承担保密义务。具体形式可以是法院记入笔录，由诉讼参与人签字，或者由诉讼参与人签署承担保密责任的承诺书等书面文件。

及时向法院申请对相关证据保密。具体形式可以是裁判文书中不披露商业秘密实质性内容、卷宗标注密级、保密证据归入副卷等。

※ **条文释解**

商业秘密诉讼纠纷案件中，除了涉案的技术秘密或者经营秘密已经被公开的之外，在起诉、审理和裁判中，都应当将保密进行到底。律师要向法庭提出要求对方当事人签署保密承诺，不公开审理，另外对于法院的审理案卷要提示法官标注"保密"字样，并妥善保管。这其中，不仅包括涉案的技术秘密或者经营秘密本身，有些证据材料也可能导致泄露技术秘密或者经营秘密，在提交给对方当事人时要确认其已经承诺保守相关的秘密信息，另外就是要对方代理人确认有些资料仅限于一定范围的人员知悉。

《江苏省高级人民法院侵犯商业秘密纠纷案件审理指南》颁布的《保密承诺书（样式）》可供参考：

保密承诺书（样式）

承诺人：(当事人及其委托代理人、法院或当事人聘请的技术专家、鉴定人员、诉讼中其他有可能接触秘密信息的人员)

承诺事项：

本人承诺对参与××诉××侵犯商业秘密纠纷一案诉讼中所接触的当事人主张（原告/被告/其他当事人）的秘密信息承担保密义务。

1. 当事人主张的秘密信息范围(由主张商业秘密的当事人指定)；

2. 案件审结前，不使用、披露或允许他人使用上述秘密信息；案件审结后，根据生效判决确定的裁判内容执行保密义务或者解除保密义务；

3. 未经法院同意，不得私自复制、阅览、摘抄、录音或拍摄上述秘密信息；

4. 违反上述保密承诺导致涉案秘密信息泄露，依法承担相应的民事责任；情节严重构成犯罪的，依法承担相应的刑事责任。

※ **依据**

文件名称	条款内容
2004年《江苏省高级人民法院关于审理商业秘密案件有关问题的意见》	第二十条　商业秘密的具体内容不应在裁判文书中载明，但商业秘密的名称应在裁判文书中载明，并在附件中列出或者界定受到侵犯的商业秘密的具体范围和内容。但判决时，商业秘密已公开的除外。 第二十一条　涉及商业秘密内容的证据材料结案后应另行归入机密卷。

(续表)

文件名称	条款内容
2005年《河南省高级人民法院商业秘密侵权纠纷案件审理的若干指导意见(试行)》	十、商业秘密侵权诉讼中的保密问题 商业秘密侵权诉讼中涉及的权利人的商业秘密是该类案件的核心证据,与权利人的经营活动密切相关,商业秘密的价值主要因其秘密性而得以体现。人民法院在审理商业秘密侵权案件时,特别要注重对有关案件事实、证据的保密,尤其是权利人商业秘密的载体,如技术图纸、客户名单、货源情报、经营诀窍等,避免权利人的商业秘密在案件审理中被再次泄露,加重对其的侵害。 1. 人民法院审理商业秘密侵权案件,应树立保密观念,防止因案件审理使权利人的商业秘密"二次泄露"的问题发生。 2. 审理商业秘密侵权纠纷案件,人民法院可以依照《民事诉讼法》第121条之规定,告知当事人享有申请不公开审理的权利。当事人申请不公开审理的,人民法院一般应予准许。 3. 既要坚持所有证据都须经质证才能作为定案依据,又要注意商业秘密侵权案件的特殊性,对于当事人提交的涉及商业秘密的证据,在质证时应对所有诉讼参与人提出保密要求,明确泄密应承担的法律责任。 在审理商业秘密侵权案件举证、质证时,可以考虑通过以下方式进行保密: (1)对于权利人的举证要求,视其拥有的商业秘密的等级程度及其所指控的被诉侵权人获知其商业秘密内容的程度,可要求权利人分阶段、分层次举证; (2)对于已被被诉侵权人获知的商业秘密、或者商业秘密程度较低的内容先举证,对于尚未被披露、尚未被诉侵权人掌握或完全掌握、关键性的商业秘密有权要求向合议庭举证,对于经济价值很高的商业秘密证据,不进行当事人之间的直接质证,而要求被诉侵权人做出是否合法获取的举证抗辩; (3)对于需要技术鉴定的重大商业秘密,如化学配方等,人民法院在委托鉴定时,应要求鉴定机构严格选定鉴定人员,明确保密责任。鉴定机构做出的鉴定文书,只交给委托鉴定的人民法院,不得向当事人泄露。鉴定文件的质证,仅告知当事人鉴定结论,不向各方宣读他们的对比材料等具体内容,当事人如有相反意见,可向人民法院提出。 4. 对于未经披露的商业秘密,制作裁判文书时应注意保密,一般应只作原则性(如只写明技术名称或编号)表达,不能将该商业秘密的全部内容都在裁判文书中予以展示。结合具体案件,还可以在裁判文书中明确各诉讼参与人对案件所涉商业秘密的保密义务,以及违反该义务应承担的法律责任。 5. 商业秘密侵权案件审理终结后,有关涉及商业秘密内容的所有证据及材料,一律装订入副卷(保密卷)进行保密归档。

(续表)

文件名称	条款内容
2007年天津市高级人民法院《审理侵犯商业秘密纠纷案件研讨会纪要》	16. 因涉及商业秘密依法不公开审理的案件,审判人员、书记员、鉴定人应当采取相应的保密措施,严格控制接触案件所涉商业秘密的人员范围,开庭审理和合议庭评议场所严禁录音录像,卷宗流转过程应当采取加密措施,严防泄密。但当事人不得以保密为由,拒绝提供有关证据,否则应承担对其不利的裁判后果。涉及商业秘密的证据需要公开出示、质证的,审判人员可以采取责令庭审参加人员保守商业秘密;要求诉讼当事人订立保密协议;限制触密人数等方法。在庭审中,如果合议庭认为,现有证据足以证明案件事实的,可以停止举证、质证并限制证据交换。
2010年《江苏省高级人民法院侵犯商业秘密纠纷案件审理指南》	7. 其他 …… 7.3 保密措施的运用 侵犯商业秘密纠纷案件在审理开始阶段,即应询问各方当事人是否申请不公开审理。当事人以防止商业信息泄露为由申请不公开审理,应予准许。在证据交换前,应当要求当事人、当事人的委托代理人以及其他诉讼参加人签署书面承诺,保证不披露、使用或允许他人使用其可能接触到的对方当事人的商业秘密,否则承担相应的法律责任。
2011年最高人民法院《关于充分发挥知识产权审判职能作用推动社会主义文化大发展大繁荣和促进经济自主协调发展若干问题的意见》(法发〔2011〕18号)	完善商业秘密案件的审理和质证方式,对于涉及商业秘密的证据,要尝试采取仅向代理人展示、分阶段展示、具结保密承诺等措施限制商业秘密的知悉范围和传播渠道,防止在审理过程中二次泄密。

第134条 【申请专家辅助人出庭】

对于涉及专业技术或经营信息中专业性较强的问题,当事人可以申请一至两名具有专门知识的人员出庭就案件的专门性问题进行说明。此类专业人员不属于事实证人,其所作的说明属于技术性解释。出庭的专家辅助人之间以及其与当事人、鉴定人之间,可以相互询问。

※ 条文释解

1. 专家辅助人是指《民事诉讼法》第79条"当事人可以申请人民法院通知有专门知识的人出庭,就鉴定人作出的鉴定意见或者专业问题提出意见"中的"有专门知识的人"。根据最高人民法院《关于民事诉讼证据的若干规定》第61条第1款的规定:"当事人可以向人民法院申请由一至二名具有专门知识的人员出庭就案件的专门性问题进行说明。人民法院准许其申请的,有关费用由提出申请的当事人负担。"审判人员和当事人也可以向专家辅助人进行询问。

2. 专家辅助人可以由当事人提出1—2名的人选,经过法院同意或者法庭主动邀请,参加庭审诉讼,解答专业性问题、向鉴定人询问或者提出质证意见,可以参与证明的事实包括:商业秘密范围、商业秘密点的确定,进行技术对比的辩论,对司法鉴定中鉴定事项和鉴定材料的质询、说明等。

3. 对于专家辅助人的出庭申请时间,一般在举证期限届满前提出申请,但是在浙江省高级人民法院《关于专家辅助人参与民事诉讼活动若干问题的纪要的通知》中规定,当事人向人民法院申请专家辅助人出庭,应当在举证期限届满前10日或者申请鉴定人出庭作证时一并提出。

4. 专家辅助人出庭申请,要注意载明拟出庭专家所专长的专业领域、个人基本信息以及能够证明该专家辅助人具有相关专业知识的证明材料。同时,有些地方对于专家辅助人能力作出了规定。

※ 依据

文件名称	条款内容
2015年最高人民法院《关于适用〈中华人民共和国民事诉讼法〉的解释》	第一百二十二条　当事人可以依照民事诉讼法第七十九条的规定,在举证期限届满前申请一至二名具有专门知识的人出庭,代表当事人对鉴定意见进行质证,或者对案件事实所涉及的专业问题提出意见。 具有专门知识的人在法庭上就专业问题提出的意见,视为当事人的陈述。 人民法院准许当事人申请的,相关费用由提出申请的当事人负担。 第一百二十三条　人民法院可以对出庭的具有专门知识的人进行询问。经法庭准许,当事人可以对出庭的具有专门知识的人进行询问,当事人各自申请的具有专门知识的人可以就案件中的有关问题进行对质。 具有专门知识的人不得参与专业问题之外的法庭审理活动。
2005年《河南省高级人民法院商业秘密侵权纠纷案件审理的若干指导意见(试行)》的通知	八、商业秘密侵权诉讼中专家证人问题 专家证人是指在民事诉讼中依据其专业知识对相关案件事实出具专家证言,或出庭对有关案件事实做出专业技术性陈述,以辅助人民法院查明案件事实的人员。 专家证人出具的证言,是协助人民法院对相关案件有关专业事实进行判断的方式之一。其证明力大小应由人民法院组织当事人地进行质证后判断确定。 商业秘密侵权诉讼中有关专家证人应注意的问题: 1. 当事人一方或双方申请由其单方提出若干名专业技术人员就案件涉及的专业技术问题陈述意见、说明观点,一般应予准许。 2. 人民法院对于当事人申请出庭陈述意见的专家证人应考虑其身份和在本行业的影响,以及与申请人的关系等确定是否准许出庭。人民法院确定的专家证人应当是对相关技术领域可以提出权威性意见的专家。

(续表)

文件名称	条款内容
2005年《河南省高级人民法院商业秘密侵权纠纷案件审理的若干指导意见(试行)》的通知	专家证人应主要具备以下条件： (1) 具有专门性的知识、技能，并经专门培训； (2) 具有必要的经验，并具有胜任该工作的能力； (3) 具备表明自己赖以形成意见或结论的科学依据的能力； (4) 具备对假设性问题做出明确回答的能力。 3. 对于出庭专家证人人数加以限制，一方当事人可以申请1—2人，以不超过3人为宜。 4. 专家证人对案件涉及的技术问题所做出的相应陈述，对申请其作为专家证人的当事人产生相应的法律后果。 5. 专家证人出庭一般以当事人的申请为前提。 6. 专家证人出庭陈述意见，应接受法庭以及申请其出庭的对方当事人的询问以及对其陈述的质证。 7. 专家证人对案件事实所作的陈述意见，不受其社会地位和任职单位行政级别的影响。专家证人在本行业内影响力的大小、级别的高低等，不影响同一案件中各专家证人所出具意见证明力的大小。
2014年浙江省高级人民法院《关于专家辅助人参与民事诉讼活动若干问题的纪要的通知》(浙高法〔2014〕100号)	第一条 本纪要所称的专家辅助人即为《中华人民共和国民事诉讼法》第七十九条中的"有专门知识的人"，是指受当事人委托，出庭就鉴定意见或者案件涉及的专门问题提出意见的人。 第二条 本纪要所指的专门知识，是除法律知识和经验法则外，只有医学、建筑、审计、专有技术等特定领域的专业人员才能熟知、掌握的知识、经验和技术。 第十二条 专家辅助人不得单独出庭，应当与申请方当事人或者诉讼代理人共同出庭。 第十四条 专家辅助人只能就鉴定意见或者案件涉及的专门性问题进行质证或者说明、发表意见。 第十五条 专家辅助人在法庭上就鉴定意见或者专门性问题发表的意见视为当事人陈述。

第六节 庭　　审

第135条 【确定争议焦点】

135.1 根据起诉状和答辩状，可以概括出纠纷的争议焦点，法庭一般也会在庭审调查开始前归纳案件的争议焦点。

135.2 代理人认为争议焦点有偏差或者遗漏的，应当及时提出。

※ 条文释解

概括争议焦点是代理人首先要做的工作之一，只有对于纠纷案件的争议焦点做到心中有数，才能做到举证周密、辩论有序。有些法庭会在听取原告起诉意见和被告答辩意见后概括出争议焦点,提示律师在庭审中的重点。争议焦点一旦确定,庭审的出证、质证和辩论就将围绕争议焦点进行。与争议焦点无关或者提出新的焦点问题要重新经过法庭的确认和准许。

第136条 【举证】
136.1 无论是原告还是被告,对自己的主张或抗辩事实,都要用提交证据证明。
136.2 举证应当按照法庭的要求在举证期限内完成:
(1) 举证期限可以由当事人协商一致,并经人民法院认可。①
(2) 由人民法院指定举证期限的,指定的举证期限不得少于30日,自当事人收到案件受理通知书和应诉通知书的次日起计算。②
136.3 收到对方当事人的证据后,向法庭申请提交反驳证据。

※ 条文释解

1. "谁主张谁举证"是基本原则。举证对于庭审当事人各方都十分重要,并非原告举证责任一定重于被告举证责任。这要从被告的抗辩的性质来分析具体情况:

(1) 被告的消极抗辩对应的是否认对方肯定或者否定的事实,但是并未提出新的主张,比如否认损害赔偿的计算方法等。这种情况下,消极抗辩的结果是被告依然是不负举证责任的当事人。法庭根据庭审调查的事实和原告的证据,综合常理和逻辑推理进行判断,依据法律作出裁判。

(2) 被告的积极抗辩对应的是具有新的主张,即证明己方肯定或者否定的事实,比如否认对方的市场份额、利润率,而提出自己主张的市场份额、利润率等。这种情况下,积极抗辩的结果是被告成为"原告",适用"谁主张,谁举证"的原则,承担举证不利的后果。这不是举证责任倒置,也不是举证转移,就是"谁主张,谁举证"的问题。

2001年6月,最高人民法院副院长曹建明在全国法院知识产权审判工作会议上的讲话中提到:"正确确定举证责任和进行专业鉴定。人民法院审理知识产权民事纠纷案件,应当遵循'谁主张,谁举证'的举证责任原则,提出主张的一方当事人应首先举证,然后由另一方当事人举证。在举证过程中,应特别注意举证责任的分担应当围绕着案件的诉讼请求展开,并正确掌握举证责任转移问题。当事人一方举证证明了自己的主张时,对方当事人对该项主张进行反驳提出了新的主张的,举证责任就应当转移到该方当事人。如该方当事人不能提出相应的证据证明,其反驳主张不能成立;该方当事人提出足以推翻前一事实的证据的,再转由原提出主张的当事人继续举证。当事人举证责任的分担和举证责任的转移等一系列的举证、认证活动,是一个十分复杂的过程,不能简单从事。要正确适用专利法规定的'举证责任倒置'原则,当事人提出他人侵犯其方法专利权的主张的,也要首先举证证明其享有专利权和被控侵权产

---

① 最高人民法院《关于民事诉讼证据的若干规定》第33条。
② 同上注。

品与使用专利方法生产的产品相同,然后才能将举证责任倒置于被告,由被告证明其生产的产品使用的是什么方法。"

2. 当双方证据无法确定真伪时,适用"优势证据"规则。①

优势证据是指优势证据制度,就是指在民事诉讼中实行优势证据证明标准,即如果全案证据显示某一待证事实存在的可能性明显大于其不存在的可能性,使法官有理由相信它很可能存在,尽管还不能完全排除存在相反的可能性,也应当允许法官根据优势证据规则认定这一事实。优势证据规则是对双方所举证据的证明力进行判断时所确立的规则,属于采信规则。具体到诉讼过程中,若双方当事人所列举的证据都不足以证明案件事实,法官就可以考虑适用优势证据制度,其中具有优势的一方当事人提供的证据能够达到"合理相信的程度",符合最低的证明标准,即其举出的证据使法官确信其成立的可能性大于不成立的可能的情况下,法官就可以认定其主张成立。当然这种盖然性法则应建立在相对高度优势的基础上,即由法官对双方当事人所提供的证据进行综合权衡后,取其占相当优势者作为定案的依据。

(1) 证据是否有优势是对证据质量的评价,而不是单纯对证据数量的衡量。证据的质量指证据所产生的盖然性以及证明力的大小,是对证据与待证事实的关联性能否成立的说服力。关键是证据要有"优势"。

(2) 对证据具有"优势"的判断须在排除合理怀疑之后。

(3) 证据具有"优势",必须达到确信的程度。

3. 关于举证期限与证据交换问题。

2002年,时任最高人民法院副院长曹建明在全国法院知识产权审判工作座谈会暨优秀知识产权裁判文书颁奖会上的讲话《正确实施知识产权法律 促进科技进步和经济发展 加快推进社会主义现代化建设》中就"举证时限与证据交换"问题谈道:"根据民事诉讼证据的规定,举证期限由人民法院指定,也可以由当事人协商并经人民法院认可;人民法院在向当事人送达受理案件通知书或者应诉通知书时,应当同时指定举证期限或者通知当事人在一定期限的协商确定举证期限。根据上述司法解释的规定,在实际操作中,人民法院应当注意:举证期限可以先由人民法院指定;当事人对人民法院指定的期限希望通过自行协商予以改变的,需要经过人民法院认可;当事人所协商确定的期限,不应影响人民法院在法定期限内审结案件。不少知识产权案件事实复杂,当事人举证能力、举证情况亦有较大差别,因此,对当事人申请延期举证,确有正当理由的,人民法院应当准许。庭前交换证据,要达到固定所收集的证据、明确当事人争议焦点、确定当事人诉讼请求,做好开庭质证准备的目的。经过庭前交换证据的,除因当事人提出反驳,需要提供新证据再次交换证据的,人民法院应当及时开庭审理。在专利、商业秘密等知识产权案件庭前交换证据过程中,对当事人提交的涉及商业秘密的证据,也应当在原告的诉讼请求范围内组织交换、质证,人民法院

---

① 载 http://baike.sogou.com/v8987068.htm。

应当根据当事人的申请不公开审理,可以要求对方当事人承担保密义务。对于违反保密义务的,根据具体情况可以按照妨害民事诉讼予以处理;对造成他人损害的,应当承担停止侵害和赔偿的法律责任。"

※ **依据**

文件名称	条款内容
2008年最高人民法院《关于民事诉讼证据的若干规定》	第七条 在法律没有具体规定,依本规定及其他司法解释无法确定举证责任承担时,人民法院可以根据公平原则和诚实信用原则,综合当事人举证能力等因素确定举证责任的承担。 第三十三条 人民法院应当在送达案件受理通知书和应诉通知书的同时向当事人送达举证通知书。举证通知书应当载明举证责任的分配原则与要求、可以向人民法院申请调查取证的情形、人民法院根据案件情况指定的举证期限以及逾期提供证据的法律后果。 举证期限可以由当事人协商一致,并经人民法院认可。 由人民法院指定举证期限的,指定的期限不得少于三十日,自当事人收到案件受理通知书和应诉通知书的次日起计算。 第七十三条 双方当事人对同一事实分别举出相反的证据,但都没有足够的依据否定对方证据的,人民法院应当结合案件情况,判断一方提供证据的证明力是否明显大于另一方提供证据的证明力,并对证明力较大的证据予以确认。 因证据的证明力无法判断导致争议事实难以认定的,人民法院应当依据举证责任分配的规则作出裁判。 第七十五条 有证据证明一方当事人持有证据无正当理由拒不提供,如果对方当事人主张该证据的内容不利于证据持有人,可以推定该主张成立。
2008年《专利法》	第六十一条 专利侵权纠纷涉及新产品制造方法的发明专利的,制造同样产品的单位或者个人应当提供其产品制造方法不同于专利方法的证明。 第六十二条 在专利侵权纠纷中,被控侵权人有证据证明其实施的技术或者设计属于现有技术或现有设计的,不构成侵犯专利权。
2013年《商标法》	第六十三条 人民法院为确定赔偿数额,在权利人已经尽力举证,而与侵权行为相关的账簿、资料主要由侵权人掌握的情况下,可以责令侵权人提供与侵权行为相关的账簿、资料;侵权人不提供或者提供虚假的账簿、资料的,人民法院可以参考权利人的主张和提供的证据判定赔偿数额。

(续表)

文件名称	条款内容
2014年《浙江省高级人民法院民三庭关于知识产权民事诉讼证据保全的实施意见》	第二十一条 被申请人持有对己不利的证据,无正当理由拒不提供,或者伪造、毁灭被保全证据的,人民法院根据案件具体情形,既可以推定申请人关于该证据的主张成立,也可以降低相关事实的证明标准,或者将举证妨碍作为认定损害赔偿数额的考量因素。 人民法院应在充分考量举证妨碍的严重程度、被申请人的主观过错、相关证据的重要性及对案件事实的证明力等因素的基础上,确定举证妨碍行为在事实认定方面的法律后果。 在下列情形中,人民法院不应适用举证妨碍规则直接推定申请人的相关主张成立: (一)该主张明显超出合理范围; (二)存在与该主张有明显矛盾的证据或者事实。
2015年最高人民法院《关于适用〈中华人民共和国民事诉讼法〉的解释》	第九十一条 人民法院应当依照下列原则确定举证证明责任的承担,但法律另有规定的除外: (一)主张法律关系存在的当事人,应当对产生该法律关系的基本事实承担举证证明责任; (二)主张法律关系变更、消灭或者权利受到妨害的当事人,应当对该法律关系变更、消灭或者权利受到妨害的基本事实承担举证证明责任。 第一百一十二条 书证在对方当事人控制之下的,承担举证证明责任的当事人可以在举证期限届满前书面申请人民法院责令对方当事人提交。 申请理由成立的,人民法院应当责令对方当事人提交,因提交书证所产生的费用,由申请人负担。对方当事人无正当理由拒不提交的,人民法院可以认定申请人所主张的书证内容为真实。
2015年《公证法》	第三十六条 经公证的民事法律行为、有法律意义的事实和文书,应当作为认定事实的根据,但有相反证据足以推翻该项公证的除外。

第137条 【质证】

137.1 质证时,当事人应当围绕证据的真实性、关联性、合法性,针对证据证明力有无以及证明力大小,进行质疑、说明与辩驳。①

137.2 对于证据的来源、证明事实和证明对象等对方未表达清楚的问题,可以向法庭提出或者经法庭同意向对方发问。

※ 条文释解

在质证时,首先要听清楚对方出证的证明事项,不要凭借"假设想象"表达质证意见。为了证据的完整性,常常有些证据长达十几页或者几十页,可能证明事项仅是一

---

① 最高人民法院《关于民事诉讼证据的若干规定》第50条。

项,也可能是多项;但一般可能其中只有几页或者几行用以证明应证事项使用。因此,出证时要明确指出,质证时也要有针对性的回应。

※ **依据**

文件名称	条款内容
2008年最高人民法院《关于民事诉讼证据的若干规定》	第五十条　质证时,当事人应当围绕证据的真实性、关联性、合法性,针对证据证明力有无以及证明力大小,进行质疑、说明与辩驳。
2012年《民事诉讼法》	第六十八条　证据应当在法庭上出示,并由当事人互相质证。对涉及国家秘密、商业秘密和个人隐私的证据应当保密,需要在法庭出示的,不得在公开开庭时出示。
2015年最高人民法院《关于适用〈中华人民共和国民事诉讼法〉的解释》	第一百零三条　证据应当在法庭上出示,由当事人互相质证。未经当事人质证的证据,不得作为认定案件事实的根据。 当事人在审理前的准备阶段认可的证据,经审判人员在庭审中说明后,视为质证过的证据。 涉及国家秘密、商业秘密、个人隐私或者法律规定应当保密的证据,不得公开质证。

第138条　【代理意见陈述】

律师的代理意见应当以法律意见为主,并要结合庭审事实进行。对于庭审未予以确认的重要事实和重要的证据有必要进行说明和重述时,应当以证据运用为主,而不是对事实的再陈述。

※ **条文释解**

1. 律师在撰写代理意见时,要注意以下几点:

(1) 不要写得太长,尤其是长达几十页的代理意见,看上去很完整漂亮,但实际上能让阅读者安心看下去的不多。如果内容很多不妨按照问题分为几份代理意见,这样法庭辩论焦点问题更加突出。另外,标题层次的序列不要过多。

(2) 写作成稿的字体不宜过小、过密,页面边缘要留白,左侧可以多留一些,保证装订时不会压住文字内容。

(3) 法律条文的引用不宜占据太大篇幅,如果占据篇幅太多,意见反而成了夹杂其中的内容,会被忽略。法律条文可以脚注方式列明。

2. 代理意见要结合证据所能够支持的事实问题阐述意见,当庭陈述意见时,中心观点要突出,如果只是单纯表达情感、上下文衔接的内容以及法律条文,除非必要,建议略过。庭审后提交法庭书面材料即可。

第七章　商业秘密合同纠纷法律业务

第一节　合同诉讼要点

第 139 条　【商业秘密合同纠纷种类】

本章涉及的商业秘密合同纠纷体现为以下形式:

139.1　就商业秘密签订的专项合同或者协议,不限于就商业秘密保密、技术开发、转让(让与)、技术服务或咨询、使用许可,投资入股等专门合同或协议的履行产生的纠纷。

139.2　就约定有商业秘密保密义务条款的合同或者协议,比如:竞业限制、技术转让或者实施许可、技术服务与咨询、出资或股权转让、买卖、加工承揽、劳动合同等形式签订的合同或者协议的履行产生的纠纷。

※ 条文释解

1. 本章主要是对于专项保密合同或协议以及合同或协议中的保密条款而言的,并非是针对涉及商业秘密为标的的合同所作出的指引。关于商业秘密合同,请参见《律师办理技术合同非诉法律业务操作指引释解》一书。

2. 本条实际上是对于保密约定的形式作出的分类。之所以这样区分是因为涉及诉讼案由、诉讼请求和管辖等问题。

第 140 条　【司法管辖的选择】

140.1　除适用《中华人民共和国民事诉讼法》第 23 条、第 24 条规定之外,律师应当特别注意以下情形的司法管辖:

140.1.1　针对商业秘密的技术开发、转让或者使用许可、技术服务、咨询、培训等签订的专项合同或协议,或者在其他合同中双方对技术信息的技术开发、转让或者使用许可、技术服务与咨询发生的法律关系属于技术合同法律关系,该类合同纠纷应当由中级人民法院或者各地高级人民法院经批准指定的基层法院管辖(一般为具有审理知识产权纠纷职能的法院)。

140.1.2　就约定有商业秘密保密义务条款的合同或协议产生的纠纷,如果双方争议的为商业秘密法律关系,也应当按照本条选择司法管辖。

140.2　由于部分商业秘密纠纷可能表现为侵权与违约法律关系的竞合[①],因此,律师对此应当根据实际需要进行案情分析,确定法律关系,选择管辖法院。

---

① 《中华人民共和国反不正当竞争法》第 10 条第(三)项。

140.3　合同或协议约定仲裁条款,或者事后达成仲裁协议的,由约定仲裁机构管辖。

※ 条文释解

1. 2015 年 2 月 4 日起实施的最高人民法院《关于适用〈中华人民共和国民事诉讼法〉的解释》对于管辖作出了更加细致的规定,律师要特别予以注意。

2. 原告因合同违约引发商业秘密纠纷的,可以选择违约之诉或者侵权之诉。两者之间的重要区别在于:

(1) 适用法律不同:违约之诉主要依据《合同法》,侵权之诉主要依据《反不正当竞争法》提起诉讼。

(2) 诉讼对方当事人不同。

(3) 案由和管辖地不同:

① 涉及违约的案由包括:缔约过失责任纠纷、确认合同效力纠纷、竞业限制纠纷、技术秘密让与合同纠纷、技术秘密许可使用合同纠纷、经营秘密让与合同纠纷、经营秘密许可使用合同纠纷,其他还有:技术成果完成人署名权、荣誉权、奖励权纠纷,职务技术成果完成人奖励、报酬纠纷、技术开发、技术转化、技术咨询、技术服务、技术培训、技术中介、技术进口、技术出口合同纠纷等。

② 涉及侵权的案由只有两个,即侵害技术秘密纠纷、侵害经营秘密纠纷。

③ 管辖,请参见第六章第二节。

(4) 结合违约行为与侵权行为的构成比较;已有或可获得证据的证据链的完整性和证据效力;合同在法律责任部分签订的明晰与准确性;赔偿损失的计算方式和法律责任的承担方式等进行综合考量违约之诉和侵权之诉的利弊:

① 合同约定、履行事实以及证据情况;

② 举证内容的异同;

③ 庭审事实审查的重点和角度;

④ 相同证据在不同案由中的证明力差异;

⑤ 法律责任和审理结果。

3. 根据《最高人民法院知识产权案件年度报告(2009 年)》对于"依据劳动合同中的保密或竞业限制条款提起的商业秘密侵权案件的管辖"问题,最高人民法院阐述如下:

"劳动法第七十九条规定了劳动争议的仲裁前置程序,对仲裁裁决不服的,才可向人民法院提起诉讼。如果用人单位依据劳动合同中的保密或竞业限制条款提出的商业秘密侵权纠纷,就会产生该纠纷应当通过劳动争议处理程序解决还是可以作为不正当竞争纠纷由人民法院直接予以受理的问题。

在上诉人陈建新与被上诉人化学工业部南通合成材料厂(以下简称合成厂)、南通星辰合成材料有限公司(以下简称星辰公司)、南通中蓝工程塑胶有限公司(以下简称中蓝公司)以及原审被告南通市东方实业有限公司(以下简称东方公司)、周传敏、陈晰、李道敏、戴建勋侵犯技术秘密和经营秘密纠纷管辖权异议案[(2008)民三终字第9号]中,最高人民法院明确指出,对于因劳动者与用人单位之间的竞业限制约定引发的纠纷,如果当事人以违约为由主张权利,则属于劳动争议,依法应当通过劳动争议处理程序解决;如果当事人以侵犯商业秘密为由主张权利,则属于不正当竞争纠纷,人民法院可以依法直接予以受理。

该案的基本案情是:合成厂与陈建新等在2001—2004年间签订的劳动合同以及《保守秘密、限制竞业协议书》均约定,双方发生争议可提交合成厂所在地劳动仲裁委员会仲裁。东方公司成立于2003年10月21日,周传敏的父亲在其中持股,周传敏是总经理,戴建勋、陈晰在该公司工作。合成厂、星辰公司、中蓝公司于2008年3月17日以东方公司、周传敏、陈建新、陈晰、李道敏、戴建勋侵犯其技术秘密和经营秘密为由,向江苏省高级人民法院起诉,主张三原告作为关联企业,共同从事塑料及相关产品的研发和生产,拥有本案涉及的商业秘密,六被告构成对其商业秘密的共同侵权,请求判令各被告立即停止侵权并连带赔偿原告4500万元。被告陈建新在答辩期内以本案系劳动争议应当由南通市劳动仲裁委员会裁决为主要理由,提出管辖权异议。江苏省高级人民法院一审认为,本案争议的实质是原告是否合法拥有诉称的商业秘密、侵权行为是否成立及侵权民事责任的承担,而非用人单位与劳动者间因劳动用工关系所发生的权利义务之争,故本案不属劳动争议案件,不存在劳动仲裁前置问题。遂裁定驳回管辖权异议。陈建新不服,向最高人民法院提起上诉。最高人民法院于2009年8月27日裁定驳回上诉,维持原裁定。

最高人民法院审理认为,合同法第一百二十二条规定,因当事人一方的违约行为,侵害对方人身、财产权益的,受损害方有权选择依照本法要求其承担违约责任或者依照其他法律要求其承担侵权责任。据此,因合同而引起的纠纷,在涉及违约责任与侵权责任的竞合时,原告有权选择提起合同诉讼还是侵权诉讼,人民法院也应当根据原告起诉的案由依法确定能否受理案件以及确定案件的管辖。劳动争议是劳动者与用人单位因劳动合同法律关系发生的争议,我国法律并未特别要求劳动合同当事人只能依据劳动合同提起劳动争议,违反劳动合同的行为同时构成侵权行为的,法律并不排除当事人针对侵权行为要求行为人承担侵权责任。因此,对于因劳动者与用人单位之间的竞业限制约定引发的纠纷,如果当事人以违约为由主张权利,则属于劳动争议,依法应当通过劳动争议处理程序解决;如果当事人以侵犯商业秘密为由主张权利,则属于不正当竞争纠纷,人民法院可以依法直接予以受理。本案原告合成厂与各自然人被告之间存在劳动合同关系,并签订了《保守秘密、限制竞业协议书》,其中也约定了仲裁条款,但本案的案由是侵犯技术秘密和经营秘密纠纷,原告的诉讼请求是要求各自然人被告以及被告东方公司承担停止侵害其商业秘密并赔偿其损失的侵权民事责任,本案的诉讼标的是原告与各被告之间的侵权法律关系,并非原告与各自然人之间的劳动合同法律关系。因此,本案不属于劳动争议案件,作为侵权案件,人民法院可以直接受理。"

※ 依据

文件名称	条款内容
1999年《合同法》	第一百二十二条　因当事人一方的违约行为,侵害对方人身、财产权益的,受损害方有权选择依照本法要求其承担违约责任或者依照其他法律要求其承担侵权责任。
2004年最高人民法院《关于审理技术合同纠纷案件适用法律若干问题的解释》（法释〔2004〕20号）	第四十三条　技术合同纠纷案件一般由中级以上人民法院管辖。 各高级人民法院根据本辖区的实际情况并报经最高人民法院批准,可以指定若干基层人民法院管辖第一审技术合同纠纷案件。 其他司法解释对技术合同纠纷案件管辖另有规定的,从其规定。 合同中既有技术合同内容,又有其他合同内容,当事人就技术合同内容和其他合同内容均发生争议的,由具有技术合同纠纷案件管辖权的人民法院受理。 第四十五条　第三人向受理技术合同纠纷案件的人民法院就合同标的技术提出权属或者侵权请求时,受诉人民法院对此也有管辖权的,可以将权属或者侵权纠纷与合同纠纷合并审理;受诉人民法院对此没有管辖权的,应当告知其向有管辖权的人民法院另行起诉或者将已经受理的权属或者侵权纠纷案件移送有管辖权的人民法院。权属或者侵权纠纷另案受理后,合同纠纷应当中止诉讼。 专利实施许可合同诉讼中,受让人或者第三人向专利复审委员会请求宣告专利权无效的,人民法院可以不中止诉讼。在案件审理过程中专利权被宣告无效的,按照专利法第四十七条第二款和第三款的规定处理。
2007年天津市高级人民法院《审理侵犯商业秘密纠纷案件研讨会纪要》	11. 民事合同中有商业秘密保密条款约定的,当事人可以单独就保密条款纠纷提起诉讼,不受合同履行期限或合同中途解除的影响,但依法应确认无效的合同或当事人另有约定的除外。 12. 在立案或审理中发现侵权纠纷与合同纠纷竞合的,应分别情况处理,选择合同纠纷诉讼一般只能起诉合同相对人;选择侵权诉讼可以起诉任何侵权人。当事人选择侵权诉讼的,按照侵权案件适用法律处理,不审理其中的合同纠纷内容。
2005年《河南省高级人民法院商业秘密侵权纠纷案件审理的若干指导意见（试行）》	四、商业秘密侵权诉讼中保密协议问题 5. 商业秘密纠纷案件中,违约与侵权竞合发生时,权利人选择违约之诉或侵权之诉主张权利,人民法院应予准许。

第141条　【技术鉴定和专家辅助人】

141.1　在商业秘密合同纠纷解决过程中,当涉及的技术信息专业性强,或者难以被法官或仲裁员理解时,律师可以考虑依据《中华人民共和国民事诉讼法》第76条、第79条的规定,向法院申请技术鉴定或者专家辅助人。

商业秘密纠纷中涉及的司法鉴定程序,参见本指引第六章第四节。

141.2　律师应当注意,一方当事人单独委托司法鉴定机构作出的鉴定意见书,可能受到对方更多的质疑,法庭会考虑采信、重新鉴定或者不采信。

141.3　法院委托司法鉴定机构作出的鉴定意见书,经过双方当庭的质证,一般会考虑予以采信。

※ 条文释解

技术鉴定,请参见第六章第四节第125—128条。

专家辅助人,请参见第六章第五节第134条。

第142条　【鉴定意见的质证】

142.1　无论当事人单独委托还是法院委托司法鉴定,鉴定意见书均需要经过法庭质证。

142.2　一般情况下,律师可以从以下几个方面进行分析并提出质证意见:

（1）鉴定机构、鉴定人是否具有相应的知识产权司法鉴定资质;

（2）鉴定机构是否存在《司法鉴定程序通则》第16条规定的不得受理的情形;

（3）司法鉴定人是否存在应当回避的情形;

（4）鉴定人是否具有与争议技术信息相关的专业知识背景或者从业经历;

（5）鉴定报告中对于争议的技术信息以及用于比对的公知信息的描述与理解是否准确、是否符合或违背该领域的科学知识、行业规范或者该领域的一般常识;

（6）送检材料是否适当、完整;

（7）鉴定方法是否科学、准确等。

※ 条文释解

律师对于鉴定机构、人员、送检材料、鉴定内容、鉴定方式、鉴定过程和鉴定结论均要作出质证意见。本条是一些引导性的考虑角度,涉及具体案件时,还要具体分析,然后有针对性地提出。有些律师逐个环节提出,反而将重要的焦点问题淹没在诸多问题中,导致无法重点作出意见陈述,是一个缺憾,因此,可以参考《最高人民法院技术咨询、技术审核工作管理规定》第12条的规定,围绕技术鉴定的核心问题展开和进行。

※ 问题21:合同违约之诉,需要技术鉴定吗? 什么情况下需要鉴定?

第143条　【诉讼时效】

与侵权诉讼不同,在分析商业秘密合同纠纷案情时,律师应当充分注意诉讼时效问题,可以根据个案从以下方面进行分析:

（1）约定的合同履行期限;

（2）约定的履行义务行为和时间,不履行义务的后果的时间;

（3）一方实际履行(未履行)义务的行为及时间;

（4）一方知道或应当知道违约行为发生的时间;

(5) 是否存在能够导致诉讼时效中止或中断的行为情由。

※ 依据

文件名称	条款内容
1999年《合同法》	第一百二十九条 因国际货物买卖合同和技术进出口合同争议提起诉讼或者申请仲裁的期限为四年,自当事人知道或者应当知道其权利受到侵害之日起计算。因其他合同争议提起诉讼或者申请仲裁的期限,依照有关法律的规定。
2008年最高人民法院《关于审理民事案件适用诉讼时效制度若干问题的规定》(法释〔2008〕11号)	第三条 当事人未提出诉讼时效抗辩,人民法院不应对诉讼时效问题进行释明及主动适用诉讼时效的规定进行裁判。 第十条 具有下列情形之一的,应当认定为民法通则第一百四十条规定的"当事人一方提出要求",产生诉讼时效中断的效力: (一)当事人一方直接向对方当事人送交主张权利文书,对方当事人在文书上签字、盖章或者虽未签字、盖章但能够以其他方式证明该文书到达对方当事人的; (二)当事人一方以发送信件或者数据电文方式主张权利,信件或者数据电文到达或者应当到达对方当事人的; (三)当事人一方为金融机构,依照法律规定或者当事人约定从对方当事人账户中扣收欠款本息的; (四)当事人一方下落不明,对方当事人在国家级或者下落不明的当事人一方住所地的省级有影响的媒体上刊登具有主张权利内容的公告的,但法律和司法解释另有特别规定的,适用其规定。 前款第(一)项情形中,对方当事人为法人或者其他组织的,签收人可以是其法定代表人、主要负责人、负责收发信件的部门或者被授权主体;对方当事人为自然人的,签收人可以是自然人本人、同住的具有完全行为能力的亲属或者被授权主体。 第二十条 有下列情形之一的,应当认定为民法通则第一百三十九条规定的"其他障碍",诉讼时效中止: (一)权利被侵害的无民事行为能力人、限制民事行为能力人没有法定代理人,或者法定代理人死亡、丧失代理权、丧失行为能力; (二)继承开始后未确定继承人或者遗产管理人; (三)权利人被义务人或者其他人控制无法主张权利; (四)其他导致权利人不能主张权利的客观情形。

(续表)

文件名称	条款内容
2009年《民法通则》	第一百三十五条　向人民法院请求保护民事权利的诉讼时效期间为二年,法律另有规定的除外。 第一百三十六条　下列的诉讼时效期间为一年: (一)身体受到伤害要求赔偿的; (二)出售质量不合格的商品未声明的; (三)延付或者拒付租金的; (四)寄存财物被丢失或者损毁的。 第一百三十七条　诉讼时效期间从知道或者应当知道权利被侵害时起计算。但是,从权利被侵害之日起超过二十年的,人民法院不予保护。有特殊情况的,人民法院可以延长诉讼时效期间。 第一百三十九条　在诉讼时效期间的最后六个月内,因不可抗力或者其他障碍不能行使请求权的,诉讼时效中止。从中止时效的原因消除之日起,诉讼时效期间继续计算。 第一百四十条　诉讼时效因提起诉讼、当事人一方提出要求或者同意履行义务而中断。从中断时起,诉讼时效期间重新计算。 第一百四十一条　法律对诉讼时效另有规定的,依照法律规定。

第144条　【诉争合同或争议条款的无效、解除、变更和撤销】

144.1　律师应当首先审查诉争合同或争议条款的法律效力,以及合同的签订和履行过程中是否发生或者具有法定无效、解除、变更或撤销的事由,作出合同纠纷诉讼的初步判断。

144.2　诉争合同或争议条款的无效

无效的理由应当依照《中华人民共和国合同法》第52条、第329条以及最高人民法院《关于审理技术合同纠纷案件适用法律若干问题的解释》第10条的规定进行判断。

144.3　诉争合同的解除

144.3.1　诉争合同的履行发生《中华人民共和国合同法》第94条规定的情形时,可以解除或者请求法院解除合同。

144.3.2　作为争议合同标的技术已经被他人公开的,可以解除合同或者请求法院解除诉争合同。①

144.3.3　技术合同一方当事人延迟履行主要债务,经催告后仍未履行的,权利人可以请求法院解除诉争合同。②

144.3.4　行使解除请求权的,履行合同一方当事人应当注意事先向债务人进行催告,以满足法定解除条件。

---

① 《中华人民共和国合同法》第337条。
② 最高人民法院《关于审理技术合同纠纷案件适用法律若干问题的解释》第15条。

144.4 诉争合同的撤销或者变更

当一方当事人具有最高人民法院《关于审理技术合同纠纷案件适用法律若干问题的解释》第9条规定的行为时，另一方当事人可以要求法院撤销或者变更诉争合同。

※ 条文释解

1. 对于《合同法》第329条规定的"非法垄断技术、妨碍技术进步或者侵害他人技术成果的"合同，一直是最高人民法院在文件中一再强调重点审查的内容之一。最高人民法院《关于全面加强知识产权审判工作为建设创新型国家提供司法保障的意见》(法发〔2007〕1号)第16条指明"禁止知识产权权利滥用。准确界定知识产权权利人和社会公众的权利界限，依法审查和支持当事人的在先权、先用权、公知技术、禁止反悔、合理使用、正当使用等抗辩事由；制止非法垄断技术、妨碍技术进步的行为，依法认定限制研发、强制回授、阻碍实施、搭售、限购和禁止有效性质疑等技术合同无效事由，维护技术市场的公平竞争；防止权利人滥用侵权警告和滥用诉权，完善确认不侵权诉讼和滥诉反赔制度"。在后续的其他政策性文件中也有所阐述。但是律师对于"侵害他人技术成果"问题相对比较关注，往往会忽视可能的非法垄断技术、妨碍技术进步的内容。

合同无效，请参见第四章第一节第66条和《律师办理技术合同非诉讼法律业务操作指引》相关内容。

2. 关于需要行政审批和许可的技术合同的效力问题。签约合同所涉及的生产、销售，需要前置进行行政审批和许可的，当事人没有办理相关手续的，一般不认定为无效合同。

3. 对涉及商业秘密的技术合同被确认无效、解除后的处理问题：

(1) 根据法律规定，对合同无效负有责任的一方应当赔偿另一方的损失，当事人对合同无效均负有责任的，各自承担相应的责任。

(2) 收取费用的一方为责任方的，应当返还已收取的各种费用；支付费用的一方为责任方的，无责任相对方可将已收取费用的全部或部分根据案件具体事实作为对技术泄密的经济补偿；双方均有责任的，根据责任大小，适当返还已收取的费用，另留一部分作为技术泄密的补偿或全部返还已收取的费用。

(3) 涉及商业秘密的技术合同被确认无效、解除后，合同约定的权利义务尚未履行的，不再履行；正在履行的，终止履行。依合同接受技术资料、物品的一方应将技术资料、物品返还，并不得存留复制品。但收取费用的一方自行完成的技术资料、物品一般不作返还处理，相应的可以以退还相应比例的费用进行处理。

(4) 对于商业秘密尚未被公开披露的，双方当事人可以在法庭主持下就商业秘密的保密问题重新签订保密协议；也可以要求在法律文书中作为诉请的一部分予以判决。

(5) 仅部分条款无效的，其他有效条款可以要求继续履行，也可以要求终止履行。

※ **依据**

文件名称	条款内容
1999年《广东省技术秘密保护条例》	第十六条　当事人不得因技术合同无效而擅自披露技术秘密,依据无效技术合同接收的技术资料、样品、样机等,应当及时返还权利人,不得保留复制品。 第二十三条　技术秘密受让方不知悉并且没有合理的依据应当知悉转让方侵害他人技术秘密的,赔偿责任由非法转让方承担。受让方经技术秘密权利人同意,可以继续使用该技术秘密,但应当支付相应的费用。

※ **案例7.1-20：海南康力元药业有限公司、通用康力制药有限公司诉海口奇力制药股份有限公司技术转让合同纠纷案**①

一、基本案情

海南康力元药业有限公司(以下简称康力元公司)为药品经营企业,通用康力制药有限公司(以下简称康力制药公司)和海口奇力制药股份有限公司(以下简称奇力制药公司)均为药品生产企业。2004年6月12日,奇力制药公司与康力元公司、康力制药公司签订《关于转让注射用头孢哌酮钠他唑巴坦钠的合同》(以下简称《转让合同》)。该合同以奇力制药公司为甲方,康力元公司和康力制药公司为乙方,其主要内容为:甲方在注射用头孢哌酮钠他唑巴坦钠 II 期临床工作结束后,立即向国家药监部门申报新药证书及生产批件,并在获得批准后将规格为1.125g/瓶的产品转让给乙方;转让完成后,该规格产品的所有权归乙方,甲方向乙方提供有关该规格产品的全套资料(含临床资料)复印件;囿于有关药品管理法规的制约,该规格产品的生产批文上所载的生产单位仍为甲方,但甲方承诺取得生产批件后即积极配合乙方办理委托加工手续,并在获准后立即转交乙方生产,甲方派人指导乙方连续生产三批合格产品;自合同生效之日起,甲方不再与第三方谈本规格产品合作、转让事宜。2006年12月31日,康力制药公司的《药品生产质量管理规范认证证书》(以下简称药品GMP证书)因故被海南省食品药品监督管理局收回。2007年5月21日,国家食品药品监督管理局向奇力制药公司核发了"注射用头孢哌酮钠他唑巴坦钠"《新药证书》和《药品注册批件》(规格为"1.125g"和"2.25g"),其中载明药品监测期为4年,至2011年5月20日。奇力制药公司遂自行进行生产,并于2007年12月开始交其他公司和个人代理销售。自2007年8月6日开始,奇力制药公司以康力元公司、康力制药公司违反国家法律法规,不具备涉案新药的药品GMP证书,不符合受让及委托生产该新药

---

① 案例来源:《最高人民法院知识产权案件知产年度报告(2011年)》。

的法定条件为由,要求解除合同。康力元公司、康力制药公司遂提起本案诉讼,请求判令奇力制药公司继续履行合同。海南省海口市中级人民法院一审认为,《转让合同》系三方的真实意思表示,且合同内容不违反国家法律或行政法规的禁止性规定,属有效合同;奇力制药公司要求解除合同,缺乏事实和法律依据。据此判决各方继续履行合同。奇力制药公司、康力元公司和康力制药公司均不服一审判决,提起上诉。海南省高级人民法院二审认为,《转让合同》履行过程中,康力制药公司的药品GMP证书被海南省食品药品监督管理局收回,已不具备生产涉案新药的法定资质条件,此一变故属于不可抗力,导致合同的目的不能实现,应依法解除。据此判决撤销一审判决,解除《转让合同》。康力元公司、康力制药公司不服二审判决,向最高人民法院申请再审。最高人民法院提审本案后于2011年12月9日作出再审判决,撤销二审判决,判令合同继续履行。

二、裁判要点

最高人民法院审理认为:《转让合同》涉及新药技术转让和新药委托生产两方面的内容。关于药品委托生产问题,《中华人民共和国药品管理法》第13条规定:"经省、自治区、直辖市人民政府药品监督管理部门批准,药品生产企业可以接受委托生产药品。"《中华人民共和国药品管理法实施条例》第10条规定,接受委托生产药品的,受托方必须持有与其受托生产的药品相适应的药品GMP证书。在本案双方当事人签订《转让合同》时,康力制药公司持有与涉案新药相适应的《药品生产许可证》和药品GMP证书,因此双方当事人关于委托康力制药公司生产涉案新药的约定不违反法律和行政法规的规定。本案双方当事人关于委托加工生产药品的约定有效,双方亦应依约履行。最高人民法院《关于审理技术合同纠纷案件适用法律若干问题的解释》第8条第1款规定:"生产产品或者提供服务依法须经有关部门审批或者取得行政许可,而未经审批或者许可的,不影响当事人订立的相关技术合同的效力。"因此,康力制药公司是否能够获得生产涉案新药的《药品生产许可证》和药品GMP证书,并不影响《转让合同》的效力。综上,《转让合同》应认定为有效合同。

第二节 作为原告代理人

第145条 【诉讼主体资格审查】

145.1 一般情况下,原告应当是商业秘密合同中的签约主体。但是,在合同签订或者履行过程中,合同签约主体与原告不一致时,律师应当对原告的适格身份加以审查和证明。

145.2 当签约主体一方或者双方为非独立民事主体时,律师应当调查该签约主体的实际归属机构①,并提供相应的证据材料。

---

① 最高人民法院《关于审理技术合同纠纷案件适用法律若干问题的解释》第7条。

145.2.1 原告同意签约主体签订合同的授权委托书、原告与签约主体就该合同的签约与履行所签署的协议、与此相关的内部管理文件等。

145.2.2 签约主体与原告之隶属关系证明[原告的企业法人营业执照、事业单位批准文件,企业(事业单位)代码证、税务登记证、原告与签约主体签订的劳动合同、任职聘书、组织人事关系证明、工资关系证明等]。

145.2.3 原告是合同权利、义务的实际承受和履行人(合同履行过程所需要的各项必要条件的实际提供者(所有人),资金(研究经费)的收受人或支付人(资金往来凭证),与资金往来对应的票据的出具人。

145.2.4 合同履行过程中必要的厂房、设备、场地、人员、原材料以及不对外公开技术资料的所有人(权利主体)的证明。

145.3 签约主体与权利主体名称不一致的,律师应当从以下几个方面证明原告应当为适格的诉讼主体:

145.3.1 工商行政主管部门或者上级主管部门出具的主体名称变更登记证明文件。

145.3.2 企业章程或合同对企业名称的变更的约定,相应的股东会或董事会决议。

145.3.3 变更名称后权利主体履行合同的证明。

145.3.4 被告知道原告为权利主体,并对原告实际履行合同义务的证据。

145.3.5 签约主体因发生合并而与权利主体不一致时,原告应当证明自己为签约主体合同义务的承受人,并为此提交并购法律文件,与此相对应的签约主体股东会或董事会决议,签约主体对应的工商变更登记证明文件。

145.3.6 签约主体注销由原股东或出资者作为权利主体的,应当提交签约主体的股东会或者董事会就清算事宜作出的决议、清算报告、签约主体企业章程、工商注销登记证明文件等。

※ 条文释解

1. 之所以说"一般情况下,原告应当是商业秘密合同的签约主体"一方当事人,因为可能存在一些例外:

(1) 单位名称变更或者是签约主体名称与商业秘密权利人名称不同,但是属于混同经营或者合同履行义务的主体不同的;

(2) 非法人组织,比如:项目研究组等内部机构,商业秘密权利人与签约人很可能不同;

(3) 属于单位合并、商业秘密权益投资、入股新单位承继义务等;

(4) 未经商业秘密权利人许可的再许可、转委托的违约行为,一旦导致商业秘密披露,不仅仅是违约行为责任就能够赔付商业秘密权利人全部损失的,而商业秘密权利人很可能不属于再许可、转委托合同的签约主体。作为商业秘密权利人只能就与签约相对方提起违约之诉,而不能就第三人提出违约之诉。

2. 在涉及商业秘密的技术合同主体问题上,现实中还存在《合同法》规定之外的,因为科技改革的历史原因形成的无民事主体资格的组织签署、履行合同的情况。例如:科研院所、大专院校中的无民事主体资格的院系、研究室、课题组、工作室、创作室等,还有一类是个人之间合作临时组成的"合伙"性质的项目组。从法律主体上说,均不属于有权利能力和行为能力的组织,因此在诉讼时要注意向法庭提交相关的文件,以证明其主体适格。

(1) 属于单位内部分支机构的,考虑提供以下证明文件:

① 法人单位事前授权或事后追认的证明文件;

② 法人单位与该组织有合同约定,法人单位承认或者承诺该组织对外签署技术合同的责任由法人单位承担的证明文件;

③ 法人单位在章程或其他法律文件中明确规定该组织有洽谈、签署和履行技术合同的权限的证明文件;

④ 法人单位实际参与了合同的洽谈、签约或者履行的证明资料。

(2) 属于个人临时"合伙"的,"合伙人"均作为诉讼当事人参与诉讼。

具体内容,请参见《律师办理技术合同非诉讼法律事务操作指引》相关内容。

※ 依据

文件名称	条款内容
1999 年《合同法》	第二条　本法所称合同是平等主体的自然人、法人、其他组织之间设立、变更、终止民事权利义务关系的协议。 婚姻、收养、监护等有关身份关系的协议,适用其他法律的规定。 第九条　当事人订立合同,应当具有相应的民事权利能力和民事行为能力。 当事人依法可以委托代理人订立合同。
2004 年最高人民法院《关于审理技术合同纠纷案件适用法律若干问题的解释》	第七条　不具有民事主体资格的科研组织订立的技术合同,经法人或者其他组织授权或者认可的,视为法人或者其他组织订立的合同,由法人或者其他组织承担责任;未经法人或者其他组织授权或者认可的,由该科研组织成员共同承担责任,但法人或者其他组织因该合同受益的,应当在其受益范围内承担相应责任。 前款所称不具有民事主体资格的科研组织,包括法人或者其他组织设立的从事技术研究开发、转让等活动的课题组、工作室等。
2004 年江苏省高级人民法院《关于审理商业秘密案件有关问题的意见》	第一条　商业秘密案件的诉讼主体不以是否从事经营活动为限。 第三条　未经批准从事国家特许经营的法人、其他组织或自然人,可以取得技术秘密,但不能取得经营秘密。

第 146 条　【分析案情】

146.1　律师应当对合同产生的背景、合同的内容及其履行的真实情况进行充分的了解。

146.2 合同签约的背景、合同双方的基本情况、合同的内容,合同的实际履行情况、合同履行中出现的问题与解决等。

146.3 对技术合同中涉及的专业技术知识,可以自己的认知能力尽可能进行了解和理解,必要时可以由专业技术人员进行讲解。

146.4 对纠纷解决方式、管辖的选择、诉讼时效、法律关系及法律适用等进行初步预判,对产生法律关系竞合的情形进行选择。

146.5 对诉讼过程中可能发生的特殊程序进行预判,通过对技术(经营)信息的了解,对申请司法鉴定或者财务审计的必要性和提出申请的时机进行分析和准备。

146.6 可能发生司法鉴定事宜的,应当事先对司法鉴定机构及其鉴定程序有所了解。

146.7 准备适用的法律规范,搜集并参考类似的案例。

146.8 收集、准备证据,拟制法律文书等。

第147条 【证据准备】

147.1 证据不限于以下形式和内容,但应当符合法律的规定:

(1) 双方的主体资格证明文件(略);

(2) 诉争的商业秘密合同及其附件,或者争议双方存在争议法律关系的证明文件;

(3) 原告履行合同义务,被告不履行合同义务或者履行义务不符合约定的证据;

(4) 双方在履行诉争合同过程中产生的往来文书(文件、传真、电子邮件等)、上述文书送达的证明;

(5) 履行过程中发生的对应资金往来(支付)凭证、票据,实物(技术文件或技术成果)交付及送达的证明;

(6) 对于技术合同还应当包括与约定验收标准对应的技术文件、验收报告、鉴定或者检测报告、使用报告或者实物;

(7) 与上述证据相对应的补强证据;

(8) 损失证据:

① 不限于各项研发成本费用的支付、支出凭证。

② 损失的评估或审计报告。

③ 对于技术开发合同而言,不限于研发资金的投入或者技术开发费用的支付损失。

④ 对于技术秘密的转让(让与)许可使用而言,损失可以为因延迟支付约定许可使用费的利息损失,或者已经支付的许可使用费及其利息损失。

⑤ 对于《中华人民共和国反不正当竞争法》第10条1款(三)项规定的行为而言,赔偿损失的证据可以参照本指引第八章的相关内容举证。

⑥ 当技术(经营)信息为单位有形载体的一部分时,应当合理确定该技术(经营)

信息在该有形载体整体价值中的占比确定其价值,并以此作为评估损失的基础。

147.2 全部证据都应当得到证据原件的支持。

147.3 原告确实不能提供证据原件的,应当在质证或者庭审阶段争取得到被告的认可。

147.4 原告知道证据原件所在但不能取得的,应当及时依法向法院提出调取证据申请,由法院调取或核实。

147.5 证据原件在被告处的,应当向法院提出,并说明理由,要求被告提供,争取实现该证据的举证责任的转移。

147.6 在收集证据过程中,应当注意该证据的构成应当对待证事实形成完整的证据锁链。

第 148 条 【确定诉讼请求】

诉讼请求可以包括以下之一种或一种以上:

(1) 请求判令被告履行诉争合同义务,或者按照约定支付费用;

(2) 请求判令解除(变更、撤销)诉争合同;

(3) 请求被告停止使用技术信息或技术成果,返还技术资料;

(4) 请求判令诉争合同无效或者部分无效;

(5) 请求依法判令被告支付约定违约金或者赔偿损失;

(6) 赔偿合理的调查、律师费用;

(7) 各项诉讼费用的承担。

第 149 条 【确定被告】

149.1 被告应当为合同签约的相对方,当签约主体发生变更时,应当以变更后的主体为被告。

149.2 当签约主体不具有民事行为能力时,应当以其出资人、设立人或者所归属的上一级单位为被告或者共同被告。

第 150 条 【准备诉状】

150.1 民事诉状应当包括双方当事人的基本信息、案由、诉讼请求、事实与理由。

150.1.1 双方当事人的基本信息应当与当事人依法注册信息相一致。

150.1.2 案由以法院设定的案由为准。

150.1.3 诉讼请求应当明确、具体。

150.1.4 事实与理由部分应当包括以下内容:

(1) 争议双方的主体身份和基本情况介绍;

(2) 双方合作的基本事实及其诉争合同的效力;

(3) 争议涉及的具体条款;

(4) 原告履行义务的情况;

（5）被告不履行义务或者履行义务不符合约定的基本事实；
（6）被告的上述行为给原告造成法律后果的事实；
（7）与争议有关的法律规定；
（8）结合法律对被告违约行为及其应当承担违约责任的分析；
（9）总结或归纳原告的观点和请求。

第 151 条 【原告举证】

151.1 应当按照诉状列举的事实与理由，顺序列明证据目录。证据目录应当包括证据序号、证据名称、证据形式、证据来源、证据的页数、证据页码、证据拟证明的事实。

151.2 律师应当特别注意证据的举证期限，争取在该举证期限内完成举证。在举证期限内不能完成举证的，应当及时向法院提出延期举证申请。

151.3 对举证困难或者难以举证的，应当及时向法院提出书面调取证据申请。

151.4 交换证据或者开庭审理时，被告提出相反证据的，原告发现应当进行调查核实的，应当及时向法院提出质证意见，要求针对该证据的举证期限，并在期限内完成举证。

※ 条文释解

违约之诉的证据主角无疑是合同，还包括相互之间按照行业、交易习惯而采用传真、邮件等方式形成的"不完备"的"合约"，以及口头约定。尽管很多技术合同在形式上有法定的要求，但是实际社会活动中，常常并不签署正式的合同文本。在此种情况下，原告代理人要解释和说明"约定"并不容易，首先要证明当事人之间的多次交易往来所形成的"共识"；其次要证明同行业中的基本"共识"。

第三节　作为被告代理人

第 152 条 【诉讼主体资格审查】

律师应当审查原告诉讼主体是否适格，是否为诉争权利主体，对于不符合法律规定的，应当在答辩状中提出异议。

参见本章第 145 条。

第 153 条 【了解案情】

153.1 律师应当认真阅读和理解原告起诉状提出的诉讼请求、事实和理由及证据，核实双方是否存在原告主张的法律关系，原告主张和列举的违约行为是否符合事实；原告适用法律是否准确。

153.2 律师应当针对原告所列举的事实与理由，向当事人了解实际情况，向相关联的人员和机构进行必要的调查。

153.3 必要时，律师应当请当事人详细介绍与讲解涉及的技术（经营）信息，学习与了解必要的专业知识。

153.4 律师应当特别注意与上述事实相关联的管辖异议、诉讼时效等诉讼权利的运用。

第154条 【管辖异议】

154.1 被告应诉首先应当审查纠纷解决管辖机构的合法性。

154.2 仲裁机构受理的,应当审查诉争合同是否列有仲裁条款或者双方达成了仲裁协议,该仲裁约定是否明确、规范,该仲裁机构是否与约定相符。

对于仲裁约定不明确、不规范或者受理的仲裁机构与约定不符的,应当在答辩期内及时提出管辖权异议。

154.3 法院受理的,应当审查受理法院是否具有司法管辖权。发现有无权管辖情形的,应当及时在答辩期内提出管辖异议申请。

参见本章第140条。

第155条 【证据准备与质证】

被告的举证,参见本指引第147条。

155.1 被告律师应当本着主动举证、充分举证的原则准备证据,而不应当仅仅停留在对原告证据的否认与反驳上。

155.2 律师应当逐项核实证据的真实性、合法性及其与争议事实的关联性,并作出笔录;对于与事实不符的进行核实,并提出相反证据。

155.3 认为原告所述与事实不符的,应当举证证明。在否认与反驳原告证据的基础上,通过提交相反证据对抗、反驳原告的主张,以争取法官的支持。

155.4 对原告的证据准备完整的书面质证意见。

155.5 被告举证的,应当准备证据目录。

第156条 【答辩】

156.1 被告及时提出答辩意见,将有助于法官在开庭前对纠纷进行全面的了解,有助于引导法官准确确定争议焦点,因此律师应当对答辩予以充分的重视。

156.2 答辩状应当分别针对起诉状的内容,逐一进行简单陈述,阐述观点和简单理由,并附必要的证据。详细的抗辩理由可以在开庭审理中结合事实与证据进行全面陈述。

※ 条文释解

1. 答辩是针对起诉状的事实、理由,结合诉请进行的,并非是自说自话另外一些事实和理由。在实务操作中,很多律师将答辩状的内容与辩论的内容混淆在一起,甚至在辩论阶段,重述答辩状的内容,导致法官打断其发言。

答辩状围绕起诉状中就合同的签署、履行的事实予以说明,就纠纷焦点予以澄清,就诉讼请求的法律依据进行简要的陈述即可。具体、详尽的辩驳理由结合庭审事实在代理意见中阐述。

2. 有些律师为了在庭审中达到"出其不意"的效果,在开庭时才作出答辩。这种方式由来已久,因为法庭准许如此,在一般民事诉讼中是常见的。但在涉及商业秘密的诉讼中不宜采用。因为商业秘密案件所涉及的证据材料繁多而复杂,焦点问题的提炼就是一个重要的环节。原告有权利在法庭指定的期限内就被告的答辩再组织一次证据提交,甚至被告答辩提交迟了,原告也可以要求延期举证。法庭为了归纳争议焦点,顺利进行庭审,一般都会准许原告的请求,要求被告提交书面答辩状或者延期提交证据。所以拖延是没有意义的,只能显示出被告代理人的散漫和松懈,而不是"机智"。答辩如果比较仓促,或者有不准确、遗漏的,可以当庭予以补正。

第 157 条 【诉讼时效抗辩】

157.1 被告律师应当针对所调查了解的案情事实,结合法律和证据判断原告的权利主张是否超出法定诉讼时效。对于超出诉讼时效规定的,应当明确作出拒绝履行相应的义务的意思表示,并要求审理法院对原告的权利主张不予支持。

157.2 被告应当对原告权利主张超过诉讼时效的事实承担举证责任。
参见本指引第 143 条。

157.3 针对诉争合同的约定,对原告主张权利的时间节点、被告履行义务期限、原告实际主张权利的时间等提供证据。

※ 条文释解

1. 当事人不提出诉讼时效问题的,法院不会主动审查。
2. 在侵权诉讼中,诉讼时效问题已经解决。在违约纠纷中,诉讼时效依然按照《民事诉讼法》的有关规定执行,参见本章第 143 条。

第 158 条 【抗辩】

158.1 被告可以在充分了解案情事实,认证分析原告证据的基础上,在真实性、合法性、关联性等方面对原告的证据提出质证意见,说明原告的证据不能证明待证事实的理由,进而提出原告未尽到举证责任的主张。

158.2 针对原告的证据,被告可以通过提出相反的证据予以否定。

158.3 律师可以结合事实与法律认真分析原告证据的每一个环节,在证据链中寻找薄弱部分进行重点陈述并举证,断开原告的证据链。

第 159 条 【合同(条款)效力抗辩】

效力抗辩,参见本章第 144 条。

159.1 对于原告主张的权利,被告应当对诉争合同或者诉争合同条款是否属于法定无效、可撤销或解除的事由进行判断。

159.2 诉争合同或者诉争合同条款应当无效、可撤销或解除的,律师应当对诉争合同或者诉争合同条款的无效将对本方产生的现实和长远影响,是否会对本方实现合同目的具有不良影响或者不利后果进行综合评估,慎重提出意见。

159.3 诉争合同属于无效、可撤销或解除的法定情由,且原告对于该项权利的实现将对本方产生不利影响或不利后果的,可以提出诉争合同或诉争条款无效、可撤销或解除的主张。

159.4　律师应当结合事实与法律进行分析与陈述,说明争议条款属于哪些法定情由,并为此举出相应的证据。

第 160 条　【商业秘密构成抗辩】

160.1　商业秘密所指向的技术(经营)信息应当具有秘密性。因此,商业秘密合同所涉及的技术(经营)信息是否已经被公开与商业秘密合同纠纷的合理解决密切相关,也是被告维护本方权利的一个重要的抗辩手段。

160.2　一般情况下,被告律师可以参照本指引第八章进行商业秘密构成抗辩,主张诉争合同涉及的技术(经营)信息已经不具有秘密性,进而对抗原告的权利主张。

160.3　诉争合同涉及的技术(经营)信息已经为他人所公开的,合同的继续履行没有意义的,要求解除合同,并要求原告赔偿损失。①

160.4　原告将现有技术成果作为技术开发标的与被告订立技术开发合同并收取研究开发费用,或者就同一研究开发课题先后与两个或者两个以上的委托人分别订立委托开发合同重复收取研究开发费用的,可以请求法院变更或者撤销合同,并要求原告赔偿损失。②但当事人应当提供证据:

160.4.1　该证据可以是第三方出具的检索报告及其文献或者是当事人检索到的对比文件,也可以是原告就相同技术(经营)信息的研究开发与他人签订的技术合同。

160.4.2　文献或对比文件至迟应当在诉争技术合同的技术(经营)信息交付日或签订日之前已经出版。

160.4.3　同一研究开发课题与他人订立委托开发合同重复收取研究开发费用的,该技术合同的签订日期可以在讼争合同签订之前乃至履行期间内。

160.4.4　根据本指引第160.5款进行抗辩的文献、对比文件或者原告与他人签订的合同所涉及的技术(经营)信息,应当与诉争合同的技术(经营)信息相同或者等同。

160.5　律师应当与当事人的专业技术人员进行充分讨论,以了解和掌握在先技术(经营)信息与诉争合同涉及技术信息的异同,并用通俗的语言向法官进行解释,必要时可以通过图表进行对比。

160.6　律师不能充分掌握上述信息并进行对比时,可以同时由当事人委托专业技术人员作为诉讼代理人之一参加诉讼或仲裁,向法庭进行解释和对比。

160.7　证据、图表及其解释不能使法官充分理解,或者法官不能据此作出判断,且原告对此持有异议时,可以主动要求对于上述技术(经营)信息的同一性进行司法

---

①　《中华人民共和国合同法》第 337 条。
②　最高人民法院《关于审理技术合同纠纷案件适用法律若干问题的解释》第 9 条。

鉴定。

第 161 条 【不违约抗辩】

不违约抗辩,可以包括以下主要理由:

161.1 合同义务已经履行;

161.2 对于义务的履行约定不明的部分,按照双方通常的交易习惯或者往来举证说明,也可以按照本行业通常的惯例举证说明。

161.3 对产品质量或者技术成果的标准、价款、合同履行地点、履行期限、履行方式、费用的负担约定不明确的,可以根据《中华人民共和国合同法》第 62 条的规定举证并说明理由。

161.4 对价款、报酬和使用费的支付没有约定或者约定不明确的,可以根据以下事实之一进行充分说明与举证[①]:

161.4.1 对于技术开发合同和转让许可使用合同,技术成果的研究开发成本;

161.4.2 该技术成果创造性的难度;

161.4.3 实施转化和应用的程度;

161.4.4 当事人享有的权益和承担的责任的轻重与复杂程度;

161.4.5 实施该技术成果可以产生的经济效益等。

161.5 对于技术咨询合同和技术服务合同,根据有关咨询服务工作的技术含量、质量和数量,以及已经产生和预期产生的经济效益等合理确定。

161.6 迟延履行义务:

161.6.1 迟延履行义务的客观原因:不可抗力;国家政策的变化;市场条件的变动;迟延履行符合科学规律或者具有科学依据;第三方的违约或者迟延履行等。

161.6.2 义务的迟延履行符合合同约定的条件、不违反法律规范或者合同的约定、由于对方原因导致的、得到对方许可等。

161.6.3 原告因此要求解除合同的,原告是否已经履行催告义务。

161.7 未履行义务或者履行义务不符合约定。

161.8 合同或者争议条款是否有效。

161.9 合同是否可撤销、变更或解除。

161.10 违约原因是由于原告的行为导致的。

161.11 原告未履行交付或者给付义务导致的。

161.12 原告承担的其他义务未履行导致的。

161.13 按照约定,原告应当首先履行义务而尚未履行的。

161.14 原告的其他行为。

---

① 最高人民法院《关于审理技术合同纠纷案件适用法律若干问题的解释》第 14 条。

第 162 条 【反诉】

162.1 当案情具有可以提出反诉的事由,通过反诉可以减轻或者抵消本诉的违约责任时,被告可以提出反诉。

162.2 反诉依据的事实和理由可以是以下情由:

162.2.1 原告技术成果未交付、未按时交付、交付的技术成果不符合约定的;

162.2.2 原告具有其他合同义务的违约行为,并与被告受到的损失或者因此发生的违约行为具有因果关系,导致被告可能因此承担违约责任的;

162.2.3 由于原告的行为导致诉争合同被无效、撤销、变更或解除,被告因此受到损害的;

162.2.4 其他理由,参见本章其他部分。

※ 条文释解

反诉是就与本诉相同的事实所作出的诉讼请求,与本诉相同,反诉的提出必须同样经过提出诉请、答辩、双方提交证据以及庭审调查和辩论等过程。

※ 问题 22:开发合同研发成功的技术秘密与他人专利技术相同的,是否可以作为合同违约的反诉?

第 163 条 【违约金或者赔偿损失抗辩】

163.1 律师应当审查原告主张的违约金或者赔偿请求是否符合约定,请求形式是否符合法律规定。主张不符合约定或法定形式的,应当提出异议。

163.2 合同没有约定的,该主张是否符合法律、法规或司法解释的规定。

163.3 应当注意的是,纠纷涉及的技术信息或者经营信息可能仅仅为合同约定的技术成果的一部分。在此情况下,应当充分考虑该技术信息或者经营信息在约定技术成果中的占比,按照该占比确定赔偿数额。

※ 案例 7.3-21:北京泰来猎头咨询事务所诉吴峥渊、北京广仕缘咨询有限公司不正当竞争纠纷案[①]

一、基本案情

吴峥渊于 2004 年 8 月至 2010 年 2 月在北京泰来猎头咨询事务所(以下简称泰来猎头)担任猎头顾问,从事企业高端人才的寻访和推荐工作,工作范围包括搜集、筛选简历、联系客户、寻访、推荐等。

2009 年 12 月 28 日,泰来猎头(甲方)与吴峥渊(乙方)签订《聘用合同书》,约定:劳动合同期限自 2010 年 1 月 1 日至 2011 年 12 月 31 日。甲方安排乙方在猎头岗位,从事顾问工作。乙方收入实行岗位工资和绩效提成(奖金)相结合、以绩效为主的结

[①] 一审:北京市海淀区人民法院(2010)海民初字第 13248 号民事判决书;二审:北京市第一中级人民法院(2010)一中民终字第 18816 号民事判决书。

构形式,转正后岗位工资3 500元。由于本公司业务经营性质所决定,遵照竞业禁止的规则,乙方离开甲方工作的6个月内不应在与甲方有竞争关系的相关公司和岗位上从事或自营与甲方同类的工作或业务。如甲方要求乙方遵守此规定,则应在竞业禁止期间每月支付乙方在职工作期间每月基本工资1/3金额的补偿金,乙方应按甲方的要求每月向甲方如实报告其现任职单位和任职情况。乙方如果违反此项约定,视情节轻重支付在甲方工作期间年收入2—3倍的违约金,如违约金不能弥补甲方损失的,乙方以甲方损失为准予以赔偿。所有属于甲方的人才信息资料、客户资料、业务管理系统、服务规程、产品名称、知识产权及工作职务的相关资料信息等一系列无形及有形资产,在乙方在职和离职期间均不得受到侵占,且乙方负有保密的义务,乙方如果违反此项约定,视情节轻重支付甲方违约金1—5万元,如违约金不能弥补甲方损失的,乙方以甲方损失为准予以赔偿。

吴峥渊在泰来猎头最后上班日期为2010年2月9日。2010年2月12日,吴峥渊使用wuzhengyuan@msn.com邮箱向泰来猎头法定代表人纪云发送电子邮件,提出辞职。吴峥渊在邮件中称:"我目前应该还有9—10天的年假,所以我想我春节后就不来公司了,您就把我正式离职时间按2月25日来计算吧。理论上我今年有三次豁免,当然我知道公司规定每月只能用一个,所以所长您就随便帮我豁免掉一项考核吧。"吴峥渊在其2010年3月1日给纪云的邮件中提到:"二月份我应该是全勤才对啊,公司放假不属于带薪假吗?我目前在泰来应该有9—10天假期,但我只想从22号上班至24日考核截止用3天就行了,其他我就放弃了。还有我应该有至少一次豁免的机会,可以是业绩也可以是系统,我希望所长能豁免至少一项。其他我没什么意见,望所长予以考虑。"纪云当天在回复邮件中称:"关于2月份工资核算请见附件,本周内将汇入你的北京银行卡。"庭审过程中,吴峥渊称收到了泰来猎头的2月份工资,但还有9天假未休,而泰来猎头没有发休假补偿。泰来猎头表示:如吴峥渊未辞职,确实有9天假未休。

2010年3月31日,泰来猎头向吴峥渊银行卡内汇入1 166.67元。泰来猎头称该笔款项为竞业禁止补偿金,吴峥渊称该笔款项为休假补偿金。2009年1—12月,泰来猎头共向吴峥渊银行卡内汇入73 165.73元。

2010年2月4日,吴峥渊及其配偶闫燕共同签署委托书,委托代理人办理企业登记注册手续。2010年3月2日,北京市工商行政管理局海淀分局颁发北京广仕缘咨询有限公司(以下简称广仕缘公司)企业法人营业执照。广仕缘公司营业执照及工商档案显示:广仕缘公司成立于2010年3月2日;住所地北京市海淀区善缘街1号8层1—823;法定代表人徐琳琳(吴峥渊之母);公司类型为有限责任公司(自然人投资或控股);注册资本10万元,其中股东吴峥渊出资5万元,股东闫燕(吴峥渊之妻)出资5万元;经营范围包括:经济贸易咨询;人才供求信息的收集、发布和咨询服务。徐琳琳任广仕缘公司董事、经理,吴峥渊任广仕缘公司监事。2010年4月6日,吴峥渊将其5万元出资额转让给徐琳琳,广仕缘公司接纳徐琳琳为新股东,免去吴峥渊监事职务,任命闫燕为监事。

一审法院判决:

(1) 本判决生效之日起10日内,被告吴峥渊返还原告北京泰来猎头咨询事务所竞业禁止补偿金1 166.67元;

(2) 本判决生效之日起10日内,被告吴峥渊、被告北京广仕缘咨询有限公司赔偿原告北京泰来猎头咨询事务所经济损失5万元;

(3) 驳回原告北京泰来猎头咨询事务所的其他诉讼请求。

二审法院判决:驳回上诉,维持原判。

二、裁判要点

1. 涉密员工自行或委托亲属设立与原企业具有竞争关系的企业,可以同时受到竞业限制协议违约和/或不正当竞争的双重规制。

员工与企业签订了合法有效的竞业限制协议就应当受到该协议的约束,"不应在与甲方有竞争关系的相关公司和岗位上从事或自营与甲方同类的工作或业务",否则原企业可以以违反竞业限制协议为由提起违约之诉。如果员工违反了竞业限制协议,披露、使用了原企业的商业秘密,原企业也可以提起侵权之诉。但是本案以竞业限制协议为导火索,引爆的却是原企业与新企业、原企业与离职员工之间的市场竞争行为是否正当的纠纷争议。在一审和二审庭审中,法官对原企业(原告)的主张作了释明,原企业明确其在本案中的主张是不正当竞争,而不主张违约责任,这一点从原告的诉请中亦可以作出初步判断。该主张的确认直接关系到原告主张的事实、被告的抗辩、双方的举证责任、法庭审查范围、审理思路以及判决的依据和民事责任的承担方式。

(1) 原企业主张竞业限制协议违约。审查重点在于:原企业是否存在商业秘密,竞业限制协议保护商业秘密的范围、期限,竞业限制协议的效力、约定的具体内容的合法正当性,违约行为的事实,违约责任的承担。原企业与离职员工对权利、义务的享有和承担是依约设定的,离职员工与原企业之间的约定并不延及合约之外的第三人,对于新企业而言并不承担聘用离职员工违约的民事责任。因此,新企业对负有竞业限制义务的离职员工的聘用也并不能构成新企业与原企业两个企业间的不正当竞争关系。新企业即使没有尽职注意到聘用的员工的竞业限制协议是否可能构成违约的情形,亦不能构成我国《反不正当竞争法》所规制的不正当竞争行为,在这种情形下,原告请求的"二被告停止从事经营人才供求信息的收集、发布和咨询服务业务,并赔偿原告经济损失"的诉求就会落空。

(2) 原企业主张不正当竞争。审查重点在于:两个企业之间是否具有同业竞争关系、通常该行业的竞争手段、具体的不正当竞争行为以及行为与损害后果之间的因果关系以及损害后果的大小和责任承担方式。本案的特殊性在于负有竞业限制义务的离职员工自行或委托亲属设立同业竞争公司,具有明显的主观故意,其行为"违反竞业限制协议""违反诚实信用原则和公认商业道德",构成不正当竞争。如果负有竞业限制义务的离职员工加入非自行设立的新企业,单纯基于对竞业限制协议的违反,新企业亦不能直接构成与原企业的不正当竞争。

2. 竞业限制补偿金可以作为经济损失的一部分。

竞业限制补偿金是给予受到择业权限制的离职员工相应的补偿对价,是企业保护自身商业秘密的代价。竞业限制协议中未约定补偿金或企业未履行合约支付补偿金的,一般会认定竞业限制协议无效或缺乏成就的条件。离职员工获得补偿金而违反竞业限制协议时,一方面根据竞业限制协议的约定支付违约金,披露、使用商业秘密的还要赔偿原企业的经济损失;另一方面,有的竞业限制协议中约定,离职员工一旦违约,不仅要承担违约金责任,还要返还全部补偿金。有此约定的情况下,补偿金是作为违约金的一部分,依约返还。没有约定的情况下,通常会考虑离职员工所得到的补偿金因违约属于造成原企业实际损失的一部分,作为赔偿金判决返还。本案就是此种情况。

第八章　商业秘密侵权诉讼法律业务

第一节　侵权诉讼的要点

第 164 条　【侵犯商业秘密的行为种类】

164.1　《中华人民共和国反不正当竞争法》列举的侵犯商业秘密的行为有：

（1）以盗窃、利诱、胁迫或者其他不正当手段获取权利人的商业秘密；

（2）披露、使用或者允许他人使用以前项手段获取的权利人的商业秘密；

（3）违反约定或者违反权利人有关保守商业秘密的要求，披露、使用或者允许他人使用其所掌握的商业秘密。

（4）第三人明知或者应知前款所列违法行为，获取、使用或者披露他人的商业秘密，视为侵犯商业秘密。

164.2　侵犯他人商业秘密的行为，可能是上述违法获取行为、违法披露行为、违法使用行为、违法允许他人使用行为中的一种，也可能是其中的两种或两种以上。

※　条文释解

1. 商业秘密诉讼是在知识产权诉讼的大框架下，因此，国家对于知识产权的保护的基本战略、目标均适用于商业秘密，也是判断未来商业秘密诉讼导向的依据。2015 年，《中共中央、国务院关于深化体制机制改革加快实施创新驱动发展战略的若干意见》明确指出三个完善、一个健全的整体方向：

"完善知识产权保护相关法律，研究降低侵权行为追究刑事责任门槛，调整损害赔偿标准，探索实施惩罚性赔偿制度。完善权利人维权机制，合理划分权利人举证责任。"

"完善商业秘密保护法律制度，明确商业秘密和侵权行为界定，研究制定相应保护措施，探索建立诉前保护制度。研究商业模式等新形态创新成果的知识产权保护办法。"

"完善知识产权审判工作机制，推进知识产权民事、刑事、行政案件的'三审合一'，积极发挥知识产权法院的作用，探索跨地区知识产权案件异地审理机制，打破对侵权行为的地方保护。"

"健全知识产权侵权查处机制，强化行政执法与司法衔接，加强知识产权综合行政执法，健全知识产权维权援助体系，将侵权行为信息纳入社会信用记录。"

2. 法律不能以列举方式穷尽所有的不正当行为，在商业秘密侵权纠纷中，最为关键和基础的就是认定侵权人是否采取了不正当手段和是否具有违约行为。

（1）手段的不正当性既包括违反法律的手段，也包括违反诚信原则、商业道德、公序良俗的手段。包括：

① 商业秘密获取的不正当性；

② 商业秘密披露的不正当性；

③ 商业秘密使用和允许他人使用的不正当性。

（2）违反合同约定既包括劳动关系中的保密协议，也包括与相对人无劳动关系的第三人之间的保密协议或者是合同中的保密条款，既可能是法定的保密义务，也包括约定的保密义务。法定的保密义务主要是指《公司法》第148条规定的竞业避止。约定的保密义务是指商业秘密在购销、加工、代理、许可、入股以及中介服务等商业活动中与第三人签署合约产生的保密义务。

（3）对于既不存在商业秘密又不存在法定和约定竞业限制的竞争领域，不能简单地以利用或损害特定竞争优势为由，适用《反不正当竞争法》的原则规定认定构成不正当竞争。

第165条　【不正当手段获取】

165.1　获取他人商业秘密的不正当手段包括盗窃、利诱、胁迫或者其他不正当手段。

所谓其他不正当手段除了前述三种手段之外的，其他没有法律依据和/或合同依据的手段，如骗取、抢夺、商业间谍等均属于不正当手段。

165.2　以不正当手段获取他人商业秘密的行为本身就构成侵权，而不论行为人获取他人的商业秘密后是否披露或者使用。这种侵权行为的显著特点是其手段的不正当性。这种行为使权利人的商业秘密处于危险之中。

165.3　行为主体可以是单位，也可以是员工，可以是单位内部员工，也可以是外部人员，还可以是内、外人员的共同行为。

※ 条文释解

1. 基于商业秘密是权利人采取了保密措施或者是与第三方签订了保密协议后才可以知悉的特点，他人要获得只能是通过不正当手段或者是违约行为。在《关于充分发挥知识产权审判职能作用推动社会主义文化大发展大繁荣和促进经济自主协调发展若干问题的意见》中，就商业秘密案件的审理明确"根据案件具体情况，合理把握秘密性和不正当手段的证明标准，适度减轻商业秘密权利人的维权困难。权利人提供了证明秘密性的优势证据或者对其主张的商业秘密信息与公有领域信息的区别点作出充分合理的解释或者说明的，可以认定秘密性成立。商业秘密权利人提供证据证明被诉当事人的信息与其商业秘密相同或者实质相同且被诉当事人具有接触或者非法获取该商业秘密的条件，根据案件具体情况或者已知事实以及日常生活经验，能够认定被诉当事人具有采取不正当手段的较大可能性，可以推定被诉当事人采取不正当手段获取商业秘密的事实成立，但被诉当事人能够证明其通过合法手段获得该信息的除外"。

2. 关于推定的问题

在2011年最高人民法院《关于充分发挥知识产权审判职能作用推动社会主义文化大发展大繁荣和促进经济自主协调发展若干问题的意见》中就推定问题谈道："商业秘密权利人提供证据证明被诉当事人的信息与其商业秘密相同或者实质相同且被诉当事人具有接触或者非法获取该商业秘密的条件,根据案件具体情况或者已知事实以及日常生活经验,能够认定被诉当事人具有采取不正当手段的较大可能性,可以推定被诉当事人采取不正当手段获取商业秘密的事实成立,但被诉当事人能够证明其通过合法手段获得该信息的除外。"

在【案例1.3-6】北京一得阁墨业有限责任公司诉高辛茂、北京传人文化艺术有限公司侵害商业秘密纠纷案中,最高人民法院指出:"申请再审人提交的有关证据描述了墨汁制造的有关配方以及某项组分在每一种配方中可能起到的作用。但是在上述证据中,墨汁的配方具体组分各不相同,有交叉也有重合;对于制作方法的描述也各有不同。因此,不能因为配方的有关组成部分被公开就认为对这些组分的独特组合信息亦为公众所知。相反,正是由于各个组分配比的独特排列组合,才对最终产品的品质效果产生了特殊的效果。他人不经一定的努力和付出代价不能获取。这种能够带来竞争优势的特殊组合是一种整体信息,不能将各个部分与整体割裂开来。一得阁公司的有关墨汁被纳入国家秘密技术项目,且一得阁墨汁在市场上有很高的知名度也反证了其配方的独特效果。"就是在涉案技术为国家秘密技术的前提下,并没有对比原告与被告之间涉案技术异同的情况下,"综合分析本案事实,并考虑到日常生活经验",推定原告技术秘密与被控技术相同,在"虽然本案中现有证据及事实不能认定高辛茂向传人公司披露技术秘密,传人公司使用了'云头艳墨汁'配方,但'云头艳墨汁'配方既属一得阁公司的商业秘密,高辛茂负有不得向他人披露、传人公司亦负有不得自高辛茂处获取并进而使用该商业秘密的义务",推定可能或者无法避免被告披露原告的技术秘密给传人公司。

第166条 【保密约定和保密要求】

166.1 保密约定和保密要求,使知悉他人商业秘密的义务人产生保守他人商业秘密的义务,同时还构成商业秘密构成要件中的保密措施。

166.1.1 保密约定是指权利人与义务人之间关于保守商业秘密的约定。

166.1.2 保密要求是指权利人单方要求义务人保守商业秘密的要求。

166.1.3 保密约定和保密要求的相对人可以是与权利人有业务关系的单位和个人,也可以是权利人的员工。与权利人有业务关系的单位和个人包括但不限于:

(1)与权利人生产经营活动有直接业务关系的单位和个人,如供货商、代理商、加工商、银行、技术服务提供商等;

(2)为权利人提供某种服务的外部人员,如经营顾问、律师、注册会计师等;

(3)商业秘密的被许可方;

(4) 权利人以商业秘密作为投资的合作伙伴。

166.2 保密义务的产生可以来源于保密约定或权利人的保密要求,也可以来源于法定的保密义务。

※ 条文释解

保密义务既可能产生于单位与员工之间的保密协议,也可能是因在原单位的岗位职责所产生的法定保密义务。在【案例1.3-6】北京一得阁墨业有限责任公司诉高辛茂、北京传人文化艺术有限公司侵害商业秘密纠纷案中,法院认定被告高辛茂负有保密义务是因"高辛茂与一得阁公司虽未签订保密协议,但高辛茂确曾长期担任一得阁墨汁厂主管技术的副厂长,且在1997年后还担任了一得阁工贸集团保密委员会的副组长,接触过一得阁公司的上述商业秘密,不管在离职前或离职后均承担保守一得阁公司商业秘密的义务"。

※ **问题23**:竞业避止义务在员工离职后,是否也依然要继续遵守?

※ 依据

文件名称	条款内容
2010年江苏省高级人民法院《侵犯商业秘密纠纷案件审理指南》	2.6 保密措施的认定原则 保密措施的合理性审查可参考以下因素: (1) 有效性:原告所采取的保密措施要与被保密的客体相适应,以他人不采取不正当手段或不违反约定就难以获得为标准; (2) 可识别性:原告采取的保密措施,足以使全体承担保密义务的相对人能够意识到该信息是需要保密的信息; (3) 适当性:保密措施应与该信息自身需要采取何种程度的保密措施即可达到保密要求相适应。这需要根据案件具体情况进行具体判别,一般情况下,适当性原则并非要求保密措施做到万无一失。 对于原告在信息形成一段时间后才采取保密措施的,应结合具体案情从严掌握审查标准,如果确无证据证明该信息已经泄露且对此也不存在合理怀疑的,可以认定保密措施成立。

※ **案例8.1-22**:张培尧、惠德跃、江苏省阜宁县除尘设备厂诉苏州南新水泥有限公司侵犯商业秘密、财产损害赔偿纠纷案①

一、基本案情

1996年12月4日,苏州南新水泥有限公司(以下简称南新水泥公司)与江苏省阜宁县除尘设备厂(以下简称阜宁除尘厂)签订协议一份,约定:阜宁除尘厂供给南新水泥公司LZ-2型立窑湿式除尘器一台,合同费用29万元;如经阜宁除尘厂调试,仍

---

① 一审:江苏省高级人民法院(1999)苏知初字第3号民事判决书;二审:最高人民法院(2000)知终字第3号民事判决书。

达不到排放浓度低于 150 mg/Nm3,南新水泥公司不予付款,但产品仍属阜宁除尘厂所有;如阜宁除尘厂拆除,必须负责恢复南新水泥公司系统原始状态。合同签订后,阜宁除尘厂将除尘器安装完成。之后,经多次检测,除尘器不能达到合同约定的除尘标准,故南新水泥公司一直未予付款。1998 年 9 月 16 日,阜宁除尘厂向苏州仲裁委员会申请仲裁。同年 11 月 13 日,苏州仲裁委员会作出裁决,认定立窑湿式除尘器没有达到协议约定的粉尘排放标准,不符合约定的付款条件。故裁决:

(1)双方 1996 年 12 月 4 日所签协议终止;

(2)阜宁除尘厂应在本裁决书送达之日起 3 个月内自行拆除 1 号立窑安装的湿式除尘器,南新水泥公司应在拆除期间停窑 20 天时间;南新水泥公司在阜宁除尘厂拆除设备后补偿阜宁除尘厂损失费用 3 万元。

1998 年 10 月 21 日、12 月 29 日,江苏省环境保护委员会及苏州市经济委员会分别下文,将南新水泥公司列入 2000 年必须达标排放大气污染物的主要企业名单。南新水泥公司为在规定期限内达标,必须安装新的除尘设备,故于 1999 年 1 月 25 日致电阜宁除尘厂,要求其电告拆除日期。同时去信,希望阜宁除尘厂能在 2 月 1 日或 2 日派人拆除除尘器。同年 2 月 6 日,在未得到阜宁除尘厂回复的情况下,南新水泥公司再次致信阜宁除尘厂,希望阜宁除尘厂能在规定期限内拆除除尘器,否则将委托他人代为拆除,并由阜宁除尘厂承担费用,且不负责保管拆除的设备。1999 年 2 月 12 日,阜宁除尘厂致函苏州市仲裁委员会,要求其转告南新水泥公司,要求南新水泥公司将装于 1 号立窑烟囱上的两个蝶阀拆除,否则无法拆除除尘器。2 月 14 日,南新水泥公司回函,提出蝶阀并不影响除尘器的拆除,且新的除尘设备需要安装,将于 2 月 20 日委托施工队拆除设备。阜宁除尘厂收函后,未予答复。同年 2 月 20 日,南新水泥公司与江阴冷作队、常熟冷作队签订拆除影响南新水泥公司 1 号机窑水收全部分设备协议。之后,部分除尘设备被拆除并放置于公司内。

原审法院还查明:1995 年 6 月 6 日,张培尧、惠德跃向中国专利局申请实用新型和发明两项专利。同年 12 月 2 日,张培尧与阜宁除尘厂签订技术转让合同,约定由张培尧将立窑烟气湿式除尘装置技术(包括喷淋、喷雾、射流、水膜等)转让给阜宁除尘厂;阜宁除尘厂对张培尧提供的全部图纸和技术秘密承担保密义务;技术所有权属于张培尧,阜宁除尘厂只有使用权;技术转让费为 150 万元。1996 年 5 月 27 日,张培尧、惠德跃就前述申请获得了 95213206.0 号"一种立窑湿式除尘器"实用新型专利权。1997 年 3 月 20 日,阜宁除尘厂向阜宁县科学技术局申报"立窑湿式除尘器"科技项目计划,并于同年 11 月 1 日获得阜宁县科学技术局正式立项。阜宁除尘厂即投资进行研制、生产。

张培尧、惠德跃、阜宁除尘厂以南新水泥公司自行拆除阜宁除尘厂提供的除尘器,致使其中的商业秘密泄露并造成除尘器灭失为由,于 1999 年 5 月 10 日向原审法院提起诉讼,请求判令南新水泥公司:

(1)赔偿因商业秘密侵权造成的损失 2 000 万元;

(2) 赔偿违法灭失原告 LZ-2 型立窑湿式除尘器的损失 129 万元;

(3) 返还不当得利 60 万元;

(4) 承担全部诉讼费用。

张培尧、惠德跃在原审主张的技术秘密为:喷头的材质、尺寸、效果;不锈钢管长度、直径、壁厚以及不锈钢管排列间的详细尺寸、安装方法和固定装置;阀门材质、尺寸、技术特征;闸板提升器、电器控制装置的技术特征;主动及从动链轮的外形尺寸、材质;喷淋、喷雾、射流、水膜形成的原理及相关的技术参数;固液分离装置的几何尺寸、所用材质、材质厚度、相关各种尺寸、各室之间相互尺寸等。

原审法院对拆除的部分设备情况进行了现场勘验。勘验结果为:遗失的有:喷头 120 个、不锈钢管 240 米、中小球阀 26 个、提升器 3 个(1 个残件)、大闸板 3 块(1 块残件)、直径 1.6 米圆形钢管 20 米、不锈钢管安装固定装置 5 块半(现存 3 块半)。现存的有:JZQ250 型减速机 2 台、5.5 千瓦 Y132M-6 电机 2 台、7.5 千瓦 Y13252-2 型管道泵 2 台、水箱 1 个、自动浮球阀 1 个、开关柜 1 台、直径 2 米的蝶阀 2 个、钢板若干。双方的争议有:一是链条长度。现存链条长 55.8 米,原告称当时安装有 68 米,现场对安装链条的装置进行了丈量,上下链轮的长度为 7.8 米。由此,原告主张的 68 米缺乏依据,应以现存数量为准。二是刮板数量。现存刮板 20 块,原告称安装了 40 块,而原告提供的图纸记载为 35 块,故应以图纸为准,刮板遗失 15 块。原审庭审中,原告提出遗失部分设备的价格为:不锈钢管每支(每支 6 米)29.64 元。大闸板每块 400 元、刮板每块 20 元。被告对此予以认可。但对喷头、球阀、提升器,原告未提供价格计算标准。

二审法院另查明:安装在南新水泥公司 1 号立窑上的 LZ-2 型立窑湿式除尘器经两次测试,其粉尘排放浓度分别为 260.9 mg/Nm3 和 312.5 mg/Nm3,达不到约定的 150 mg/Nm3 的国家一级标准,但已达到国家二级标准 400 mg/Nm3,也明显低于除尘器安装前的粉尘排放浓度。南新水泥公司于 1999 年 2 月 21 日至 28 日对该除尘器实施了部分拆除。该除尘器由下部的固液分离器和上部的除尘塔两部分组成,蝶阀属于除尘塔中的设备,但安装在 1 号立窑的烟囱管中部。张培尧、惠德跃的 95213206.0 号实用新型专利和在同日提出的发明专利申请均涉及该除尘器的固液分离器部分。国家知识产权局于 1999 年 6 月 25 日发出《第一次审查意见通知书》,认为该发明专利申请与已授权的 95213206.0 实用新型专利属于同样的发明创造,只能被授予一项专利权,申请人可选择放弃该实用新型专利权,或者撤回该发明专利申请。对除尘塔部分,张培尧于 1999 年 11 月 29 日向国家知识产权局分别提出了名称为"水泥立窑湿式除尘塔"(申请号 99125209.8)和"一种高压水螺旋喷嘴"(申请号 99125208.X)的两个发明专利申请并被受理,该申请目前尚未公开。

一审法院判决:

(1) 南新水泥公司赔偿阜宁除尘厂损失 3 万元,拆除的设备由阜宁除尘厂自行运回,于本判决生效后 10 日内一次性执行;

(2) 驳回张培尧、惠德跃的诉讼请求。

二审法院判决:

(1) 变更江苏省高级人民法院(1999)苏知初字第3号民事判决第一项为:苏州南新水泥有限公司赔偿江苏省阜宁县除尘设备厂损失6万元,拆除的设备由江苏省阜宁县除尘设备厂自行运回,于本判决生效后10日内一次性执行;

(2) 驳回上诉,维持江苏省高级人民法院(1999)苏知初字第3号民事判决第二项。

二、裁判要点

涉及商业秘密的合同交易必须作出商业秘密保护提示,所采取的保密措施应当明示给交易对方,并具有可以保护商业秘密的合理性。在本案中,法院就保密性在合同交易中的适用认为:"采取保密措施是相关信息能够作为商业秘密受到法律保护的必要条件。这种措施应当是技术信息的合法拥有者根据有关情况所采取的合理措施,在正常情况下可以使该技术信息得以保密。即这种保密措施至少应当能够使对交易对方或者第三人知道权利人有对相关信息予以保密的意图,或者至少是能够使一般的经营者施以正常的注意力即可得出类似结论",而张培尧以在设备上标注有"专利产品"为其所采取的保密措施的上诉主张,法院认为:"获得专利以公开相关技术方案为前提,既然言明是专利产品,说明相关技术方案就是公开的,在不对产品中除专利技术以外是否还有技术秘密进行特别说明的情况下,对交易对方而言,在该产品中就不存在技术秘密。"恰好否定了商业秘密的存在。

最后,法院以张培尧主张的技术信息不符合商业秘密的构成要件为依据,作出审理结论"因阜宁除尘厂对其提供给被上诉人的除尘器中是否含有技术秘密未作出适当的提示,上诉人所主张的保密措施不能使一般经营者可以正常地得出其所占有、使用的产品中存有技术秘密的判断,阜宁除尘厂与上诉人在本案纠纷发生之前也未采取其他适当措施来保守相关技术信息不被被上诉人掌握或者对外披露,对被上诉人而言,本案并无合理的保密措施存在。因此,上诉人不能在本案中主张将有关技术信息作为商业秘密来保护,其有关上诉请求不能成立"。

第167条 【违法披露他人的商业秘密】

167.1 违法披露获取的商业秘密是指侵权人违反保密义务,将权利人的商业秘密向他人公开,包括:

(1) 告知特定的第三人,使商业秘密为该特定第三人知悉。无论该第三人是否继续向其他人披露,是否使用了权利人的商业秘密,都不影响披露人侵权的构成。

(2) 向特定的部分人披露,指侵权人在私下场合谈论他人的商业秘密,或在特定人员参加的会议上披露他人的商业秘密。其结果虽未达到使他人的商业秘密为社会公众所知悉的程度,但已难以控制其继续扩散和为他人所使用。

(3) 向社会公开,指侵权人通过信息媒体如报纸、杂志、广播、电视等向社会传播,或在公众场所将商业秘密公之于众。这种公开的后果破坏了商业秘密的秘密性,使其进入公知领域。

167.2 保密义务的产生可以来源于保密约定或权利人的保密要求,也可以来源于法定的保密义务。

第168条 【违法使用或许可他人使用】

168.1 违法使用或许可他人使用商业秘密的行为,包括:

(1)违法获取他人商业秘密后,自己使用;

(2)违法获取他人商业秘密后,允许他人使用;

(3)合法获取他人商业秘密后,未经授权自行使用或者超出权利人许可的范围使用;

(4)合法获取他人商业秘密后,未经权利人授权,许可他人使用。

168.2 侵权人将获取的商业秘密提供给他人使用,不论是有偿还是无偿,均不影响侵权的构成。

168.3 违法使用或许可他人使用商业秘密的具体方式,包括但不限于将他人的商业秘密直接用于生产经营活动,如用于生产产品、制订销售计划、进行经营管理等;将他人的商业秘密间接用于生产经营目的,如用于员工培训,在他人商业秘密基础上研发新的产品、制定新的营销策略等。

※**案例8.1-23**:海鹰企业集团有限责任公司诉无锡祥生医学影像有限责任公司、莫善珏、吴荣柏、顾爱远商业秘密侵权纠纷案[①]

一、基本案情

海鹰企业集团有限责任公司(以下简称海鹰公司)为一研制和生产水声电子设备的专业工厂。1984年,当时在该公司工作的莫善珏等人根据单位的工作安排,开始拟定B超探头有关的技术课题任务书。1987年4月25日,无锡市科学技术委员会受江苏省科学技术委员会(以下简称江苏省科委)的委托,会同江苏省医药总公司在海鹰公司召开了"B超线阵探头"重大科研项目专家技术论证会,会上就该公司对3.5MHZ线阵探头产品的研制进行了肯定。1989年7月30日,江苏省科委组织对海鹰公司所完成的3.5MHZ线阵探头进行成果鉴定:海鹰公司所承担的3.5MHZ线阵探头重点科研项目(编号:87034),经科研人员两年多时间的技术攻关,完成了声学材料和声学器件的设计与制造、超薄长条型压电陶瓷片的高精细加工、超薄层透声胶层胶合工艺、窄深槽切槽工艺、高密集电极焊接工艺、探头电声参数的测试方法研究和设备的建立及开关控制接口电路的研制等七个关键技术,至1989年6月已试生产"探头"130只,该探头经检测各项性能均达到"B超线阵探头"的企业标准Q/320000KFl-89要求,该探头技术是B超的关键技术,国内外严格保密的技术。

---

① 一审:江苏省高级人民法院(1997)苏知初字第3号民事判决书;二审:最高人民法院(1999)知终字第3号民事判决书。

3.5MHZ线阵探头获江苏省政府颁发的1989年度科技进步二等奖,1990年3.5MHZ线阵探头技术与B超主机技术一起获国家科技进步二等奖,获奖者均为海鹰公司。海鹰公司利用该探头配套生产了2031、218、220、2032、2035等型号的B超诊断仪,并投放市场,产生了较高的经济效益。

1995年,海鹰公司在《四月份试制产品计划进度》表中提出了简易线阵(即218B超机)的研制项目,并在为该项目确定的任务内容中规定:第一,完成总体设计方案,第二,完成分板设计方案。在同年《五月份试制产品计划进度》表中,也列出了简易线阵B超的研制项目,具体规定了其任务是:第一,印制板绘制出图,第二,确定结构设计方案。1995年10月10日,当时在海鹰公司所属医电分公司线路二室任副主任的顾爱远在《关于计划生育用简易线阵HY218总体方案的报告》中写道:从今年5月份开始,我们花了三个月时间开发成功了针对计划生育市场的简易线阵HY218。同时,顾爱远也于1995年10月10日领到海鹰公司支付的简易线阵B超开发奖励费8 000元。1995年10月9日,由海鹰公司售给湖北省仙桃市剅河镇血防站B超室HY218 B超一台。

莫善珏于1963年4月到海鹰公司工作,自1984年起参与并负责3.5MHZ线阵探头的研制工作,1996年2月1日被海鹰公司辞退,辞退时为探头室主任。吴荣柏于1959年2月到海鹰公司工作,负责3.5MHZ线阵探头的工艺设计,1996年1月16日被海鹰公司辞退,辞退时为换能器制造工艺员。顾爱远于1991年8月到海鹰公司工作,1995年4月开始负责研制HY218 B超主机,1996年1月离开海鹰公司,离开时为该公司所属医电分公司线路二室副主任。无锡祥生医学影像有限责任公司(以下简称祥生公司)于1996年1月6日在无锡新区硕放镇召开第一次股东会议,选举了公司董事和监事,莫善珏、吴荣柏、顾爱远为董事。1996年1月30日,祥生公司正式注册登记,注册资本50万元,其中莫善珏出资29.1%,吴荣柏出资9.7%,顾爱远出资6.06%。公司成立后即从事祥生500型B超的研制和生产。祥生公司自1996年7月开始销售祥生500型B超,至1998年9月15日,产品销售收入为12 197 081元。海鹰公司遂于1997年10月20日向江苏省高级人民法院提起诉讼,主张背衬材料技术、晶片—背衬"薄层"胶合技术、双层匹配层的制造技术、窄深槽切割工艺技术、槽内充填物技术、声透镜的制造技术、电极敷设和引出技术、换能器的总的加工流程技术、探头控制电路技术等9项探头技术,以及存储器结构、系统控制软件功能、两片可编程门阵功能等3项主机技术为该公司的商业秘密,被告祥生公司、莫善珏、吴荣柏、顾爱远侵犯了上述商业秘密,请求法院判令被告立即停止侵权,赔偿原告经济损失310万元、赔礼道歉、对原告的商业秘密承担保密责任及承担本案的全部诉讼费用。

原审法院另查明:1996年2月15日,南京大学声学所与祥生公司签订一份研制新一代超声换能器的意向书,1996年3月,南京大学与祥生公司签订了"关于医学超声换能器阵技术转让"合同。1996年2月,在意向书签订之后,南京大学声学所水永安教授即向祥生公司提交了《医学成像超声换能器阵》的技术报告,并且在1996年3

月由王敏歧、水永安共同完成了《B超探头的声学设计》和《B超线阵探头工艺流程的设计和要求》两份报告。

1992年3月6日,海鹰公司的保密委员会在《关于认真执行依法确定的国家秘密事项的通知》中,将3.5MHZ线阵探头关键制造技术、工艺定为秘密级,保密年限为10年。该通知经请上海船舶工业公司的同意,并于1993年经定密工作检查验收小组检查认可,报经中国船舶工业总公司保密委员会认可,于1994年5月发给定密工作合格证书。1995年10月20日,海鹰公司制定了《关于在签订劳动合同中进一步加强保密工作的通知》,并将简易线阵B超中的整机系统软件、数字电路板、发射电路板、接收电路板划定为保密范围,要求对该技术的保密措施比照海鹰公司(95)59号《专有技术文件资料管理制度(试行)》中的管理程序和管理办法执行。此外,海鹰公司于1992年8月7日发布了《保密工作制度》,于1995年10月11日该公司第十一届七次职代会上通过了《关于保守商业秘密维护公司利益的暂行规定》。

原审法院审理过程中,曾委托江苏省技术鉴定委员会对海鹰公司HY218型医用B超和祥生公司500型医用B超进行技术鉴定,鉴定结论为:

(1)海鹰公司3.5MHZ线阵探头中的背衬材料技术、晶片—背衬"薄层"胶合技术、双层匹配层的制造技术、窄深槽切割工艺技术、槽内充填物技术、声透镜的制造技术、换能器的加工流程技术,探头控制电路板技术为非公知技术,电极敷设和引出技术为公知技术。

(2)海鹰公司HY218B超主机中的电子元器件(门阵列、存储器)和编程语言是公知技术,但是利用编程语言和门阵列、存储器及其他元器件来形成系统控制软硬件,并能在B超上运行,完成B超的整个控制功能,属非公知技术。

(3)祥生公司转让所得的资料内容仅是涉及国内外医学超声换能器阵技术的发展、设计原理以及复合材料理论研究情况的综述,没有涉及具体工艺细节,不能由此形成祥生公司生产B超仪探头的技术资料,不能依此生产祥生500型B超探头。

(4)祥生500型B超和HY218B超的探头和主机没有本质区别。

二审过程中,二审法院委托华建会计师事务所对祥生公司1996年7月至1999年12月销售祥生500型B超的产品销售利润及其相应应分摊的管理费用和财务费用进行审计,结论为:祥生公司500型B超在上述期间的销售利润为2 605 798.63元,按销售收入比例应分摊的管理费用为1 723 323.99元,应分摊的财务费用为365 508.78元,营业利润等于产品销售利润减应分摊的管理费用和财务费用,上述期间祥生500型B超的营业利润为516 965.86元。

一审法院判决:

(1)被告应立即停止使用原告的商业秘密,包括3.5MHZ线阵探头中的背衬材料技术、晶片—背衬"薄层"胶合技术、双层匹配层的制造技术、窄深槽切割工艺技术、槽内充填物技术、声透镜的制造技术、换能器的总的加工流程技术、利用编程语言和门阵列、存储器及其他元器件形成系统控制软硬件的技术,并对上述商业秘密承担保

密责任,至上述秘密成为公知技术为止;

(2)被告赔偿原告经济损失 310 万元,于本判决生效 10 日内付清,祥生公司、莫善珏、吴荣柏、顾爱远负连带赔偿责任;

(3)被告应在本判决生效后 10 日内在《中国人口报》上刊登向原告赔礼道歉的声明(内容须经本院核准)。

二审法院判决:

(1)变更江苏省高级人民法院(1997)苏知初字第 3 号民事判决主文第一项为:上诉人祥生医学影像有限责任公司、莫善珏、吴荣柏、顾爱远立即停止使用被上诉人海鹰企业集团有限责任公司 3.5MHZ 线阵探头中的背衬材料配方,晶片—背衬"薄层"胶合技术,双层匹配层的配方、厚度和工艺以及斜切法技术等 4 项商业秘密,并对上述商业秘密承担保密责任。

(2)变更江苏省高级人民法院(1997)苏知初字第 3 号民事判决主文第二项为:上诉人祥生医学影像有限责任公司、莫善珏、吴荣柏、顾爱远赔偿被上诉人海鹰企业集团有限责任公司经济损失 516 965.86 元及利息(利息自 2000 年 1 月 1 日起按中国人民银行同期同类贷款利率计算),自本判决送达之日起 15 日内支付,祥生医学影像有限责任公司、莫善珏、吴荣柏、顾爱远负连带赔偿责任。

(3)维持江苏省高级人民法院(1997)苏知初字第 3 号民事判决主文第三项。

二、裁判要点

本案是 1999 年的案件,于今相隔已经很久了。从商业秘密侵权纠纷案由到侵犯商业秘密纠纷案由的规范,以及对于商业秘密诉讼判决承担赔礼道歉到现在基本不支持赔礼道歉的法理深入,该案均有值得回顾的典型意义。

该案对于法律规定的违反约定的"使用、允许他人使用"以及明知或者应知的"使用"的事实认定在判决书中阐述到"上诉人莫善珏、吴荣柏、顾爱远曾为被上诉人单位主管 B 超探头和主机技术的工作人员,因工作关系掌握了被上诉人的上述商业秘密,应当保守该商业秘密。但三上诉人却允许祥生公司使用其中的背衬材料配方、晶片—背衬'薄层'胶合技术、双层匹配层的配方、厚度和工艺以及斜切法等 4 项商业秘密,根据《中华人民共和国反不正当竞争法》第 10 条第 1 款第(三)项的规定,该三上诉人构成侵犯被上诉人的商业秘密,应当承担侵权的民事责任……"

第 169 条 【第三人侵权】

169.1 第三人虽未直接从权利人处获取商业秘密,但如果明知或者应知他人侵犯商业秘密,而从该侵权人处获取、披露或者使用商业秘密,视为侵犯商业秘密。

169.2 第三人构成侵权,在主观上以明知或应知为前提。

169.3 第三人侵权一般为共同侵权行为。

※ 条文释解

在【案例 8.1-23】海鹰企业集团有限责任公司诉无锡祥生医学影像有限责任公

司、莫善珏、吴荣柏、顾爱远商业秘密侵权纠纷案中,法院认为"上诉人祥生公司明知三上诉人的上述违法行为,仍使用该商业秘密,根据《中华人民共和国反不正当竞争法》第10条第2款、《中华人民共和国民法通则》第130条的规定,构成与三上诉人共同侵权,应当承担连带责任"。

第170条 【证明侵权行为的基本证据】

170.1 证明侵权行为的证据是指证明被告非法获取、披露、使用权利人商业秘密行为的证据。

170.2 "接触加相似"原则,在民事诉讼中原告要证明被告占有、披露、使用的商业信息是来源于原告的商业秘密,通常采用"接触＋相似－合法来源"的证明法初步证明,被告占有、披露、使用的商业信息系来源于原告的商业秘密,且具有同一性。即：

(1) 证明被告曾经接触过原告的商业秘密,例如被告曾是原告商业秘密的开发者、资料保管者、原告商业秘密的被许可使用者;或者被告有条件或有机会接触原告的商业秘密,例如被告曾是原告单位的技术管理人员、被告曾参观原告的生产线等;

(2) 被告拥有的商业信息与原告的商业秘密相同或者近似。

170.3 如果被告商业信息的载体或使用该商业信息所产生的成果(如产品、后续开发的软件)本身,就可证明该商业信息是原告的商业秘密(比如图纸有原告的印章,内容中有原告特有的标记、水印等),则不必证明被告接触或可能接触了原告的商业秘密。

※ 条文释解

1. 就侵犯商业秘密的行为审查一般是采用"相似＋接触－合法来源"的方式进行：

(1) 原告应能够证明其为主张的商业秘密权利人或者合法持有人;

(2) 审查被告是否接触过原告主张的商业秘密的核心技术信息或者经营信息。这里的"接触"应当是有获得商业秘密实质内容的条件和能够知悉商业秘密;

(3) 审查被控侵权的技术信息或者经营信息与原告主张的商业秘密是否相同或者实质性相同;

(4) 审查被告获取原告商业秘密的行为是否属于《反不正当竞争法》第10条规定的侵犯商业秘密的行为。

2. 要注意排除例外情形：

被告能够证明其获取商业秘密的行为属于合法取得的行为,例如：反向工程、合同的善意取得等,还包括【案例6.2-18】艾利丹尼森公司、艾利(广州)有限公司、艾利(昆山)有限公司、艾利(中国)有限公司与四维企业股份有限公司、四维实业(深圳)有限公司、南海市里水意利印刷厂、佛山市环市镇东升汾江印刷厂经营部管辖权异议上诉案中,最高人民法院裁定认为的"销售侵犯商业秘密所制造的侵权产品不属于

《反不正当竞争法》第 10 条规定的侵犯商业秘密的行为"等情形。另外,在国家工商局《关于禁止侵犯商业秘密行为的若干规定》中除了"不能提供"外,还将"拒不提供"的情形认为是"被申请人有侵权行为"条件之一。

第 171 条 【赔偿依据和基本证据】

171.1 侵犯商业秘密行为的损害赔偿额,可以参照确定侵犯专利权的损害赔偿额的方法进行。[①]

171.2 可以根据权利人的请求,按照权利人因被侵权所受到的损失或者侵权人因侵权所获得的利益确定赔偿数额:

(1) 权利人因被侵权所受到的损失,可以根据权利人的产品因侵权所造成销售量减少的总数乘以每件产品的合理利润所得之积计算。权利人销售量减少的总数难以确定的,侵权产品在市场上销售的总数乘以每件产品的合理利润所得之积,可以视为权利人因被侵权所受到的损失。

(2) 侵权人因侵权所获得的利益,可以根据该侵权产品在市场上销售的总数乘以每件侵权产品的合理利润所得之积计算。侵权人因侵权所获得的利益一般按照侵权人的营业利润计算,对于完全以侵权为业的侵权人,可以按照销售利润计算。

(3) 原告应当提供相关的证据,如原、被告双方的年产量、利润率、侵权前后损失情况对比、双方的年报表以及纳税情况。

171.3 按照许可使用费合理倍数计算。

被侵权人的损失或者侵权人获得的利益难以确定,有许可使用费可以参照的,根据商业秘密的具体内容,侵权人侵权的性质和情节,许可使用费的数额,该商业秘密许可的性质、范围、时间等因素,参照该商业秘密许可使用费的 1—3 倍合理确定赔偿数额。

原告应提供可供参照的许可合同、许可使用费的支付凭证等证据。

171.4 没有许可使用费可以参照或者许可使用费明显不合理的,可以根据商业秘密的具体内容、侵权人侵权的性质和情节等因素,参照《中华人民共和国专利法》的规定,在人民币 1 万元以上、100 万元以下确定赔偿数额。

171.5 因侵权行为导致商业秘密已为公众所知悉的,应当根据该项商业秘密的商业价值确定损害赔偿额。

商业秘密的商业价值,根据其研究开发成本、实施该项商业秘密的收益、可得利益、可保持竞争优势的时间等因素确定。[②]

原告应提供研制、开发该商业秘密的费用、该商业秘密价值的评估报告等证据。

---

① 最高人民法院《关于审理不正当竞争民事案件应用法律若干问题的解释》第 17 条第 1 款。
② 最高人民法院《关于审理不正当竞争民事案件应用法律若干问题的解释》第 17 条第 2 款。

※ 条文释解

商业秘密的评估价值尽管不是商业秘密构成的要件,但是损失赔偿的重要依据。

在发生侵权纠纷时,如果商业秘密尚未公开,商业秘密权利人或者合法持有人可以继续保持商业秘密的价值,对市场竞争力无明显削弱的情形下,给商业秘密权利人或合法持有人所造成的损失,"可以参照确定侵犯专利权的损害赔偿额的方法进行"[1]。损失赔偿额的计算方式有四种:

(一)权利人因被侵权所受到的损失计算

一般是以商业秘密产品因侵权所造成销售量减少的总数乘以每件产品的合理利润之积计算。产品销售量减少的总数难以确定的,侵权产品在市场上销售的总数乘以每件产品的合理利润之积推定为权利人因被侵权所受到的损失。但因为商业秘密产品受到市场变化、企业管理水平、替代(或新)产品进入市场以及其他因素的影响,往往在被侵权后所受到损失的实际数额无法确定,因此这种计算方式少有采纳。

(二)侵权人因侵权所获得的利益计算

上述实际损失难以确定的,可以按照侵权人因侵权所获得的利益确定。"在确定侵权获利时,往往有三组数字可供选择:一是产品销售利润,即侵权人侵权产品销售收入减去因该产品发生的制造费用、销售费用、税金及附加后的利润;二是营业利润,即以产品销售利润减去其侵权人全部管理费用、财务费用分摊到侵权产品上的部分后的利润;三是营业利润缴纳所得税后的净利润。"[2] 在计算赔偿额时:"一是在严格按照上述方法难以准确确定赔偿额时,原则上可以按照被告侵权商品的生产数量乘以原告产品的合理利润额作为原告损失额进行赔偿。二是被告有责任证明其侵权收益中属于生产成本应当扣除的数额,被告对该部分数额不能证明或者提供虚假证明的,推定其全部收益为非法获利赔偿给原告……对于一般的知识产权侵权案件,在计算侵权损害赔偿额时,要按照侵权人的营业利润,而不要按照销售利润计算;对于完全以侵权为业的,可以按照其全部商品销售利润计算赔偿额。"[3]

(三)参照许可使用费计算

以上两种计算方式都难以确定的,可以考虑参照许可使用费的倍数合理确定。有许可使用费可以参照的,根据商业秘密的内容、价值、侵权人侵权的性质和情节、许可使用费的数额、该商业秘密许可的性质、范围、时间等因素,参照该商业秘密许可使用费的 1 至 3 倍合理确定赔偿数额。

(四)法定赔偿

以上 3 种赔偿数额均无法确定的,可以根据商业秘密的内容、价值、侵权人侵权的性质和情节等因素,在人民币 1 万元以上、100 万元以下确定赔偿数额。

---

[1] 最高人民法院《关于审理不正当竞争民事案件应用法律若干问题的解释》第 17 条第 1 款。

[2] 奚晓明主编:《法官评述 100 个影响中国的知识产权经典案例》,知识产权出版社 2010 年版,第 48 页。

[3] 2000 年 10 月 28 日时任最高人民法院副院长李国光在全国民事审判工作会议上的讲话。

根据上海市高级人民法院《关于知识产权侵权纠纷中适用法定赔偿方法确定赔偿数额的若干问题的意见(试行)》(沪高法〔2010〕267号)的规定,法定赔偿的适用原则是:

(1)根据案件现有证据,难以确定权利人损失数额、侵权人非法获利;

(2)经法院释明,权利人明确请求法院适用法定赔偿方法确定侵权损害赔偿数额,亦未提供相应证据证明权利人损失、侵权人非法获利。

对于难以证明权利人受损或者侵权人非法获利的具体数额,但有证据证明前述数额确已超过法定赔偿最高限额的,不应适用法定赔偿方法,而应综合全案的证据情况,在法定赔偿最高限额以上合理确定赔偿数额。

法定赔偿的酌定因素是:

(1)被侵犯知识产权的权利价值;

(2)侵权情节;

(3)侵权损害后果;

(4)侵权人过错程度;

(5)其他应予考虑的因素。

(五)合理开支

赔偿数额还包括权利人为制止侵权行为所支付的合理开支。① 合理开支是"权利人直接用于调查、制止侵权行为的合理费用,可以计算在赔偿的范围内,但对进行诉讼的律师费用,根据我国现行法律、法规和世贸组织的有关规则,则不宜一律计算在赔偿范围中"②。10年之后的2010年上海市高级人民法院《关于知识产权侵权纠纷中适用法定赔偿方法确定赔偿数额的若干问题的意见(试行)》(沪高法〔2010〕267号)规定的"合理开支"包括:

(1)公证费、认证费;

(2)符合司法行政部门规定的律师费;

(3)调查、取证费;

(4)翻译费;

(5)其他为制止侵权、消除影响而支付的合理费用。

权利人主张律师费用的,可以参考司法行政部门规定的律师收费标准、实际判赔额与请求赔偿额、案件的复杂程度等因素合理酌定。

同年的《江苏省高级人民法院侵犯商业秘密纠纷案件审理指南》中关于"诉讼费用的负担"方式作了如下指导性意见:"案件受理费、保全费、鉴定费等由败诉方承担。诉讼费用的负担应体现由败诉方承担的原则,但判决的赔偿额与原告主张的数额存在较大差距时,应在综合考虑原告诉讼请求与判决金额之间差距大小的基础上,适当

---

① 《中华人民共和国专利法》第65条。

② 2000年10月28日时任最高人民法院副院长李国光在全国民事审判工作会议上的讲话。

判决原告承担部分案件受理费。"

（六）需要特别注意的

因为侵权所得和权利人损失均不好收集资料予以评估，因此，有些机构以权利人提供的商业秘密研发成本用"成本法"予以计算。根据《反不正当竞争解释》第17条第2款"因侵权行为导致商业秘密已为公众所知悉的，应当根据该项商业秘密的商业价值确定损害赔偿额。商业秘密的商业价值，根据其研究开发成本、实施该项商业秘密的收益、可得利益、可保持竞争优势的时间等因素确定"的规定，计算研发成本的前提是"因侵权行为导致商业秘密已为公众所知悉的"，如果权利人主张的商业秘密尚未进入公知领域，不宜采用"成本法"计算损失赔偿，也不能够加入成本费用计算赔偿数额。

如果因侵权行为导致商业秘密公开，进入公知领域，导致商业秘密权利人或合法持有人丧失了市场竞争优势和权利保护的价值，就直接切断了商业秘密权利人收回研发成本和获利预期的命脉。这种情形下，"应当根据该项商业秘密的商业价值确定损害赔偿额。商业秘密的商业价值，根据其研究开发成本、实施该项商业秘密的收益、可得利益、可保持竞争优势的时间等因素确定"①。否则单纯以原告的市场损失或者侵权人所获得的利益作为赔偿额，会损害创新的积极性和主动性，当然，权利人或法院委托的评估机构的估价可以作为法院判决的参考。

其他考量因素：

根据上海市高级人民法院《关于知识产权侵权纠纷中适用法定赔偿方法确定赔偿数额的若干问题的意见（试行）》（沪高法〔2010〕267号）的规定，对于赔偿损失还有其他考量因素：

1. 侵权情节：

（1）侵权行为方式，可区别直接侵权与间接侵权，生产过程中的侵权与销售过程中的侵权；

（2）侵权产品生产与销售规模、侵权作品传播范围；

（3）侵权行为持续时间；

（4）侵权次数，初次侵权或重复侵权；

（5）侵权行为的组织化程度；

（6）权利人发出侵权警告后侵权人的行为表现；

（7）其他可以衡量侵权情节的因素。

2. 知识产权侵权诉讼中，可根据侵权行为对权利人商业利润、商业声誉、社会评价的影响等衡量侵权损害后果。

3. 知识产权侵权诉讼中，因判决停止侵权可能损害社会公共利益或者严重损害第三人利益而不判决停止侵权的，赔偿数额应当高于判决停止侵权的同类案件。

---

① 最高人民法院《关于审理不正当竞争民事案件应用法律若干问题的解释》第17条第1款。

在【案例 8.1-23】海鹰企业集团有限责任公司诉无锡祥生医学影像有限责任公司、莫善珏、吴荣柏、顾爱远商业秘密侵权纠纷案中:

1. 法院认为:"由于本案被上诉人因上诉人侵权所遭受的损失难以计算,被上诉人亦未对调查等合理费用主张权利,根据《中华人民共和国反不正当竞争法》第二十条的规定,本案应当以上诉人在侵权期间所获利润作为赔偿数额。侵权获利是指侵权人在侵权期间因侵权所获得的实际利润,应当以营业利润作为计算依据。根据二审技术鉴定结论,祥生公司在基本沿用被上诉人技术的基础上做了若干改进,据此,应当酌减上诉人的赔偿数额,但考虑到审计结果中未包括审计截止日期至今祥生公司销售侵权产品的营业利润,赔偿数额应当在审计结果的基础上酌情增加,故本院将该两部分抵销。原审判令上诉人赔偿 310 万元,与审计结论相差较大,事实依据不足,应予纠正。上诉人关于赔偿问题的上诉理由成立,本院予以支持。"

2. 尽管个人被告将有关技术资料转让给了祥生公司,但是技术鉴定认为"祥生公司转让所得的资料内容仅是涉及国内外医学超声换能器阵技术的发展、设计原理以及复合材料理论研究情况的综述,没有涉及具体工艺细节,不能由此形成祥生公司生产 B 超仪探头的技术资料,不能依此生产祥生 500 型 B 超探头"的鉴定结论,经过法院审理,确认涉案的商业秘密并未被公开披露。因此,本案并未以商业价值计算损害赔偿数额。

※ 依据

文件名称	条款内容
2005 年《河南省高级人民法院商业秘密侵权纠纷案件审理的若干指导意见(试行)》	3. 权利人请求赔偿制止侵权行为而产生的费用,如调查费用、律师代理费用等,只要有相应的合法证据,且该部分支出在合理限度之内,可予以保护。
2008 年《专利法》	第六十五条 侵犯专利权的赔偿数额按照权利人因被侵权所受到的实际损失确定;实际损失难以确定的,可以按照侵权人因侵权所获得的利益确定。权利人的损失或者侵权人获得的利益难以确定的,参照该专利许可使用费的倍数合理确定。赔偿数额还应当包括权利人为制止侵权行为所支付的合理开支。 权利人的损失、侵权人获得的利益和专利许可使用费均难以确定的,人民法院可以根据专利权的类型、侵权行为的性质和情节等因素,确定给予一万元以上一百万元以下的赔偿。

(续表)

文件名称	条款内容
2007年最高人民法院《关于审理不正当竞争民事案件应用法律若干问题的解释》	第十七条 确定反不正当竞争法第十条规定的侵犯商业秘密行为的损害赔偿额,可以参照确定侵犯专利权的损害赔偿额的方法进行;确定反不正当竞争法第五条、第九条、第十四条规定的不正当竞争行为的损害赔偿额,可以参照确定侵犯注册商标专用权的损害赔偿额的方法进行。 因侵权行为导致商业秘密已为公众所知悉的,应当根据该项商业秘密的商业价值确定损害赔偿额。商业秘密的商业价值,根据其研究开发成本、实施该项商业秘密的收益、可得利益、可保持竞争优势的时间等因素确定。
1993年《反不正当竞争法》	第二十条 经营者违反本法规定,给被侵害的经营者造成损害的,应当承担损害赔偿责任,被侵害的经营者的损失难以计算的,赔偿额为侵权人在侵权期间因侵权所获得的利润;并应当承担被侵害的经营者因调查该经营者侵害其合法权益的不正当竞争行为所支付的合理费用。 被侵害的经营者的合法权益受到不正当竞争行为损害的,可以向人民法院提起诉讼。
2010年上海市高级人民法院《关于知识产权侵权纠纷中适用法定赔偿方法确定赔偿数额的若干问题的意见(试行)》	七、反不正当竞争纠纷中赔偿数额的确定 28 确定反不正当竞争法第十条规定的侵犯商业秘密行为的损害赔偿额,可以参照确定侵犯专利权的损害赔偿额的方法进行;确定反不正当竞争法第五条、第九条、第十四条规定的不正当竞争行为的损害赔偿额,可以参照确定侵犯注册商标专用权的损害赔偿额的方法进行。 29.因侵权行为导致商业秘密已公开的,应当根据该项商业秘密的商业价值确定损害赔偿额。商业秘密的商业价值,根据其研究开发成本、实施该项商业秘密的收益、可得利益、可保持竞争优势的时间等因素确定,权利人或法院委托的评估机构的估价可以作为法院判决的参考。
2015年最高人民法院《关于审理专利纠纷案件适用法律问题的若干规定》	第二十条 专利法第六十五条规定的权利人因被侵权所受到的实际损失可以根据专利权人的专利产品因侵权所造成销售量减少的总数乘以每件专利产品的合理利润所得之积计算。权利人销售量减少的总数难以确定的,侵权产品在市场上销售的总数乘以每件专利产品的合理利润所得之积可以视为权利人因被侵权所受到的实际损失。 专利法第六十五条规定的侵权人因侵权所获得的利益可以根据该侵权产品在市场上销售的总数乘以每件侵权产品的合理利润所得之积计算。侵权人因侵权所获得的利益一般按照侵权人的营业利润计算,对于完全以侵权为业的侵权人,可以按照销售利润计算。 第二十一条 权利人的损失或者侵权人获得的利益难以确定,有专利许可使用费可以参照的,人民法院可以根据专利权的类型、侵权行为的性质和情节、专利许可的性质、范围、时间等因素,参照该专利许可使用费的倍数合理确定赔偿数额;没有专利许可使用费可以参照或者专利许可使用费明显不合理的,人民法院可以根据专利权的类型、侵权行为的性质和情节等因素,依照专利法第六十五条第二款的规定确定赔偿数额。 第二十二条 权利人主张其为制止侵权行为所支付合理开支的,人民法院可以在专利法第六十五条确定的赔偿数额之外另行计算。

※ 案例 8.1-24：金龙精密铜管集团股份有限公司诉上海龙阳精密复合铜管有限公司、江西耐乐铜业有限公司侵害商业秘密纠纷案①

一、基本案情

2001 年 2 月，新乡无氧铜材总厂与被告上海龙阳精密复合铜管有限公司（以下简称龙阳公司）签订《铜管制造技术转让合同》，约定新乡无氧铜材总厂向被告龙阳公司提供现有精密铜管（含空调管、无氧管、内螺纹管）制造的专业技术秘密（非专利技术）和受控技术的使用权，仅限于被告龙阳公司在上海浦东的公司范围内使用该技术，使用年限为 20 年，年生产、销售铜管 12 000 吨。其中，专有技术秘密部分包括感应器用红柱石捣打料、感应器夯实组装工艺、轧辊头装配与调整方法等 12 项；受控技术部分包括生产工艺流程图及主要工序描述、生产设备工艺平面布置图及主要设备描述等 10 项。合同还约定，被告龙阳公司在约定使用期限内不得以任何方式泄露技术秘密和受控技术，不得将技术让与第三方。合同所涉及的有关铜管制造的技术秘密和受控技术属非专利技术，该技术所有权及让与权为新乡无氧铜材总厂所有。被告龙阳公司应向新乡无氧铜材总厂支付技术使用费 500 万元。合同签订后，新乡无氧铜材总厂按合同约定向被告龙阳公司提供铜管制造技术，被告龙阳公司 2001 年 6 月、11 月两次向新乡无氧铜材总厂支付"技术转让费"合计 500 万元。2004 年 10 月 15 日，原告、被告龙阳公司及新乡无氧铜材总厂之间签订《技术转让合同补充协议》，该补充协议系针对前述《铜管制造技术转让合同》，因集团内部调整，考虑到后续技术的开发提供及服务而达成。补充协议约定："1. 新乡无氧铜材总厂是原告的关联企业，两者技术共享，为进一步集中发挥集团技术优势做到技术共享，及时提供及时服务，原新乡无氧铜材总厂与被告龙阳公司签订的技术转让合同，其权利和义务转由原告享有和履行。2. 整体技术的所有权归属原告所有，被告龙阳公司的受让系非独占不可再转让，仅享有有限的使用权。3. 技术合同中约定龙阳公司的保密义务，同样适用于原告后续提供的技术服务。4. 原告向被告龙阳公司提供的技术不再另行收费。5. ……"

1997 年至 1999 年期间，新乡无氧铜材总厂通过发布《技术经济成果保护条例》、"技术秘密清单"、《保密工作细则》及签订《保密协议》通知等方式，对相关铜管制造专有技术和技术诀窍采取了保密措施。

1995 年 8 月 31 日，马连根与新乡无氧铜材总厂签订劳动合同，约定马连根在熔铸岗位工作。后马连根到原告处工作，并在 2005 年 11 月与原告签订了保密协议，约定马连根应对原告不为公众所知悉的技术信息、经营信息等承担保密义务。2005 年 3 月 1 日，原告与栗志强签订劳动合同，期限自合同签订日起至 2008 年 2 月 29 日止，工作岗位由原告指定。同年 12 月，双方签订保密协议，约定栗志强应对原告不为公

---

① 一审：上海市第一中级人民法院(2008)沪一中民五(知)初字第 390 号民事判决书；二审：上海市高级人民法院(2013)沪高民三(知)终字第 134 号民事判决书。

众所知悉的技术信息、经营信息等承担保密义务。

2002年8月15日、2003年6月10日、2003年6月18日,被告龙阳公司分别与王盛、张正斌、毛成签订劳动合同,约定他们在龙阳公司分别担任副总经理、生产调度、工程师,合同到期日分别为2005年8月14日、2006年6月9日、2006年6月17日。龙阳公司还与他们分别签订了保密协议,约定对岗位涉及的龙阳公司的生产技术信息等进行保密,不得向龙阳公司内外不应掌握上述秘密的任何人员透露。未经龙阳公司许可不得以龙阳公司的商业秘密为背景对外提供技术支持、技术服务等,不得盗窃或采取其他不正当手段获取非本人职务范围内的秘密。2003年5月15日、2004年6月14日,被告龙阳公司分别与李道锴、唐国柱签订劳动合同,合同期限均为3年,约定他们在龙阳公司的成型、品质办岗位工作。龙阳公司还与他们签订了保密条款,约定对龙阳公司的技术信息等商业秘密负有保密义务。王盛于2008年9月离开龙阳公司。

2005年11月,龙阳公司以王盛违反竞业限制条款,江西耐乐铜业有限公司(以下简称耐乐公司)无偿取得商业秘密等由,向上海市浦东新区劳动争议仲裁委员会提出申诉,提出王盛支付违约金3万元及返还车款4.8万元,解除劳动关系,赔偿因掌握商业秘密、违反竞业限制条款等造成的经济损失500万元等,耐乐公司承担70%的连带责任等请求。该仲裁委于2006年3月裁决龙阳公司与王盛于2005年9月14日解除劳动关系,王盛支付竞业限制违约金5万元等,对龙阳公司关于王盛赔偿因知悉商业秘密而造成其经济损失500万元及耐乐公司承担70%连带责任等请求未予支持。2005年10月,王盛、张正斌、毛成先后离开被告龙阳公司到被告耐乐公司工作,分别担任总经理、副总经理、总工程师职务。

二、裁判要点

在关于损害赔偿数额如何确定的问题上,法院认为"涉案商业秘密仅系金龙公司整体铜管生产工艺中的一部分,具体比重难以确定,且涉案商业秘密并未因本案侵权行为而向社会公开,因此不能按照金龙公司铜管生产工艺的研发投入费用确定本案赔偿数额。本案中,金龙公司也无有效证据证明其实际损失的具体金额,故无法以其实际损失计算本案的赔偿数额。同时,耐乐公司侵权获利的具体数额也无有效证据予以证明,而涉案商业秘密亦非耐乐公司全部的铜管生产工艺,因此法院同样无法以耐乐公司的侵权获利来确定本案的赔偿数额。此外,金龙公司与龙阳公司之间的许可合同,其许可使用的时间长达20年,且包括了后续开发技术的许可,与本案涉案的商业秘密并不完全相同,因此其500万元许可费也难以作为确定本案赔偿数额的依据。金龙公司虽认为其铸轧工艺商业秘密价值高达924万元,但并无有效证据支持,不能证明其实际损失。在现有证据难以证明金龙公司因侵权所受损失以及耐乐公司因侵权所获利益的情况下,由法院综合具体案情确定本案的赔偿数额,并无不妥"。

※ 案例8.1-25：衢州万联网络技术有限公司诉周慧民、冯晔、陈云生、陈宇锋、陈永平侵犯商业秘密纠纷案①

一、基本案情

2001年5月28日，原告衢州万联网络技术有限公司(以下简称万联公司)成立，公司注册经营范围为网络制作、计算机软件开发、信息服务。

2001年6月1日，原告与被告周慧民签订了《聘用合同书》，约定："甲方(原告)聘请乙方(周慧民)利用业余时间为甲方进行网站制作和软件程序的开发"，"聘用时间自2001年6月1日起至2003年5月31日止，暂定两年"，"甲方每月付给乙方底薪伍佰元整，月月付清"，"无论是合同期内或合同期满后，或中途经双方同意，解除合同后，乙方都无权未经甲方同意将属于公司所有权的软件程序泄密、转让和用于他人(非本公司业务使用)，一经发现甲方有追究乙方违约的权力"。在上述《聘用合同》到期之后，合同双方未续签，但被告周慧民仍继续为原告公司工作。

2002年3月13日，原告向中国万网注册了www.boxbbs.com网站(以下简称涉案网站)的网络域名，运营"BOX网络游戏社区"网站，并缴纳了国际域名年费。

自2002年12月16日至2003年7月18日，原告与案外人北京北极冰科技发展有限公司、北京华义联合软件开发有限公司等就购买涉案网站广告等合作事宜签订了多份合作合同、合作协议，上述合作合同、合作协议上均盖有原告公章。

2003年1月，邱奇曾与被告周慧民签订过一份《股权转让合同》，承诺将公司30%的股权给予被告周慧民。

2003年11月26日，原告召开股东会，接纳易龙游戏网(www.egamecn.com)的冯晔、陈宇锋、陈云生三人为新股东，原告的公司股权重新分配为：邱奇占67%、姜琼艳占3%、陈云生占12%、陈宇锋占9%、冯晔占9%。

2004年5月底6月初，五被告准备离开原告处，重新注册新的网站，具体由被告周慧民负责技术操作，包括网站设计、下载数据库、修改涉案网站的程序，被告陈宇锋、被告陈永平负责程序的后续开发，被告陈云生负责网站设计及注册新的域名www.box2004.com，被告冯晔负责市场推广。

2004年6月7日，五被告发表《Box01工作组成立联合声明》，称："鉴于对Box-bbs.com原创业人员股权无法得到确认的前提之下。原团队核心成员周慧民、冯晔、陈云生、陈宇锋、陈永平，在Box目前版权以及法律无法认可情况下，决定全体离职，成立新Box01工作组，并将注册新公司。启用新域名box2004.com，域名归公司所有……新成立的Box01将回收原BOXBBS源程序以及数据库资料。该源程序和数据库资料属于新公司所有……BOX01工作组所面对的法律相关责任由周慧民、冯晔、陈云生、陈宇锋、陈永平五人共同承担。"

---

① 一审：上海市第二中级人民法院(2010)沪二中民五(知)初字第57号民事判决书；二审：上海市高级人民法院(2011)沪高民三(知)终字第100号民事判决书。

2004年6月9日,被告陈云生注册了一个新的www.box2004.com网站(以下简称被控侵权网站1)的网络域名,被告周慧民从涉案网站下载了用户数据库,并利用原先设计开发的用于涉案网站的软件程序开通了被控侵权网站1,同时对涉案网站的软件程序的配置文件进行修改,使涉案网站无法运行,并通过在其他网站上发布公告、在QQ群里发通知等方式将涉案网站的注册用户引导到被控侵权网站1。

2004年8月20日,五被告以案外人李都都注册的北京大宗企业管理顾问有限公司的名义在中国新网注册了www.ibox.com.cn网站(以下简称被控侵权网站2)的网络域名,该网站的名称是"ibox盒子娱乐在线",网站运营内容是网络游戏媒体,替换并停止了原先的被控侵权网站1。

2004年10月19日,由于涉案网站已无法正常运行,原告与案外人中青赛网签订了《网站转让协议书》,原告以人民币10.8万元的价格将涉案网站卖给了中青赛网。

2005年3月4日,五被告成立了"北京世纪新橡网络科技有限公司"(以下简称新橡公司),该公司经营网络游戏论坛网站,公司股东为周慧民、冯晔、陈永平、陈云生、陈宇锋,所持股份分别为35%、17.5%、15%、17.5%、15%,周慧民任法定代表人,陈永平任经理,冯晔和陈宇锋任董事,陈云生任监事。2005年4月7日,域名为www.ibox.com.cn的被控侵权网站2转到了该公司名下。

2005年12月12日,新橡公司与案外人上海悦维计算机信息技术有限公司(以下简称悦维公司)签订了《转让协议》,约定将被控侵权网站2以人民币200万元的价格卖给悦维公司。2006年2月10日,被控侵权网站2的域名变更到悦维公司名下。

2006年9月27日,衢州市公安局决定对周慧民涉嫌侵犯商业秘密犯罪立案侦查,同年11月11日,被告周慧民和冯晔被刑事拘留,同年12月18日经衢州市人民检察院批准逮捕。

2006年10月30日,衢州市公安局委托上海公信扬知识产权司法鉴定所进行司法鉴定,鉴定内容为:"1.衢州市公安局提供的ibox.com.cn网站的数据库(被比对物)与衢州市公安局提供的衢州万联网络技术有限公司原经营的boxbbs.com网站的数据库(比对物)的内容及程序相比对,是否相同、相似或复制。2.衢州万联网络技术有限公司原经营的boxbbs.com的数据库(比对物)的内容、程序是否具有公知性,是否采取了保密措施。"

2006年11月9日,上海公信扬知识产权司法鉴定所作出了沪公鉴著字〔2006〕第021号《司法鉴定书》,该《司法鉴定书》的分析与论证部分载明"本鉴定限定注册时间区域为2001年11月18日17点18分40秒至2004年4月28日20点32分6秒,比对数据表和被比对数据表在该时间区域的记录数分别为534 958条和534 965条……根据英文词义和记录内容分析,比对物数据表和被比对物数据表均有三个含义相同的字段;客户的注册用户名字段;客户的注册密码字段和客户的注册时间字段……比对比对物数据表和被比对物数据表中三对名称相同的对应字段的记录得到如下结果:注册用户名和注册时间均相同的记录数有534 952个,两者的相同率为

99.99%。而注册用户名、注册时间和注册密码均相同的记录数有177 231个,两者的相同率为33.13%。考虑到注册用户能够修改注册密码但不能修改注册时间,因此上述三个字段的记录同时相同的相同率远小于两个字段的记录同时相同的相同率是合理的,对该项比对的相同率的认定应以注册用户名和注册时间的相同率为准。"

"……在比对数据库和被比对数据库取得时,双方都输入了网站数据库超级管理用户名及密码,这说明双方对数据库都采取了技术保密措施。据此,可以认为双方数据库的客户名单本身并不为公众所知悉……"最终,该司法鉴定意见为:"注册用户名是双方数据库的核心内容,注册时间不能由注册用户修改,双方数据库中注册用户和注册时间均相同的记录相同率达99.99%。根据双方数据库的取证过程,说明双方的数据库均采用了技术保密措施。鉴定组成员一致认为,两个数据库的核心内容相同率为99.99%,两者可视为同一;双方对数据库均采用了技术保密措施。"

2006年12月7日,衢州市价格认证中心对BOX网络游戏社区(www.boxbbs.com)网站的价格进行了鉴定,并出具了衢价鉴(2006)323号价格鉴定结论书,结论为:"鉴定标的在价格鉴定基准日的价格为:人民币肆佰捌拾伍万捌仟元整(￥4 858 000.00元)。"该鉴定结论书还载明,"注册用户数量越大,提供的客户资源就越多,商业机构商业运营后的投资回报就越高。因此,注册用户数据库就是商业网站的客户基础,是网站商业运营的基础和生命线,是网站的核心商业秘密,对网站有着无与伦比的重要性,能够带来巨大的商业利益,是衡量网站综合实力、网站商业价值的标志之一……鉴定标的网站经过三年的经营,在基准日时拥有55万注册用户。经了解,这样的用户数量在当时的专业游戏网站中名列前茅,是盒子论坛营业收入的基础和网站价值的基础"。

2008年9月3日,衢州市柯城区人民检察院以证据不足、不符合起诉条件为由,对被告周慧民作出了衢柯检刑诉(2008)17号不起诉决定书。

在本案的审理过程中,原告明确其主张的商业秘密的密点是自2002年3月13日至2004年6月8日,涉案网站数据库中的用户信息,包括客户名单数据表中客户的注册用户名字段、客户的注册密码字段和客户的注册时间字段等信息。原告还明确上述商业秘密的具体内容及数量以上海公信扬知识产权司法鉴定所作的沪公鉴著字〔2006〕第021号《司法鉴定书》中记载的内容为准。被告周慧民亦承认其为了运行被控侵权网站1,确实利用自己掌握的密码远程下载了涉案网站的数据库,该数据库包含上述客户名单数据表中的注册用户名、注册密码和注册时间等信息,并在其后的被控侵权网站2中也沿用了前述数据库。原、被告均明确表示,对被控侵权网站2的数据库与涉案网站的数据库在内容上是否相同或实质性相同,不申请重新鉴定。

原告为证明涉案网站的权利归属问题,提交了一份www.infomall.cn网站(中国Web信息博物馆)网页的打印件,该网页记载了2003年4月18日涉案网站的版权声明,该版权声明页的最底端载有"Copyright by Qu Zhou WorldLand Company LTD. ALL rights reserved. 2003"等内容。原告为证明自己主导开发了涉案网站,还提交了《万联公司 2003 年企划书》等资料。原告为证明自 2003 年年底到 2004 年年初,涉案网站发展势头良好,2004 年上半年注册用户数已达 55 万,在全球排名为 1 100 名左右,在中国游戏网站排名为第二等事实,提交了美国 www.alexa.com 网站的网页打印件。被告周慧民对上述证据的真实性均不予认可。

被告周慧民为证明涉案网站的权利归属问题,提交了一份(2009)浙衢市证民字第 1208 号公证书,根据该份公证书及附件的记载,2009 年 11 月 13 日,被告周慧民的委托代理人徐芳向浙江省衢州市华夏公证处申请网上保全证据公证,公证的内容为 http://web.archive.org 网站上保存的涉案网站的网页历史记录,其中在 http://web.archive.org/web/20021206185523/www.boxbbs.com/bbs/网页的最底端载有 "ALL rights reserved. www.boxbbs.com 版权所有:中国联通浙江分公司 BOX 网游社区"等内容。被告周慧民为证明自己是涉案网站的设计者,还提交了一张载有该网站源程序代码的光盘。对此,原告认为,上述证据仅能证明被告周慧民是涉案网站论坛程序的开发者,但不能证明其是该网站的所有者。

被告周慧民提交了两份有邱奇签名的字据,一份是《借款凭条》,内容为 "兹有邱奇收到周慧民借款壹万圆整,特立此字据,并承诺还款最大期限不超过叁个月。立据人:邱奇 2003 年 2 月 27 日"。另一份字据的内容为 "本人收到陈永平肆仟圆整,在 2003 年 6 月底前归还,特此证明。邱奇 2003 年 4 月 4 日"。原告及其法定代表人邱奇对该节事实予以确认。

原告以衢价鉴(2006)323 号价格鉴定结论书的鉴定结论作为本案赔偿诉请的事实依据。此外,原告为证明自己支出的合理费用,提交了三张鉴定费发票,共计金额为人民币 82 000 元。

一审判决:被告周慧民、被告冯晔、被告陈云生、被告陈宇锋、被告陈永平于判决生效之日起 10 日内共同赔偿原告万联公司包括合理费用在内的经济损失人民币 100 万元。

二审判决:驳回上诉,维持原判。

二、裁判要点

该案被列为 2012 年中国法院知识产权司法保护十大创新性案件之一,被认为是属于新型的商业秘密纠纷案件。对于赔偿损失数额的确定,一审法院认为:本案作为侵犯商业秘密纠纷案件,系争的商业秘密是涉案网站数据库中的用户信息,而原告提交的衢价鉴(2006)323 号价格鉴定结论书是针对整个网站价值的价格鉴定,作为商业秘密的用户信息的价值与该网站的整体价值存在差异,因此该价格鉴定结论书不能作为本案赔偿经济损失的依据,但原审法院将以此作为一个重要的参考因素。因此,鉴于原告的实际损失以及被告的获利皆无法确定,原审法院依法参照专利法的有关规定,根据原、被告提交的证据材料,综合考虑原告网站的知名度、本案商业秘密的开发成本、实施该项商业秘密的收益、可得利益、可保持竞争优势的时间、衢价鉴(2006)323 号价格鉴定结论书的鉴定结论以及五被告侵权的范围、主观过错程度、侵权行为持续的时间及获利状况等因素,酌情确定包括合理费用在内的赔偿数额。

二审法院认为:上诉人上诉称,即使侵权成立,一审判决认定人民币100万元的赔偿金额过高。对此,本院认为,最高人民法院《关于审理不正当竞争民事案件应用法律若干问题的解释》第17条第1款规定,确定《反不正当竞争法》第10条规定的侵犯商业秘密行为的损害赔偿额,可以参照确定侵犯专利权的损害赔偿额的方法进行;《专利法》第65条第2款规定,权利人的损失、侵权人获得的利益和专利许可使用费均难以确定的,人民法院可以根据专利权的类型、侵权行为的性质和情节等因素,确定给予1万元以上100万元以下的赔偿。本案中被上诉人万联公司的实际损失以及上诉人周慧民和四名原审被告的侵权获利均无确切的证据证明,原审法院综合考虑涉案网站的知名度、本案商业秘密的开发成本、实施该项商业秘密的收益、可得利益、可保持竞争优势的时间以及上诉人和四名原审被告侵权的范围、主观过错程度、侵权行为的持续时间等因素,酌情确定包括合理费用在内的人民币100万元的赔偿数额,并无不妥。故上诉人的这一上诉理由不能成立,本院不予支持。

第172条 【确定商业秘密点】

172.1 无论是技术信息还是经营信息,作为权利人主张权利时,都应当明确指出商业秘密的"秘密点",即区别于公知信息的具体的信息内容,而不能笼统地说某项技术或者某份资料是商业秘密,也不能说某项产品是商业秘密,商业秘密是指信息,产品可能构成商业秘密的载体,但其本身并非商业秘密。

172.2 商业秘密的秘密点可能是完整信息中的某一项或某几项局部信息,如产品的装配公差、某一关键零部件的加工方法;也可能是已知信息的组合,即完整信息中的所有局部信息单独来看,都不具有秘密性,而其秘密点恰恰在于这些已知信息的组合,如用已知的产品部件装配出新的产品。

172.3 特别提示:能否证明商业秘密的秘密点是决定原告是否胜诉的关键,如果不能举证证明秘密点,可以考虑选择"合同之诉"(违反保密协议)、"侵犯著作权"(如果诉称的商业秘密构成版权)、"不正当竞争"等案由。

※ 条文释解

1. 要注意在商业秘密诉讼中的原告的主张和举证要符合商业秘密审理的基本要素。前两年,上海市浦东新区人民法院制作的《商业秘密诉讼风险提示手册》就提示了在商业秘密诉讼中原告容易忽视的两个问题:

(1) 产品本身不能构成商业秘密:原告向法院主张商业秘密,不能简单提供产品。即商业秘密的具体内容不等于商业秘密的载体。原告除提供商业秘密载体外,还要明确商业秘密的具体内容——"秘密点"。

(2) 原告应明确商业秘密的具体内容:如,原告主张技术配方、技术诀窍构成商业秘密,提交说明书和产品标签,法院不支持。因为前述对产品配方、成分等概括性的描述记载,不等于商业秘密的具体内容。原告应明确构成商业秘密的技术配方和诀窍是什么,否则法院无法判断其主张商业秘密的信息是否符合法律规定的构成要件,被告也无法针对性地提出公知技术信息等抗辩。

2. 依据法定构成要件判断商业秘密的具体范围。"所谓秘密点,即指商业秘密的权利范围。技术秘密案件的秘密点,是指区别于公知信息的具体技术方案或技术信息;经营信息案件的秘密点,是指区别于公知信息的特殊客户信息等经营信息。"① 律师大部分不是技术专家,因此需要与当事人的技术人员予以配合确定,并最终要当事人确认无误。因为商业秘密"不具有法定的权利外观,既无权利证书,也无法定的备案登记,因此,在案件审理之初,就应当要求权利人自己先行明确要求法院保护的秘密点究竟是什么"②。律师想要了解或者确定的符合法律规定的内容,与技术人员的陈述和讲解思路是不一致的,一方面要引导技术人员说明自己需要的技术要点,另一方面也要将自己的想法准确表达给技术人员。如果当事人自己也无法搞清楚哪些属于商业秘密点,甚至技术人员离职了,带走了技术资料,单位都没有保留复制件等,尽管有保密协议、竞业限制协议存在,又如何证明商业秘密的存在?保护商业秘密的方式方法不正确、不严谨,不会判断商业秘密点,只是认为有保密协议就可以安心了,是目前商业秘密诉讼案件原告败诉率畸高的重要原因。

3. 特别要注意以下几个问题:

(1)原告的主张不可随着案件的进展发生偏移或者脱离商业秘密范围或者秘密点。

(2)原告主张的涉嫌侵权的技术秘密载体必须与被告提交或者保全证据的对象具有一致性。

在【案例6.4-19】成都佳灵电气制造有限公司诉成都希望电子研究所、成都希望森兰变频器制造有限公司、胡向云、余心祥、郑友斌、邓仕方侵害商业秘密纠纷案中,二审法院维持了一审对于原告佳灵公司所主张的技术秘密中的部分技术信息属于商业秘密,其为商业秘密权利人的判定。但是对于二审中佳灵公司偏移了技术秘密信息在其举证的被控侵权物上的使用,在获知技术鉴定报告对其不利的情形下,转移了指控对象。法院结合原告的陈述、证据及其主张,最终认定:"实际上,上诉人佳灵公司自己对希望森兰公司生产的变频器产品也没有确切的指控范围。一方面没有明确指出希望森兰公司何种产品使用了佳灵公司的何种技术秘密,另一方面指控也缺乏一致性。"

4. 技术秘密与专利技术可以并存,但绝不是重合关系。当技术秘密与专利技术并存时,要区分已经公开的专利技术部分和未公开的技术秘密部分。

---

① 孔祥俊主编:《商业秘密司法保护实务》,中国法制出版社2012年版,第52页。
② 同上注。

※ 问题24：在技术秘密纠纷案件中，被告以自有专利技术或者他人专利技术抗辩的应当如何处理？

第173条 【临时措施与保全】

173.1 在涉及知识产权诉讼的法律和司法解释中，专利、商标和著作权诉讼，均规定了诉前禁令的临时措施。但因商业秘密本身的不确定性，在有关反不正当竞争（包括商业秘密）的法律和司法解释中，没有临时措施的内容。

173.2 有关证据保全与财产保全，请参照本指引第六章。

※ 条文释解

参见第六章第一节第118条。

第二节 作为原告代理人

第174条 【分析事实和采取补救措施】

对基本的案件事实进行分析，包括审查基本的证据，确定商业秘密是否成立，侵权行为是否构成。同时就技术秘密泄密，具备专利申请条件的，建议原告及时进行专利申请或及时采取其他补救措施，避免损失的进一步扩大。

具体参见本指引第六章。

※ 案例8.2-26：a公司诉b公司侵犯商业秘密及不正当竞争纠纷案[①]

a公司（原告）是b公司（被告）十几年的代理商，代理销售国外的几类测试设备（以下统称为"产品"）。被告是产品的供应商，每年以"代理委托书"的方式，确定原告的销售区域和产品型号。

原告按照被告的要求和格式文本（以下简称《月报表》）定期向被告提交报告，并定期接受被告组织的各类培训（原告承担费用）和价格指示以及优惠幅度。采购的基本流程是，原告寻访需求方，在确定产品型号、规格、技术参数配置、特定零配件、基本价格和优惠幅度后，与被告签署《采购订单》（亦是被告的格式文本）。

需求方定制产品首先需要经过政府采购程序，由原告委托当地企业（以下简称"中介方"）协助进行招投标工作，并签署中标合同。需求方支付货款后，被告发货，原告负责安装调试和售后技术支持。

a公司与其香港公司，两者为相同的法定代表人和员工。涉案合同是由香港公司签署的。

[①] 本案是笔者代理的案件，以调解赔偿结案，慎重起见，隐去当事人各方的名称。该案对研究分析商业秘密诉讼具有典型意义。

中介方也分为国内公司和国外公司,亦是相同的法定代表人和员工班底。涉案与需求方的合同是由中介方的国外公司签署的。

2012年,被告通知原告解除已经签署的《采购订单》。经过原告调查发现,在已经签署5份《采购订单》并未履行的情况下,其中2份《采购订单》的需求方已经通过其他渠道获得相应产品并已经收到货物。这才了解到因被告内部人员调整,新来的人员急于获得业务单,而直接与中介方进行交易,截走了原告的客户。而这些客户都是原告要将近一年的时间交往、联系、维护的客户。很显然,被告的行为,不论是员工的个人行为还是公司调整过程中的失误,被告均侵害了原告的预期利益,且还有原告已经与被告签署的《采购订单》尚未履行的问题。在《律师函》交涉过程中,被告在回复《律师函》的意见中写道"原有合同可以继续履行",但是被告完全知道,因为需求方是通过招投标程序获得采购指标,不可能进行再次采购。因此这种极不负责任的态度和不明智的意见回复,很快切断了协商的可能性,明显的主观恶意导致原告只能通过诉讼途径维护权益。

通过紧急磋商,诉讼是必定要采取的手段,但给原告的代理律师留下了几个很严峻的问题:

第一个问题,诉什么?
第二个问题,谁来诉?
第三个问题,诉谁?
第四个问题,怎么诉?

第175条 【分析选择违约之诉还是侵权之诉】
被告的行为构成违约与侵权的竞合,应从举证的难易、管辖、赔偿数额等方面综合分析,确定选择违约之诉或侵权之诉。

※ 条文释解

诉什么的问题,实际上就是将纠纷搁置在哪一个法律关系中,适用哪部法律来解决的问题。考虑的角度不仅是法律问题还包括了事实的举证问题。

但要注意的是"违反竞业禁止义务不等于侵犯商业秘密"[1]。上海市浦东新区人民法院认为:"签订竞业限制协议是雇主及企业普遍采用的应对人才流动中商业秘密流失的主要防范措施之一。违反竞业禁止协议的行为可能同时构成违约与商业秘密侵权。雇员离职后违反了竞业限制约定,但并不必然构成商业秘密侵权。原告仍需证明合同中涉及的信息符合法定的商业秘密构成要件,而且只有在雇员从事了披露或泄露商业秘密的行为,才构成商业秘密侵权。否则只能提起违反竞业禁止的违约之诉。"

---

[1] 上海市浦东新区人民法院《商业秘密诉讼风险提示手册》。

在【案例8.2-26】a公司诉b公司侵犯商业秘密及不正当竞争纠纷案中,从代理关系和采购关系来看,违约是第一选择,对代理律师而言也是最简单的法律关系。但在本案中:① "代理委托书"严格意义上不属于双方的合约,不是"代理合同",内容也只是被告的授权而已,并无任何制约条款。"代理委托书"的方式是源于原告与被告长久的合作关系所形成的"习惯"。② 在货款没有交付之前,被告不存在违约问题,即使认定被告违约,《采购订单》也无法实际继续履行了。③《采购订单》中的违约金也仅仅指向延迟交货,且还远不足以赔偿原告的损失。④ 被告与中介方的合同、中介方与需求方的合同,原告手中都不掌握,实际情况不清晰。因此,起诉合同违约对原告显然不利。

从侵权纠纷考虑,侵犯什么?如果仅从《反不正当竞争法》第2条的角度出发,获得诉讼效果的可能性是很小的,尽管很显然被告的行为是不诚信、不正当的。最关键的,代理关系中的代理商与供应商是否属于市场竞争关系,是首要解决的问题。而且未履行合同的事实很可能会使法庭转向合同违约的审理思路。如果适用《反不正当竞争法》第10条的规定,商业秘密构成就是最大的难点:5份《采购订单》能否构成客户名单?原告与被告之间没有保密约定怎么办?还有,商业秘密诉讼既然是"相似+接触-合法取得",那么如何解决被告可能抗辩"合法取得"?合同未履行的损失要放到侵权赔偿中如何计算?等等问题。

通过反复分析、琢磨原告、被告、中介方、需求方的交易关系、习惯和目前原告手中可能提交的相关证据材料,要实现原告的诉讼目的,制止代理关系中的不公平、不正当交易的恶劣情形,最终还是决定以商业秘密侵权为第一案由,如果商业秘密无法构成,就以《反不正当竞争法》第2条作为审理思路,起诉时一并提出。因此,本案就有了个特别"奇葩"的案由。在立案时,法官首先明示,应当诉"合同违约",不应当诉"侵权";其次明示"商业秘密"属于"不正当竞争",不能这么立案。经过代理律师在立案台面上手书一整页的说明,案件准予立案。很幸运,开庭的是一位严谨、细致的法官。当庭,法官就先问明:案由是什么,为什么?然后,很明确地说:先审商业秘密,商业秘密不构成再审理不正当竞争;如果商业秘密构成,原告同意撤销不正当竞争案由。

※ 问题25:违约之诉和侵权之诉是否可以在同一案件中提出?权属之争是否可以在侵权之诉中提出?

第176条 【确定诉讼请求】
在分析案情、掌握证据的前提下,具体提出以下诉讼请求:
176.1 停止侵害,包括:
(1)要求被告停止披露商业秘密;
(2)要求被告停止使用商业秘密;

(3) 要求侵权人停止其他侵权行为;

(4) 要求侵权人将载有商业秘密的载体返还或销毁。

176.2 赔偿损失。

176.3 根据个案的具体情况,还可以考虑请求:消除影响,排除妨碍。

※ 条文释解

1. 一般情况下的诉请就是停止侵害和赔偿损失,但是要特别注意还有商业秘密载体的处理,例如:电子载体、设备、模具的回收和销毁等问题。

2. 在商业秘密诉讼纠纷中不支持消除影响、赔礼道歉等民事责任的承担方式,除非相对方采用了损害己方商誉的手段,例如:声明、公告等。以前就此问题争议较多,在各地的判决文书中也并不统一。但现在基本统一了意见,对于单纯侵害商业秘密纠纷案件并不支持赔礼道歉的诉请。在《江苏省高级人民法院侵犯商业秘密纠纷案件审理指南》中就明确规定:侵犯商业秘密纠纷案件的民事责任主要包括停止侵权和赔偿损失。由于此类侵权行为一般不会导致原告商誉的损害,因此对于原告要求被告赔礼道歉的诉讼主张一般不应支持。在原告海安县鹰球集团有限公司诉被告南通辰峰机械设备有限公司、被告葛坤明侵犯商业秘密纠纷案①中,一审法院对于原告提出的诉请之一"公开向本公司赔礼道歉"的问题,裁判结论如下:"赔礼道歉系侵权者侵犯公民、法人精神权利承担责任的一种方式,法人的精神权利包括其名称权、商品声誉、商业信誉等。本案中,两被告仅是利用原告鹰球公司的商业秘密改造其自己的生产设备,并没有对原告的商品声誉、商业信誉等产生不良影响。因此,原告要求两被告赔礼道歉的诉讼请求没有事实依据,不予支持。"可作为参考。

3. 关于停止侵害问题,在最高人民法院《关于当前经济形势下知识产权审判服务大局若干问题的意见》(法发〔2009〕23号)有所阐述:"充分发挥停止侵害的救济作用,妥善适用停止侵害责任,有效遏制侵权行为。根据当事人的诉讼请求、案件的具体情况和停止侵害的实际需要,可以明确责令当事人销毁制造侵权产品的专用材料、工具等,但采取销毁措施应当以确有必要为前提,与侵权行为的严重程度相当,且不能造成不必要的损失。如果停止有关行为会造成当事人之间的重大利益失衡,或者有悖社会公共利益,或者实际上无法执行,可以根据案件具体情况进行利益衡量,不判决停止行为,而采取更充分的赔偿或者经济补偿等替代性措施了断纠纷。权利人长期放任侵权、怠于维权,在其请求停止侵害时,倘若责令停止有关行为会在当事人之间造成较大的利益不平衡,可以审慎地考虑不再责令停止行为,但不影响依法给予合理的赔偿。"

在【案例8.2-26】a公司诉b公司侵犯商业秘密及不正当竞争纠纷案中,因为还

---

① 一审:江苏省南通市中级人民法院(2004)通中民三初字第026号民事判决书。

有3份《采购订单》没有履行,因此原告的诉请既包括了停止披露,也包括了停止使用。

※ 依据

文件名称	条款内容
2005年《河南省高级人民法院商业秘密侵权纠纷案件审理的若干指导意见(试行)》	1. 对于侵权行为人停止侵权时限一般综合考虑商业秘密本身的性质、技术含量的多少,掌握的难易程度。如诉讼中商业秘密仍处于除当事人之外的秘密状态,一般判令侵权行为人应在该商业秘密被公开之前不准披露、使用的永久性保护。 对于某种商业秘密(如客户名单),其特殊性决定了长期禁止侵权行为人使用该商业秘密的内容将影响其生计。如当事人未约定竞业禁止情况下,无限期地禁止离职的员工使用其在任职期间所知悉的客户名单,往往会严重影响离职员工的生计。对于此情况下受到侵害的商业秘密,可以考虑在一定适当的期限内禁止侵权行为人使用,而不是一概的判令无限期的予以保护。 2. 侵权行为人应承担的民事责任,针对侵犯商业秘密的不同行为表现形式,可依当事人的诉讼请求做出相应的判令: (1) 对于非法获取他人商业秘密的行为,一般判令侵权行为人返还商业秘密的载体,并不准泄露该商业秘密。 (2) 对于披露他人商业秘密的行为,一般判令侵权行为人赔偿经济损失,披露人在一定期限内不准使用该商业秘密。 (3) 对于违法使用他人商业秘密的行为,一般判令侵权行为人停止侵权行为、赔偿权利人经济损失,具体标准为权利人受到损失或侵权行为人在侵权期间因侵权所获得的利润。权利人对该两种计算方法有选择权。以商业秘密权利人因侵权行为遭受的损失计算赔偿额,应主要考虑下列因素:商业秘密的成熟程度,商业秘密的利用周期长短以及是否可重复利用,商业秘密的许可使用和转让情况,市场的容量和供求关系,受侵害的权利人生产、经营收入的实际减少量、商业秘密研制开发的成本等。
2007年最高人民法院《关于审理不正当竞争民事案件应用法律若干问题的解释》	第十六条 人民法院对于侵犯商业秘密行为判决停止侵害的民事责任时,停止侵害的时间一般持续到该项商业秘密已为公众知悉时为止。 依据前款规定判决停止侵害的时间如果明显不合理的,可以在依法保护权利人该项商业秘密竞争优势的情况下,判决侵权人在一定期限或者范围内停止使用该项商业秘密。

(续表)

文件名称	条款内容
2009年《民法通则》	第一百三十四条　承担民事责任的方式主要有： (一) 停止侵害； (二) 排除妨碍； (三) 消除危险； (四) 返还财产； (五) 恢复原状； (六) 修理、重作、更换； (七) 赔偿损失； (八) 支付违约金； (九) 消除影响、恢复名誉； (十) 赔礼道歉。 以上承担民事责任的方式，可以单独适用，也可以合并适用。
2009年《侵权责任法》	第十五条　承担侵权责任的方式主要有： (一) 停止侵害； (二) 排除妨碍； (三) 消除危险； (四) 返还财产； (五) 恢复原状； (六) 赔偿损失； (七) 赔礼道歉； (八) 消除影响、恢复名誉。 以上承担侵权责任的方式，可以单独适用，也可以合并适用。

第177条　【原告资格审查】

177.1　商业秘密自主研发取得的权利人可以提起诉讼。

177.2　商业秘密独占使用许可合同的被许可人可以单独提起诉讼。

排他使用许可合同的被许可人和所有人可以共同提起诉讼，或者在所有人不起诉的情况下，自行提起诉讼。

普通使用许可合同的被许可人可以和所有人共同提起诉讼，或者经所有人书面授权，单独提起诉讼。

※ 条文释解

1. 侵权诉讼提起的前提首先是原告必须能够证明是商业秘密的权利人或者合法持有人，因此在任何一个诉讼纠纷开始时，原、被告双方都应当对此问题进行举证证明，除非被告完全认可原告享有商业秘密的权利或者是合法持有人，合法持有人包括：善意取得人、被许可人。

2. 诉讼主体适格。根据最高人民法院《关于审理不正当竞争民事案件应用法律若干问题的解释》第15条的规定：独占使用许可合同的被许可人可以单独提起诉讼；

排他使用许可合同的被许可人可以与权利人共同诉讼或者权利人不起诉的情况下,自行提起诉讼;普通使用许可合同的被许可人可以和权利人共同提起诉讼或者经权利人书面授权,单独提起诉讼。

在【案例8.2-26】a公司诉b公司侵犯商业秘密及不正当竞争纠纷案中,谁做原告?《采购订单》是香港公司与被告签署的,损失将依据《采购订单》确定。但是被告的"代理委托书"是开具给原告的,经营秘密的客户名单也是原告作出的,所有证据将由原告出具。两个都做原告,面临着在法庭上要自己的左手和右手分割清楚,徒增代理律师的工作量,而且容易忽略重点而纠缠于两者之间的关系问题。因此,代理律师权衡认为,既然《采购订单》为主要证据,还是以香港公司作为本案原告。而商业秘密权利人与合法持有人都可以在商业秘密纠纷案中成立的话,原告对于自有商业秘密的授权、转让给香港公司均可以成立。

第178条 【确定被告】

178.1 在侵权人为单一主体的情况下,不存在选择确定被告的问题。

178.2 在非法获得商业秘密和非法使用商业秘密的侵权人不同的情况下,通常将共同侵权人列为共同被告,只有在某种特殊的情况下,才将其中之一列为被告,比如一方下落不明。

178.3 商业秘密案件多数与员工跳槽有关。负有保密义务的员工,受聘于与原单位有竞争关系的企业,或设立新的企业,将原企业的商业秘密为新企业所用。员工和该新企业可能构成共同侵权。确定被告可考虑以下方案:

(1)将员工与其所在新企业列为共同被告。能更好地获得赔偿并能够比较彻底地解决问题,某些案件还可以选择管辖法院。

(2)仅将员工列为被告。在新企业尚未掌握原告的商业秘密时,可以采取该方案。因制止员工侵权即可达到制止新企业侵权的目的。

(3)仅将侵权企业列为被告。在员工愿为原告提供证据,但不愿作为被告被追究时,可以采取该方案。

※ **条文释解**

本条是解决接触、不正当行为和不当获利者。

在【案例8.2-26】a公司诉b公司侵犯商业秘密及不正当竞争纠纷案中,诉谁?颇费了一番周折。实际获利的是中介方,被告获得的是客户,而且是被告部分员工获得了业务单的利益,当然利益是均享的,被告也是利益者。从这一点看,被告实际上损失的是长久的合作关系,这种合作关系是历经十几年建立起来的信任和原告开拓的市场。但根据相互之间的关系,如果仅诉被告,没有保密约定;如果仅诉中介方,客户名单不能构成,因为只有一个客户,达不到商业秘密客户名单中"众多、持续"的要求,还有就是需求方是与中介方签署的合同,原告与需求方的关系断链了。如果同时起诉被告和中介方,原告代理律师面临的是被告与中介方"勾连"的证据链,解决不了被告和中介方各自的问题,还会增加一旦中介方将责任全部揽过去,则被告可能责任减轻的问题。最终方案是仅诉被告,被告为推卸责任,中介方必然是证人,被告与中介方之间的合同也必然提交法庭。将中介方视为证人的利弊分析在于,证人与被告之间一般是无法形成"证据链"的,只是证明、支撑被告的证据,即使将责任全部揽到自己身上,也丝毫不影响被告应当承担的责任。而且原告与被告之间的《采购订单》既然是主要证据,就不能"移情别恋"。果然,中介方是本案被告的证人而已。

第179条 【原告商业秘密构成审查】

根据商业秘密的构成要件,审查原告主张的商业秘密是否具备法定的构成要件。如果构成商业秘密,还应确定商业秘密点。如果商业秘密点还不能准确地确定,则应确定一个较宽的范围,以便在后续的诉讼中有回旋的余地。

参见本章第一节。

※ 条文释解

在【案例8.2-26】中,商业秘密的客户名单是否构成在法庭审理了5天。

1. 秘密性。

不为公众所知悉的秘密信息全部记载于"月报表",该表为载体。"月报表"中信息的来源是原告每位员工对客户的寻访记录。原告有自己的内部网系统,按照每个人的岗位可以浏览其被授权的部分,层级越高,可以浏览的内容越多。每位员工每天需要作出寻访记录,记录细致到寻访单位、联系人员、需求时间、需求目的、仪器型号、台数、特殊配置(由原告的技术人员作出)、预报价格、上级指示、招投标时间以及员工为客户作出的介绍、演示等内容。基本上每位员工跟踪的客户每月都有详细进展记录,有些客户要维护一年之久,才有可能等到需求方进入采购环节。这部分通过进入原告系统可以公证取得。在公证时因为页面还包含其他客户的信息,为了防止泄密,特别请公证处做了屏蔽处理,但是可以证明是众多客户而不是几个客户的信息,同时可以证明客户形成的劳动过程。

例如:对某一客户某天的寻访记录是这样记载的(此处隐去敏感字词):"与其详细交流了,××型号产品的应用,其表示很有兴趣,但是由于这是新的技术,其需要看到实际的检测结果。由于国家"十二五"计划给×××投入1 800万元的计划,其表示在仪器的申报方面比较想考虑稳妥的技术,并提升实验室检测实力,而新的技术可以提升其在业内的地位,其表示如果可以做的话,便可以将仪器购置项目继续下去。并提出了其感兴趣的区域:××××等。其表示如果进行科研项目会考虑此仪器的购买,而如果纳入采购最晚可能在2014年年底报上。×××方面,为其在电脑上演示了各类管理模块以及样品流转审核及报告的发送等。其表示对此系统很看好,但是需要时间来适应和考察。"这些都是不为公众所知悉的客户信息。这些信息经过原告的收集、汇总和筛选工作后,形成向被告定期报送的"月报表"。在"月报表"中显示有客户名称、联系人员、方式、需求产品、型号、技术参数配置、预售价格以及交易可能性逐月达到的比例等全部客户信息。

2. 价值性。

当庭,被告与中介方均承认交易完成,且被告与中介方之间的合同均可以证明其客户信息具有可交易的现实价值。

3. 保密性。

原告立案时提交了与员工的保密协议,后续又提交了物理措施和技术措施等保密措施。原告与被告之间都是设定专人报送和接受"月报表",他人并不接触这些信息。但是本案的弱点——原告与被告之间的保密约定问题,在事实无法证明的情况下,将是本案重点辩论的法律问题,后续会谈到。

4. 例外及其他。

(1)尽管被告代理人并未提出例外情形,但是法官提出,是不是信赖交易的问题。信赖交易是"客户基于对职工个人的信赖而与职工所在单位进行市场交易,该职工离职后,能够证明客户自愿选择与自己或者其新单位进行市场交易的,应当认定没有采用不正当手段,但职工与原单位另有约定的除外"。所以在本案中不属于信赖交易。

(2)被告代理人提出,招投标文件已经公开了客户需求信息和价格、型号等。首先,客户名单形成于招投标文件之前,对于招投标文件必然公开的信息原告并未主张其为客户信息;其次,招投标文件并不会公开价格优惠幅度、需求方资金投入计划以及技术指标参数和配置方法等。在当庭,一一比对了招投标文件中的几十个要点与原告主张的客户信息的商业秘密点,法庭记录了每一个点的构成和异同。最终确定有几项内容为商业秘密点。

本案审理之精细让原告代理律师始料不及,但是正如法官说的,这种审理方式会让双方清楚诉讼结果,做到心服。果然,在商业秘密构成这一部分审理即将结束时,双方代理律师已经都很清楚商业秘密构成已成定局。这一结果,迫使被告安静下来,不得不考虑调解事宜。

第180条 【确定损害赔偿】

根据损害赔偿的几种计算方法,选择一种对原告最有利的方法,确定具体的赔偿数额。

参见本指引第六章。

※ 条文释解

赔偿依据,请参见本章第171条。

1. 侵权人因侵权所获得的利润的计算依据是营业利润和销售利润。

商业秘密侵权案件的损害赔偿的计算一直是诉讼中的难点问题。根据《反不正当竞争法》第20条的规定,首先是考虑以被侵害的经营者造成的损失计算损害赔偿责任。其次,当被侵害的经营者的损失难以计算时,按照侵权人在侵权期间因侵权所获得的利润计算赔偿额。根据最高人民法院《关于审理不正当竞争民事案件应用法律若干问题的解释》第17条的规定,侵犯商业秘密行为的损害赔偿额,可以参照确定侵犯专利权的损害赔偿额的方法进行。在《反不正当竞争法》中的表述是"因侵权所获得的利润",而在《专利法》中表述的是侵权人"因侵权所获得的利益",两者之间有一字之差。

(1)利润与利益。利润按照《现代汉语词典》的解释是"经营工商业等赚的钱",利益按照《现代汉语词典》的解释是"好处",包括物质上的好处和精神上的好处。因此,利润可以通过审计、查账等方式予以确定,是个客观的数据;而利益则应当是综合主观恶意程度、侵权持续时间、手段的不正当性、社会辐射效果以及侵权所获得的利润进行综合考量的结果。

(2)销售利润和营业利润:销售利润=主营业务收入-营业成本

营业利润=主营业务收入-营业成本+其他营业收入-其他营业成本-销售费用-管理费用-财务费用-营业税金及附加-资产减值损失+公允价值变动收益-公允价值变动损失+投资收益

从上述列表可以看出,销售利润与营业利润的计算方式不同,得出的利润数据完全不同。但是两者既非非此即彼的关系,也非并列关系,只是财务会计核算的模式不同。

2. 商业价值的计算。

(1)商业价值是指体现在商品里所需的社会必要劳动时间,并以买卖方式通过商品流通的经济活动所产生的利益。价值量的大小决定于生产这一商品所需的社会必要劳动时间的多少。一般是以货币为单位来表示。商业价值包括现实的市场价值和潜在的市场价值,此处所说的商业价值实际上也包含了"开发成本"。

根据最高人民法院《关于审理不正当竞争民事案件应用法律若干问题的解释》第17条的规定,商业秘密的商业价值,根据其研究开发成本、实施该项商业秘密的收益、可得利益、可保持竞争优势的时间等因素确定。除上述因素外,还应该综合考虑下列因素:

① 已经存在的使用和转让的情况;
② 相关市场对该类技术秘密信息或者经营秘密信息的认知程度;
③ 技术秘密信息或者经营秘密信息的保密难度等。

(2)如果原告对商业秘密主张商业价值应当提交以下证据证明:
① 研发过程中投入的直接或者间接成本费用证明;
② 来源于他人让与的商业秘密的转让价款;
③ 商业秘密商业价值的评估报告;
④ 商业秘密权利人让与或者许可使用费用;
⑤ 与技术秘密信息、经营秘密信息的相关市场价值和收益率。

在【案例8.1-23】海鹰企业集团有限责任公司诉无锡祥生医学影像有限责任公

司、莫善珏、吴荣柏、顾爱远侵犯商业秘密纠纷案中,就损害赔偿的裁判要点及分析如下:

1. 在本案中,法院采用的是侵权人在侵权期间所获得的实际利润进行计算的,何为实际利润并未在判决书中予以说明。按照判决书中审计报告的计算方式,实际上是按照营业利润进行核算的,也就是说判决书认为营业利润是反映侵权所得的实际利润。

根据最高人民法院《关于审理专利纠纷案件适用法律问题的若干规定》第20条第3款(2015年修改为第2款)的规定:侵权人因侵权所获得的利益可以根据该侵权产品在市场上销售的总数乘以每件侵权产品的合理利润所得之积计算。侵权人因侵权所获得的利益一般按照侵权人的营业利润计算,对于完全以侵权为业的侵权人,可以按照销售利润计算。

因此,按照销售利润计算完全以侵权为业的损害赔偿额是具有惩罚性质的计算方式。

2. 在本案中,尽管被告将有关技术资料转让给了第三方,但是技术鉴定认为"祥生公司转让所得的资料内容仅是涉及国内外医学超声换能器阵技术的发展、设计原理以及复合材料理论研究情况的综述,没有涉及具体工艺细节,不能由此形成祥生公司生产B超仪探头的技术资料,不能依此生产祥生500型B超探头"的鉴定结论,经过法院审理,确认涉案的商业秘密并未被披露。因此,本案并未以商业价值计算损害赔偿数额。

在案例8.2-26:a公司诉b公司侵犯商业秘密及不正当竞争纠纷案中,原告的损失就是代理收益。在被告提交了其与中介方之间的合同后,实际交易价格就呈现出来;原告的代理收益每年少有变化,比例基本固定。因此,两者相权,损失数额自然可以计算出来。

第181条 【明确管辖地及管辖部门】

181.1 管辖地:根据个案的具体情况,选择在被告所在地或侵权行为地进行起诉,侵权行为地包括行为地、结果地,行为地包括生产行为地和销售地或允诺销售地。

参见本指引第六章。

181.2 管辖部门:在侵权人是权利人员工的时候,劳动仲裁部门可能以"涉及商业秘密侵权纠纷应该由法院管辖"不予受理,法院又以"涉及劳动纠纷"也不予受理的局面,建议:

(1)单纯涉及商业秘密纠纷而不涉及其他劳动纠纷的案件,应由法院直接受理;
(2)既涉及商业秘密也涉及其他劳动纠纷的案件,应由劳动仲裁部门受理。

第182条 【考查诉讼时效】

知道或者应当知道侵权行为之日起两年内,可主张所有侵权损失,侵权行为处于持续状态且已经超过两年的,只能主张起诉之日前两年内的损失。

参见本指引第六章。

第183条 【原告举证】
183.1 原告主体适格的证据
183.1.1 在原告是商业秘密的权利人时,多数情况下提供商业秘密的载体,并在诉状中明确陈述商业秘密如何形成即可,不需要特殊的证据证明自己是商业秘密的所有者。必要时可以辅以商业秘密形成的证据,如开发记录等。但如果商业秘密是委托开发或受让所得,应提供相应的合同。

183.1.2 在原告是商业秘密的被许可人时,需提供被许可使用的证据,如许可合同、商业秘密权利人的证明等。

如果原告是排他许可的被许可人,还应提交商业秘密权利人不起诉或者授权的证据,例如商业秘密权利人的书面说明、原告催促权利人行使诉权而权利人怠于行使的证据。

如果原告是普通许可的被许可人,还应提交商业秘密权利人同意其行使诉权的授权。

183.2 证明商业秘密符合法定构成要件的证据
183.2.1 证明采取了保密措施的证据,具有下列证据之一,在正常情况下足以防止涉密信息泄露的即可[①]:
(1) 限定涉密信息的知悉范围,只对必须知悉的相关人员告知其内容;
(2) 对于涉密信息载体采取加锁等防范措施;
(3) 在涉密信息的载体上标有保密标志;
(4) 对于涉密信息采用密码或者代码等;
(5) 签订保密协议;
(6) 对于涉密的机器、厂房、车间等场所限制来访者或者提出保密要求;
(7) 确保信息秘密性的其他合理措施。

183.2.2 证明秘密性,即"不为公众所知悉"的证据。由于"不为公众所知"是一消极事实,被告提出异议的,应由被告举出否定秘密性的证据。

183.2.3 证明"能为权利人带来经济利益、具有实用性"的证据。该要件一般无须专门的证据来证明,商业秘密有偿取得的证据、产品销售、原告损失或者被告获利等证据,均可以佐证商业秘密的价值性。实用性按照国际趋势,不应再作为商业秘密构成的要件。

183.3 证明被告侵权的证据:关于原告和被告信息相似的证明,如果涉及专业知识的,可通过鉴定解决。

参见本指引第六章。

---

① 最高人民法院《关于审理不正当竞争民事案件应用法律若干问题的解释》第11条。

183.4　确定赔偿数额的证据。

参见本指引第六章。

183.5　上述证据,可能存在于被告处或第三人处,应适时向法院申请证据保全。

参见本指引第六章。

※ **条文释解**

在【案例8.2-26】a公司诉b公司侵犯商业秘密及不正当竞争纠纷案中,原告代理律师先后提交了5批证据,近千页。分别就商业秘密的四个构成要件、原告的劳动付出、侵权行为、损失计算、主观恶意等问题作出,并予以分类,供法庭质证时明确证明目的。分类的好处还有一个,就是各类证据之间的关联性比较清楚,也使代理律师在整理证据的过程中强化证据链的心理意识,在法庭质证时就不会混乱。公证书先后做了几份,主要是原告员工的寻访记录,因为涉案的客户信息是两年跟踪的结果,与被告的代理关系是10年的信用和交易成果,所以有相当多的内容,也要进行重点事项的筛选;其次是原告与被告来往邮件中《月报表》的提交和回复意见、《采购订单》的签署意见、优惠价格的磋商,还有就是纠纷发生后双方高层的意见交换等。当然还有没办法回避的几个问题也提交了相应的证据,比如:代理关系问题。被告一定会抗辩否认双方之间存在有代理关系。被告授权的代理商很多,为什么别人不可以做?法官当庭提出了这个问题。那么就要证明这个客户是原告付出劳动开发并维护的,确定客户和原告的努力付出以及中介方与需求方合同关系形成的过程,都是本案要提交的重点证据。其他证据还包括原告与中介方之间的保密协议、委托招投标协议、标书的形成过程证据、曾经的与中介方以相同方式合作的证据,同行业代理的收益比例证据等。

每一类证据都有相同的证明指向和目的,但不是每一份证据只能证明一个要点问题,比如《月报表》,主要证明商业秘密点,同时证明代理商与开发商之间的特定关系;相同类别的证据要能够形成客户名单信息"众多、连续"的影响力和证明力,因此不仅是一个客户的历年跟踪的连续性,还包括其他客户的相关信息。尽管公证书屏蔽了可能导致二次泄密的内容,但是总会有些内容既不涉及二次泄密又可以证明还有其他客户存在。每一份证据都进行了逐行逐字的筛选,最终经过原告审核不属于秘密信息、不妨碍原告后续的客户维护后确定,当然也有一些包含了客户个人隐私的信息。

※ **案例8.2-27：东莞市利安达环境科技有限公司诉盛龙叕侵害商业秘密纠纷案**[①]

一、基本案情

一审法院经审理查明:东莞市利安达环境科技有限公司(以下简称利安达公司)

[①] 一审:广东省东莞市第一人民法院(2014)东一法知民初字第127号民事判决书;二审:广东省东莞市中级人民法院(2014)东中法知民终字第265号民事判决书。

在庭审中明确其本案主张的商业秘密包括：① 被告在职期间所知悉的利安达公司技术信息；② 原告的经营信息，如订购总表、供应商目录、报价单、宣传资料等。但原告对于技术信息、订购总表、供应商目录等证据，没有举证，且知道相关的法律后果，但仍然坚持起诉被告侵犯该商业秘密。

利安达公司与被告曾于2009年7月25日签订《劳动合同》，约定原告为"甲方"用人单位，被告为"乙方"员工、在原告处任职技术研发工种，合同期限是1年；其中第7条第(二)款规定"乙方岗位工作若掌握甲方的业务商业秘密和专业技术秘密，乙方有义务为甲方保守商业和技术秘密，如违反造成经济损失，需承担负责赔偿，并追究其法律责任"。签订该《劳动合同》1年后，被告持续在原告处从事生产设计工的技术类工作，但利安达公司与被告双方没有再另行续签相关劳动合同。利安达公司称，曾先后任命被告为技术研发中心科长、技术研发部经理，属于利安达公司的中层以上管理人员；同时，有在公司公告栏上发布《员工守则》《中层以上管理人员纪律约定的规定》等内容制度。利安达公司提交的《员工守则》第九章有提及知识产权与商业秘密保护内容；《中层以上管理人员纪律约定的规定》也有提及不得泄露公司秘密。被告对利安达公司所称的任命职务不予认可，称也未看到过《员工守则》《中层以上管理人员纪律约定的规定》等内容。利安达公司称未组织员工对《员工守则》《中层以上管理人员纪律约定的规定》等制度进行学习，但认为员工应当自觉遵守公司纪律，保密应当是员工的基本义务。

利安达公司又称被告是公司空气净化消毒机新产品的研发小组成员，曾领取过研发小组的加班补贴，有要求涉密员工签订保密协议，但被告不同意签订。被告称领取过加班费，但没有与公司签订劳动合同、保密协议。利安达公司提交了两份与其他员工签订的《研发小组成员保密协议书》，落款时间分别为2013年7月3日和2014年1月17日。该《研发小组成员保密协议书》约定保密范围是利安达公司未向社会或者只在一定范围内公开的任何信息、经验、技术和资料，包括经营计划、客户及供应商单位、重要会议内容、重要公文内容、技术方案、工艺文件夹、申报资料、检测数据等一切有关公司商业、技术及经营管理秘密的信息；要求员工在服务原告公司期间及终止、解除劳动关系之后3年内，不得使用原告的商业秘密和技术秘密再去服务类似利安达公司经营范围的生产型和设计型公司。该《研发小组成员保密协议书》未约定是否向员工支付保密报酬的事宜。利安达公司认为保密是员工的义务，无需另行支付报酬。另利安达公司提交了一份报价单，认为该报价单是其商业秘密，该报价单上显示有一个客户名称和一些产品名称、型号和价格等信息，报价单上无任何盖章或签名。利安达公司在庭审中陈述，其公司的技术经营信息所依靠的保密措施是由《劳动合同》《员工守则》《研发小组成员保密协议书》进行规范；订购总表、供应商目录等经营信息由采购部保管，对报价单没有具体保密措施，报价单由业务员持有，业务员需要订购总表、供应商目录中的个别信息时，可以从采购主管处取得；利安达公司还表示以上商业秘密的保密工作，均靠员工自觉遵守。

利安达公司还称在被告曾使用的电脑中找到伟一公司报价单(电子版)、伟一公司宣传资料(电子版)等内容;其中伟一公司宣传资料(电子版)盗用了利安达公司的宣传画册资料,利安达公司还提供了自己的宣传资料供比对。被告认为其曾经使用的电脑非被告一个人单独使用,电脑内的伟一公司报价单(电子版)、伟一公司宣传资料(电子版)不是原审被告制作。

再查,利安达公司称被告带走了利安达公司的订购总表、供应商目录、报价单等资料,提交了两份证人证言,但庭审时两名证人未到庭接受本院询问。其中一名叫黄某某的证人证言中提到其是利安达公司的采购部主管,2013 年 3 月,被告以查成本、单价为由,向黄某某要了一份《订购总表》,表格上有订购单号、供应商名称、单价、含税或不含税等信息;2013 年 8 月,被告以联系供应商为由,要了一份净化机《供应商目录》,里面全部是供应商的名称、地址、联系电话、联系人等信息;这些资料不属于技术研发部知悉的范围。另一名叫全某某的证人证言提到其是利安达公司的业务代表,全某某与原审被告日常工作通过 QQ 联系,2013 年 12 月,先后有两家企业客户向全某某询价,全某某按照利安达公司的正常单价进行报价,该两家企业客户认为价格太高;随后全某某向被告进行核价,被告称利安达公司的正常单价做不了,可以找伟一环境有限公司做;至于伟一环境有限公司与该两家企业有无交易,全某某不清楚。被告对两份证人证言的真实性不予确认,且提交一个录音文件,称该录音文件是被告与证人黄某某的电话记录。该录音文件反映:一名叫"黄某某"的女子提及证人证言的内容不全面,也非其真实意思,且表示不会出庭作证。利安达公司对该录音女子的身份表示质疑。此外,双方都提交了一些 QQ 聊天记录截屏,但双方对于对方提交的QQ 聊天记录内容的真实性都不予确认。利安达公司还称因原审被告的侵害商业秘密的行为导致了经济损失,其参考新产品研发的价值要求被告赔偿损失。

另查,双方均曾向对方发出过《律师函》,各自对双方的劳动关系等处理问题进行书面函件,发函内容显示双方各执一词。被告提交了其他企业的宣传资料,拟说明利安达公司所称的新产品研发技术在同行业内已经公知。

以上事实,有利安达公司提供的《劳动合同》《关于盛龙弢同志的任命通知》《任命书》、东莞市伟一环境科技有限公司企业机读档案登记资料、QQ 聊天记录、伟一公司报价单(电子版)、利安达公司报价单、利安达公司宣传资料、伟一公司宣传资料(电子版)、《员工守则》《中层以上管理人员纪律约定的规定》、律师函、利安达公司研发费用明细、《研发小组成员保密协议书》、黄某某证人证言、全某某证人证言等证据,被告提交 QQ 短信记录、律师函两份、伟一公司有关申请专利的系列材料、同行业相关设备宣传资料、手机录音文件等证据,以及原审法院的开庭笔录等附卷为证。

一审判决:驳回原告东莞市利安达环境科技有限公司的全部诉讼请求。
二审判决:驳回上诉,维持原判。
二、裁判要点
一审法院认为:根据已查明之事实,首先,利安达公司声称被告在职期间所知悉的利安达公司技术信息是商业秘密,但其没有提交有关技术信息的证据,到底是何种技术信息、信息中哪些是秘密点、有无经济和实用价值等各方面,利安达公司均无向法院提供证据,利安达公司的主张缺乏事实依据,法院不予采纳。其次,利安达公司也称其经营信息如订购总表、供应商目录、报价单、宣传资料等是商业秘密。但是,利安达公司也没有向法院提交有关订购总表、供应商目录等情况的基本证据,同理,订购总表、供应商目录是否客观存在,是否具有秘密性、保密性、价值性、实用性,均无客观体现,法院认为利安达公司声称订购总表、供应商目录的经营信息属商业秘密的主张是缺乏证据支持的,不能被采纳。对于利安达公司的报价单,利安达公司只提交了一份报价单,报价单上有一个客户名称和一些产品名称、型号和价格等信息,但无利安达公司盖章。从该报价单看,反映的是利安达公司告知客户产品情况和价格,报价单从何处能够体现出具有秘密性,利安达公司未向法院进行说明;当法院询问利安达公司对报价单如何管理时,利安达公司表示报价单由业务员持有,没有对报价单作具体保密措施,可见,利安达公司对其报价单并无保密的明确意思表示,因此,利安达公司报价单也不符合构成商业秘密的条件。对于利安达公司自认为宣传资料属商业秘密的看法,由于宣传资料的实际作用是向公众宣传利安达公司和产品,与利安达公司的主观看法存在矛盾,不合常理,且利安达公司也没有说明宣传资料中哪些地方有秘密所在,故法院对利安达公司认为宣传资料是商业秘密的主张不能成立。利安达公司所认为伟一公司宣传资料(电子版)盗用了利安达公司宣传资料,不属于本商业秘密纠纷案件的审理范围。

综上,利安达公司所声称的技术信息及经营信息中的订购总表、供应商目录、报价单、宣传资料等均不属于商业秘密,即尚未能证实利安达公司有商业秘密存在,本案第二、三个争议焦点已无论述必要。对于利安达公司的诉讼请求应予驳回。

二审法院从商业秘密是否构成、被告是否接触到商业秘密以及具体的侵权行为三个方面进行了审查。法院认为:"上诉人主张的技术信息及经营信息中的订购总表、供应商目录、报价单、宣传资料等是否属于商业秘密。首先,对于技术信息及经营信息中的订购总表、供应商目录,上诉人以担心二次泄密为由,拒绝向法院提交任何信息材料,本院对上诉人主张何为商业秘密、是否符合商业秘密的构成要件、被上诉人是否有接触及是否具有侵权行为等均无法查明,故上述信息不能认定为商业秘密;其次,对于上诉人提交的报价单,该报价单从何处能够体现出具有秘密性,上诉人未向原审法院进行说明,且上诉人对原审法院表示没有对报价单作具体保密措施,因此不符合商业秘密构成要件之一的保密性,故该报价单也不能认定为商业秘密;再次,至于上诉人提交的宣传资料,由于宣传资料的根本目的是用于展示上诉人的产品、吸引客户、提高上诉人在行业中的影响力、知名度和竞争力,属于不特定的公众都能接触到的信息,所以不符合商业秘密构成要件之一的秘密性,故该宣传资料也不属于商业秘密。综上,上诉人仅提供了报价单、宣传资料,且均不能被认定为商业秘密,所以上诉人利安达公司主张被上诉人盛龙骏侵犯其商业秘密的诉求不能成立。由于上诉人主张的信息不能被认定为商业秘密,对于侵犯商业秘密的另外两个构成要件,即侵权人有机会接触到该商业秘密、有具体的侵权行为,本院在此不再赘述。"

本案确实比较奇怪,也许原告有其他隐衷不得而知,但是以防止第二次泄密而不提供证据,确实是一大失误,这是其一;其二,原告主张的技术秘密及经营秘密在保密问题上,很显然原告公司在管理上就没有做好切实的、与秘密信息相对应的、合理的保密措施;其三,无法具体证明技术信息的秘密点尚有情可原,但无法说清其主张的经营信息中有值得保护的价值,确实是个缺漏。

※ **问题26:防止二次泄密的范围和内容应当如何确定?**

第184条 【确定损害赔偿】

根据本指引第126条所述损害赔偿的几种计算方法,选择一种对原告最有利的方法,确定具体的赔偿数额。

第185条 【确定诉讼策略】

确定诉讼策略可以考虑以下因素:

(1) 确定被告;
(2) 确定案由;
(3) 确定侵权之诉或违约之诉;
(4) 确定管辖法院;
(5) 是否结合刑事程序;
(6) 是否进行行政投诉;
(7) 是否需要提出其他申请,如证据保全、财产保全、调查取证、鉴定;
(8) 提交证据的进度和程度;
(9) 是否与被告和解或者调解。

※ **条文释解**

在【案例8.2-26】a公司诉b公司侵犯商业秘密及不正当竞争纠纷案中,在法律上的难点在于:

1. 原告与被告之间的保密约定问题。能否适用默示保密义务,是代理律师最先想到的,代理关系体现了特定的、在代理商和供应商之间的客户信息互通的关系。代理商与经销商不同,代理商完全依赖于供应商产品的品质、性能、型号、技术参数等,促成交易的完成,其盈亏直接取决于供应商对最终用户的履约和对代理合约的履行。经销商是自己拿出资金向供应商购买产品做库存,产品的所有权转移到经销商。供应商与经销商共同对最终用户承担售后服务责任。销售价格由经销商提出一年内能够销售的金额或数量,供应商据此销售量及市场政策制定一个价格折扣。因此,经销商的利润取决于销售差价,经销商在销售之前已经可以预知的,其盈亏是自主决定和运作的结果。在现实中,因为国外供应商的强势往往给予国内代理商的合约明显是对供应商没有任何约束的,而国内的代理商又必须按照供应商的要求提供自己开发的市场、客户的全部信息。如果供应商不负有默示保密义务,可以任意与代理商的客户直接交易或者通过提供信息给予他人交易,那么所造成的后果就是代理行业没有任何规则可循,因此,默示保密义务可以说是代理行业中的基本惯例和诚信准则。

2. 被告的"合法来源"问题。从形式上看,原告自愿主动将客户信息提交给被告,被告并没有采取不正当手段获得。原告将客户信息报送给被告时,其实是已经明示被告:原告圈定了交易客户,而后在原告签署了上、下游合同之后实质上是固定了这一交易机会。诚实信用中包括两个部分:一是诚信履职、遵守合约;二是不得滥用信任关系。所以,被告也构成违反《反不正当竞争法》第2条规定的行为。但是原告主张的商业秘密构成,并基于默示保密义务和特定的代理关系,被告亦属于违反约定或者违反权利人有关保守商业秘密的要求,披露、使用或者允许他人使用其所掌握的商业秘密。

第三节 作为被告的代理人

第186条 【了解案情与当事人沟通】
接受委托后,律师应对案件事实进行整体了解。要求当事人对事实经过作出真实完整的介绍。告知当事人权利义务和诉讼风险,解释诉讼程序。会见后要签订会见笔录,请当事人签字,避免诉讼风险。

参见本指引第六章。

※ 条文释解

在【案例8.2-26】a公司诉b公司侵犯商业秘密及不正当竞争纠纷案中,被告代理人在事实问题(包括代理关系)上,不知道是有意回避还是确实不清楚,总是说不清楚当时的情况,造成没有机会就事实问题清楚阐述意见。所以法庭审理几乎是法官在究问,其结果是审理就按照法庭的思路进行下去,这样被告庭审前准备好的诉讼思路就会偏离或者无法展开。在所有的商业秘密侵权诉讼中都是要注意这个问题。

第187条 【原、被告资格审查】
审查原告和被告是否适格。如果是必要的共同诉讼,遗漏共同诉讼人的,根据有利于被告的原则,决定是否可以向法院申请追加当事人。

※ 条文释解

对于共同诉讼包括两个方面:一是有证据证明还有权利人的,要审查未共同提起诉讼的当事人是否放弃权利以及放弃的权利是实体权利还是诉讼权利;二是己方与案外人的权益相关,不追加当事人不能够查明事实的。

在【案例8.2-26】a公司诉b公司侵犯商业秘密及不正当竞争纠纷案中,被告代理人就香港公司的主体适格问题提出异议,但是并没有切中要害以深究,所以原告代理律师的反驳意见容易取得法庭的认可。

第188条 【商业秘密权利人审查】
188.1 审查原告是商业秘密自主研发的权利人还是被许可人。
188.2 如果原告主张是商业秘密权利人,审查是否可以质疑其权利来源。
188.3 原告主张商业秘密是自己开发所得,审查其证据能否支持其主张及有无相反内容,被告是否了解相反的事实及持有相反的证据,是否为公知领域的技术或信息等。
188.4 原告主张商业秘密是委托开发或合作开发所得的,审查其权利归属的约定,是归开发方,还是委托方,还是共同所有。
188.5 原告主张商业秘密是受让所得的,应审查转让的合同是否有效和是否已履行,其权利是否有瑕疵,必要时还需审查转让方的权利是否有瑕疵。
188.6 如果原告是商业秘密的被许可者,应审查其是否取得了诉权。

※ 条文释解

在【案例8.2-26】a公司诉b公司侵犯商业秘密及不正当竞争纠纷案中,如果原告是商业秘密权利人,起诉人是香港公司,两者之间的权利归属或者合同关系是要出具证据证明的,但是混同经营在本案中得到了支持。一般认为,混同经营包括财产混同、组织机构混同等多种情况,相互之间具有无法区分的诸多因素所导致的关联性,这在该案中十分明显,并不属于遗漏原告的情形。原告代理律师在庭审前也已经准备了两个公司之间的相关证明文件、权利归属文件以及承担诉讼后果的确认文件等,使主体适格与否的问题得以顺利过关。

第189条 【管辖与管辖异议】
189.1 有关地域管辖与级别管辖。
参见本指引第六章。

第190条 【商业秘密构成抗辩】
190.1 秘密性抗辩
190.1.1 具有下列情形之一的,可以认定有关信息不构成不为公众所知悉[①]:
(1) 该信息为其所属技术或者经济领域的人的一般常识或者行业惯例;
(2) 该信息仅涉及产品的尺寸、结构、材料、部件的简单组合等内容,进入市场后相关公众通过观察产品即可直接获得;
(3) 该信息已经在公开出版物或者其他媒体上公开披露;
(4) 该信息已通过公开的报告会、展览等方式公开;
(5) 该信息从其他公开渠道可以获得;
(6) 该信息无须付出一定的代价而容易获得。
190.1.2 被告可以从公开渠道获得的证据,否定其秘密性。通常可以通过以下

[①] 最高人民法院《关于审理不正当竞争民事案件应用法律若干问题的解释》第9条。

两种方式进行:

(1) 由当事人收集相关证据,当事人是最了解诉争信息背景的人,往往掌握了诉争信息是否为公知信息的情况。

(2) 委托检索机构在公开文献中检索。

190.2 原告未采取适当保密措施的抗辩

比如,权利人未采取保密措施或虽采取了保密措施,但显然不足以保护该信息的秘密性,不足以让他人知道该信息乃秘密信息,同时要特别注意原告证明采取了保密措施的文件是否事后补造。

※ 条文释解

关于答辩,请参见本章第156条。

在【案例8.2-26】a公司诉b公司侵犯商业秘密及不正当竞争纠纷案中,被告代理人曾经以"不明知"抗辩,但事实证明"不明知"确实是无法成立的。后以"非公知性"抗辩,认为原告主张的商业秘密信息在招投标中被披露,也未能成功,最后以并非违法"交易"而是依据合法合同交易,也就是不存在非法行为作为抗辩理由。但是原告主张的非法行为是"披露、使用和允许他人使用"商业秘密的行为,而并非是依据合同的交易行为,交易行为只是后果。如果被告代理人深究"披露、使用和允许他人使用"的确定含义,并结合该案事实,确实要原告代理律师大费周折的辩论一番。在该案中,被告与中介方均获得了具体的客户信息(只是原告与中介方在交换信息时签署有保密协议)。如果被告深究此细节,那么该案就不得不追加中介方为被告。

第191条 【商业秘密侵权行为抗辩】

191.1 以合法来源抗辩

(1) 独立研发或与他人合作研发抗辩;

(2) 反向工程抗辩,即通过技术手段对从公开渠道取得的产品进行拆卸、测绘、分析等而获得该产品的有关技术信息;

(3) 从第三方合法取得并支付合理对价抗辩,或称"善意取得"抗辩,且从未收到原告关于不能使用该信息的通知;

(4) 被告使用的信息来源于公开信息。

191.2 信息不相同抗辩

证明被告的商业信息与原告主张的商业秘密不相同也不构成实质性相似。对此可采用"秘密点对照"的方法分析,即将原告主张的秘密信息中的秘密点与被告使用的信息中的要点进行对照,证明二者不近似更不相同,也可直接申请有关机构进行鉴定。

191.3 信赖交易抗辩

涉及原告对客户名单主张商业秘密时,客户基于对职工个人的信赖而与职工所在单位进行市场交易,该职工离职后,能够证明客户自愿选择与自己或者其新单位进行市场交易的,应当认定没有采用不正当手段,但职工与原单位另有约定的除外。①

191.4　被告没有可以接触到原告信息的条件与可能性抗辩

191.5　非明知、应知抗辩

当被告是作为第三人侵权被诉时,可以采取证明自己非明知或应知直接侵权人的侵权行为,作为抗辩理由。

※ **案例8.3-28：南京莱柯丽影视配音有限公司诉南京鑫维瞳光文化传播有限公司、张凡、况稳侵犯商业秘密纠纷案**②

一、基本案情

原告成立于2007年10月24日,经营项目为:提供配音、录音及音效合成服务;提供影视、录音设施的租赁服务;提供文化艺术交流服务;提供劳务服务。

被告张凡于2009年6月毕业于南京艺术学院,2008年4月起在原告公司实习。2009年9月9日原告与张凡签订劳动合同,约定乙方(张凡)在甲方(原告)工作期间为2009年8月1日至2012年7月31日,甲方安排乙方在制作岗位从事音频制作工作,乙方负有保守甲方商业秘密和知识产权的义务,乙方的保密范围包括客户资料、项目信息等,竞业限制的范围为相近或者类似的行业,竞业限制的区域为江苏省,期限为24个月,竞业限制期间,甲方按月向乙方支付经济补偿500元等。同日,双方又签订一份《补充协议》作为上述劳动合同的附件。《补充协议》第2条"保密"约定,对涉及甲方及其客户的商业资料和作品信息、制作项目,乙方须保守秘密。乙方对因签署或履行职务从而了解或者接触到的甲方及其客户的资料、商业信息、作品资讯等,亦须保守秘密,不得向任何第三方透露;甲方提供的全部资料属甲方所有,乙方须妥善保管,严格保密,不得复制、外泄或者对外展示,并在创作结束后全部归还甲方,不得私自保留和提供、泄露给任何第三方。《补充协议》第3条为"竞业限制",约定了乙方终止与甲方的聘用关系后,不得到与甲方有竞争关系的单位从事相关工作,亦不得自办与甲方有竞争关系的企业或者自行开展类似业务。《补充协议》第4条"违约责任"约定,乙方违反本合同约定,应承担违约责任,一次性向甲方支付违约金,金额为乙方实际年均收入的3倍,同时乙方因违约行为获得的收益应当归甲方所有,并赔偿因其违约而给甲方造成的直接与间接损失,损失包括但不限于甲方在合同正常履行后可以获得的利益、客户提出的赔偿、返工损失、支付法院诉讼费用、律师费等。

被告况稳于2009年6月毕业于南京艺术学院,2008年8月起在原告公司实习,2009年9月亦与原告签订了劳动合同和补充协议,内容与原告和张凡签订的协议内容相同。

2010年2月至3月,张凡和况稳分别提出辞职申请,原告亦表示同意,二人遂与

---

① 最高人民法院《关于审理不正当竞争民事案件应用法律若干问题的解释》第13条。
② 一审:江苏省南京市玄武区人民法院(2010)玄知民初字第77号民事判决书;二审:江苏省南京市中级人民法院(2012)宁知民终字第1号民事判决书。

原告解除了劳动合同。张凡、况稳与原告的劳动合同终止履行后,原告曾向张凡和况稳发放竞业补偿金。

2010年3月18日,被告鑫维瞳光公司设立,公司设立时股东为刘海燕和张凡,张凡任法定代表人(后变更为刘海燕),况稳也在该公司负责音频制作等工作。鑫维瞳光公司经核准的经营项目包括设计、制作、代理、发布国内各类广告(许可证经营项目除外)、动漫制作。

2008年6月2日,原告与明日公司签订委托制作合同,合同编号TNJ(外)字08053001,明日公司为委托方(甲方),原告为受托方(乙方),合同约定原告受明日公司委托完成制作事项、制作内容、美术风格、规格等,以合同附件中提供的样本或者说明为准;数量要求及质量要求,以甲方制定的验收标准(详见合同附件)作为乙方全面履行义务的标准。合同还对履行期限、履行地点及方式、酬金及付款方式等原则作出了约定,合同第五部分"委托制作作品之权利保护"约定,在洽谈及合作过程中,乙方对所知悉的甲方的商业秘密承担保密义务,不得擅自散播或转述于第三人;乙方接受委托后,在合同有效期内,不得再接受第三人的委托或自行制作与该项目涉及的作品相同或相近似的产品,以免使甲方的创意或权益受到损害。合同第九部分"保密义务"约定,对于甲乙双方的合作关系及合作内容,乙方负有保密义务,未经甲方书面许可,不得为任何目的泄露给第三人知晓;乙方保证乙方及其员工(包括现在在职或离职者)对本合同约定的事项负有保密义务,非经甲方书面同意,不得以任何目的及理由泄露给第三人,亦不得超出合同目的使用等。

委托制作合同签订之后,原告自2008年6月起至2010年10月与明日公司签订了十余份"TNJ(外)字08053001"号委托制作合同的附件。2010年之前签订的附件均包括四个部分,第一部分为"委托工作内容、数量、质量要求";第二部分为"合同履行期限";第三部分为"酬金及付款方式";第四部分约定"本附件为委托制作合同的附件及补充,自甲乙双方签字确认后生效,原合同中的条款内容如与本附件不同,以本附件内容为准,其余部分按照原合同履行"。各附件除第一、二部分内容不完全相同,其余第三、四部分内容基本一致。2010年签订的附件,除上述四部分内容外,还增加了"发票"和"资质证明"两个部分,各附件的"发票""资质证明"部分内容均相同。根据附件约定,明日公司委托原告制作内容包括《拯救侏罗纪》《淘气星猫》《后羿射日》《地球大冒险》《星空大冒险》等影视作品的后期制作和母带复制、BETA带录制剪辑、DVD转制等,每份附件约定的制作内容、数量、价格均不相同,在验收程序和标准方面,除2008年6月2日制作内容为《Star! Q翻天》两集样带录音的附件,以及2010年2月10日制作内容为《快乐星猫》第二、三季后期数字BETA带制作、复制,《星空大冒险》播出DVD制作的附件具体约定了有关录音档案、录音人员的标准,和BETACAM带技术规格要求外,其余附件均约定以甲方验收要求为准或者符合电视台播出需要;交付方式约定为以甲方要求为准或者交付至甲方。上述合同附件中有部分系由张凡作为原告代理人与明日公司签订。

2010年10月26日,原告与明日科技(中国)有限公司上海分公司(以下简称明日科技上海分公司)签订一份委托制作合同[合同编号 TSH(外)710102801],内容与原告和明日公司签订的委托制作合同基本相同。该合同签订之日,双方还签订了一份合同附件,系原告受明日科技上海分公司委托完成《亲子一点通 点读 DM》录音制作。

2008年6月17日,原告与南京水星图文工作室(以下简称水星图文工作室)签订《影视剧作品后期制作委托合同书》一份,该合同页眉处标有"莱柯丽配音"图文,及"南京莱柯丽影视配音公司合同书"字样。合同约定原告受水星图文工作室委托,对《星空大冒险》20集(每集22分钟)进行后期制作,后制内容为:中文配音、音效、背景音乐创作与合成、视频剪辑与 Digital Betacam 单声道母带制作,水星图文工作室支付报酬10万元等。该合同还有两份附件:一份为双方就后期作品版权达成的协议,另一份为后期制作要求。

2010年4月1日鑫维瞳光公司与明日公司签订委托制作合同[合同编号 TNJ(外)字10041202号],明日公司为委托方,鑫维瞳光公司为受托方。合同内容与原告和明日公司签订的委托制作合同相同。委托制作合同签订之后,鑫维瞳光公司与明日公司签订了三份合同附件,约定鑫维瞳光公司完成《快乐星猫3》《星空大冒险》《地球大冒险》《淘气星猫1、2》《功夫星猫》等影视作品的 BETA 带制作、复制,配音母带及 DVD 刻录、Dvcpro 带制作等。各项制作的报酬不等。鑫维瞳光公司与明日公司签订的附件包括六部分内容,除合同标的、数量、履行期限、酬金数额外,与原告和明日公司2010年后签订的附件内容基本一致。有关制作要求、验收程序和标准均约定为"以甲方(明日公司)要求为准""符合甲方需求"。

2010年7月29日,鑫维瞳光公司与水星图文工作室签订"影视剧作品后期制作合同书",水星图文工作室委托鑫维瞳光公司为《地球大冒险第三季》50集(每集10分钟)(不含片头片尾)提供配音等后期制作服务,包括:对白配音、背景音乐编排与合成、动效音乐制作,制作要求为符合广电播出标准,每集2 300元,总价款115 000元。该合同书大多数条款内容、措词与原告和水星图文工作室签订的《影视剧作品后期制作委托合同书》相同。

另据查明,2010年5月,原告向南京市六合区劳动争议仲裁委员会分别申请仲裁,要求被告张凡、况稳履行竞业限制义务至2012年2月和3月,并要求张凡、况稳支付违反竞业限制义务违约金分别为78 084元和76 464元。同年9月,南京市六合区劳动争议仲裁委员会裁决,张凡支付违约金78 084元、况稳支付违约金76 464元等。张凡、况稳对上述裁决不服,分别向南京市六合区人民法院提起诉讼,南京市六合区人民法院对南京市六合区劳动争议仲裁委员会的裁决予以确认,并于2011年8月判决张凡向原告支付违约金78 084元,况稳向原告支付违约金76 464元。张凡、况稳对上述判决不服,提起上诉,现正在二审审理中。①

一审法院判决:驳回原告莱柯丽公司的诉讼请求。

二审法院判决:驳回上诉,维持原判决。

二、裁判要点

《反不正当竞争法》所保护的技术秘密或者经营秘密是能够构成商业秘密的具体内容,仅仅是利用或使用商业秘密载体或形式的,不构成商业秘密侵权。如果在商业秘密侵权纠纷中,当事人双方对商业秘密与商业秘密的载体不作区别、与商业秘密的表现方式也往往不作区别,导致案件的诉请和抗辩偏离了庭前的设计思路。

从本案的审理中会发现,原告诉请的是商业秘密中的客户名单,客户名单一般是指由客户的名称、地址、联系方式以及交易的习惯、意向、内容等构成的区别于相关公知信息的特殊客户信息,包括汇集众多客户的客户名册,以及保持长期稳定交易关系的特定客户。原告提交的证据是与客户的合同,并以合同内容作为商业秘密的具体内容。那么,纸质媒介是载体,合同是其表现形式,合同条文因其属于法律类文件,必然具有通用或者众所周知的条款,仅以与客户的合同作为商业秘密中客户名单的载体,显然无法胜诉。本案的原告认为被告使用了相同或者几乎相同的合同文本,侵犯了其商业秘密,起因就在于原告主张的商业秘密附着于合同之中。合同仅仅是权利义务约定的表现形式之一,并不自然负担产生"新权益"的功能,只有合同中的具体内容,才可能会产生新的权益。原告要以侵犯商业秘密起诉被告,就首先必须明确每份合同中所主张的商业秘密是什么,并举证证明这些商业秘密点全部符合法律构成要件。这不仅是困难的,而且从法律上是无法确定的,任何一个点的变化都会导致与被告的使用或者利用的信息丧失"同一性",到此,我们可以判断出,实际上,原告是将合同中双方就合同内容的保密性与客户名单的保密性混淆了。合同当事人双方可以在合同中约定,就合同价款、支付方式、权利设定、义务分担等内容予以保密,不得披露给第三方,所以合同相对方保守秘密的义务仅限于合同条款的约定,而绝非是对客户名单的保密约定。那么,被告使用相同或者基本相同的合同与原告的客户签约(案件中使用的是第三方的格式合同,在此处假设该合同是原告起草的格式合同),其可能承担的责任可能仅仅是与版权(表达形式)有关,而与商业秘密,也就是具体内容无关。

在【案例8.1-25】中,对于五被告因"明知"而要承担法律责任作出了分析:一审法院认为,"根据《中华人民共和国反不正当竞争法》的相关规定,以盗窃、利诱、胁迫或者其他不正当手段获取权利人的商业秘密的行为以及披露、使用或者允许他人使用以前项手段获取的权利人的商业秘密的行为,属于侵犯他人商业秘密的不正当竞争行为。在本案中,原告作为涉案网站数据库的权利人,对该数据库中用户信息的商业秘密享有所有权,被告周慧民未经原告许可利用自己掌握的数据库密码从原告公司的涉案网站复制下载并使用了包含注册用户名字段、注册密码字段和注册时间字

---

① 二审判决确认,竞业禁止案件处理结果是张凡、况稳向莱柯丽公司承担相应的违约赔偿责任。

段等用户信息的数据库的行为侵犯了原告的商业秘密。同时,虽然具体实施复制数据库行为的是被告周慧民,但根据本案查明的事实,其他四名被告仅由于分工不同而未直接实施复制行为,但对被告周慧民的复制下载行为主观上明知,也均参与了使用该数据库的行为,五被告也发表声明承诺共同承担由此产生的法律后果。因此,原审法院认定,五被告在主观上具有共同侵权的故意,五被告的行为共同侵犯了原告的商业秘密,应当共同承担赔偿损失的民事责任"。

※ 问题27:披露他人不合法或者会损害公众身心健康的商业秘密,是否构成侵权?动机违法,行为不违法?动机不违法,行为违法?抗辩角度和理由?

第192条 【损失赔偿抗辩】

192.1 审查原告主张损失赔偿额的理由和证据,针对损失赔偿与侵权行为的因果关系、损失赔偿数额的计算方式及构成等进行反驳。

192.2 原告所述销量减少的理由不充分,如销量减少还有其他市场因素等。

192.3 原告的利润计算方法不正确,如将未使用商业秘密商品的正常利润与因使用商业秘密信息而增加的利润相混淆,或其中还有其他商品销售,或无纳税证明佐证利润的真实性等。

192.4 损失的计算方式不对,包括多重标准叠加计算。

192.5 许可使用费不真实,无合同支持,或无付款凭证等。

192.6 法定赔偿不合理。

第四节 商业秘密不侵权诉讼

第193条 【案由】

最高人民法院2008年《民事案件案由规定》中,并无"确认不侵犯商业秘密"的案由。但实践中已有此类案例。参照其他知识产权案件确认不侵权诉讼的案由,其案由为"确认不侵犯商业秘密"。

※ 条文释解

1. 根据最高人民法院《关于当前经济形势下知识产权审判服务大局若干问题的意见》(法发〔2009〕23号)规定的"完善确认不侵权诉讼制度,遏制知识产权滥用行为,为贸易和投资提供安全宽松的司法环境。继续探索和完善知识产权领域的确认不侵权诉讼制度,充分发挥其维护投资和经营活动安全的作用。除知识产权权利人针对特定主体发出侵权警告且未在合理期限内依法提起诉讼,被警告人可以提起确认不侵权诉讼以外,正在实施或者准备实施投资建厂等经营活动的当事人,受到知识产权权利人以其他方式实施的有关侵犯专利权等的警告或威胁,主动请求该权利人确认其行为不构成侵权,且以合理的方式提供了确认所需的资料和信息,该权利人在合理期限内未作答复或者拒绝确认的,也可以提起确认不侵权诉讼。探索确认不侵犯商业秘密诉讼的审理问题,既保护原告的合法权益和投资安全,又防止原告滥用诉权获取他人商业秘密"。确认不侵犯商业秘密的诉讼案件将可以在司法实践中尝试,尤其是当涉及个人刑事案件时,如果确实不构成商业秘密或者难以构成商业秘密或者商业秘密鉴定存在重大错误时,均可以尝试采用确认不侵犯商业秘密案件予以解决,防止最为严厉的刑事处罚对个人所造成的伤害。但是目前并非是所有法院都受理确认不侵犯商业秘密诉讼案件。

第194条 【与其他确认不侵权诉讼的不同】

商业秘密与其他类知识产权的最大区别是信息的不公开性。确认不侵犯商业秘密案件,在司法实践中也属于尚在探索案件类型,其主要问题是:如何既保护原告的合法权益和投资安全,又防止原告滥用诉权获取他人的商业秘密。

※ 条文释解

因为技术秘密和经营秘密的非公知性,在确认不侵犯商业秘密诉讼案件中,原告要将商业秘密与被告商业秘密予以对比,商业秘密信息将全部在诉讼双方中公开。即使采取必要的庭审保密措施,也不能限制任何一方根据商业秘密信息作出回避性的改进、调整或者"创新"。在发生确认不侵犯商业秘密诉讼时,被告要特别警觉和慎重处理。

第195条 【受理条件】

最高人民法院《关于审理侵犯专利权纠纷案件应用法律若干问题的解释》对确认不侵犯专利权的案件受理条件作了规定。虽然就商业秘密确认不侵权诉讼案件的受理条件尚无明确统一的规定,但上述关于专利确认不侵权的受理的条件可以比照适用:

(1) 权利人向他人发出侵犯商业秘密权利的警告;

(2) 被警告人或者利害关系人经书面催告权利人行使诉权;

(3) 权利人收到该书面催告之日起1个月内或者自书面催告发出之日起两个月内,权利人不撤回警告也不提起诉讼。

※ 条文释解

本条也只是以《专利法》为参照。

但是要注意其前提是:

(1) 被警告一方受到《警告函》的困扰,无法进行正常的研发、经营活动;

(2) 权利人在合理期限内不行使诉权,使得双方之间的法律关系长久处于不明晰状态。

第196条 【案件性质】

最高人民法院的个案批复中,认为"确认不侵犯专利权诉讼属于侵权类纠纷"[①]。

[①] 最高人民法院《关于本田技研工业株式会社与石家庄双环汽车股份有限公司、北京旭阳恒兴经贸有限公司专利纠纷案件指定管辖的通知》(〔2004〕民三他字第4号)。

因此，确认不侵犯商业秘密诉讼属于侵权类纠纷。但学界也有人认为，确认不侵权诉讼应为确认之诉，并且不应归入侵权诉讼。

第 197 条 【可否反诉】

根据最高人民法院专利侵权案件中个案批复精神①，确认不侵犯专利权案件不能反诉，但在出现双方分别起诉的情况下，应"依法移送管辖合并审理"。因此，确认不侵犯商业秘密案件也不能反诉，但在出现双方分别起诉的情况下，应依法移送管辖合并审理。

第 198 条 【地域管辖】

由于确认不侵权诉讼被定性为侵权诉讼，其地域管辖为被告所在地或侵权行为地人民法院。但侵权行为并非指权利人发出侵权警告的行为，而是指被权利人所警告的侵权行为，一般为原告所在地。

第 199 条 【慎用侵权警告】

商业秘密权利人在不能确定他人是否侵犯其商业秘密时，应慎用侵权警告。在发出侵权警告后，如未能及时起诉或者撤回警告，则有可能被警告人在其住所地被起诉确认不侵犯商业秘密，此时即使权利人再提起侵权诉讼，也要移送前一案件的受理法院合并审理，造成宾主易位。

※ 条文释解

1. 商业秘密信息处于秘密状态，在未充分了解商业秘密信息的情况下，不建议发出侵权警告。

2. 不要过于轻率地认为违反竞业限制协议或者保密协议或者员工离职另成立公司生产相同产品就一定构成侵犯商业秘密。根据最高人民法院《关于充分发挥知识产权审判职能作用推动社会主义文化大发展大繁荣和促进经济自主协调发展若干问题的意见》（法发〔2011〕18 号）的规定："妥善处理商业秘密保护和竞业限制协议的关系，竞业限制协议以可保护的商业秘密存在为前提，但两者具有不同的法律依据和行为表现，违反竞业限制义务不等于侵犯商业秘密，竞业限制的期限也不等于保密期限。原告以侵犯商业秘密为由提起侵权之诉，不受已存在竞业限制约定的限制。"

第 200 条 【其他参照侵权诉讼】

确认不侵犯商业秘密诉讼的实体问题及其他程序问题，除原告和被告的地位互换外，与侵犯商业秘密诉讼并无不同，可参见本章其他各节。

---

① 最高人民法院《关于本田技研工业株式会社与石家庄双环汽车股份有限公司、北京旭阳恒兴经贸有限公司专利纠纷案件指定管辖的通知》（〔2004〕民三他字第 4 号）："涉及同一事实的确认不侵犯专利权诉讼和专利侵权诉讼，是当事人双方依照民事诉讼法为保护自己的权益在纠纷发生过程的不同阶段分别提起的诉讼，均属独立的诉讼，一方当事人提起的确认不侵犯专利权诉讼不因对方当事人另行提起专利侵权诉讼而被吸收。但为了避免就同一事实的案件为不同法院重复审判，人民法院应当依法移送管辖合并审理。"

第九章 商业秘密行政法律业务

第一节 行政救济要点

第 201 条 【行政救济途径】

县级以上工商行政管理部门对侵犯商业秘密行为的行政执法,包括作出行政检查、行政处罚、采取行政强制措施和对赔偿数额进行调解。

※ 条文释解

1. 2008 年 7 月 25 日,根据《国务院关于机构设置的通知》(国发〔2008〕11号)①,国家工商行政管理总局成立了"反垄断与反不正当竞争执法局"。该局负责垄断协议、滥用市场支配地位、滥用行政权力排除限制竞争方面的反垄断执法工作(价格垄断行为除外);依法查处不正当竞争、商业贿赂、走私贩私等经济违法行为。

2. 在全国法院知识产权审判工作座谈会暨优秀知识产权裁判文书颁奖会上,最高人民法院曹建明先生的讲话《正确实施知识产权法律 促进科技进步和经济发展 加快推进社会主义现代化建设》中谈到知识产权民事审判与行政执法的关系问题时说:"人民法院审理知识产权民事侵权案件与行政机关依法查处侵权行为,各自行使国家权力的法律基础不同,属于不同的救济方式,法律性质和效果也有区别。追究侵犯知识产权行为的民事责任与追究侵权行为行政法律责任的结果虽然有所重合,但也存在很大差异。最高人民法院关于著作权、商标权等案件适用法律的司法解释都规定,当事人向行政执法机关请求查处侵权行为,又向人民法院提起民事诉讼,要求侵权人承担停止侵权、赔偿损失等责任的,人民法院应当依法受理并作出独立的裁决。这就意味着:人民法院在审理知识产权民事侵权案件中,对已经经过行政机关处理的,仍然要根据民事实体法和程序法的规定,对当事人诉讼请求和所争议的事实进行审查,一般不得直接把行政机关的处理结果作为法院裁决的依据。对于经审查,与行政机关的认定不同的,应当根据查明的事实依法作出裁决。"可以看出司法审判与行政执法的并行是必要且不悖的关系。

---

① 载国家工商行政管理总局网站 http://www.saic.gov.cn/。

※ **依据**

文件名称	条款内容
1993年《反不正当竞争法》	第三条　各级人民政府应当采取措施,制止不正当竞争行为,为公平竞争创造良好的环境和条件。 县级以上人民政府工商行政管理部门对不正当竞争行为进行监督检查;法律、行政法规规定由其他部门监督检查的,依照其规定。
1998年国家工商行政管理局《关于禁止侵犯商业秘密行为的若干规定》	第四条　侵犯商业秘密行为由县级以上工商行政管理机关认定处理。

※ **案例9.1-29**：上海市工商局宝山分局的行政处罚决定①

据该分局公示的处罚决定书,当事人朱某自2012年11月9日至2014年6月9日在上海某公司任职,双方签订了劳动合同及保密协议,约定保密义务人即当事人在服务关系存续期间,不得出于私利擅自披露、使用商业秘密;不得复制或公开包含公司商业秘密的文件或文件副本;服务关系结束后,保密义务人应将与工作有关的技术资料、客户名单等交还公司。同时,双方约定了商业秘密的范围包括货源情报、定价政策、不公开的财务资料、合同、交易相对人资料、客户名单等销售和经营信息。

该当事人在该公司任职期间,以牟私利为目的在香港注册了东凰实业有限公司,公司成员仅其一人。当事人利用在上海公司任职期间掌握并复制的客户名单、货源情报副本等资料,以东凰公司的名义进行国际贸易经营活动。在与上海某公司服务关系结束后,当事人未将与工作有关的技术资料、客户名单等交还公司,反而复制到个人电脑中带回家。

经查,东凰公司先后与澳大利亚、法属圭亚那、越南、新西兰的公司以及中国大陆某供应商发生业务往来,而这些公司的实际经营者均为上海某公司的客户。当事人在该上海某公司任职期间,曾以公司业务员身份与这些公司发生过业务接触。

至案发时,当事人违法经营额为39 096美元,违法所得2 701.14美元(约合人民币16 618.76元)。

另查明,当事人个人电脑中有上海某公司的材料,包括报关单签收单、进口增值税发票等材料,同时还有公司的电子公章、产品外包装制版确认图以及银行预付款、到账资料和尾款到账资料、产品营养成分表、业务发票、装箱单和公司其他业务员的客户名片照片等材料。

宝山分局认为,当事人的行为违反了《反不正当竞争法》第10条第1款第(三)项"经营者不得采用下列手段侵犯商业秘密""违反约定或者违反权利人有关保守商

---

① 载国家工商行政管理总局网站 www.saic.gov.cn。

业秘密的要求,披露、使用或者允许他人使用其所掌握的商业秘密"之规定。依据该法第 25 条,宝山分局作出责令停止侵犯他人商业秘密行为,并处罚款 3 万元。

第 202 条 【行政救济特点】
行政救济是以国家公权力制止侵犯商业秘密行为,具有便捷、高效和节俭的特点,但也同时存在对行政处罚不可调解、难以充分赔偿、受司法终审监督等特点。

第 203 条 【确定管辖机关】
侵犯商业秘密行为,由侵权行为发生地的县级以上工商行政管理机关认定处理:
(1)县(区)、市(地、州)工商行政管理机关依职权管辖本辖区内发生的案件;
(2)省、自治区、直辖市工商行政管理机关依职权管辖本辖区内发生的重大、复杂案件;
(3)国家工商行政管理总局依职权管辖应当由自己实施行政处罚的案件及全国范围内发生的重大、复杂案件。

※ 依据

文件名称	条款内容
2007 年《工商行政管理机关行政处罚程序规定》	第六条 县(区)、市(地、州)工商行政管理机关依职权管辖本辖区内发生的案件。 省、自治区、直辖市工商行政管理机关依职权管辖本辖区内发生的重大、复杂案件。 国家工商行政管理总局依职权管辖应当由自己实施行政处罚的案件及全国范围内发生的重大、复杂案件。
2012 年《贵州省反不正当竞争条例》	第二十二条 不正当竞争行为案件,由违法行为发生地的县级以上监督检查部门管辖。 公用企业或者其他依法具有独占地位的经营者限制竞争行为案件,由省或设区的市的监督检查部门管辖;有管辖权的监督检查部门可以委托县级以上监督检查部门调查案情。
2012 年《四川省反不正当竞争条例》	第三十条 对不正当竞争行为的查处,由违法行为地或者违法行为人所在地的县级以上监督检查部门按照谁先立案谁查处的原则办理。 上级监督检查部门可以直接查处下级监督检查部门管辖的案件。 对公用企业或者其他具有独占地位的经营者的不正当竞争行为,由省或者市、州监督检查部门查处。
2012 年《重庆市反不正当竞争条例》	第三十一条 对不正当竞争行为的查处,由违法行为发生地的监督检查部门管辖,法律、行政法规另有规定的从其规定。 公用企业或其他依法具有独占地位的经营者的不正当竞争行为,由市级监督检查部门查处。市级监督检查部门可以委托下级监督检查部门调查案情。

第 204 条 【管辖争议】

204.1 对当事人的同一违法行为,两个以上工商行政管理机关都有管辖权的,由最先立案的工商行政管理机关管辖。

204.2 两个以上工商行政管理机关因管辖权发生争议的,协商解决,协商不成的,由共同上一级工商行政管理机关指定管辖。

※ 依据

文件名称	条款内容
2007年《工商行政管理机关行政处罚程序规定》	第九条 对当事人的同一违法行为,两个以上工商行政管理机关都有管辖权的,由最先立案的工商行政管理机关管辖。 第十条 两个以上工商行政管理机关因管辖权发生争议的,应当协商解决,协商不成的,报请共同上一级工商行政管理机关指定管辖。 第十一条 工商行政管理机关发现所查处的案件不属于自己管辖时,应当将案件移送有管辖权的工商行政管理机关。受移送的工商行政管理机关对管辖权有异议的,应当报请共同上一级工商行政管理机关指定管辖,不得再自行移送。 第十二条 上级工商行政管理机关认为必要时可以直接查处下级工商行政管理机关管辖的案件,也可以将自己管辖的案件移交下级工商行政管理机关管辖。法律、行政法规明确规定案件应当由上级工商行政管理机关管辖的,上级工商行政管理机关不得将案件移交下级工商行政管理机关管辖。 下级工商行政管理机关认为应当由其管辖的案件属重大、疑难案件,或者由于特殊原因,难以办理的,可以报请上一级工商行政管理机关确定管辖。 第十三条 报请上一级工商行政管理机关确定管辖权的,上一级工商行政管理机关应当在收到报送材料之日起五个工作日内确定案件的管辖机关。 第十五条 工商行政管理机关发现所查处的案件属于其他行政机关管辖的,应当依法移送其他有关机关。 工商行政管理机关发现违法行为涉嫌犯罪的,应当依照有关规定将案件移送司法机关。

第 205 条 【案件移送】

205.1 工商行政管理机关发现所查处的案件不属于自己管辖时,应当将案件移送有管辖权的工商行政管理机关。受移送的工商行政管理机关对管辖权有异议的,应当报请共同上一级工商行政管理机关指定管辖,不得再自行移送。

205.2 上级工商行政管理机关认为必要时,可以直接查处下级工商行政管理机关管辖的案件,也可以将自己管辖的案件移交下级工商行政管理机关管辖。

205.3 下级工商行政管理机关认为应当由其管辖的案件属于重大、疑难案件,或者由于特殊原因,难以办理的,可以报请上一级工商行政管理机关确定管辖。

205.4 跨行政区域的行政处罚案件,共同的上一级工商行政管理机关应当做好协调工作。相关工商行政管理机关应当积极配合异地办案的工商行政管理机关查处案件。

205.5 工商行政管理机关发现侵犯商业秘密行为涉嫌犯罪的,应当将案件移送公安机关。

※ 依据

文件名称	条款内容
2007年《工商行政管理机关行政处罚程序规定》	第十一条 工商行政管理机关发现所查处的案件不属于自己管辖时,应当将案件移送有管辖权的工商行政管理机关。受移送的工商行政管理机关对管辖权有异议的,应当报请共同上一级工商行政管理机关指定管辖,不得再自行移送。 第十二条 上级工商行政管理机关认为必要时可以直接查处下级工商行政管理机关管辖的案件,也可以将自己管辖的案件移交下级工商行政管理机关管辖。法律、行政法规明确规定案件应当由上级工商行政管理机关管辖的,上级工商行政管理机关不得将案件移交下级工商行政管理机关管辖。 下级工商行政管理机关认为应当由其管辖的案件属重大、疑难案件,或者由于特殊原因,难以办理的,可以报请上一级工商行政管理机关确定管辖。 第十三条 报请上一级工商行政管理机关确定管辖权的,上一级工商行政管理机关应当在收到报送材料之日起五个工作日内确定案件的管辖机关。 第十五条 工商行政管理机关发现所查处的案件属于其他行政机关管辖的,应当依法移送其他有关机关。 工商行政管理机关发现违法行为涉嫌犯罪的,应当依照有关规定将案件移送司法机关。

第二节 作为权利人的代理人

第206条 【申请人主体资格的审查】

206.1 工商行政管理机关可以依职权发现并查处侵犯商业秘密违法行为,但通常通过受理投诉、申诉、举报方式启动行政救济程序。

206.2 法律、行政法规和行政规章并未限定投诉、申诉和举报人资格,但要求向工商行政管理机关申请查处侵权行为时,申请人应当提供商业秘密及侵权行为存在的证据。

206.3 由于工商行政管理机关在查处侵犯商业秘密的违法行为时,需要配合调查、出具保证以及提出赔偿的主体须为商业秘密权利人,所以,投诉、申诉或者举报的申请人最好是权利人或者是经过权利人授权的人。

※ 条文释解

实际上,侵犯商业秘密违法行为的举报、投诉的主体应当是商业秘密权利人或者合法持有人。因为其应当提供能够证明商业秘密信息存在并符合法定构成要件的证据,这对于其他人而言是不可能办到的。经过商业秘密权利人授权或者委托的代理人可以作为申请人。

第 207 条 【权利人商业秘密构成的审查】
参见本指引第一章。

第 208 条 【确定投诉请求】
208.1 工商行政管理机关查处侵犯商业秘密违法行为,以制止侵权和维护市场秩序为目的,申请人投诉、申诉和举报的请求仅供行政机关参考。
208.2 行政处罚。在侵犯商业秘密行政救济程序中,申请人可以要求行政机关在认定侵犯商业秘密后责令被申请人停止违法行为,包括但不限于以下两种情况:
(1) 责令并监督侵权人将存有商业秘密的图纸、软件及其他有关资料返还权利人;
(2) 监督侵权人销毁使用权利人商业秘密生产的、流入市场将会造成商业秘密公开的产品,但权利人同意收购、销售等其他处理方式的除外。
208.3 行政罚款。在侵犯商业秘密行政救济程序中,申请人可以要求行政机关在认定侵犯商业秘密后,根据情节处以 1 万元以上 20 万元以下的罚款。
208.4 行政调解。在侵犯商业秘密行政救济程序中,申请人可以要求行政机关就其损害赔偿问题予以调解。
208.5 强制措施。对被申请人违法披露、使用、允许他人使用商业秘密将给权利人造成不可挽回的损失的,权利人可以要求工商行政管理机关在作出行政处罚前,责令被申请人停止销售使用权利人商业秘密生产的产品。

※ 依据

文件名称	条款内容
1998 年国家工商行政管理局《关于禁止侵犯商业秘密行为的若干规定》	第六条 对被申请人违法披露、使用、允许他人使用商业秘密将给权利人造成不可挽回的损失的,应权利人请求并由权利人出具自愿对强制措施后果承担责任的书面保证,工商行政管理机关可以责令被申请人停止销售使用权利人商业秘密生产的产品。
2011 年《湖北省反不正当竞争条例》	第二十二条 对采取不正当竞争行为的经营者以及有关单位和个人,监督检查部门可以采取下列措施: (一) 责令公开更正,消除影响; (二) 责令停止生产、销售有关商品; (三) 责令并监督消除有关标记、文字、图像; (四) 责令并监督销毁有关标识、包装、装潢、资料; (五) 责令并监督销毁有关模具、印模及其他作案工具; (六) 侵权的标识与物品难以分离的,监督处理或者监督销毁该物品; (七) 责令并监督侵权人将载有商业秘密的图纸、软件及其他有关资料返还给权利人。

第 209 条 【选择举报方式】
向工商行政管理机关投诉、申诉和举报的方式可以是书面方式也可以是口头方式:
(1) 书面方式有信函、电报、传真、电子邮件、其他等方式;
(2) 口头方式有电话、口述等方式。

※ 条文释解

鉴于商业秘密的复杂性,建议最好以书面递交方式。书面文书应当具备下列内容:
(1) 申请人的单位名称、地址、邮政编码、联系电话、法定代表人或负责人;
(2) 被申请人的单位名称、地址、邮政编码、联系电话、法定代表人或负责人;
(3) 侵害事实、理由和依据;
(4) 申请人主体资格材料,并查询被申请人的企业基本情况同时提交:
(5) 初步的证据材料:① 商业秘密权属证明;② 商业秘密构成证明;③ 侵权行为证明;④ 损害后果、危害范围、严重程度证明。
(6) 需要取证、勘验、查封、扣押、鉴定或者责令停止侵害的,同时提交相关申请。

第 210 条 【准备举报材料】
在经过前述的审查、了解和选择后,律师可以起草投诉、申诉或者举报申请。
参见本指引第六章。

※ 依据

文件名称	条款内容
1998 年国家工商行政管理局《关于禁止侵犯商业秘密行为的若干规定》	第五条 权利人(申请人)认为其商业秘密受到侵害,向工商行政管理机关申请查处侵权行为时,应当提供商业秘密及侵权行为存在的有关证据。 被检查的单位和个人(被申请人)及利害关系人、证明人,应当如实向工商行政管理机关提供有关证据。 权利人能证明被申请人所使用的信息与自己的商业秘密具有一致性或者相同性,同时能证明被申请人有获取其商业秘密的条件,而被申请人不能提供或者拒不提供其所使用的信息是合法获得或者使用的证据的,工商行政管理机关可以根据有关证据,认定被申请人有侵权行为。

第 211 条 【提请立案】

211.1 申请人提请立案后,工商行政管理机关自收到投诉、申诉、举报材料之日起 7 个工作日内予以核查,并决定是否立案;特殊情况下,可以延长至 15 个工作日内决定是否立案。

211.2 对于不予立案的投诉、申诉、举报,经工商行政管理机关负责人批准后,由办案机构将结果告知具名的投诉人、申诉人、举报人。

※ 依据

文件名称	条款内容
2007年《工商行政管理机关行政处罚程序规定》	第十七条　工商行政管理机关应当自收到投诉、申诉、举报、其他机关移送、上级机关交办的材料之日起七个工作日内予以核查,并决定是否立案;特殊情况下,可以延长至十五个工作日内决定是否立案。

第212条　【配合行政机关调查】

212.1　申请回避

申请人认为工商行政管理机关确定的办案人员与当事人存在直接利害关系的,有权申请回避。

212.2　如实提供证据

工商行政管理机关实施监督检查时,申请人应当如实向工商行政管理机关提供有关证据,并在所提供的材料上签名或者盖章。

212.3　询问笔录

212.3.1　工商行政管理机关办案人员询问当事人、利害关系人及证明人,应当制作笔录。

212.3.2　被询问人有权核对询问笔录,笔录如有差错、遗漏,被询问人有权更正或者补充,涂改部分应当由被询问人签名、盖章或者以其他方式确认。

212.3.3　经核对无误后,被询问人应当在笔录上逐页签名、盖章或者以其他方式确认,办案人员亦应当在笔录上签名。

212.4　原始证据

212.4.1　工商行政管理机关办案人员可以查询、复制与案件有关的协议、账册、单据、文件、记录、业务函电和其他资料。

212.4.2　收集、调取与案件有关的原始证据有困难的,可以提取复制件、影印件或者抄录本,证据提供人应当标明"经核对与原件无误"、注明出证日期、证据出处,并签名或者盖章。

212.4.3　对于视听资料、计算机数据等收集原始载体有困难的证据,可以收集复制件,并注明制作方法、制作时间、制作人等情况。对于声音资料应当附有该声音内容的文字记录。

212.5　现场检查

212.5.1　工商行政管理机关办案人员可以对有违法嫌疑的物品或者场所进行检查,并可以采取拍照、录像等方式记录现场情况。

212.5.2　检查时应当有当事人或者第三人在场,现场检查应制作笔录,载明时间、地点、事件等内容,由办案人员、当事人、第三人签名或者盖章。

212.6 抽样检查

工商行政管理机关可以抽样取证,抽样时应当有当事人在场,办案人员应当制作抽样记录,对样品加贴封条,开具物品清单,由办案人员和当事人在封条和相关记录上签名或者盖章。

212.7 委托鉴定

212.7.1 由于商业秘密案件的专业性和复杂性,工商行政管理机关经常采用委托鉴定的方式,对商业秘密是否为公知信息以及被申请人使用的信息与权利人的商业秘密是否一致或者相同进行鉴定。

212.7.2 受委托的鉴定机构应当具有知识产权鉴定资格或者鉴定条件,鉴定结论应有鉴定人员签名或者盖章,并加盖鉴定机构公章。

212.7.3 对于工商行政管理机关委托鉴定事项,当事人应当积极配合,并提供相应的资料,对于不利的鉴定结果,当事人可以提出质疑并说明理由。

212.8 举证责任倒置

权利人能证明被申请人所使用的信息与自己的商业秘密具有同一性,同时能证明被申请人有获取其商业秘密的条件,而被申请人不能提供或者拒不提供其所使用的信息是合法获得或者使用的证据,工商行政管理机关可以根据有关证据,认定被申请人有侵权行为。

※ 条文释解

收集、调取证据一向是商业秘密纠纷案件的难点,工商行政管理部门有权依法收集、调取与案件有关的原始凭证、视听资料、计算机数据;对侵权产品进行查封、扣押;询问当事人和证人;采用测量、拍照、摄像等方式进行现场勘验等,均是调取和固定证据的有效方法。

※ 依据

文件名称	条款内容
2010年天津市实施《中华人民共和国反不正当竞争法》办法	第三十三条 监督检查部门在监督检查不正当竞争行为时,对可能被转移、隐匿、销毁的财物,经市或者区、县监督检查部门负责人批准,可以采取封存、扣留等措施。

(续表)

文件名称	条款内容
2012年《贵州省反不正当竞争条例》	第二十三条 监督检查部门在监督检查不正当竞争行为时,可以行使下列职权: (一)按照规定程序询问被检查的经营者、利害关系人、证明人,并要求其提供证明材料或者与不正当竞争行为有关的其他资料; (二)对情节严重,有可能转移、隐匿、销毁与不正当竞争行为有关财物的,经行政机关负责人批准,可以对该财物先行登记保存。 采取封存、扣留行政手段的必须出具县级以上监督检查部门负责人批准的书面通知书。 监督检查部门责令暂停销售、封存、扣留财物的期限不得超过3个月。违法财物自封存、扣留之时起3个月内不接受处理的,监督检查部门可依照《中华人民共和国拍卖法》的规定拍卖,所得价款扣除拍卖费用后,抵交罚款,余款退还当事人。
2012年《湖北省反不正当竞争条例》	第二十一条 监督检查部门在监督检查不正当竞争行为时,可以依法检查与不正当竞争行为有关的财物,必要时可以责令被检查的经营者说明该商品的来源和数量,暂停销售,听候检查不得转移、隐匿、销毁该财物。
2013年《河北省反不正当竞争条例》	第二十八条 监督检查部门在监督检查不正当竞争行为时,有权行使下列职权: (一)按照规定程序询问被检查的经营者、利害关系人、证明人,并要求其提供证明材料或者与不正当竞争行为有关的其他材料; (二)查询、复制与不正当竞争行为有关的协议、账册、单据、文件、记录、业务函电和其他资料; (三)扣留以不正当手段获取的载有商业秘密的图纸、软件及其他有关资料; (四)检查与不正当竞争行为有关的财物、场所,必要时可以责令被检查的经营者说明该商品的来源和数量,暂停销售,听候检查,不得转移、调换、隐匿、销毁该财物。 (五)对有可能被转移、调换、隐匿、销毁的与不正当竞争行为有关的财物、账册,可以进行封存、扣留。 第二十九条 采取封存、扣留措施时,必须出具县级以上监督检查部门负责人批准的书面通知书。封存、扣留的期限一般不得超过三个月,重大和复杂的案件,经省级监督检查部门批准,可以延至半年。经查明封存、扣留物确实与违法行为无关的,应当立即解除封存、扣留措施,并发给当事人启封、解除扣留通知书。 对容易腐烂、变质、易燃、易爆等不易保存的物品征得当事人同意后,可以先行处理;无法找到当事人的,经县级以上监督检查部门负责人批准,也可以先行处理。 封存、扣留的财物,在依法送达后的三个月内当事人不来接受处理或者无法找到当事人的,按无主物处理,依法拍卖,变价款上缴同级财政。 监督检查部门在行使本条例所列职权时,当事人及有关的邮寄、运输、仓储等单位应当予以协助和配合。

第213条　【出具强制措施后果保证】

对被申请人违法披露、使用、允许他人使用商业秘密将给权利人造成不可挽回的损失的,权利人要求工商行政管理机关在作出行政处罚前责令被申请人停止销售使用权利人商业秘密生产的产品的,应当出具自愿对强制措施后果承担责任的书面保证。

※ **依据**

文件名称	条款内容
1998年国家工商行政管理局《关于禁止侵犯商业秘密行为的若干规定》	第六条　对被申请人违法披露、使用、允许他人使用商业秘密将给权利人造成不可挽回的损失的,应权利人请求并由权利人出具自愿对强制措施后果承担责任的书面保证,工商行政管理机关可以责令被申请人停止销售使用权利人商业秘密生产的产品。
2007年《工商行政管理机关行政处罚程序规定》	第三十二条　在证据可能灭失或者以后难以取得的情况下,工商行政管理机关可以对与涉嫌违法行为有关的证据采取先行登记保存措施。 采取先行登记保存措施或者解除先行登记保存措施,应当经工商行政管理机关负责人批准。 第三十五条　法律、法规规定查封、扣押等行政强制措施的,可以根据具体情况实施。采取强制措施的,应当告知当事人有申请行政复议和提起行政诉讼的权利。 采取查封、扣押等行政强制措施,或者解除行政强制措施,应当经工商行政管理机关负责人批准。

第214条　【提出赔偿调解方案】

在工商行政管理机关处理侵犯商业秘密违法行为中,权利人可以就自己商业秘密受到侵害而造成的损失,要求工商行政管理机关就赔偿数额进行调解,工商行政管理机关调解不成的,可以就赔偿数额另行提起诉讼。

※ **案例9.2-30：湖北武汉图强诚信皮具有限公司侵犯商业秘密案**[①]

当事人武汉图强诚信皮具有限公司,其股东张方汝、方芳二人分别于2002年7月至2007年5月、2001年12月至2007年2月在武汉雄鹰特种有限责任公司(以下简称雄鹰公司)任职产品设计师和销售经理。上述二人在与雄鹰公司存在劳动合同关系未解除,并已签订保守商业秘密协议的情况下,于2007年1月12日作为股东与他人共同投资成立了武汉图强诚信皮具有限公司,并在该公司分别担任产品设计师和销售经理。然后利用从雄鹰公司获取的产品设计、客户资料、产品内部报价单等资料信息,从事与雄鹰公司相同产品的警用装具的设计、生产、销售经营活动,期间销售

---

① 载国家工商总局网站 www.saic.gov.cn。

额 140 万元。

武汉市工商行政管理局硚口分局经大量的调查和取证后,认定当事人的行为违反了《反不正当竞争法》第 10 条第 1 款第(三)项"违反约定或者违反权利人有关保守商业秘密的要求,披露、使用或者允许他人使用其所掌握的商业秘密"的规定。根据《反不正当竞争法》第 25 条第 1 款"违反本法第十条规定侵犯商业秘密的,监督检查部门应当责令停止违法行为,可以根据情节处以一万元以上二十万元以下的罚款"的规定,作出责令当事人停止违法行为,并处以罚款 2 万元整的决定。

结合【案例 9.1-27】来看,工商行政管理部门的处罚都不是很高,但是快速、便捷的救济途径对于制止侵害行为十分有效。因此,如果采用行政救济途径,不妨做好调解的准备工作,不准备调解的,要做好诉讼准备。

第 215 条 【监督连续侵权行为】

对工商行政管理机关作出行政处罚决定后,律师应当监督侵权人执行处罚决定,对侵权人拒不执行处罚决定,继续实施侵犯权利人商业秘密违法行为的,律师应当收集证据向工商行政管理机关举报,工商行政管理机关将其视为新的违法行为,从重予以处罚。

第 216 条 【支持行政机关应诉】

被申请人在行政处罚前要求举行听证或者被申请人在处罚之后申请复议或者提起行政诉讼,律师应当建议申请人以第三人身份参加听证、复议或行政诉讼,以支持工商行政管理机关的执法活动,维护自身的合法权益。

第三节 作为被申请人的代理人

第 217 条 【举报是否存在瑕疵】

律师代理侵犯商业秘密行政案件的被申请人,应当考察举报对象是否存在差错,是否存在举报不实的情况;应当考察案件管辖是否存在瑕疵,争取将案件移送有管辖权的行政机关;还应当考察举报人的资格以及证明其商业秘密存在的证据。

第 218 条 【确定应对策略】

律师代理被申请人,应具体分析案情,选择以下方案:

(1)经过判断构成侵权的,应当查找相关法定或酌定减少或免除处罚的法律依据,并就有关赔偿问题与权利人进行协商。

(2)经过判断确未构成侵权的,积极收集证据,准备答辩材料,及时向工商行政管理机关陈述意见。

第 219 条 【寻找减免处罚依据】

被申请人的行为侵犯权利人的商业秘密,律师应当从下列情形中帮助被申请人

获得从轻、减轻或者免除行政处罚的结果:
（1）主动消除或者减轻违法行为危害后果；
（2）寻找被申请人是否有受他人胁迫从事违法行为的事实；
（3）配合行政机关查处违法行为有立功表现的；
（4）其他依法从轻或者减轻行政处罚的；
（5）如果违法行为轻微并及时纠正,尚未造成危害后果的。

第220条　【书面提出申辩理由】
律师根据自身知识和经验判断被申请人是否构成侵权,并应当根据实际情况向工商行政管理机关书面陈述和申辩不侵权或者侵权但可以从轻、减轻以及免除处罚的理由。

※ 条文释解

可以从以下几个方面进行考察,然后作出申辩:
（1）是否存在权属争议；
（2）申请人提交的证据材料是否真实合法、能否形成证据链或者存在瑕疵；
（3）申请事实是否有准确的指向,是否有证据支持；
（4）立案、取证等程序是否合法,有否应当回避的人员；
（5）责令停止侵害是否符合条件,手续是否完备；
（6）依据和适用的法律是否准确；
（7）有否需要解除查封、扣押措施的情形出现；
（8）有否证明危害不大、情节轻微的证据可以提交；
（9）其他应当考虑的细节等。

第221条　【协商和解赔偿方案】
如果被申请人的行为确已侵犯权利人的商业秘密,律师还应当建议被申请人要求工商行政管理机关主持调解,与权利人协商赔偿方案。

※ 依据

文件名称	条款内容
1993年《反不正当竞争法》	第二十五条　违反本法第十条规定侵犯商业秘密的,监督检查部门应当责令停止违法行为,可以根据情节处以一万元以上二十万元以下的罚款。

(续表)

文件名称	条款内容
1998年《关于禁止侵犯商业秘密行为的若干规定》	第七条 违反本规定第三条的,由工商行政管理机关依照《反不正当竞争法》第二十五条的规定,责令停止违法行为,并可以根据情节处以1万元以上20万元以下的罚款。 工商行政管理机关在依照前款规定予以处罚时,对侵权物品可以作如下处理: (一)责令并监督侵权人将载有商业秘密的图纸、软件及其有关资料返还权利人。 (二)监督侵权人销毁使用权利人商业秘密生产的、流失市场将会造成商业秘密公开的产品。但权利人同意收购、销售等其他处理方式的除外。 第九条 权利人因损害赔偿问题向工商行政管理机关提出调解要求的,工商行政管理机关可以进行调解。 权利人也可以直接向人民法院起诉,请求损害赔偿。
2010年天津市实施《中华人民共和国反不正当竞争法》办法	第二十九条 违反本办法第十六条规定的,由监督检查部门责令停止违法行为,可处以一万元以上十万元以下的罚款;情节严重的,处以十万元以上二十万元以下的罚款。
2012年《上海市反不正当竞争条例》	第二十七条 经营者违反本条例规定的,由监督检查部门依照下列规定予以处罚: (八)违反本条例第十五条规定的,责令停止违法行为,可以处以一万元以上不满十万元的罚款;情节严重的,处十万元以上二十万元以下的罚款;
2012年《关于扩大诉讼与非诉讼相衔接的矛盾纠纷解决机制改革试点总体方案》	6. 与有关行政机关建立相对固定的诉调对接关系。试点法院可以在调解纠纷较多的行政机关设立巡回法庭,及时依法办理相关案件,依照有关规定确认调解协议的法律效力,协调指导相关调解工作。试点法院与有关行政机关建立定期沟通联络机制,并探索创新诉调对接的具体工作方式。
2012年山东省实施《中华人民共和国反不正当竞争法》办法	第二十六条 经营者违反本办法规定的,由监督检查机关依照下列规定予以处罚;构成犯罪的,依法追究刑事责任: …… (四)违反本办法第十一条第一款、第二款、第四款、第十六条(侵犯商业秘密)规定的,可以根据情节处一万元以上二十万元以下罚款; …… 第三十条 对已经被处罚而又在一年内重复同一违法行为的,应当按照罚款幅度的最高限额从重处罚。
2012年《四川省反不正当竞争条例》	第四十三条 经营者违反本条例第十五条、第十七条(侵犯商业秘密)、第二十八条规定的,可以根据情节处1万元以上20万元以下的罚款。

(续表)

文件名称	条款内容
2012年江苏省实施《中华人民共和国反不正当竞争法》办法	第二十五条 违反本办法第十一条第一款(侵犯商业秘密)、第十四条、第十五条、第十六条规定的,监督检查部门应当责令停止违法行为,并可以根据情节处以一万元以上二十万元以下的罚款。违反本办法第十一条规定的,监督检查部门应当责令返还或者收缴商业秘密载体。违反本办法第十四条规定的,其中标无效。 第二十八条 对因不正当竞争行为受到行政处罚又从事不正当竞争活动的,应当依法从重处罚。
2012年《重庆市反不正当竞争条例》	第三十六条 经营者违反本条例规定,给他人造成损害的,应当承担赔偿责任,并应当承担被侵害人因调查侵权人侵害其合法权益的不正当竞争行为所支付的合理费用。被侵害的经营者的损失难以计算的,赔偿额为侵权人在侵权期间因侵权所获得的利润。 经营者的合法权益受到不正当竞争行为损害的,可以向人民法院提起诉讼。 第三十七条 对有不正当竞争行为的经营者,监督检查部门应责令其停止违法行为。 因不正当竞争行为对他人和社会造成不良影响的,可以责令其限期公开更正,消除影响,对拒不执行者,监督检查部门可以采取登报等形式予以纠正,消除影响。 第四十三条 违反本条例第十六条、第二十二条(侵犯商业秘密)、第二十七条规定的,没收违法所得,可以根据情节处以一万元以上二十万元以下的罚款,可以对直接负责的主管人员和其他直接责任人员处以二千元以上二万元以下罚款。
2013年《河北省反不正当竞争条例》	第四十二条 违反本条例第十八条规定的,可以根据情节处以罚款;侵权人未获利,也未给被侵权人造成损失的,处一万元以上五万元以下罚款;侵权人未获利,但给被侵权人造成损失的,处五万元以上十万元以下罚款;侵权人已经获利的,没收违法所得,并处十万元以上二十万元以下罚款。给商业秘密权利人造成重大损失,构成犯罪的,依法追究刑事责任。
2012年《贵州省反不正当竞争条例》	第三十条 经营者违反本条例第八条、第十条(侵犯商业秘密)、第十一条、第十三条、第二十条规定的,依照《反不正当竞争法》有关规定予以处罚。
2012年《宁夏回族自治区反不正当竞争条例》	第三十七条 违反本条例第十四条规定,侵犯商业秘密的,监督检查部门应当责令停止违法行为,可根据情节处以一万元至二十万元的罚款。

结合【案例9.1-29】上海市工商局宝山分局的行政处罚决定和【案例9.2-30】湖北武汉图强诚信皮具有限公司侵犯商业秘密案以及相关规定来看,被申请人能够积极达成和解协议也是良好的办法。

第 222 条 【建议被申请人要求听证】

由于对侵犯商业秘密违法行为的处罚涉及责令停产停业或者数额较大的罚款,律师应当建议被申请人积极要求听证,争取一次说服行政机关的机会,以获得不侵权或者从轻、减轻或者免除处罚的行政决定。

第 223 条 【行政复议和行政诉讼】

对于确未构成侵犯他人商业秘密的行为,律师可以根据被申请人提出的事实和理由,积极准备证据,充分论证方案,在接到工商行政管理机关作出的处罚决定后 60 日内提出行政复议或在 3 个月内提起行政诉讼。

第十章　商业秘密刑事法律业务

第一节　刑事救济综述

第224条　【刑事救济】

224.1　根据《中华人民共和国刑法》第219条的规定,侵犯商业秘密,给权利人造成重大损失的以下行为可以采取刑事救济的途径保护商业秘密:

(1) 以盗窃、利诱、胁迫或者其他不正当手段获取权利人的商业秘密的;

(2) 披露、使用或者允许他人使用以前项手段获取的权利人的商业秘密的;

(3) 违反约定或者违反权利人有关保守商业秘密的要求,披露、使用或者允许他人使用其所掌握的商业秘密的;

(4) 明知或者应知前三项所列的行为,获取、使用或者披露他人的商业秘密的,以侵犯商业秘密论。

224.2　采取刑事救济的途径包括公诉、自诉。

224.2.1　公诉是指人民检察院对犯罪嫌疑人的犯罪行为向人民法院提起控告,要求法院通过审判确定犯罪事实,惩罚犯罪人的诉讼活动。

224.2.2　自诉是指被害人及其法定代理人、近亲属为追究被告人的刑事责任,直接向司法机关提起诉讼,并由司法机关直接受理的诉讼活动。

224.2.3　特别要注意律师介入商业秘密的公诉、自诉,参与诉讼活动的程序的不同。

※ 条文释解

刑事救济是商业秘密保护最严厉的防线。近几年来,越来越多的当事人采用刑事救济方式保护商业秘密,当然也因为商业秘密取证困难,不排除借用刑事侦查手段收集证据的意图和一定要侵权人承担刑事责任的目的。但是刑事救济毕竟是对涉嫌侵权人具有人身限制的最严厉的措施,作为代理人或者辩护人的律师,必须慎之又慎,认真对待。

1. 2013年10月,江苏省高级人民法院、江苏省人民检察院、江苏省公安厅颁布了《关于知识产权刑事案件适用法律若干问题的讨论纪要》(苏高法〔2013〕275号),该纪要将刑事案件审理的总体思路作了明确的规定,"办理侵犯知识产权刑事案件,要充分发挥司法保护知识产权的主导作用,坚持罪刑法定、罪刑相适应原则,准确把握执行'宽严相济'的刑事司法政策,充分体现'突出重点,区别对待,宽严相济'的精神。重点保护创新程度高、研发投入大、对经济增长具有突破和带动作用的关键性技术的知识产权;重点打击涉及食品、药品等严重危害人民群众生命、健康,严重扰乱市场经济秩序的侵犯知识产权犯罪;重点加强源头性打击,依法从严惩治犯罪集团和共同犯罪中的主犯,慎重处理涉及面广、涉罪人数多的案件,确保打击效果。要充分考虑知识产权无形性、权利认定与侵权行为认定相对复杂等特点,慎重处理各类知识产权刑事案件"。可以看出,重点保护与慎重处理是其主旨。正如冯涛先生所述"我们应当明白,美国商业秘密保护的核心是技术秘密,特别是高新技术和军工技术秘密。其所涉及的利益是产业竞争、贸易竞争和国家经济、军事安全。这些都是美国的核心利益"①。因此,针对目前我国技术秘密和经营秘密大部分均不属于高精尖的信息,且商业秘密信息寿命较短的现实情况下,对于并不能准确确认商业秘密点、商业秘密的智力劳动付出不大、商业秘密极其容易被新技术取代的情形,动用刑事救济就更要慎重。

2. 针对商业秘密的复杂性和认定难度,有专家提出"先民后刑"的问题,以防止人已经被定罪,但在民事案件中却被认定为不构成商业秘密的困窘。也有尝试在刑事立案后涉嫌侵权单位或个人可以提起"确认不侵犯商业秘密诉讼"以解决此类问题,但是目前都是在摸索阶段,尚未形成规范性做法。笔者办理的一起商业秘密刑事案件,犯罪嫌疑人被羁押两年,最后一审判决无罪并生效。对于犯罪嫌疑人而言是解脱,但是煎熬的岁月留下的是一生的创痛。笔者也曾想通过"确认不侵犯商业秘密诉讼"解决在刑事案件中无法认定商业秘密或者可能认定不准确的问题,但是得到的答复都是"可以试一试""各地方不同"等,犯罪嫌疑人为了避免更大的麻烦,也不愿意去"以身尝试"。

3. 公诉案件中,人民检察院是公诉人,商业秘密权利人是举报人,在刑事立案后被称为被害单位或者被害人。被举报的单位或个人是被告人。公诉案件不可以调解,但是可以和解。在自诉案件中,商业秘密权利人是自诉原告,犯罪嫌疑人是被告,自诉案件可以调解。公诉案件中,公安机关会通过勘察、搜查、查封、扣押书证、物证等刑侦手段调查、固定证据,而自诉案件则需要当事人自己提供被告人的涉嫌犯罪证据,难度是很大的。

4. 提起商业秘密刑事案件的当事人一般不采用附带民事诉讼的方式解决损失问题,而是另行提起民事诉讼要求损失赔偿,但主要是依据刑事案件中所获取的和经过调查核实的证据材料。

---

① 冯涛:《应对美国商业秘密保护新战略的措施探析》,载《知识产权》2014 年第 11 期,第 11 页。

※ 依据

文件名称	条款内容
2007年最高人民法院、最高人民检察院《关于办理侵犯知识产权刑事案件具体应用法律若干问题的解释(二)》	第五条 被害人有证据证明的侵犯知识产权刑事案件,直接向人民法院起诉的,人民法院应当依法受理;严重危害社会秩序和国家利益的侵犯知识产权刑事案件,由人民检察院依法提起公诉。
2011年最高人民法院、最高人民检察院、公安部《关于办理侵犯知识产权刑事案件适用法律若干问题的意见》(法发〔2011〕3号)	四、关于侵犯知识产权犯罪自诉案件的证据收集问题 人民法院依法受理侵犯知识产权刑事自诉案件,对于当事人因客观原因不能取得的证据,在提起自诉时能够提供有关线索,申请人民法院调取的,人民法院应当依法调取。
2015年《刑法》	第二百一十九条 有下列侵犯商业秘密行为之一,给商业秘密的权利人造成重大损失的,处三年以下有期徒刑或者拘役,并处或者单处罚金;造成特别严重后果的,处三年以上七年以下有期徒刑,并处罚金: (一)以盗窃、利诱、胁迫或者其他不正当手段获取权利人的商业秘密的; (二)披露、使用或者允许他人使用以前项手段获取的权利人的商业秘密的; (三)违反约定或者违反权利人有关保守商业秘密的要求,披露、使用或者允许他人使用其所掌握的商业秘密的。 明知或者应知前款所列行为,获取、使用或者披露他人的商业秘密的,以侵犯商业秘密论。 本条所称商业秘密,是指不为公众所知悉,能为权利人带来经济利益,具有实用性并经权利人采取保密措施的技术信息和经营信息。 本条所称权利人,是指商业秘密的所有人和经商业秘密所有人许可的商业秘密使用人。
2012年《刑事诉讼法》	第九十九条 被害人由于被告人的犯罪行为而遭受物质损失的,在刑事诉讼过程中,有权提起附带民事诉讼。被害人死亡或者丧失行为能力的,被害人的法定代理人、近亲属有权提起附带民事诉讼。 如果是国家财产、集体财产遭受损失的,人民检察院在提起公诉的时候,可以提起附带民事诉讼。 第一百零一条 人民法院审理附带民事诉讼案件,可以进行调解,或者根据物质损失情况作出判决、裁定。 第一百零二条 附带民事诉讼应当同刑事案件一并审判,只有为了防止刑事案件审判的过分迟延,才可以在刑事案件审判后,由同一审判组织继续审理附带民事诉讼。

(续表)

文件名称	条款内容
2012年《刑事诉讼法》	第二百七十七条 下列公诉案件,犯罪嫌疑人、被告人真诚悔罪,通过向被害人赔偿损失、赔礼道歉等方式获得被害人谅解,被害人自愿和解的,双方当事人可以和解: (一)因民间纠纷引起,涉嫌刑法分则第四章、第五章规定的犯罪案件,可能判处三年有期徒刑以下刑罚的; (二)除渎职犯罪以外的可能判处七年有期徒刑以下刑罚的过失犯罪案件。 犯罪嫌疑人、被告人在五年以内曾经故意犯罪的,不适用本章规定的程序。 第二百七十八条 双方当事人和解的,公安机关、人民检察院、人民法院应当听取当事人和其他有关人员的意见,对和解的自愿性、合法性进行审查,并主持制作和解协议书。 第二百七十九条 对于达成和解协议的案件,公安机关可以向人民检察院提出从宽处理的建议。人民检察院可以向人民法院提出从宽处罚的建议;对于犯罪情节轻微,不需要判处刑罚的,可以作出不起诉的决定。人民法院可以依法对被告人从宽处罚。
2014年最高人民法院《关于常见犯罪的量刑指导意见》	10. 对于当事人根据刑事诉讼法第二百七十七条达成刑事和解协议的,综合考虑犯罪性质、赔偿数额、赔礼道歉以及真诚悔罪等情况,可以减少基准刑的50%以下;犯罪较轻的,可以减少基准刑的50%以上或者依法免除处罚。

※ 案例10.1-31:被告单位浙江福瑞德化工有限公司、被告人张海青、被告人廖世茂侵犯商业秘密罪案①

一、基本案情

天津市滨海新区人民检察院以津滨检汉刑诉字(2014)第51号起诉书指控被告单位浙江福瑞德化工有限公司(以下简称福瑞德公司)、被告人张海青、廖世茂侵犯商业秘密罪。2009年7月1日,被告人张海青经人介绍与时任天津石化兴港化工有限公司(以下简称兴港公司)总工程师的被告人廖世茂在天津市滨海新区大港天联宾馆见面。见面后,被告人廖世茂将其在参与联力公司研究生产三乙基铝项目时取得的工艺流程图、设备图和技术参数等提供给被告人张海青,被告人张海青许诺支付给被告人廖世茂人民币80万元作为技术咨询费用。被告人张海青利用从被告人廖世茂处获得的联力公司的技术资料,为被告单位福瑞德公司设计生产设备、工艺技术等,采用与联力公司相同的生产工艺,使福瑞德公司生产出了三乙基铝产品,并获得了商

---

① 天津市滨海新区人民法院(2014)滨汉刑初字第66号刑事判决书,已经生效。该案被评为全国律师协会2015年十大知识产权案件之首。

业利益。经鉴定,联力公司因商业秘密受到侵犯的损失数额为人民币 333.34 万元。被告人张海青、廖世茂后被查获归案。提请法院以侵犯商业秘密罪判处福瑞德公司罚金;判处被告人张海青有期徒刑 3—4 年,并处罚金;判处被告人廖世茂有期徒刑 3 年至 3 年零 6 个月,并处罚金。

本案中,被告人廖世茂是兴港公司的总工程师,同时是具有同一法定代表人的联力公司参与三乙基铝的技术开发人员。

本案由受害人天津联力公司向公安机关举报,并提交了其三乙基铝设备、工艺为"不为公众知悉"的技术信息的鉴定报告,经公安机关扣押了福瑞德公司的相关图纸、资料后,又委托鉴定机构作出了受害人主张的技术信息与福瑞德公司的设备、工艺在部分内容上具有"同一性"的鉴定报告。鉴定报告认为:联力公司与福瑞德公司在生产三乙基铝工艺上具有同一性的五项技术信息属于非公知的技术信息。公安机关随即又前往福瑞德公司扣押相关销售资料,委托某资产评估公司作出《评估报告》、委托某会计师事务所作出《专项审计报告》,确认受害人联力公司开发成本和福瑞德公司的侵权获利数额。在法院开庭之前,福瑞德公司自行委托另一家司法鉴定机构作出鉴定报告,证明被害人所主张的技术信息并非属于"不为公众知悉"的技术信息。

二、本案焦点

三个被告的 5 名辩护人均作无罪辩护,本案的辩论焦点集中在以下几个问题上:

(1) 被告人廖世茂向被告人张海青递交技术资料的行为是否违法?

(2) 被告人廖世茂对参与联力公司技术研发的保密义务是否存在?

(3) 受害人主张的技术信息的"非公知性""同一性"是否成立?

(4) 公安机关委托作出的《评估报告》《专项审计报告》能否作为量刑的证据使用?

第 225 条 【刑事救济特点】

225.1 刑罚具有强大的威慑力,刑事救济是保护商业秘密最严厉的手段,对于制裁和预防侵犯商业秘密行为具有重要的作用。

225.2 要注意个案可能已经涉及或将要涉及的民事诉讼、行政处罚等司法救济方式的衔接和配合。

225.3 要注意民事诉讼、行政处罚和刑事诉讼在证据规则上的不同。

※ 条文释解

最高人民法院《关于充分发挥知识产权审判职能作用推动社会主义文化大发展大繁荣和促进经济自主协调发展若干问题的意见》(法发〔2011〕18 号)指出,"妥善处理商业秘密民事侵权诉讼程序与刑事诉讼程序的关系,既注意两种程序的关联性,又注意其相互独立性,在依法保护商业秘密的同时,也要防止经营者恶意启动刑事诉讼程序干扰和打压竞争对手"。民事诉讼与刑事诉讼不仅在程序具有区别,在审理思路、举证、质证以及对当事人主观意图的判别上亦有区别,但在对于商业秘密构成、行为的判定上基本相同。

※ **案例 10.1-32**：江西亿铂电子科技有限公司、中山沃德打印机设备有限公司、余志宏、罗石和、李影红、肖文娟侵犯商业秘密案①

一、基本案情

被告人余志宏、罗石和、肖文娟、李影红原系珠海赛纳公司员工，四人在日常工作中能够接触并掌握珠海赛纳公司的品牌区、南美区、亚太区的客户资料以及2010年的销售量、销售金额及珠海赛纳公司产品的成本价、警戒价、销售价等经营性信息，并负有保守珠海赛纳公司商业秘密的义务。2011年初，余志宏与他人成立江西亿铂电子科技有限公司（以下简称江西亿铂公司），生产打印机用硒鼓等耗材产品，并成立中山沃德打印机设备有限公司（以下简称中山沃德公司）及香港Aster公司、美国Aster公司、欧洲Aster公司销售江西亿铂公司产品。余志宏、罗石和、肖文娟、李影红等人将各自因工作关系掌握的珠海赛纳公司的客户采购产品情况、销售价格体系、产品成本等信息私自带入江西亿铂公司、中山沃德公司，以此制定了该二公司部分产品的美国价格体系、欧洲价格体系，并以低于珠海赛纳公司的价格向原属于珠海赛纳公司的部分客户销售相同型号的产品。经对江西亿铂公司、中山沃德公司的财务资料和出口报关单审计，二公司共向原珠海赛纳公司的11个客户销售与珠海塞纳公司相同型号的产品金额共计7 659 235.72美元；按照珠海赛纳公司相同型号产品的平均销售毛利润率计算，给珠海赛纳公司造成的经济损失共计人民币22 705 737.03元（2011年5月至12月的经济损失人民币11 319 749.58元；2012年1月至4月的经济损失人民币11 385 987.45元）。

二、裁判结果

广东省珠海市中级人民法院二审认为，江西亿铂公司、中山沃德公司、余志宏、罗石和、肖文娟、李影红的行为构成侵犯商业秘密罪，判处江西亿铂公司罚金人民币2 140万元；判处中山沃德公司罚金人民币1 420万元；判处余志宏有期徒刑6年，并处罚金人民币100万元；判处罗石和有期徒刑3年，并处罚金人民币20万元；判处李影红有期徒刑2年，缓刑3年，并处罚金人民币10万元；判处肖文娟有期徒刑2年，缓刑3年，并处罚金人民币10万元。

三、典型意义

本案系全国最大一宗侵犯经营信息类商业秘密刑事犯罪案件，人民法院判处的罚金总额高达3 700万元，创商业秘密犯罪案件罚金数额全国之最。这是广东省法院系统实行知识产权审判"三合一"模式审理知识产权刑事案件的成功范例，突出了司法保护知识产权的整体性和有效性，充分体现了司法保护知识产权的主导作用。本案裁判无论是在罚金数额的计算还是自然人刑事责任的承担方面，都体现了严厉制

---

① 载 http://www.chinacourt.org/article/detail/2013/10/id/1110846.shtml。

裁侵犯知识产权犯罪行为的导向。

该案是 2013 年最高人民法院公布的 8 起知识产权保护典型案例①，也是最高人民检察院侦查监督厅《关于下发 2013 年中国检察机关保护知识产权十大典型案例的通知》（高检侦监〔2014〕10 号）中的典型案例之一。

对于该案，有的评析意见写道②："本案由全国首家独立设置的知识产权检察室——广东省珠海市人民检察院高新区知识产权检察室承办。针对案情复杂且跨省犯罪、涉案人员多、专业性强、调查取证难等问题，检察机关及时介入、积极督促公安机关立案侦查并有针对性地提出引导侦查意见，同时对侦查活动全程跟进，为案件的成功办理奠定了坚实基础。为确保庭审质量，检察机关还多次就案件中的专业问题专程上门咨询专家意见。人民法院的二审判决最终全部采纳了检察机关的公诉意见。本案犯罪数额高、危害大、影响范围广。案件的成功办理充分体现了检察机关知识产权案件专业化办理模式的体制机制优势，以及检察机关对重大疑难、复杂案件敢于监督、善于监督，严格依法履行法律监督职责的能力和决心。"

无论是作为被害人的代理人还是被告人的辩护人，都要特别注意"检察机关及时介入、积极督促公安机关立案侦查并有针对性地提出引导侦查意见，同时对侦查活动全程跟进"的问题，在所有商业秘密刑事案件中都可能出现。陈瑞华先生在"谁来监督监督者"③的疑问中，提出了检察机关的角色冲突的司法尴尬。遗憾的是，笔者没有查找到该案的判决书，也无法验证相关的细节，仅作为提示。

第 226 条　【报案要求】

在报案前需要取得以下初步证据：

（1）证明是商业秘密权利人的证据；

（2）证明商业秘密有效存在的证据，并以书面形式明确其商业秘密的内容、范围和秘密点；

（3）证明商业秘密非公知性和被涉嫌侵权技术（产品）具有同一性的证据；

（4）证明犯罪嫌疑人接触商业秘密或者获得、使用商业秘密或者合同签订的相对方负有保密义务的证据；

（5）至少证明下列情形之一的证据④，必要时应当出具评估报告：

① 给商业秘密权利人造成损失在 50 万元以上的；

② 因侵犯商业秘密违法所得在 50 万元以上的；

③ 致使商业秘密权利人破产的；

④ 其他给商业秘密权利人造成重大损失的情形。

---

① 载 http://legal.people.com.cn/n/2013/1022/c42510-23285251.html。
② 载 vip.chinalawinfo.com。
③ 陈瑞华：《看得见的正义》，北京大学出版社 2013 年版，第 210 页。
④ 《关于公安机关管辖的刑事案件立案追诉标准的规定（二）》第 73 条。

※ 条文释解

《评估报告》要辅助和督促评估机构作出准确、有效的结论,在报告作出后要细致核对内容。但是不能完全依赖于《评估报告》,能够自行提供和阐述清楚的支持损失和违法所得的财务凭证、资料也要准备齐全,在《评估报告》有重大缺陷时可以用以支撑事实的证明。

※ 依据

文件名称	条款内容
2011年江苏省高级人民法院、江苏省人民检察院、江苏省公安厅《关于办理知识产权刑事案件若干程序问题的意见》	第三条 办案机关应当要求权利人及时提供与案件有关的知识产权权属证明,并对权利的效力、归属等进行审查。 知识产权权属证明一般包括商标注册证、作品原件、原始创作材料及著作权登记证书,专利权证书及专利登记簿副本,知识产权许可合同等。涉嫌侵害商业秘密的,应当要求权利人提供能够证明存在商业秘密权利的相关证据。 权利人因客观原因无法及时出具权属证明或者无法联系权利人的,办案机关应当主动向国家工商行政管理总局商标局、国家知识产权局专利局、江苏省知识产权局、国家或者地方版权管理部门等相关权属登记机关调查取证。

第227条 【确定管辖机关】

227.1 商业秘密刑事案件可由犯罪行为地、犯罪结果地和犯罪嫌疑人居住地的公安机关管辖。

227.2 犯罪行为地是指侵犯他人商业秘密行为的实施地,包括:

(1)采用盗窃等不正当手段获取他人商业秘密,和披露、使用采用以上手段获取的商业秘密的实施地;

(2)共犯为他人犯罪行为提供原材料、机械设备等帮助条件的实施地;

(3)通过网络传播、披露他人商业秘密的,上传资料的电脑终端所在地为实施地,终端所在地无法查明时,网络服务器所在地为实施地。

227.3 犯罪结果地是指犯罪行为直接产生的结果的发生地,不能认为权利人有损失,就将其所在地视为犯罪结果地。

第228条 【确定侵犯商业秘密行为是否同时触犯了其他罪名】

228.1 盗窃罪[①],以窃取方式非法取得他人商业秘密的,如窃取他人存储商业秘密的计算机设备等载体的,同时触犯盗窃罪。

228.2 非法经营同类营业罪[②],国有公司、企业的董事、经理利用职务便利,违法

[①] 《中华人民共和国刑法》第264条。
[②] 《中华人民共和国刑法》第165条。

使用单位所有的商业秘密自己经营或者为他人经营与其所任职公司、企业同类的营业,同时触犯非法经营同类营业罪。

228.3 破坏生产、经营罪①或故意毁坏公私财物罪②,毁坏他人商业秘密载体的,同时触犯破坏生产、经营罪或故意毁坏公私财物罪。

228.4 间谍罪③、泄露国家秘密罪④、非法获取国家秘密罪⑤,以窃取、刺探、收买等方法,非法窃取同时核定为国家秘密的商业秘密的,同时触犯间谍罪、泄露国家秘密罪、非法获取国家秘密罪。

※ 依据

文件名称	条款内容
2011年最高人民法院、最高人民检察院、公安部《关于办理侵犯知识产权刑事案件适用法律若干问题的意见》(法发〔2011〕3号)	十六、关于侵犯知识产权犯罪竞合的处理问题 行为人实施侵犯知识产权犯罪,同时构成生产、销售伪劣商品犯罪的,依照侵犯知识产权犯罪与生产、销售伪劣商品犯罪中处罚较重的规定定罪处罚。

第229条 【其他事项】

229.1 报案后,权利人应协助公安机关、检察机关收集犯罪构成四要件的相关证据材料,尤其是涉及技术专业性较强的问题,应当予以充分解释和说明。

229.2 采取有效措施,防止商业秘密被二次披露。

第二节 作为被害人的代理人

第230条 【接受委托,办理委托手续】

应当在报案、侦查、审查起诉、一审、二审、申诉各阶段分别办理委托手续,也可以一次性签订委托协议,但以分阶段签署授权委托书为宜。

第231条 【了解案情】

应了解权利人主体、犯罪嫌疑人主体、侵犯的商业秘密内容、商业秘密形成的过程、侵权的具体行为方式、主观故意、损害后果是否达到定罪标准。

第232条 【了解商业秘密内容和范围】

232.1 了解涉案的商业秘密内容和范围非常重要,关系到整个案件的诉讼方

---

① 《中华人民共和国刑法》第276条。
② 《中华人民共和国刑法》第275条。
③ 《中华人民共和国刑法》第110条。
④ 《中华人民共和国刑法》第111条。
⑤ 《中华人民共和国刑法》第282条。

案。因此应注意考虑：

（1）律师应要求当事人全面阐述被侵权的技术信息，协助当事人的技术人员对涉案的大量信息进行分析，提炼出符合法律构成要件的商业秘密信息；

（2）提交公安部门的商业秘密范围不宜过宽，为了防止当事人在主张权利时二次披露商业秘密，可以逐步地披露和主张其商业秘密。也不宜过窄，使得应有的保护不完整、不全面；

（3）有些情况下，当事人并不十分清楚涉嫌侵权人使用、实施技术的具体情况，因此，在制订方案时应当从多角度、多方面加以考虑，准备多套方案。

232.2　对准备提交公安部门的商业秘密的内容和范围，请当事人最终确认。

※ 条文释解

在【案例10.1-31】被告单位浙江福瑞德化工有限公司、被告人张海青、被告人廖世茂侵犯商业秘密罪案中，可以发现被害人联力公司的案件交给公安机关后，尽管聘请了律师，但是律师并未认真履行职务，而是放手给侦查机关处理，以至于在当庭询问被害人意见时，律师就技术秘密问题、保密问题、结论完全相反的两份鉴定报告以及评估报告等问题均没有发挥应有的作用。很多律师认为在刑事案件中律师的作用不大，流于程序而已。但是在商业秘密刑事案件中，没有准备就肯定没有作用，有多大的准备就可能会有多大的机会发挥作用。

第233条　【了解商业秘密点】

233.1　涉案的商业秘密信息往往是杂乱、零散、繁多的，要求当事人根据商业秘密的构成突出重点，归纳出可能被侵犯的商业秘密点；

233.2　商业秘密点的确定，应当具有相对新颖性、先进性，并应当是可以与涉嫌侵权技术信息进行比对的。

※ 条文释解

本条与第八章第一节第172条并无太大差别，请参见该条。

第234条　【商业秘密权利人和商业秘密合法有效证据】

商业秘密权利人和商业秘密合法有效的证据主要包括以下几类：

（1）权利人主体基本情况资料；

（2）商业秘密的载体、具体内容及研发过程等，如载有商业秘密的文件资料、计算机软件、录音录像带、产品、技术资料和图纸、有关部门的技术检索报告、鉴定报告、评审报告等；

（3）商业秘密的商业价值，如资金投入凭证、评估报告等；

（4）有关保密措施的证据，如采用保密技术措施的计算机软件，权利人的保密措施、保密协议或条款；

（5）权利人使用商业秘密的证据等。

第 235 条 【犯罪主体证据】

235.1 犯罪嫌疑人为自然人的,主要证据包括:户口簿、居民身份证、士兵证、军官证、护照或外籍身份证明材料等有效身份证件。

235.2 犯罪嫌疑人为单位的,主要证据包括:企业法人营业执照、法人工商注册登记证明、非法人单位证明、法人税务登记证明和单位代码证等。

235.3 证明直接负责的主管人员和其他直接责任人员基本情况的,主要证据包括:有关人员的个人有效身份证件、企业法人营业执照或者其他法律文书上关于法定代表人及其他直接负责的主管人员的记载,职务任命书,单位有关其任职、职责、负责权限的证明材料等。

235.4 区分单位犯罪还是自然人犯罪十分重要,它涉及确定犯罪嫌疑人、犯罪行为表现形式、损失数额等关键性问题。

235.5 单位与自然人(不包括单位直接负责的主管人员和其他直接负责人员)共同犯罪的,单位和自然人均应对损失总额负责。

第 236 条 【非公知性证据】

非公知性成立的证据主要依靠司法鉴定机构所作出的鉴定报告意见,同时辅助证据还包括:专家意见、科技部门意见、科技情报查新报告、科技成果鉴定书、生效的认定商业秘密成立的判决书、权利人研发过程资料等。

※ 条文释解

要注意不要完全依赖于鉴定意见,因为鉴定意见受到多种因素的影响,未必能取得应有的效果,比如:送检材料不完整、鉴定对象不准确等。"关于商业秘密构成要件中最难认定的'不为公众所知悉',这属于消极事实的范畴,与民事诉讼类似,刑事诉讼中的判断一般也是通过反向审查来实现,即判断特定信息是否可以从公开、正当的渠道获得。从公诉机关提交的相应证据看,主要包括技术查新报告、技术获奖证书、技术成果鉴定证书以及专家证人、专业鉴定结论等,为达到刑事诉讼充分证明的程度,必须对上述证据进行综合审查考虑。"①

第 237 条 【价值性和实用性证据】

237.1 商业秘密投入生产、进入市场就可以直接视为具备了实用性和价值性。

237.2 商业秘密尚未投入生产、销售、使用的,应证明其有现实或者潜在的商业价值,能够为权利人带来竞争优势。

第 238 条 【权利人对商业秘密采取保护措施的证据】

权利人对商业秘密采取保护措施的证据包括:权利人的保密制度、保密协议书、保密责任书,对商业秘密资料的分密级管理制度、资料的发放制度,门卫岗位职责和

---

① 孔祥俊主编:《商业秘密司法保护实务》,中国法制出版社 2012 年版,第 271 页。

管理制度、办公区域管理制度、会客制度、培训制度、电脑密码设置、防盗装置、电子监视装置、对商业秘密资料存放和使用的控制措施、与第三方签订涉及商业秘密信息或可能涉及商业秘密信息的各类合同中约定有保密条款等。

※ 条文释解

在【案例10.1-31】被告单位浙江福瑞德化工有限公司、被告人张海青、被告人廖世茂侵犯商业秘密罪一案中，侦查机关重点询问了几个从被害人离职到被告单位的人员关于保密义务的问题，这几个人均与被害人签署有保密协议，但是否认其提供了商业秘密信息给被告人。最终查明是被告人廖世茂提供了一些图纸、资料给被告人。

被告人廖世茂作为兴港公司的总工程师和联力公司的技术开发人，没有与联力公司签署任何保密约定，也就是说，廖世茂"可能"自始至终都不明知或者不应当知道图纸、资料属于公司的技术秘密。且廖世茂作为老一代工程师，观念还停留在技术推广、大力发展化工产业的阶段，因此在庭审中一再表示自己只是要推广技术，要将技术成果实施利用，且该技术已经不是独家的技术，一直有其他公司在使用。他个人并不认为该技术具有特别之处等。而联力公司也并未就无保密协议一事提出任何其他的证据证明公司是采取了保密措施、廖世茂应当知道的事实证据。实际上，联力公司与其他员工都签署有保密协议，百密一疏是导致案件失利的原因之一。

法院认为，通过对控辩双方争议焦点的分析，无法确认被告人廖世茂对其参与联力公司工艺研发期间所获知的技术信息负有保密义务，使对被告人廖世茂向被告人张海青给付其掌握的技术信息的行为是否违反与联力公司的约定或违反联力公司有关保守技术信息的要求的认定不能进行；由于无法明确被告人张海青自被告人廖世茂处获得的部分技术信息的具体内容，故而不能准确判断福瑞德公司能否利用被告人张海青获取的技术信息直接从事三乙基铝的生产；由于主张联力公司可能受到侵犯的技术信息是不为公众知悉的技术信息的鉴定意见无法达到"排除合理怀疑"的证明标准，使上述技术信息系商业秘密的认定缺失了"非公知性"这一核心要素；由于《评估报告》和《专项审计报告》不能作为定案依据使用，使联力公司遭受经济损失的具体数额缺乏有效证据予以证明。因此，公诉机关指控被告单位福瑞德公司、被告人张海青、廖世茂侵犯商业秘密罪，证据不足，无法满足侵犯商业秘密罪的犯罪构成要求，其指控不能成立。

如果是民事纠纷，那么廖世茂是否签署有保密协议在本案中只是被害人采取保密措施的方式之一，重点在于被害人是否采取了一些措施用以保护商业秘密和廖世茂明知或者应当知道被害人的技术信息属于公司保护的技术秘密信息，被害人的证明途径还有很多，如果能够证明廖世茂明知或应知，那么廖世茂依然可以构成商业秘密侵权。这就是刑事案件对于证据的要求与民事案件的不同，要特别注意。

第239条 【犯罪行为证据】

239.1 犯罪嫌疑人以不正当手段获取商业秘密的证据：包括盗窃、利诱、贿赂、胁迫、虚假陈述、违反或诱使违反保密义务,或通过电子或其他手段进行间谍活动的证据,接触权利人商业秘密的人通过记忆或其他方式重现或使用权利人的商业秘密的证据。

239.2 使用非法获取的商业秘密的证据:包括披露以不正当手段获取的商业秘密的证据;使用不正当手段获取商业秘密;许可他人使用以不正当手段获取的商业秘密的证据。

239.3 滥用合法获取的商业秘密的证据:犯罪嫌疑人虽合法掌握权利人的商业秘密,但负有保密义务,其违反约定或违反权利人有关保密要求非法使用权利人的商业秘密也构成侵犯商业秘密罪。这种情况主要收集犯罪嫌疑人掌握权利人商业秘密的证据,负有保密义务的证据和非法使用的证据。对嫌疑人使用的信息与权利人的秘密信息是否相同或相似难以确定的,应委托鉴定部门进行鉴定。

※ 条文释解

在刑事案件中,被告人的行为认定是至关重要的环节,而区分不同的行为,对于取证、质证同样重要。

侵犯商业秘密罪的行为可以分为几类:"第一类是,非法获取商业秘密……第二类是,滥用非法获取的商业秘密……第三类是,滥用合法获取的商业秘密……第四类是,以'侵犯商业秘密论'的行为。"[1]

在【案例10.1-31】被告单位浙江福瑞德化工有限公司、被告人张海青、被告人廖世茂侵犯商业秘密罪案中,被告人廖世茂向被告人张海青递交技术资料的行为是否违法,也是当庭辩论的重点之一。

根据法律规定,以盗窃、利诱、胁迫或者其他不正当手段获取权利人的商业秘密的构成侵犯商业秘密的行为。侦查查明,被告人张海青经人介绍找到被告人廖世茂,廖世茂携带相关图纸、资料与张海青见面,并将相关图纸、资料交给张海青。事后,张海青许诺给廖世茂80万元技术咨询费,请他做后续的技术支持。但此笔款项并未实际支付,廖世茂也从未提出过要求兑现该笔款项。查明的事实是,廖世茂交付资料在先,不能确认廖世茂交付图纸、资料的行为是被利诱或者是存在其他不正当手段的行为。因此,并非"接触+相似"就一定构成商业秘密侵权。如果接触行为没有不正当性,指控的罪名就无法成立。对于接触到哪些技术秘密信息,是不是足以直接利用进行生产也是要进行审查的重要环节。该案中,因为廖世茂与张海青对于交接技术资料的内容、份数、形式的供述不一致,因此法院无法直接采信任何一方的供述,结合案件其他证据也无法准确判断被告单位能否利用张海青获取的技术信息直接从事三乙基铝的生产。

---

[1] 孔祥俊主编:《商业秘密司法保护实务》,中国法制出版社2012年版,第259页。

第 240 条　【接触商业秘密的证据】

初步证据包括:曾在被害人单位工作并接触商业秘密、参与技术研发、通过商业合作商谈接触商业秘密、通过合同关系接触商业秘密、非法手段获取了商业秘密等证据。

第 241 条　【主观过错证据】

241.1　犯罪嫌疑人知道或应当知道有关信息是商业秘密,自己无权使用或者披露、允许他人使用或者披露而仍然使用披露或者允许他人使用披露。

241.2　故意采取不正当手段取得商业秘密。

※ 条文释解

主观过错在犯罪构成中十分重要,通过实际行为可以作出初步判断。明知与应知中,应知是相对复杂的。这方面证据材料可以从对商业秘密的保密性角度考虑,证明被告人"应知"。

第 242 条　【定罪标准证据】

242.1　权利人的损失应根据不同的侵权情况综合考虑决定,在收集证据时应全面收集以下证据:

（1）对商业秘密进行价值评估;

（2）商业秘密的开发投入成本、商业秘密的成熟程度、利用周期、是否可以重复使用,商业秘密的使用情况和产品的市场供求情况;

（3）商业秘密的市场价值、商业秘密的许可使用情况;

（4）权利人因侵权行为导致减少的收入,如特定的客户订单转向嫌疑人,市场销量递减或增量减少的数额、被迫降价减少的收入等;

（5）嫌疑人利用权利人商业秘密获取的收益、嫌疑人转让商业秘密获取的利益。

242.2　根据实际侵权情况确定计算方式,计算出的被害人损失或侵权人的获利应达到或者超过 50 万元。

※ 条文释解

本条仅是定罪事实证据的一个方面。与定罪、量刑有关的全部案件事实证据是刑事案件中的重中之重。定罪证据与量刑证据的重点并不完全一致,在理论上比较容易区分:"定罪事实是犯罪构成要件事实,即成立犯罪所必须具备的客观构成要件事实和主观构成要件事实;量刑事实是在定罪实施的基础上,虽然不具有犯罪构成事实的意义,但能够反映主客观方面的情状或深度,从而影响社会危害性、社会危险性和主观恶意、人身危险性大小,即能够影响犯罪轻重和刑事责任大小的各种事实。"[①]而在实践中未必容易区分。

---

① 顾永忠主编:《刑事辩护律师审查、运用证据指南》,北京大学出版社 2010 年版,第 157 页。

特别要注意的是尽管定罪标准是以金钱数额确定的,但是要考虑多种因素对其的影响作出无可置疑的价值评估报告,否则公安机关无法立案。那么对于商业秘密已经实际在被告人掌控之下,但尚未造成损失的状态,就成为能预见但不可控的高度风险。

※ 依据

文件名称	条款内容
最高人民检察院、公安部《关于公安机关管辖的刑事案件立案追诉标准的规定(二)》的通知(公通字〔2010〕23号)	第七十三条 侵犯商业秘密,涉嫌下列情形之一的,应予立案追诉: (一)给商业秘密权利人造成损失数额在五十万元以上的; (二)因侵犯商业秘密违法所得数额在五十万元以上的; (三)致使商业秘密权利人破产的; (四)其他给商业秘密权利人造成重大损失的情形。 第九十条 本规定中的立案追诉标准,除法律、司法解释、本规定中另有规定的以外,适用于相应的单位犯罪。 第九十一条 本规定中的"以上",包括本数。
2013年江苏省高级人民法院、江苏省人民检察院、江苏省公安厅《关于知识产权刑事案件适用法律若干问题的讨论纪要》(苏高法〔2013〕275号)	十、关于侵犯商业秘密犯罪中权利人"损失数额"的认定 侵犯商业秘密犯罪中权利人"损失数额"的认定方式: 1. 权利人因侵权所受损失数额的计算方式:权利人产品因侵权造成销售量减少的总数×权利人每件产品的合理利润。权利人销售量减少的总数难以确定的,侵权产品在市场上销售的总数×权利人每件产品的合理利润可以视为权利人因侵权所受损失。 2. 权利人自身损失数额难以计算的,犯罪嫌疑人、被告人因侵权所获利润可以视为权利人损失。计算方式:已销售的侵权产品数量×侵权产品利润。侵权产品利润难以查清的,可以将已销售的侵权产品数量×同类产品市场平均利润视为侵权获利。 犯罪嫌疑人、被告人通过转让涉案商业秘密、许可他人使用涉案商业秘密等所获得的收益应当计入侵权人的侵权获利。 3. 涉案产品除包含权利人技术秘密外,还涉其他关键性技术,计算损失数额时,应当考虑技术秘密在整个产品中所起的作用,不宜将依据整个产品利润计算出的数额全部视为权利人损失。 4. 因侵权行为导致权利人商业秘密已为公众所知悉的,权利人对该商业秘密的研究开发成本应当计入权利人的损失数额。

第243条 【立案的其他材料】

由于公安机关可能建议当事人自诉的,报案时尽可能提交以下案件材料:

(1)犯罪情节特别严重,损失特别巨大、危害公共利益的证据材料;

(2)虽有证据存在,权利人或者代理人因客观原因无法自行收集的具体情况说明。

第244条 【撰写报案材料和《商业秘密的陈述》】
244.1 报案材料主要包括:
(1)权利人和犯罪嫌疑人的基本情况;
(2)《商业秘密的陈述》;
(3)犯罪嫌疑人侵犯商业秘密的基本情况;
(4)造成权利人的损失和后果等。

244.2 《商业秘密的陈述》应当包括以下内容:
(1)商业秘密形成的时间和过程;
(2)商业秘密的内容和范围;
(3)商业秘密的研发成本、市场价值、许可使用情况;
(4)权利人采取的保密措施;
(5)权利人收益和竞争优势等内容。

第245条 【鉴定】
245.1 涉及以下内容难以认定的可以协助公安机关委托鉴定机关进行鉴定:
(1)权利人主张的商业秘密是否不为公众所知悉;
(2)权利人的商业秘密信息与犯罪嫌疑人获取或使用的信息是否具有同一性;
(3)涉案商业秘密的价值;
(4)权利人的损失。

245.2 不应对以下法律问题进行鉴定:
(1)是否构成商业秘密;
(2)嫌疑人的行为是否构成侵犯商业秘密。

245.3 具有下列情形之一的,应申请鉴定人进行补充鉴定:
(1)发现可能影响鉴定结论的新材料的;
(2)原鉴定项目有遗漏的;
(3)原鉴定文书对鉴定要求答复不完备的。

※ 条文释解

1. "司法鉴定是指在诉讼活动中鉴定人运用科学技术或者专门知识对诉讼涉及的专门性问题进行鉴别和判断并提供鉴定意见的活动。"[1]因此,不仅是技术鉴定,《评估报告》《审计报告》等利用专门知识对专门性问题作出意见的,均属于鉴定意见的范畴。

2. 鉴定意见是专业机构作出的专业性评述和判断,证明力更大。但也仅仅是一种证据形式,并非是不可以质疑的最终结论。

3. 除了鉴定意见外,能够证明案件事实的证据还有很多,同样需要准备。

---

[1] 顾永忠主编:《刑事辩护律师审查、运用证据指南》,北京大学出版社2010年版,第57页。

※ 依据

文件名称	条款内容
2012年《刑事诉讼法》	第一百八十七条　公诉人、当事人或者辩护人、诉讼代理人对证人证言有异议,且该证人证言对案件定罪量刑有重大影响,人民法院认为证人有必要出庭作证的,证人应当出庭作证。 人民警察就其执行职务时目击的犯罪情况作为证人出庭作证,适用前款规定。 公诉人、当事人或者辩护人、诉讼代理人对鉴定意见有异议,人民法院认为鉴定人有必要出庭的,鉴定人应当出庭作证。经人民法院通知,鉴定人拒不出庭作证的,鉴定意见不得作为定案的根据。 第一百九十二条　法庭审理过程中,当事人和辩护人、诉讼代理人有权申请通知新的证人到庭,调取新的物证,申请重新鉴定或者勘验。 公诉人、当事人和辩护人、诉讼代理人可以申请法庭通知有专门知识的人出庭,就鉴定人作出的鉴定意见提出意见。 法庭对于上述申请,应当作出是否同意的决定。 第二款规定的有专门知识的人出庭,适用鉴定人的有关规定。

第246条　【申请保密和不公开审理】

246.1　商业秘密案件应当在报案、侦查、审查起诉、一审、二审、申诉各阶段提请司法机关对证据材料及其他材料保密。

246.2　在审理阶段应当提请法院不公开审理。

246.3　申请法院在判决书等法律文书中对商业秘密的内容予以省略,避免商业秘密的二次披露。

第三节　作为刑事自诉人的代理人

第247条　【自诉的特点】

刑事自诉有以下特点:

(1) 相对于公诉案件具有较强的自主性;

(2) 被告人可以反诉;

(3) 自诉人可以与被告人和解、调解,可以撤回起诉。

※ 依据

文件名称	条款内容
2012年《刑事诉讼法》	第二百零七条　自诉案件的被告人在诉讼过程中,可以对自诉人提起反诉。反诉适用自诉的规定。

第 248 条 【自诉的适用】
以下侵犯商业秘密的刑事案件可以选择自诉方式：
（1）被害人有证据证明的轻微商业秘密刑事案件；
（2）被害人有证据证明被告人侵犯自己的商业秘密应当依法追究刑事责任，而公安机关或人民检察院不予追究被告人刑事责任的案件。

第 249 条 【自诉与公诉的转换】
在自诉过程中发现有以下情况的，应移送公安机关立案侦查转为公诉案件：
（1）侵犯商业秘密行为严重危害社会秩序和国家利益的；
（2）已有证据证明商业秘密存在侵权行为，而自诉人因客观原因无法自行收集的；
（3）被告人有可能被判处 3 年以上有期徒刑刑罚的。

第四节　作为犯罪嫌疑人、被告人的辩护人

第 250 条 【会见】
250.1　律师接受委托后，应尽快听取当事人的陈述和辩解，了解被害人主张的涉案商业秘密的内容、范围，了解当事人掌握的被控商业信息的内容、范围、来源、形成过程，以及该领域专家的情况。
250.2　律师接受被告单位委托后，如需会见被告单位负责人而该负责人已被采取刑拘、逮捕等强制措施，应当及时与办案单位或拘留所沟通，依法会见（有的案件可能需要办案单位批准）。

第 251 条 【查阅、摘抄、复制案件材料】
按照各阶段依法赋予的权利，了解案情，查阅、摘抄、复制与案件有关的文件材料。

第 252 条 【申请调查收集证据】
律师应申请办案机关调查收集能够证明被告人无罪或者罪轻的证据材料。比如：不构成商业秘密的证据；当事人享有被控商业信息权利的证据；无侵权行为的证据；未达到定罪标准的基本证据等。

第 253 条 【提出书面意见】
在侦查、审查逮捕、审查起诉各阶段，律师应及时提出不构成犯罪、无社会危险性、不适宜羁押、侦查活动有违法犯罪情形等书面意见。

第 254 条 【取得专家支持】
对于涉及专业性比较强的商业秘密，应当聘请该领域专家提供帮助，通过专家查找有利的证据，也可以聘请专家参与诉讼活动。

第 255 条 【庭前会议准备】
庭前会议是庭审的准备程序。在庭前会议中,律师可就下列问题向法官提出书面意见:
(1) 是否对案件管辖有异议;
(2) 是否申请有关人员回避;
(3) 是否申请调取在侦查、审查起诉期间,办案机关收集但未随案移送的证明被告人无罪或者罪轻的证据材料;
(4) 是否提供新的证据;
(5) 是否对出庭证人、鉴定人、专家辅助人的名单有异议;
(6) 是否申请排除非法证据;
(7) 是否申请不公开审理;
(8) 与审判相关的其他问题,如提出确定争议焦点建议等。

第 256 条 【庭审发问提纲】
庭审发问应当侧重查明涉案的经营信息或技术信息是否构成商业秘密,查明被告人是否有被控犯罪行为,被告人是否自愿认罪以及被告人在共同犯罪中所起的作用等。

※ 条文释解
庭审发问提纲是辩护人准备庭审材料的内容之一,是防止在庭审中有重要事项遗漏,也是关键性问题需要进一步深究的提示。开庭之前能够反复琢磨,斟酌使用最为精炼、易懂的语言予以表达。尤其是不要引发回答者误解,亦不应诱导答案。

第 257 条 【对鉴定报告的质证】
对鉴定报告可考虑从以下方面提出质证意见:
(1) 鉴定人是否与本案存在利害关系;
(2) 鉴定人或鉴定机构是否具备相应的鉴定资质;
(3) 鉴定人是否受到外界的干扰和影响;
(4) 鉴定所依据材料是否充分或客观;
(5) 鉴定的设备、方法、过程是否符合技术标准和技术规范要求;
(6) 鉴定的程序是否合法;
(7) 鉴定结论与其他证据是否存在矛盾。

※ 条文释解
在【案例 10.1-31】被告单位浙江福瑞德化工有限公司、被告人张海青、被告人廖世茂侵犯商业秘密罪案中,受害人主张的技术信息的"非公知性""同一性"是否成立?
辩护人认为:在没有明确确定技术秘密点和技术特征对比分析的情形下,鉴定报告写明"在没有反证的情况下"属于非公知性的前提,那么被告人自行委托鉴定作出的联力公司的技术信息不属于非公知性的鉴定报告,就是反证的主张,得到了法庭的支持。

法院认为:"国家工商行政管理局发布的《关于禁止侵犯商业秘密行为的若干规定》第2条指出:不为公众知悉是指'不能从公共渠道直接获取'。根据上述规定,不为公众知悉的技术信息应当同时具备两个条件,其一,信息权人采取了适当的保密措施使同业竞争者除使用不正当手段外无法轻易获取该信息;其二,公开出版物未披露过与该技术信息具有同一性的技术信息。在假定信息权利人已采取了适当保密措施的前提下,判断一项技术信息是否属于非公众知悉的技术信息应判断公开出版物是否披露过与该技术信息具有同一性的技术信息。而同一性判断应以两项技术信息的应用是否属于同一技术领域,解决同一技术问题,拥有同一技术特征,达到同一技术效果为标准。京洲司法鉴定中心001号《司法鉴定书》认定联力公司生产三乙基铝的技术信息为非公众知悉的信息时加注了'没有反证'的前提。紫图司法鉴定中心出具的《鉴定意见书》将福瑞德公司的上述五项技术信息从技术特征的角度与公开文献中的相关技术信息进行比对得出了与京洲《司法鉴定书》完全相反的意见,足以使京洲《司法鉴定书》产生'合理怀疑'。该意见能否成为京洲《司法鉴定书》的反证关键在于判断福瑞德公司的上述五项技术信息是否具有同一性,而该判断属于技术判断的范畴而非司法判断的范畴,公诉机关应当承担相应的举证责任。而京洲司法鉴定中心的鉴定人在出庭接受询问的过程中明确表示不进行上述判断,公诉机关亦未出示其他证据排除紫图《鉴定意见书》提出的'合理怀疑'。故依据京洲司法鉴定中心出具的《司法鉴定书》无法认定联力公司与福瑞德公司在三乙基铝生产工艺中具有同一性的五项技术信息为非公众知悉的技术信息。"

该案给我们的重要启示是:提交鉴定的送检材料十分关键,不同的送检材料决定了不同的鉴定结果。不能仅仅为了实现鉴定目标而忽略应有的对比材料。在本案中,受害人提交鉴定的材料中极度缺乏现有的、公开渠道容易获得的技术资料,导致鉴定机构在作出判断时留有"在没有反证的情况下"的余地,实际上也正说明了受害人对于自己主张的为商业秘密点并没有准确的界定出来,导致其鉴定报告对整部设备、全套工艺作了评价。而被告人试图分析受害人可能主张的商业秘密点,有针对性地自行收集、整理材料,所获得的技术鉴定报告,难以找出缺漏之处。

第258条 【申请鉴定人出庭】

申请鉴定人、评估人出庭有利于律师充分了解鉴定报告中的专业问题和细节问题,从中找出质证的理由。

※ 依据

文件名称	条款内容
2012年《刑事诉讼法》	第一百八十七条　公诉人、当事人或者辩护人、诉讼代理人对证人证言有异议,且该证人证言对案件定罪量刑有重大影响,人民法院认为证人有必要出庭作证的,证人应当出庭作证。 人民警察就其执行职务时目击的犯罪情况作为证人出庭作证,适用前款规定。 公诉人、当事人或者辩护人、诉讼代理人对鉴定意见有异议,人民法院认为鉴定人有必要出庭的,鉴定人应当出庭作证。经人民法院通知,鉴定人拒不出庭作证的,鉴定意见不得作为定案的根据。

第259条　【申请重新鉴定】

对鉴定报告有异议的,鉴定报告具有下列情形之一的,可以申请重新鉴定:

(1) 鉴定人或鉴定机构不具备相关鉴定资质的;
(2) 鉴定程序不符合法律规定的;
(3) 鉴定结论与其他证据有矛盾的;
(4) 鉴定依据有虚假,或者原鉴定方法有缺陷的;
(5) 鉴定人应当回避没有回避;
(6) 同一案件有多个不同鉴定结论的;
(7) 有证据证明存在影响鉴定人准确鉴定因素的。

※ 条文释解

对刑事案件中定案的技术鉴定报告存有异议的,可以自行进行鉴定或者申请重新鉴定。

※ 依据

文件名称	条款内容
2012年《刑事诉讼法》	第一百九十二条　法庭审理过程中,当事人和辩护人、诉讼代理人有权申请通知新的证人到庭,调取新的物证,申请重新鉴定或者勘验。 公诉人、当事人和辩护人、诉讼代理人可以申请法庭通知有专门知识的人出庭,就鉴定人作出的鉴定意见提出意见。 法庭对于上述申请,应当作出是否同意的决定。 第二款规定的有专门知识的人出庭,适用鉴定人的有关规定。

第 260 条　【对评估报告的质证】

对认定受害人损失数额的司法评估报告,可考虑从以下方面提出质证意见:
(1) 评估人和评估机构是否与本案存在利害关系;
(2) 评估机构是否具备相应的资质;
(3) 评估人是否恪守独立、客观、公正的原则;
(4) 评估人选择的资产评估基本方法是否适用于本案;
(5) 评估报告所依据的法律、行政法规、规章和标准是否有效;
(6) 评估结论各重要参数的信息来源是否客观,对信息的利用是否恰当;
(7) 评估结论的分析、比较与测算过程及数据是否正确。

※ 条文释解

在【案例 10.1-31】被告单位浙江福瑞德化工有限公司、被告人张海青、被告人廖世茂侵犯商业秘密罪一案中,公安机关委托作出的《评估报告》《专项审计报告》,辩护人从形式合法性、法律依据、适用方法、重复计算等各个角度对两份报告提出质疑:① 依据的法律法规有些已经失效;② 研发成本的起算日期晚于技术秘密投入生产的日期;③ 会计师事务所没有相应的资质;④ 到庭参加质证的人员并非报告的签字人员,也没有参与报告的审核和作出;⑤ 权益项重复计算,没有作出相应的排除,等等。

法院最终裁判认为:"无论是针对联力公司经济损失所作出的《评估报告》还是针对福瑞德公司销售及营业利润所做出的《专项审计报告》均属于会计领域的专家依据会计学原理,通过查阅会计凭证等财务资料对涉案公司不同的财务状况所作出的专门性意见。从证据种类的角度,两份报告书均应属鉴定意见的范畴,均应符合刑事诉讼证据规则对鉴定意见的形式要求。即两份报告书能否作为定案根据使用首先应当审查其是否具有合法性。根据庭审查明的情况,其一,根据北京市司法局出具的证明记载作出的《专项审计报告》的中兴华会计师事务所未在该局核准登记,未取得该局颁发的《司法鉴定许可证》。最高人民法院《关于适用〈中华人民共和国刑事诉讼法〉的解释》第八十五条第(一)项规定,鉴定机构不具备法定资质,其作出的鉴定意见不能作为定案的根据。《司法鉴定机构登记管理办法》第三条第二款规定'司法鉴定机构是司法鉴定人的执业机构,应当具备本办法规定的条件,经省级司法行政机关审核登记,取得《司法鉴定许可证》,在登记的司法鉴定业务范围内,开展司法活动'。由此可见,鉴定机构除需要满足《司法鉴定机构登记管理办法》规定的条件外必须经省司法行政机关核准登记,取得《司法鉴定许可证》,方可认为具备了法定资质。其二,《评估报告》的鉴定人……出庭接受询问的过程中陈述:其并非该份评估报告的制作人,该份报告由未在评估报告中签字的……制作,其在报告作出后负责审核报告制作程序是否合法。最高人民法院《关于适用〈中华人民共和国刑事诉讼法〉的解释》第八十五条第(五)项规定,依据违反规定的鉴定程序作出的鉴定意见,不能作为定案根据。《鉴定人登记管理办法》第二十二条规定:'司法鉴定人应当履行下列义务:(一)受所在司法鉴定机构指派按照规定的时限独立完成鉴定工作,并出具鉴定意见……'由此可见,资产评估师在执行资产业务时,独立分析、估算并形成专业意见是评估报告书制作过程中必须遵守的基本程序规定。故中兴华会计师事务所在未取得《司法鉴定许可证》的情况下做出《专项审计报告》,华德恒资产评估公司违反评估程序做出《评估报告》,使两份报告书作为鉴定意见丧失了合法性基础,均不能作为定案根据使用。"

由该案可以看出,对评估报告要认真寻找问题。在本案中,辩护人对于鉴定机构、鉴定人、报告人、出庭人等相关人员进行了合法性审查、人员资质审查,对于报告作出所依据的法律、法规进行了审查检索,才发现该报告出具所依据的有关规定已经失效,直接使对于报告的质证有了重大转机。

该案最终是"依照《中华人民共和国刑法》第二百一十九条、《中华人民共和国刑事诉讼法》第一百九十五条第(三)项之规定,判决如下:被告单位浙江福瑞德化工有限公司、被告人张海青、廖世茂无罪"。

※ **依据**

文件名称	条款内容
2011年江苏省高级人民法院、江苏省人民检察院、江苏省公安厅《关于办理知识产权刑事案件若干程序问题的意见》	第七条　非法经营数额难以确定的,办案机关可以委托价格事务所等评估机构进行估价鉴定。

第261条　【常用的抗辩理由】
常用的抗辩理由有以下几类:
(1) 涉案信息不具备法定条件,不构成商业秘密;
(2) 被害人对涉案信息无合法权利;
(3) 涉案信息可以通过公开渠道无须付出一定的代价而容易获得;
(4) 被告人是通过自行研究或情报分析取得该信息的;
(5) 被告人是通过反向工程取得该信息的;
(6) 被告人使用的信息与被害人的秘密信息不相同或者不相似;
(7) 被告人对使用的信息有合法的使用权,如合法购买、合法接受许可、善意获得;
(8) 被害人明知被告人使用却一直默许或懈怠行使权利;
(9) 被告人不知道该信息的来源是非法的,主观上没有侵犯权利人商业秘密的故意;
(10) 造成的损失没有达到定罪标准;
(11) 在被告人是个人的情况下,可以根据具体情况以单位犯罪来抗辩;

（12）被害人向公安机关提供商业秘密信息内容前接触了被告人的商业秘密信息，而且无法证实在接触被告人的商业秘密前已经成为该商业秘密的合法权利人。

※ 条文释解

本条也只是提示性的列举。

1. 定罪辩护，可以考虑从司法审查定罪证据的角度进行。

2. 量刑辩护，要根据量刑所依据的原则、方法，从定罪证据、确定的事实和量刑适用的法律角度进行。

3. 对于询问笔录、证据材料要认真审核，查找出遗漏、矛盾、瑕疵之处。要注意对存疑证据的提出和质证，对非法证据的界定和排除，还有对于特殊侦查手段获得的证据的审查和质证。

4. 是否存在"犯罪未遂"的问题

"在侵犯商业秘密罪是否存在未遂形态的问题上，主要存在以下三种不同的观点：第一种观点是否定说。侵犯商业秘密罪只存在是否成立犯罪的问题，不存在犯罪未遂的问题。刑法以给权利人造成重大损失作为犯罪成立的要件，行为人实施侵权行为，但尚未造成损失或损失尚未达到重大标准的，不构成犯罪。第二种观点是肯定说。侵犯商业秘密罪存在未遂形态。刑法中的'给权利人造成重大损失'是区分犯罪既遂与未遂的条件，侵犯商业秘密罪也存在犯罪未遂问题，即行为人已经着手实施犯罪行为，由于意志以外的原因而没有给权利人造成重大损失的，可以构成犯罪未遂。第三种观点是折中说。侵犯商业秘密罪只是在可能'造成特别严重后果'的情况下，才存在犯罪未遂。该观点认为，在刑法分则中，一个罪如果规定了两个或者两个以上的刑罚幅度，同时规定了数额标准，那么最低档次数额是罪与非罪的标准，但如果在符合第一档次的前提下针对数额巨大的对象从事犯罪活动没有得逞，可以作为第二个档次犯罪的未遂处理。"[①]看来这个问题还需要进一步探讨。该书的观点是存在犯罪未遂，但是"由于未遂判断标准的模糊性，公安机关与法院对于侵犯商业秘密未遂的案件一般是不予受理的"。实践中，正准备投产建厂之时，公安机关已经介入的案例已经出现。

---

① 孔祥俊主编：《商业秘密司法保护实务》，中国法制出版社2012年版，第274页。

※ 依据

文件名称	条款内容
2004年最高人民法院、最高人民检察院《关于办理侵犯知识产权刑事案件具体应用法律若干问题的解释》	第七条　实施刑法第二百一十九条规定的行为之一,给商业秘密的权利人造成损失数额在五十万元以上的,属于"给权利人造成重大损失",应当以侵犯商业秘密罪判处三年以下有期徒刑或者拘役,并处或者单处罚金。 　　给商业秘密的权利人造成损失数额在二百五十万元以上的,属于刑法第二百一十九条规定的"造成特别严重后果",应当以侵犯商业秘密罪判处三年以上七年以下有期徒刑,并处罚金。 　　第十二条　本解释所称"非法经营数额",是指行为人在实施侵犯知识产权行为过程中,制造、储存、运输、销售侵权产品的价值。已销售的侵权产品的价值,按照实际销售的价格计算。制造、储存、运输和未销售的侵权产品的价值,按照标价或者已经查清的侵权产品的实际销售平均价格计算。侵权产品没有标价或者无法查清其实际销售价格的,按照被侵权产品的市场中间价格计算。 　　多次实施侵犯知识产权行为,未经行政处理或者刑事处罚的,非法经营数额、违法所得数额或者销售金额累计计算。 　　本解释第三条所规定的"件",是指标有完整商标图样的一份标识。 　　第十五条　单位实施刑法第二百一十三条至第二百一十九条规定的行为,按照本解释规定的相应个人犯罪的定罪量刑标准的三倍定罪量刑。 　　第十六条　明知他人实施侵犯知识产权犯罪,而为其提供贷款、资金、账号、发票、证明、许可证件,或者提供生产、经营场所或运输、储存、代理进出口等便利条件、帮助的,以侵犯知识产权犯罪的共犯论处。
2013年江苏省高级人民法院、江苏省人民检察院、江苏省公安厅《关于知识产权刑事案件适用法律若干问题的讨论纪要》(苏高法〔2013〕275号)	九、关于对侵犯商业秘密犯罪中商业秘密"不为公众所知悉"和"保密措施"认定的理解 　　(一)"不为公众所知悉"总体上应当以《反不正当竞争法司法解释》第九条中"有关信息不为其所属领域的相关人员普遍知悉和容易获得"为判断标准。 　　1. 涉及复杂专业知识判断的技术信息,一般应当采取司法鉴定等手段解决"不为公众所知悉"的认定问题。司法鉴定的具体操作程序、方法应当符合《江苏省高级人民法院、江苏省人民检察院、江苏省公安厅关于办理知识产权刑事案件若干程序问题的意见》(苏高法〔2011〕485号)第八、九、十、十二、十三、十四、十五条的规定,同时注意赋予犯罪嫌疑人、被告人进行公知信息抗辩的权利,并对其公知信息抗辩是否成立作充分审查。

(续表)

文件名称	条款内容
2013年江苏省高级人民法院、江苏省人民检察院、江苏省公安厅《关于知识产权刑事案件适用法律若干问题的讨论纪要》（苏高法〔2013〕275号）	2. 经营信息"不为公众所知悉"的基本判断标准可归纳为经营信息的特有性以及获取该经营信息的难易程度。一般应当注意审查以下几个方面：(1)权利人为经营信息的形成付出了一定的劳动和投入。(2)权利人主张的经营信息应当具备特有性，即不属于公共领域的信息，如产品出厂价格、年订购的数量底线、利润空间等。对于可以通过正常渠道容易获得的信息，一般不能认定为商业秘密。 3. 在审查客户名单"不为公众所知悉"时，一般还应当审查权利人与客户之间是否具备相对稳定的交易关系，一次性、偶然性交易以及尚未发生实际交易的客户一般不构成商业秘密意义上的客户名单。 （二）保密措施的合理性审查应当包括以下因素： 1. 有效性：权利人所采取的保密措施要与被保密的客体相适应，以他人不采取不正当手段或者不违反约定就难以获得为判断标准； 2. 可识别性：权利人采取的保密措施，足以使承担保密义务的相对人能够意识到该信息是需要保密的信息； 3. 适当性：保密措施应当与该信息自身需要采取何种程度的保密措施即可达到保密要求相适应，并非要求保密措施做到万无一失。 对于权利人在信息形成一段时间后才采取保密措施的，应当根据具体案情从严掌握审查标准，如果确无证据证明该信息在上述期间已经泄露的，可以认定保密措施成立。
2011年江苏省高级人民法院、江苏省人民检察院、江苏省公安厅《关于办理知识产权刑事案件若干程序问题的意见》（苏高法〔2011〕485号）	第八条 办案机关可以就技术事实认定等问题组织司法鉴定。办案机关应当指定具备鉴定资质，具有主要检测设备，客观上具备鉴定能力的鉴定机构进行技术鉴定，在同等条件下优先选择具备司法鉴定资质的鉴定机构进行技术鉴定。 涉及特殊技术领域的司法鉴定，鉴定机构因缺乏专业检测设备，需要委托其他检测机构就鉴定事项中的部分内容进行技术检测的，应当审查被委托单位的资质、检测条件，并就委托过程作详细记载说明。 第九条 办案机关委托司法鉴定的，应当对鉴定机构及鉴定人员是否存在与案件审理有利害关系，可能影响公正鉴定的情形进行审查。鉴定机构具有上述情形的，不得委托其进行鉴定；鉴定人员具有上述情形的，应当要求鉴定机构更换鉴定人员。 办案机关应当及时将鉴定机构以及鉴定人员组成情况告知犯罪嫌疑人、权利人，并明确告知其申请回避的权利及期限。鉴定机构及鉴定人员情况应当包括鉴定机构名称，鉴定人员姓名、工作单位、职务、职称、学历、专业领域等基本情况。确因案件侦查等客观原因不能及时告知上述信息的，应当在侦查结束后及时告知。 犯罪嫌疑人、权利人提出回避申请的，由办案机关审查后决定。 第十条 涉及技术秘密的司法鉴定，办案机关在委托鉴定前，应当首先要求权利人明确技术秘密的具体内容。

(续表)

文件名称	条款内容
2011年江苏省高级人民法院、江苏省人民检察院、江苏省公安厅《关于办理知识产权刑事案件若干程序问题的意见》（苏高法〔2011〕485号）	办案机关在委托鉴定书中应当准确无误地表述委托鉴定的事项，并要求鉴定机构在充分收集相关技术资料的基础上做出鉴定结论。委托鉴定事项一般包括权利人所主张的技术信息是否不为公众所知悉；被控侵权技术与权利人主张的技术秘密是否相同或者实质性相同等。 第十一条 涉及计算机软件的司法鉴定，鉴定事项一般包括软件程序之间是否构成相同或者实质性相同。进行计算机软件相同性对比的，应当首先对比软件源程序之间是否构成相同或者实质性相同；确因客观原因无法对比源程序的，可以对比软件目标程序之间是否构成相同或者实质性相同，并结合其他证据进行判断；确因客观原因既无法对比源程序，也无法对比目标程序的，可以对比软件运行过程中是否存在相同的缺陷性特征，并结合其他证据进行判断。 第十二条 办案机关可以当面或者书面听取权利人对鉴定事项的意见。当面听取意见的，应当制作详细笔录。对于权利人提出的意见，办案机关应当及时将意见转递至鉴定机构，要求其充分审查。 第十三条 办案机关应当面或者书面听取犯罪嫌疑人对鉴定事项的意见。当面听取意见的，应当制作详细笔录。办案机关同时应当告知犯罪嫌疑人有权就涉案技术信息是否为公众所知悉，以及被控侵权技术与权利人主张的技术秘密是否相同或实质性相同等提出意见，并应当允许犯罪嫌疑人提供相应技术资料或线索证明其观点。对于犯罪嫌疑人提出的意见，办案机关应当及时转递至鉴定机构，并要求其充分审查。 第十四条 鉴定报告正式出具前，办案机关可以就鉴定过程记载是否清楚详细，鉴定结论是否符合委托鉴定事项要求，鉴定结论的表述是否清晰、是否容易产生歧义等方面进行预审，并在不影响鉴定机构独立作出鉴定结论的前提下就上述问题提出意见。 第十五条 人民法院在开庭审理中，应当组织控辩双方就鉴定报告进行质证。被告人、辩护人对鉴定报告提出异议的，人民法院可以根据案件审理需要，要求鉴定人出庭接受询问，或者作出书面说明。
2014年最高人民法院《关于常见犯罪的量刑指导意见》	一、量刑的指导原则 1. 量刑应当以事实为根据，以法律为准绳，根据犯罪的事实、性质、情节和对于社会的危害程度，决定判处的刑罚。 2. 量刑既要考虑被告人所犯罪行的轻重，又要考虑被告人应负刑事责任的大小，做到罪责刑相适应，实现惩罚和预防犯罪的目的。 3. 量刑应当贯彻宽严相济的刑事政策，做到该宽则宽，当严则严，宽严相济，罚当其罪，确保裁判法律效果和社会效果的统一。 4. 量刑要客观、全面把握不同时期不同地区的经济社会发展和治安形势的变化，确保刑法任务的实现；对于同一地区同一时期、案情相似的案件，所判处的刑罚应当基本均衡。 二、量刑的基本方法 量刑时，应在定性分析的基础上，结合定量分析，依次确定量刑起点、基准刑和宣告刑。

（续表）

文件名称	条款内容
2014年最高人民法院《关于常见犯罪的量刑指导意见》	1. 量刑步骤 （1）根据基本犯罪构成事实在相应的法定刑幅度内确定量刑起点； （2）根据其他影响犯罪构成的犯罪数额、犯罪次数、犯罪后果等犯罪事实，在量刑起点的基础上增加刑罚量确定基准刑； （3）根据量刑情节调节基准刑，并综合考虑全案情况，依法确定宣告刑。 2. 调节基准刑的方法 （1）具有单个量刑情节的，根据量刑情节的调节比例直接调节基准刑。 （2）具有多个量刑情节的，一般根据各个量刑情节的调节比例，采用同向相加、逆向相减的方法调节基准刑；具有未成年人犯罪、老年人犯罪、限制行为能力的精神病人犯罪、又聋又哑的人或者盲人犯罪、防卫过当、避险过当、犯罪预备、犯罪未遂、犯罪中止、从犯、胁从犯和教唆犯等量刑情节的，先适用该量刑情节对基准刑进行调节，在此基础上，再适用其他量刑情节进行调节。 （3）被告人犯数罪，同时具有适用于各个罪的立功、累犯等量刑情节的，先适用该量刑情节调节个罪的基准刑，确定个罪所应判处的刑罚，再依法实行数罪并罚，决定执行的刑罚。 3. 确定宣告刑的方法 （1）量刑情节对基准刑的调节结果在法定刑幅度内，且罪责刑相适应的，可以直接确定为宣告刑；如果具有应当减轻处罚情节的，应依法在法定最低刑以下确定宣告刑。 （2）量刑情节对基准刑的调节结果在法定最低刑以下，具有法定减轻处罚情节，且罪责刑相适应的，可以直接确定为宣告刑；只有从轻处罚情节的，可以依法确定法定最低刑为宣告刑；但是根据案件的特殊情况，经最高人民法院核准，也可以在法定刑以下判处刑罚。 （3）量刑情节对基准刑的调节结果在法定最高刑以上的，可以依法确定法定最高刑为宣告刑。 （4）综合考虑全案情况，独任审判员或合议庭可以在20%的幅度内对调节结果进行调整，确定宣告刑。当调节后的结果仍不符合罪责刑相适应原则的，应提交审判委员会讨论，依法确定宣告刑。 （5）综合全案犯罪事实和量刑情节，依法应当判处无期徒刑以上刑罚、管制或者单处附加刑、缓刑、免刑的，应当依法适用。

※ **案例10.2-33：段新苗侵犯商业秘密案**①

本案是2014年度中国检察机关保护知识产权十大典型案例之一。

---

① 载 http://www.chinacourt.org/article/detail/2013/10/id/1110846.shtml。

一、基本案情

2010年7月至2011年5月间,被告人段新苗在江苏南京三超金刚石工具公司任职期间,违反该公司管理规定,以复制、偷拍等不正当手段,获取该公司已采取保密措施的金刚石线锯生产设备的图纸等商业秘密。2011年5月11日,段新苗以技术入股的形式,与他人成立南京万牙索材料科技公司,获取该公司40%的股份,并任总经理。该公司利用段新苗获取的商业秘密,先后生产并销售金刚石线锯生产设备7台,违法获利1092万余元。

二、诉讼过程

2013年6月27日,江苏南京市江宁区人民检察院以段新苗涉嫌侵犯商业秘密罪提起公诉。同年11月15日,南京市江宁区人民法院以侵犯商业秘密罪判处被告人段新苗有期徒刑6年,罚金200万元。二审维持原判。

三、评析意见

在该案办理过程中,检察机关注重就案件事实、证据和法律适用听取权利人、鉴定人、辩护人、诉讼代理人意见,通过到权利单位现场走访,实地了解生产经营状况,对案件中的技术性问题形成了直观认识,为案件的顺利办理奠定了坚实基础。庭审过程中,控辩双方围绕鉴定意见这一关键证据和案件争议焦点进行了激烈辩论,检察机关及时申请鉴定人出庭作证,有力地指控了犯罪。办案检察机关还认真剖析该案,针对商业秘密司法鉴定中存在的问题和争议开展实证研究,撰写了《侵犯商业秘密案件司法鉴定的实证分析报告》,构建了规范化、制度化、合理化的审查模式,提高了办理侵犯商业秘密类案件的执法水平。

该案被告人被判处的刑罚接近侵犯商业秘密罪的法定最高刑,有力地打击了侵犯知识产权犯罪,充分体现了检察机关保护知识产权的职能和作用,树立了检察机关的良好形象。

第262条 【调解】

在刑事自诉案件中,可以寻求与自诉人在庭外和解或与自诉人达成调解协议。

※ 依据

文件名称	条款内容
2012年最高人民法院《关于扩大诉讼与非诉讼相衔接的矛盾纠纷解决机制改革试点总体方案》	12. 建立刑事和解工作机制。按照新修订的《中华人民共和国刑事诉讼法》关于刑事和解的规定,与公安机关、检察机关建立刑事和解工作机制,明确刑事和解案件的范围、条件、方式、结果和程序等。在和解工作中,充分发挥人民调解组织、基层自治组织、当事人所在单位或者同事、亲友以及法院特邀调解组织和特邀调解员等的作用,促使当事人达成和解协议,化解矛盾。

（续表）

文件名称	条款内容
2012年《刑事诉讼法》	第二百零六条　人民法院对自诉案件,可以进行调解;自诉人在宣告判决前,可以同被告人自行和解或者撤回自诉。本法第二百零四条第三项规定的案件不适用调解。 人民法院审理自诉案件的期限,被告人被羁押的,适用本法第二百零二条第一款、第二款的规定;未被羁押的,应当在受理后六个月以内宣判。 第二百七十七条　下列公诉案件,犯罪嫌疑人、被告人真诚悔罪,通过向被害人赔偿损失、赔礼道歉等方式获得被害人谅解,被害人自愿和解的,双方当事人可以和解: （一）因民间纠纷引起,涉嫌刑法分则第四章、第五章规定的犯罪案件,可能判处三年有期徒刑以下刑罚的; （二）除渎职犯罪以外的可能判处七年有期徒刑以下刑罚的过失犯罪案件。 犯罪嫌疑人、被告人在五年以内曾经故意犯罪的,不适用本章规定的程序。 第二百七十八条　双方当事人和解的,公安机关、人民检察院、人民法院应当听取当事人和其他有关人员的意见,对和解的自愿性、合法性进行审查,并主持制作和解协议书。 第二百七十九条　对于达成和解协议的案件,公安机关可以向人民检察院提出从宽处理的建议。人民检察院可以向人民法院提出从宽处罚的建议;对于犯罪情节轻微,不需要判处刑罚的,可以作出不起诉的决定。人民法院可以依法对被告人从宽处罚。
2014年最高人民法院《关于常见犯罪的量刑指导意见》	10. 对于当事人根据《刑事诉讼法》第二百七十七条达成刑事和解协议的,综合考虑犯罪性质、赔偿数额、赔礼道歉以及真诚悔罪等情况,可以减少基准刑的50%以下;犯罪较轻的,可以减少基准刑的50%以上或者依法免除处罚。

第十一章 附　　则

第 263 条　【依据效力】

本操作指引根据 2014 年 9 月 30 日以前发布的法律、法规及司法解释规定，并结合司法实践和律师实务编写。律师办理具体业务还应当充分注意个案事实、各省市法规以及新颁布的法律、法规和司法解释处理。

※ 条文释解

因《律师办理商业秘密法律业务操作指引》从 2009 年开始撰写到 2010 年定稿第一版，又到 2014 年修订第二版完成，再到本书写作，期间历时 5 年。在 5 年中，有些规定已经废止，有些规定又有修订，以及新政策的出台、《反不正当竞争法》的修订和司法审判改革等诸多因素，使得总有应接不暇的感觉。但是商业秘密的本质和法律属性越来越清晰，无论何种变化，都可以有其基本法理为依靠，有法律为依据。但商业秘密确实是一类精细的法律业务，"精细"就需要律师的法律融通能力和细节判别能力在个案中起作用。

第 264 条　【指引效力】

本操作指引不具有强制性，仅供律师办理商业秘密法律业务时作为参考。

※ 条文释解

曾有律师说，操作指引是律师专业业务的规范操作规程。既为指引，只是将一些已知的和可行、甚至是需要思考的问题提供大家参考而已。商业秘密在学术和实务上，很多方面仍然存在分歧意见，需要大家共同探讨和完善。

特别感谢中华全国律师协会知识产权委员会竞争小组与第八届、第九届北京市律师协会竞争与反垄断法律事务专业委员会给予最大的支持，提供了最好的竞争法律师参与写作。

图书在版编目(CIP)数据

《中华全国律师协会律师办理商业秘密法律业务操作指引》释解/张黎著.—北京:北京大学出版社,2017.2
ISBN 978-7-301-27586-3

Ⅰ.①中… Ⅱ.①张… Ⅲ.①商业秘密—保密法—法律解释—中国 Ⅳ.①D922.294.5

中国版本图书馆CIP数据核字(2016)第229487号

书　　名	《中华全国律师协会律师办理商业秘密法律业务操作指引》释解 《Zhonghua Quanguo Lüshi Xiehui Lüshi Banli Shangye Mimi Falü Yewu Caozuo Zhiyin》Shijie
著作责任者	张　黎　著
策划编辑	陆建华
责任编辑	陈　康
标准书号	ISBN 978-7-301-27586-3
出版发行	北京大学出版社
地　　址	北京市海淀区成府路205号　100871
网　　址	http://www.pup.cn　http://www.yandayuanzhao.com
电子信箱	yandayuanzhao@163.com
新浪微博	@北京大学出版社　@北大出版社燕大元照法律图书
电　　话	邮购部62752015　发行部62750672　编辑部62117788
印　刷　者	北京大学印刷厂
经　销　者	新华书店
	880毫米×1230毫米　A5　11印张　456千字 2017年2月第1版　2017年2月第1次印刷
定　　价	49.00元

未经许可,不得以任何方式复制或抄袭本书之部分或全部内容。
版权所有,侵权必究
举报电话:010-62752024　电子信箱:fd@pup.pku.edu.cn
图书如有印装质量问题,请与出版部联系,电话:010-62756370